墨子論

◎李广星 著

齊鲁書社
·济南·

图书在版编目（CIP）数据

墨子论 / 李广星著. -- 济南：齐鲁书社, 2022.11
ISBN 978-7-5333-4629-4

Ⅰ. ①墨… Ⅱ. ①李… Ⅲ. ①墨翟(前468—前376)—哲学思想—文集 Ⅳ. ①B224.5-53

中国版本图书馆CIP数据核字(2022)第188923号

封面题字 王玉玺
责任编辑 李军宏 周 磊 赵自环 王其宝
装帧设计 刘羽珂 李 生

墨子论
MOZI LUN
李广星 著

主管单位 山东出版传媒股份有限公司
出版发行 齊魯書社
社 址 济南市市中区舜耕路517号
邮 编 250003
网 址 www.qlss.com.cn
电子邮箱 qilupress@126.com
营销中心 （0531）82098521 82098519 82098517
印 刷 山东临沂新华印刷物流集团有限责任公司
开 本 720mm × 1020mm 1/16
印 张 34
插 页 3
字 数 350千
版 次 2022年11月第1版
印 次 2022年11月第1次印刷
印 数 1–5000
标准书号 ISBN 978-7-5333-4629-4
定 价 208.00元

序

孙中原

广星大作《墨子论》的突出特点，是求真务实。秉笔直录，求真务实，激活经典，古为今用，是新时代学人的社会责任与历史使命。李兄早年修习社科专业，专精史学，致力于滕州地方史志编纂，用科学史观，考论墨子、墨家与墨学。

大作资料，丰富翔实，搜罗广深。钩稽元典，地方史志，家谱口碑。考论言必有据，严谨朴实。行文简洁流畅，可读性强。传承前辈学人考论成果，勾勒墨子姓氏、里籍生卒、其人其书与墨学精进，新见迭出。

作者深得山东大学历史系名师张知寒(1928—1998) 真传，勇于创新，悉心求证，提出“天下为公大同思想，被墨冠儒戴”“大同思想源于墨家，而非儒家”等诸多全新命题，理据充分。畅论墨子科技、经济、政治、哲学、伦理、教育、法律、逻辑等学理精髓，观点鲜明，理真据实。对当代弘墨兴墨，启示借鉴良多。

1968 年春节前夕，广星在同学家看郭化若编译《今译新编孙子兵法》，如获至宝，爱不释手，借阅多日，边读边抄，逐段笔记，名言警句，悉能背诵，刻骨铭心，永志不忘。1981 年，广星到山东大学进修，披阅岑仲勉《墨子城守各篇简注》，详细记录，译释元典，情有独钟，钻研有年，深知墨子军事学理，与《孙子兵法》比较研究，推出新作《墨子兵书》。广星历任教职，对墨子教育思想，素有钻研，成果颇丰。

广星与国家图书馆原馆长任继愈教授合作多年，精研《墨子》元典、历代述作、古今中外珍藏，遴选 261 种载籍，历时 6 年，编纂《墨子大全》百册巨著。但积劳成疾，突发心梗，幸有墨学生命潜力支撑，转危为安，恢复元气。

广星全心投入，精研墨学，畅论墨子伟大人格，墨学兴盛在滕州，以文载道，生动感人。两千多年前的墨子，兼爱反战，尚贤尚同；节用节葬，非命尚力；自苦为极，为民奋战；勇于探索，热爱科学；理想远大，身体力行。墨子是平民圣人，中华典范，虽死犹生。研墨兴墨，功在当代，利在千秋。

中绝两千多年的墨学，在山东滕州、华夏大地、中西文坛，勃然兴盛，内外动因，强势推进，深得人和、天时、地利。墨学兴盛，众人拥护，学人共推。山东大学历史系教授张知寒，以大无畏的科学革命精神，开创新研墨学之伟业，把弘墨、兴墨与国家文明建设、世界和平进步，联系接轨，紧密结合，提出墨研为现实服务、为民众服务的全新思路。知寒精神，激励后人，弘墨永远。

广星与我，合作研墨，历有年所，蔚为知音。广星精通文史，主编《滕县志》，合编《墨子大全》，出版《滕州史话》《滕国春秋》《墨学与当代教育》《墨子十讲》等大作。广星振兴墨学，事业心强。统揽全局，功勋卓著。大作《墨子论》，广收博采，概括综合。卅余篇作，钩玄提要。开卷有益，影响深远。书不尽言，言不尽意。读者见谅，敬请指教。

2021 年 10 月 26 日
于北京世纪城寓所

简介：孙中原（1938— ），中国人民大学哲学院教授，博士生导师，中国墨子学会顾问，曾任中国逻辑学会副会长、台湾东吴大学客座教授。他是国内外著名的墨学专家，出版《墨子及其后学》《墨学通论》《墨学七讲》《墨子解读》等墨学专著 80 余种，海峡两岸讲学数百场，发表论文 400 余篇。他勤奋高产，著作等身，德高望重，可称“墨学泰斗”。

目　录

第一篇　墨子姓氏考论

一、关于墨子姓氏的辨论

墨子，姓墨名翟（dí），从战国到宋朝，没有疑问。但从元朝开始，有人提出质疑。元人伊世珍撰写《琅嬛（láng huán）记》[①]，在该书中引用《贾子说林》[②]之文："墨子姓翟名乌，其母梦日中赤乌飞入室中，光辉照耀，目不能正，惊觉生乌，遂名之。"他认为墨子不姓"墨"，而姓"翟"。《琅嬛记》的内容荒诞离奇，所引用的《贾子说林》没有出处，属于伪托，不足为证。可是，自伊世珍的《琅嬛记》关于"墨子姓翟名乌"之说流出之后，还真有人不明真相，信以为真。

明末清初的周亮工（1612—1672），在其《因树屋书影》[③]中继承伊世珍之说，认为墨子姓"翟"名"乌"，"以墨为道"。清末民初的江瑔（1888—1917），在其《读子卮言》[④]中，设专章"论墨子非姓墨"，依据伊世珍、周亮工的说法，加以发挥，列举八证，极力论述。著名学者钱穆认为："墨子姓墨，从来都如此说。直到清末江瑔著《读子卮言》，论墨子非姓墨，始开异议……江氏疑‘墨’为道术之称，其论极是；至说墨字之义，则尚有未尽。余考‘墨’乃古代刑名之一……故知‘墨’为刑徒，转辞言之，便为奴役。”接着，他从六个方面论证“墨为奴役之称”。详见钱穆专著《墨子》。[5]在此期间，顾实撰《汉书艺文志讲疏》，陈柱撰《墨学十论》，冯友兰撰《中国哲学史》，张纯一撰《墨子集解》等专著或文章，都相信此说。

伊、周、江、钱等人的观点，引起学术界的重视，很多学者撰文批驳，认为这是“标新立异”“站不住脚”。著名学者方授楚撰写《墨学源流》[6]一书，针对上述观点，尤其是江瑔的八点论述和钱穆的六点论述，逐一考证、分析、批驳，其结论是：“江氏之说既逐一论之如右（指文中根据江瑔的八点，逐点分析批驳），墨子姓墨，墨家均未废姓，当可以了然矣。”“墨非姓之说既破，则吾人仍可结之曰：墨子名翟，姓墨氏。”“钱氏……篇内虽列六证，但仅足以见墨子出身贱人，勤劳刻苦，富于牺牲精神，而不足以证墨非姓而为刑徒奴役之义也。”《墨学源流》是20世纪30年代墨学研究中资料最丰富、论述最扎实的一部专著，该书于1937年由上海中华书局出版后，李达、郭沫若等推崇备至，在学术界产生了广泛的影响。方授楚的观点正确，论据充分，令人钦佩，详细考论见其专著《墨学源流》下卷“墨子之姓氏国籍学说辨”，这里不再赘述。

著名墨学大师吴毓江撰写的《墨子校注》[7]，学界公认是继清末孙诒让著《墨子间诂》之后的又一部墨学研究的巨著力作。吴毓江在《墨子校注》附录三《墨子姓氏生地年世考》中，专章考论墨子的姓氏。他逐条批驳江瑔八条论述之后，得出结论：“江氏八证，无一可立，此外尚有自相矛盾之处，如既言自汉以后皆以墨子姓墨名翟，数千载无异词，又言班固、高诱疑之于前，孔稚珪、伊世珍歧异于后。既言墨子去姓以充其兼爱、上同之量，又谓翟为墨子之姓。既言未有墨子之前已有墨家之学，又言其学适合于‘墨’字之义，故以‘墨’名其家。其说之抵捂（牾）如此，乃竟有喜其异而从之，并矜为江氏之创解者，夫亦不思之甚矣。近人钱穆谓‘……谓“墨”为道术之称，其论极是。至说“墨”字之义，则尚未尽。余考“墨”乃古代刑名之一，“墨”为刑徒，转辞言之便为奴役。’钱氏并举出‘墨’为奴役之称之证据六项，其说似较江氏为胜，然细考之，亦不能立。”接着逐点考证批驳得出结论：“总上观察，可知江、钱二人所列论证，理由皆不充足。而类似江、钱诸说，或不及江、钱言之成理者，无庸辩矣。”吴氏的考论有据有理，令人佩服，如欲细看，详见其书。

民国时期，著名疑古学派顾颉刚先生在《禅让传说起于墨家考》中说：“近人以墨姓不多见，对于墨子的姓氏祖籍等起了很多的猜测。我们以为，墨确是他的真姓氏，而且从这姓上可以知道他是公子目夷之后，原是宋国的宗族。”童书业、张知寒等学者赞同此说。

1998年，著名学者任继愈先生在《墨子与墨家》中指出：“墨子姓墨名翟，这在先秦已为人公认，散见各种典籍中，并没有发生过分歧意见。但到了元代以后，就有人搜罗些站不住脚的理由，标新立异，提出不同的说法。甚至捏造出墨子不是中国人而是印度人的说法。其实墨是中国古代的姓，《元和姓纂》说墨氏是由墨notation胎氏转化来的。”

方授楚、吴毓江、顾颉刚、任继愈等专家的观点，得到了海内外广大学者的认可。

二、墨子姓氏新论

笔者赞同方授楚、吴毓江、顾颉刚、任继愈等专家的观点，并为他们精彩的考证、批驳点赞。但余意未尽，还想从下列三点补充完善。

第一，战国时期诸子都明确了墨子的姓氏。孟子（约前372—前289）出生时墨子去世十几年，他虽然未能见到墨子，但对墨子非常了解；他高举“反墨护儒”的旗帜，不会把墨子的真实姓名弄错。孟子说：“杨朱墨翟之言盈天下，天下之言，不归杨则归墨。杨氏为我，是无君也；墨氏兼爱，是无父也；无父无君，是禽畜也。”[8]孟子在这里把“杨朱”与“墨翟”相提，把“墨氏”与“杨氏”并论，表明墨子确是以“墨”为姓氏。庄子（约前369—前286）出生时墨子去世十几年，对墨子的姓名应当知情。他说：“墨子真天下之好也，将求之不得也，虽枯槁不舍也，才士也夫！”[9]荀子（约前313—前238）距离墨子远些（约80年），他说：“墨术诚行，则天下尚俭。”[10]他们都尊称墨翟为“墨子”。韩非子（约前280—前233）距离墨子更远（百余年），他说："世之显学，儒、墨也。儒之所至，孔丘也；墨之所至，墨翟也。"[11]吕不韦（？—前 235）与韩非子同世，他说："孔丘、墨翟欲行大道于世而不成，既足以成显名矣。"[12]他们都把孔丘、墨翟并称。上述诸子名人，无论距离墨子远近，均异口同声地称墨子为"墨翟"，足以证明墨子姓"墨"名"翟"。其实，墨子姓什么，战国时期家喻户晓。

第二，《墨子》书中明确记载了墨子的姓氏。墨子叫什么名，是名"翟"还是名"乌"？看看《墨子》书中的记载就能知道。如《贵义》篇："子墨子曰：'昔者周公旦朝读书百篇，夕见漆（同"七"）十士。故周公旦佐相天子，其修至于今。翟上无君上之事，下无耕农之难，吾安敢废此？翟闻之，同归之物，信有误者，然而民听不钧，是以书多也。'"再如《鲁问》篇："翟尝计之矣。翟虑耕而食天下之人矣，盛，然后当一农之耕，分诸天下，不能人得一升粟。籍而以为得一升粟，其不能饱天下之饥者，既可睹矣。翟虑织而衣天下之人矣，盛，然后当一妇人之织，分诸天下，不能人得尺布。籍而以为得尺布，其不能暖天下之寒者，既可睹矣。翟虑被坚执锐救诸侯之患，盛，然后当一夫之战。一夫之战，其不御三军，既可睹矣。翟以为不若诵先王之道而求其说，通圣人之言而察其辞，上说王公大人，次匹夫徒步之士。王公大人用吾言，国必治；匹夫徒步之士用吾言，行必修。故翟以为虽不耕而食饥，不织而衣寒，功贤于耕而食之、织而衣之者也。故翟以为虽不耕织乎，而功贤于耕织也。"据统计，《墨子》书中墨子自称"翟"21 次，无一例是自称"乌"的。古人自称的通

例是称“名”，没有自称姓氏的习惯。例如，孔子自称“丘”，不自称“孔”。综上所述，“翟”是墨子的“名”，不是“姓”；墨子姓“墨”名“翟”。

第三，从姓氏学与“子墨子”看墨子的姓氏。上古时代的姓与氏，既有联系又有区别。简单地说，一姓可包括若干氏，即“姓者，统其祖考之所自出；氏者，别其子孙之所自分”[13]。换言之，氏是姓的分支。例如周王室本为姬姓，被分封的同姓诸侯与周天子同为姬姓后裔，但他们各自封国的名称，如鲁、晋、郑、蔡等，又成为自己及其后裔的氏。春秋时期，鲁国执政的“三桓”[14]，与鲁国诸侯同为姬姓，但不同氏。“三家”分晋的韩、赵、魏，与晋国诸侯同姓姬，但不同氏。

墨子的先祖微子姓什么？据史书记载，微子是殷商帝乙的长子，殷商最后一个帝辛（纣王）的庶兄，姓子，名启，因其在商代时封国名微，世称微子，又称微子启。殷商末年，纣王无道，穷奢极欲，暴虐嗜杀，导致众叛亲离，国势日衰。微子屡谏，不被采纳，于是惧祸出走。周武王姬发灭商后，微子持商王室宗庙礼器，来到武王军营前，他袒露上身，双手捆缚于背后，跪地膝进，左边有人牵羊，右边有人秉茅，膝行而前，向武王请罪，说明自己远离纣王的情况。周武王很受感动，乃释其缚，“复其位如故”，仍为卿士。周武王去世后，周成王年少，周公旦代行当国。管叔、蔡叔怀疑周公，跟武庚一起作乱，周公奉成王之命诛杀纣王之子武庚，杀死管叔，流放蔡叔，命微子代替武庚奉其先祀，建国于宋，微子成为宋国第一任诸侯。子启去世后葬于微山，今山东微山岛上有微子墓。

早于墨子的孔子姓什么？张知寒教授在《谈孔子姓氏问题》中说："人们的姓氏，绝大多数是从自己的先人那里继承下来的……孔子的父、祖以及他的远祖姓什么，孔子也就应该姓什么。……根据古史记载，我们知道孔子的祖先乃宋国的贵族。宋国乃殷人微子之后，殷人姓'子'，一直到春秋末年人们仍称宋名'子商'，说明他是'子'姓后代。宋贵族姓'子'，也就是说，孔子的祖先原来也姓'子'，因此说孔子姓'子'而不姓孔。有人说，孔子的先祖不是有个叫孔父嘉的吗？孔子不是承继他的姓氏吗？我们应该知道，'孔父'只是他的字，'嘉'是名，他仍姓'子'而不姓'孔'。孔子的先祖，从宋湣公开始，一直到他的父亲叔梁纥（hé）止，可以说没有一个姓'孔'的。他的父亲以叔梁为字，纥是名；祖父伯夏，夏是名，伯是排行；曾祖父防叔，叔是名，防是他的住地地名。有谁姓'孔'？比较可靠的《论语》中的前十五篇，孔子从不冠姓而自称'丘'；他的兄长，也只称'孟皮'，而不冠姓。我国在春秋之前，只有贵族有姓有氏，一般的士庶民既无姓也无氏，只有名，少数的人有字。孔子的远祖，在宋国时是有姓有氏的，自从他的曾祖防叔为华氏逼，逃奔鲁国，其子孙降而为平民后，就再不敢冠姓，而只称名称字而已。……在当时，贵族有姓，女子有姓，孔子既不是贵族，又不是女子，所以一向只称名而不冠姓。在他的名字上，所有冠'孔'字的，皆战国以后所加也。孔子死后，其子孙后代，用

‘孔’字作为他们的姓氏，因为‘孔’这个字是由‘子’和‘L’两个字所组成的。‘子’原来是‘天命玄鸟’所生的‘卵’，是商族的姓；‘L’，说文、金文均释为鸟，鸟乃商族的族徽（图腾）。用‘孔’作为他们的姓氏……不忘远祖之意。后人遂以为孔子也姓‘孔’了。”[15]

晚于墨子50年的屈原姓什么？何晓明在《姓名与中国文化》中说：“屈原不姓屈，而是姓芈（mǐ）。屈不是姓，是什么？屈是氏。楚武王通生子瑕，瑕受封于屈地，于是以屈为氏。屈原是屈瑕的后代，所以也氏屈。……正确的说法是，屈原姓芈，氏屈。”[16]

墨子介于孔子和屈原之间，墨子的姓氏表示与孔子、屈原基本相同。《墨子》现存53篇，“子墨子”出现341次，共计1023个字，约占全书近10万字的百分之一，可见使用频率很高。“子墨子”怎样解释？笔者所看到的墨子研究论著中，大多数学者把前一个“子”解释为“老师”，把后一个“子”解释为“先生”。30多年来，笔者也是这样理解的。近期，研究中国姓氏学说，笔者有了新的认识：“子墨子”三个字，前一个“子”理解为“姓”，中间的“墨”为“氏”，后一个“子”理解为“尊称”。孟子等诸子都说墨子为“墨氏”，名翟，没有说“墨姓”的。那么，为什么时人称“氏”而不称“姓”呢？其原因是战国之后姓氏逐渐趋于合一，姓即氏、氏即姓的观念已经相当普遍了。所以钱大昕说“以氏为姓，遂为一代之制”[17]。既然如此，《墨子》中为何频繁使用“子墨子”呢？这是墨家弟子在编辑此书时对墨子的尊敬，溯姓记氏，把姓氏写全，这样理解符合古代姓氏学说。殷为“子”姓，周朝所封的殷后裔宋国诸侯，亦为“子”姓。孔子、墨子都是宋国诸侯子启的后裔，追根溯源，都姓“子”。遵循姓氏原则，以“氏”名世，孔子以“孔氏”传世，墨子以“墨氏”传世。

综上所述，笔者的结论是：“子墨子”，前面的“子”是“姓”，中间的“墨”是“氏”，后面的“子”是“先生”，是尊称。“墨翟”，“墨”是“氏”，“翟”是“名”。“墨子”是人们对他的尊称，也是“墨翟”的别名。战国时期，姓氏合一，以氏代姓，“子墨子”与“墨翟”并不矛盾，“墨翟”以氏为姓合乎情理，约定俗成，传世至今。

【注释】

①《琅嬛记》题名元代伊世珍撰写，也有研究为明朝人桑怿伪托。全书共三卷。第一篇记载琅嬛福地的传说，遂以“琅嬛记”命名。书中记载诸多荒诞不经或有神话传说的故事，类似《山海经》。

②《贾子说林》是一部伪托之书，不足为凭。

③《因树屋书影》，作者周亮工（1612—1672），是明末清初著名文人、学者、艺术家和出版家，有大量著述和编刻作品传世。

④《读子卮言》为民国间研究诸子学的名著，共2卷16章，前5章总论诸子，后11章分论各家；各章多以立意设为标题，其中有“论墨子非姓墨”。作者江瑔（1888—1917），字玉瑔，号山渊，广东湛江良垌镇南溪村人，民主革命者、政治活动家、中国同盟会会员、南社成员（南社是

柳亚子等爱国民主人士组织的中国近代极有影响的革命文学团体)。祖父江诚和、父亲江慎中、胞兄江珣都是举人，江瑔是南溪第三代最有名的才子。

⑤《墨子》，商务印书馆 1930 年版。作者钱穆（1895—1990），字宾四，中国现代著名历史学家、思想家、教育家，曾任台湾“中研院”院士，台北故宫博物院特聘研究员；中国学术界尊之为“一代宗师”，与吕思勉、陈垣、陈寅恪并称为“史学四大家”。

⑥《墨学源流》，作者方授楚，写于 1936 年，中华书局初版于 1937 年。为撰写《墨学源流》，方授楚使用参考书达 60 余种之多。此书对墨子学说考证精到，并对诸种异说进行驳斥，其治学必取真求信。书成后，李达、郭沫若等推崇备至。1989 年 2 月，该书选入《中华文史》精刊。实为研究墨子者必读之书。

⑦《墨子校注》，作者吴毓江（1898—1977），号墨生，别号墨村，重庆秀山人。该书在校勘方面集中了《墨子》的多种版本，是迄今为止校勘《墨子》收罗版本最丰富、最全面的一种，保存了许多今天难见或已经失传的《墨子》各种版本的内容，为整理研究《墨子》提供了迄今为止最详尽的版本资料，是继晚清孙诒让《墨子间诂》后的一部重要注本。

⑧见《孟子·滕文公下》。

⑨见《庄子·天下》。

⑩见《荀子·富国》。

⑪见《韩非子·显学》。

⑫见《吕氏春秋·谕大》。

⑬见《通鉴外纪》。

⑭三桓，即指鲁国卿大夫孟孙氏、叔孙氏和季孙氏。鲁国的三桓起于鲁庄公时代（前 693—前 662）。鲁庄公父亲鲁桓公有四子，嫡长子鲁庄公

继承鲁国国君；庶长子庆父（谥共，又称共仲，其后代称仲孙氏。庶子之长又称“孟”，故又称孟氏、孟孙氏）、庶次子叔牙（谥僖，其后代称叔孙氏）、嫡次子季友（谥成，其后代称季氏）皆按封建制度被鲁庄公封官为卿，后代皆形成了大家族。由于三家皆出自鲁桓公之后，所以被人们称为“三桓”。

⑮参见张知寒《读墨余论》，山东友谊出版社 1999 年版。

⑯参见何晓明《姓名与中国文化》，人民出版社 2001 年版。

⑰见《十驾斋养新录》卷一二《姓氏》。

（原载《职大学报》2017 年第 3 期，有改动）

第二篇　墨子里籍考论

一、关于墨子里籍的争论

墨子的故里（出生地）本无问题，但自汉代之后出现了几种不同的观点。关于墨子是哪里人，主要有宋人、鲁人、楚人、齐人、外国人之说。

（一）宋人说

此说最早见于东晋葛洪（约 281—341）《神仙传》：“墨子者，名翟，宋人也。”唐宪宗年间杨倞《荀子·修身》篇注说：“墨翟，宋人。”这两说可能都来源于西汉司马迁《史记》记载：“盖墨翟，宋之大夫。”近代学者顾颉刚在《禅让传说起于墨家考》中进行了详备的考订，指明墨子为宋国人，是伯夷之后，为宋襄公的后人。

（二）鲁人说

此说最早见于东汉高诱《吕氏春秋·慎大览》注：“墨子名翟，鲁人也。”后人对“鲁”产生分歧，主要有河南鲁山县、山东滕州市两种观点。一是以毕沅、武亿为代表的“楚邑鲁阳说”。清代毕沅在《墨子注·序》中说：“高诱注《吕氏春秋》以为鲁人，则是楚鲁阳，汉南阳县，在鲁山之阳。”清代武亿在《鲁山县志·跋》中赞同毕说。二是以孙诒让、张知寒为代表的“鲁之小邾国说”。晚清孙诒让著《墨子间诂·墨子传略》，明确指出：“毕沅、武亿以鲁为鲁阳，则是楚邑。考古书无言墨子为楚人者。《渚宫旧事》载鲁阳文君说楚惠王曰‘墨子，北方贤圣人’，则非楚人明矣。毕、武说殊谬。”20 世纪 80 年代至 90 年代，山东大学教授张知寒发表《墨子里籍新探》《墨子里籍应在今之滕州说》等十余篇论文，论点明确，论证有力，结论正确，即墨子里籍不是古代楚邑鲁阳、今之河南省鲁山县，而是鲁之附属小邾国、今之山东省滕州市。[①]张知寒教授的考证是墨子里籍研究上的一项重大突破，获得中外大多数专家学者的认同。著名学者任继愈教授说：“关于先秦诸子的研究，墨子出生地的考证，明确了千百年来争论不休的疑问：墨子为鲁人（大范围的鲁国管辖区），他诞生及早年从师的地点，即今天的滕州市的木石镇。这不能不说是千百年来关于墨子出生地研究的一项新成果。近代探索墨子出生地的方法：逐一排除宋人、鲁阳人等说法，立足于已有的论据，即墨子为鲁人的大范围内，再逐步缩小范围，根据史籍记载、文物遗址、学术思想渊源，一步一步落实到滕州境内的目夷（木石镇）。这种方法是较为科学的。”[②]

（三）外国人说

民国时期，胡怀琛、卫聚贤、金祖同、陈良盛等人认为，墨子不是中国人，而是印度人或阿拉伯人，详见胡怀琛《墨子为印度人辨》、卫聚贤《墨子小传》。此说一出，郑师许、吴进修、方授楚、陈登元、李剑华、杨宽、童书业等人起而批驳，其中以方授楚的《驳墨子为印度佛教徒说》《驳墨子为印度婆罗门教徒说》《驳墨子为亚剌伯回教徒说》为代表，双方展开了激烈争论。“墨子是外国人说”后来不再有人提起，无人相信“墨子是外国人之说”。

（四）齐人说

杨践形所著《雪墨》一书“附识”中提出了齐人说，其根据是《史记·孟子荀卿列传》之末：“盖墨翟，宋之大夫。”据此，“齐有盖邑……则墨子乃齐之盖人”。盖，一般看作虚词，而杨践形把它理解为地名——盖邑，这是错误的。20 世纪 50 年代，宋正介在《大陆》杂志上发表《墨子为齐国人考》，李绍崑撰写《墨子非齐国人说》予以批驳。现在很少有人提起“齐人说”了。

关于墨子里籍的争论，目前主要集中在山东滕州、河南鲁山两个市县。孙诒让、梁启超、章太炎、张纯一、鲁迅、郭沫若、范文澜、吴毓江、詹剑峰、栾调甫、高亨、方授楚、童书业等墨学大家，都认为墨子是鲁国（指周公所封的鲁国）人。但在鲁国何地？没有明确。当代墨学研究家张知寒对墨子里籍的各种说法进行了认真研究，并深入有关地、市、县调查了解，考证确认墨子的里籍应在古代鲁之小邾国，即今之山东滕州境内。本文赞同张知寒教授的观点，根据其研究成果，概述如下。

二、墨子先世考

清代著名学者俞正燮说："墨以殷后，多感激，不法周而法古。"这说明墨子的祖先原为殷人，而滕州就是殷人的发祥地。据《诗经》记载："天命玄鸟，降而生商。"是说商族祖先契的母亲因吞食了燕卵怀孕而生契，因此商族的图腾是鸟。契以蕃（今山东滕州）为国都。

周武王灭商时，商纣王的庶兄微子启降周。周公平定武庚叛乱后，为安抚商朝遗民，把商朝发源地及其周围地区封给微子，名为宋国。宋襄公的庶兄目夷大约出生于公元前 702 年，泓水之战时为主将。从目夷出生到公元前 480 年墨子出生，其间 200 余年。人类繁衍约 30 年传一代人，以此可推算出墨子是目夷的第 7 世孙。

墨子为目夷第 7 世孙，目夷为微子第 17 世孙，微子为商汤第 17 世孙，商汤为契第 13 世孙，这说明墨子是契的后裔。契—商汤—微子—目夷—墨子这条血缘线，可以使我们窥见墨子的世族谱系了。(参见张国梁《墨子世系考》)

三、目夷国与目夷子

目夷国建于何时？太史公司马迁在《史记》中说：契姓子，他的后代分封到各国，就以国名作姓氏，有殷氏、来氏、宋氏、空桐氏、稚氏、北殷氏、目夷氏。（《史记·殷本纪第三》，见图 2-1《史记》书影）在这些分封的方国中，"目夷氏"就是"目夷国"，是商族首领子契分封的七个同姓方国之一。"以国为姓”就是以“目夷”为姓。春秋前姓、氏分明，“商”是宗主大国，姓“子”，“目夷”是分封的小国，为“氏”，“子目夷国”是当时“姓、氏、国”名的全称；春秋后姓、氏合一，就简称为“目夷国”。

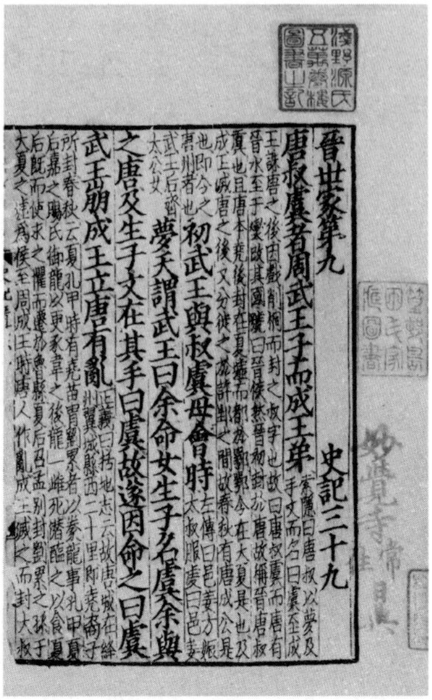

图 2-1　《史记》书影

目夷国在哪里？它被历史的尘埃掩盖，很难看清真实面貌，若隐若现，神秘传奇。

最早揭开其神秘面纱的是晋代著名《左传》研究专家杜预。《左传》记载，鲁襄公四年（前 569）冬十月，“邾人、莒人伐鄫。臧纥救鄫，侵邾，败于狐骀”。邾国、莒国攻打鄫国。鲁国大夫臧孙纥出兵救鄫，侵袭邾国，在狐骀被打败。杜预在此条下注释：“狐骀，邾地，鲁国蕃县（今滕州）东南有目夷亭。”目夷亭历经千年战火风雨，时毁时建，延续至今。古目夷亭残存的石柱等建筑材料，现由滕州墨子故里博物馆收藏。（见图 2-2）

图 2-2　古代目夷石刻，墨子故里博物馆收藏

其次揭开其神秘面纱的是南宋的罗泌、明代的王元宾、清代的王特选等人。罗泌在《路史·国名纪》“商氏·目夷”条下记载：“今滕（滕州）之东南有目夷亭。”王元宾在万历十三年《滕县志》中记载：“滕县城东南十五里曰狐骀山，一名目骀山。”清道光二十六年《滕县志·艺文志·古迹杂咏》中记有王特选的诗：“狐台山下目台亭，近接木时一壁青。曾阅春秋见蛮触，雨余犹带戟鋋（chán）腥。”并注解：“目台亭在狐台山下，又有木时（石）村。‘台’音‘颐’，时亦台之转音也。狐台见《春秋·襄公四年》。”（见图2-3）。

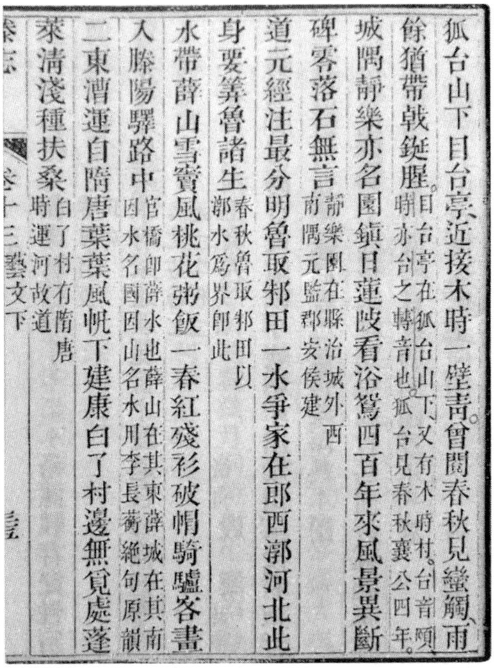
狐台山下目台亭近接木時一壁青曾閲春秋見蠻觸雨
餘猶帶戟鋋腥目台亭在狐台山下又有木時村台音頤時亦台之轉音也狐台見春秋襄公四年
城隅靜樂亦名園鎮日蓮陂看浴鴛四百年來風景異斷
碑零落石無言靜樂園在縣治城外西南隅元監郡安侯建
道元經注最分明魯取邾田一水爭家在郎西漷河北此
身要筭魯諸生春秋魯取邾田以漷水為界郎此
水帶薛山雪竇風桃花粥飯一春紅殘衫破帽騎驢客畫
入滕陽驛路中官橋即薛水也薛山在其東薛城在其南因水名國因山名水用李長蘅絕句原韻
二東漕運自隋唐葉葉風帆下建康白了村邊無覓處蓬
萊清淺種扶桑白了村有隋唐時運河故道
滕志　卷十三　藝文下

图2-3　清《滕县志》书影

滕州墨子故里博物馆收藏的清壬子年（清咸丰二年）刻的“目夷永固”石匾，长167厘米，宽64.6厘米，厚17.6厘米，是目夷亭的又一重要物证。（见图2-4）

再次揭开其神秘面纱的是现代著名学者王献唐、童书业、张知寒等人。王献唐（1896—1960）教授曾任山东省立图书馆馆长、中央国史馆纂修，是著名考古学家、文献学家，他考证：“滕东有木台，亦即墨胎。”（见王献唐《炎黄氏族文化考》，齐鲁

图 2-4　清石匾“目夷永固”，滕州市墨子故里博物馆收藏

书社 1985 年版）童书业（1908—1968）先生是山东大学历史系教授、著名的疑古派学者，但是他对目夷亭并不怀疑。1937 年，他在《目夷亭辨》里确认，杜预说的滕之东南有“目夷亭”，他是说这个“目夷亭”所在，就是“古目夷国”所在。“目夷亭”就在今滕县（1988 年改为滕州市）境内。（详见《禹贡》1937 年第 7 卷第 6、7 期合刊）张知寒（1928—1998）先生是山东大学历史系教授、当代墨学兴盛奠基人，他考证认为：“在古代，狐与目、化、货等同音，台、骀、胎与夷同音；同音字可互为通假，所以杜预肯定地认为‘狐骀’就是滕东南的‘目夷’。”“滕州东南四十多里处，乃古‘目夷国’所在地，那里尚有不少迹象可寻。……此地还有‘目台山’、‘目夷亭’以及‘沂（夷）河’等等。”（详见张知寒等著《墨子里籍考论》）

除了专家学者的考证之外，当地民间藏有大量关于目夷国的珍贵资料。例如，清代所修《刘氏族谱》封面题“滕阳古狐台村藏板”，其中《医官凤山公传》记载：“凤山世居狐台山东南目台村。”《进士长孺公传》记载：“长孺族居滕东南狐

台山之木时村。”《刘氏族谱》中的“古狐台村”“目台村”“木时村”就是今滕州木石镇木石村。

再如，清代所修《滕阳李氏家谱》序言（嘉庆十五年八世孙朝欣敬识）载，“自何祖卜居凤山西目台亭”（见图 2–5），《屏山李君墓表》（清末翰林高熙喆拜撰）中载，“李公讳赓，字晋飏，屏山号也，世居治南四十里目台亭，今谓之木时村”，说明古“目台亭”就是今“木时村”。其中，《戒繁先生传》载：

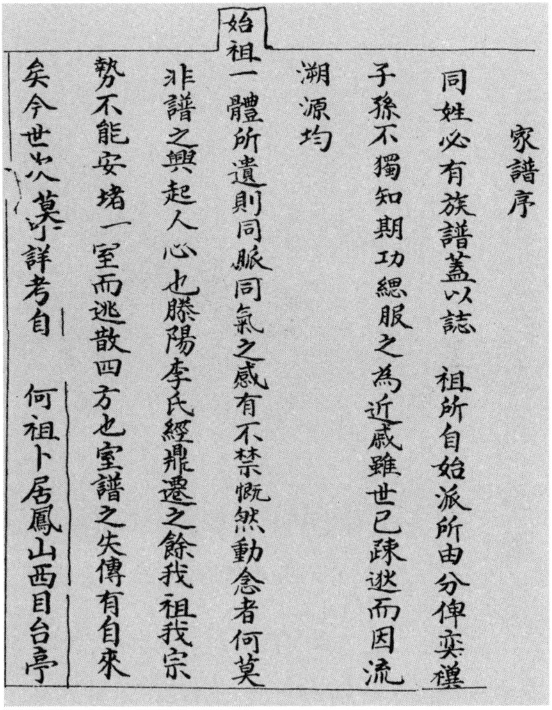
家譜序
同姓必有族譜蓋以誌　祖所自始派所由分俾奕禩
子孫不獨知期功緦服之為近戚雖世已疎遠而因流
溯源均
始祖一體所遺則同脈同氣之感有不禁慨然動念者何莫
非譜之興起人心也滕陽李氏經鼎遷之餘我祖我宗
勢不能安堵一室而逃散四方也室譜之失傳有自來
矣今世次莫可詳考自
何祖卜居鳳山西目台亭

图 2–5　清嘉庆《滕阳李氏家谱》书影

狐骀之侧有石井，水不满尺，仅供庙僧之用。至咸丰辛酉（1861）间，避乱来者万余家，饮用此水不尽，乱后人归水亦落降。……戒繁先生其仁足以育万物，其义足以动天神，众望所归，匪兵来袭，临危不惧，率众抵抗，保卫家乡父老平安无事。众人非常感激，赠以“狐骀永固”匾额。

20 世纪 70 年代，在滕州木石镇出土了一件西周的青铜兵器，铭文为“目夷戈”。“目夷戈”的出土，是“目夷国”就

在此地的又一有力物证。(见图 2-6)

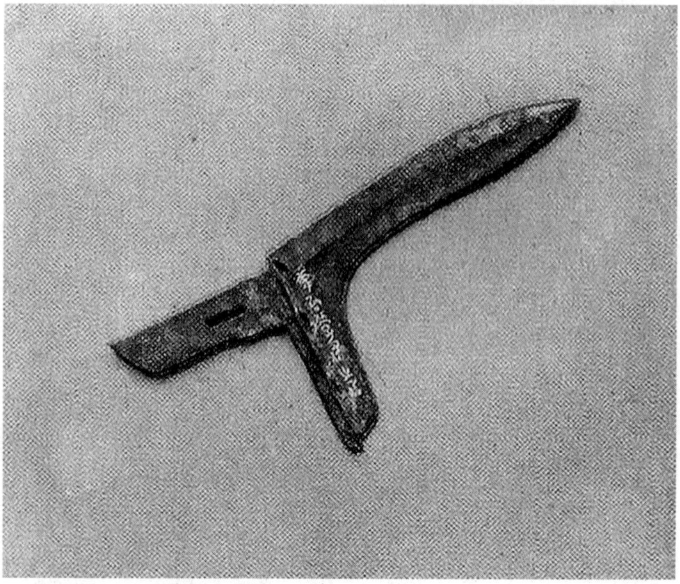

图 2-6 西周青铜兵器“目夷戈”，滕州博物馆收藏

根据上述专家学者的考证和当地家谱、文物史料证明，古目夷亭就是今木石村，“目夷国”就在今天的山东滕州。

四、地理环境与文化传统

墨子的学说，是“郳娄文化”区的产物。著名文献学家王献唐先生说：“郳娄文化”实为炎族文化，也叫“东夷文化”。《公羊传》以郳娄为大国，仅次于齐、鲁。周灭商后，遂将郳娄分而为三：郳、小郳和滥。郳“在今邹县中部南部，济宁东境，滕县北境”。小郳，在滕县东北至东南一带，今滕县治即为郳地，东北之郭水，东南之昌虑，皆郳地也。滥，

“在今滕县东南六十里，陶山北，周十里许”。(《春秋郳分三国考 三郳疆邑图考》)

三郳地区，地处泗水两岸，气候温和，雨量充足，光照时间适度，水陆交通方便，唐虞、三代以来，其经济文化就领先于其他各地。入周以后，又一直是东方经济、文化的中心。其民彬彬有礼让，文质相宜，知古代东方民族敦厚和平。《山海经·大荒东经》说：东方“有君子之国，其人衣冠带剑”。《海外东经》也说：“其人好让不争。”史称此地：“其俗尊天、敬祖、重鬼神、尚祝由，与物无竞。”郳鲁具备培育墨子与墨学的客观条件。

我们将墨子的学说与“郳娄文化”相比，不难看出：墨子的思想，无一不是在继承“郳娄文化”的基础上，吸取了尧、舜、禹、汤、管、晏以及孔子的思想发展而成的。故史称：孔墨俱道尧舜，俱谈《诗》、《书》与《春秋》。孔、墨都是古代东方著名的伦理思想家。如果他们不成长在重仁义、讲伦理的“邹鲁文化”地区，就很难培养出以“仁爱”“兼爱”为主旨、以“利他”为特色的孔墨思想。

五、科技发展与“科圣”的诞生

王献唐先生一再指出，春秋战国之际，科技最先进的地区首推三郳，因为这里自古就有“郳娄百工”之乡的称号。我国最早的“车”(音同朱)，据载是奚仲和他的儿子吉光共同发明的。在古代，制造舟 、车是一种极其繁难的工业。如《考工记》所说：

“一器而百工聚焉者，车为多。”如果没有相当高的数学、力学、几何学、机械学的知识水平，是制造不出来的。此地人们既会造“舟”，又会造“车”，说明这里在科技工业方面具有领先地位。“奚仲造车处”和奚仲墓在滕州南部，距墨子的故里“目夷”10公里。

墨子自幼在先进的文化科技之乡，接受多方面的教育而成长起来。与墨子同时代的鲁班，也是由“邾娄文化”培养出来的能工巧匠和杰出的科学家。方授楚先生说：“邹鲁地区其俗喜学术，好技艺，颇似希腊之雅典。明乎此种关系，则鲁为儒术最盛之邦，又为墨学渊源之地；以技巧言，输之攻、墨之守乃同出鲁人；庶可恍然知其故矣。”当时的楚、越、齐、晋四个大国的工业水平，远远落后于邹鲁地区。《左传》成公二年，楚国兴兵侵鲁，鲁国战败，楚国一次就向鲁国要走300名技术人员，足见楚国缺乏科技人才。再如楚国不缺乏高科技人才，就不会不远千里到鲁国去请鲁班。当时的晋国，就连日用玩好等生活用品，也靠鲁国供给。齐、越两国，也常到此地招聘工匠。这都说明，当时的几个大国，都还不具备培养科技人才的条件。因此说，墨子和鲁班，只能生长于“邹鲁文化地区”。

第九届全国政协副主席、两院院士宋健先生曾亲笔书“唯物师祖，科圣墨翟”的题词。杨向奎先生说：“墨子在自然科学上的成就决不低于古希腊的科学家、哲学家，甚至高于他们，他一个人的成就等于整个古希腊。”

六、社会风俗与生活习性

《庄子·天下》：“墨者，多以裘褐为衣，以跂蹻（jué）为服。”跂同“屐”，蹻通“屩”，古时一种有跟的草鞋，它为郳娄族所制。墨子生长于郳娄，服其乡人之服，以证从夷之谊。

三郳地区自古就有爱鸟的习俗，这里的居民把“玄鸟”视如祖先。墨子之所以以“翟”为名，就是因为“翟”乃凤凰的别名，而凤凰又为“玄鸟”衍化而来。以“翟”为名，以示不忘所出，也可证明墨子是小郳国、滥国的遗民。

在今之滕州境内，尚有不少与墨子有关的遗址遗迹。除前面说的墨子第7世祖目夷子外，尚有“染山”及墨子观染处，相传就是因墨子曾在此“叹染丝”而得名。

滕州东南部，是古目夷国所在地，那里尚有不少迹象可寻。如木石（台）镇附近，还有东台（夷）、西台（夷）、南台（夷）、化石（台）沟等自然村。此地还有“目台山”、“目夷亭”以及“沂（夷）河”等。近几年出土的铜器有“虞台戈”（即目夷戈）等器物。古人常以地名命人名，反过来，又以人名命地名。在古代，“目夷”“墨翟”为同音词，并可互为通假。由此看来，滕州正是墨翟的故乡无疑。

七、《孟子》中的墨子里籍

在先秦诸子中，孟子对墨子最了解，批评也最尖锐。因此，孟子笔下的墨子里籍是最可靠的。其理由主要有以下几点：(1)墨子去世不久，孟子出生；(2)他们同为邹鲁居民；(3)孟子的青壮时代正值墨学盛行，他对墨学作过全面而深刻的研究；(4)墨子对孟子的影响十分深刻。可以说，孟子的学说主要是继承孔、墨两家学术遗产而形成的。在孟子的学说中，不仅“辩言正辞则与墨同”(鲁胜语)，就是他的王道主张，以及仁义、禅让、诛暴、反战等思想，也无不是从墨学里派生出来的。孙中原先生认为：“孟子似乎是墨子的杰出弟子!”后来孟子看到墨子的“兼爱”学说对周族的血缘宗法制有巨大的破坏性，他这才站在孟孙氏等贵族的立场上，对墨子进行攻击。

《孟子·离娄下》记载：晋国人称史书叫“乘”，楚国人称史书“杌”，鲁国人称史书叫“春秋”，其实都是一样。孟子的这句话已明确告诉人们：墨子既不是晋国人，也不是楚国人，而是地地道道的鲁国人。墨子每逢谈起史书，不是《周春秋》，就是《齐春秋》《燕春秋》，甚至《百国春秋》，等等。这不清楚地说明他是鲁国人吗?

《孟子·尽心上》记载：“墨子兼爱，摩顶放踵利天下为之。”这句话里也含有墨子的里籍问题。从古代民俗学的资料看，邾娄或邹鲁地区的居民，自古就有头顶着东西走路的习俗，所以常常“摩秃其顶”。王献唐先生说：“戴篓之俗，自周、汉迄今尚存其制，皆邾族遗风。”王先生的这条考证，已为大汶口文化遗址出土的成人头盖骨所证明。这些先民的头盖骨都有因载物而留下的痕迹。

八、墨子里籍在滕州的新证

近几年来，滕州墨子研究中心协助山东大学姜宝昌教授开展墨子里籍考证工作，先后到成都、长沙、商丘、鲁山以及枣庄各地区进行实地考察，研究出土文物。经过近三年的研究考证、整理资料，姜宝昌教授撰写了《墨子里籍问题再议》一文，利用大量史实和确凿论据，论证了墨子为东鲁（鲁国）人而非西鲁（鲁阳）人，驳斥了“墨子为河南鲁山人”的错误论调，分析论证了“墨子里籍在滕州”的正确结论，是继张知寒教授《墨子里籍考论》一书后对“墨子里籍在滕州”研究的进一步深入，维护了学术正义，恢复了历史的本来面目。

滕州历史悠久，古为三国五邑之地。三国之一的小邾及滥邑，春秋前为目夷国；春秋时邾分三国，这里是小邾及滥邑的封地；春秋末年并入鲁国，战国时又为齐国、宋国侵占。墨子出生时小邾国及滥邑已属鲁国，说墨子是鲁国人当然可以；又因墨子先人是宋国人，此地曾被宋国侵占，说他是宋国人也无不可；又因小邾及滥邑曾为齐国侵占，说墨子是齐国人也行。总之，不论说他是哪国人，其具体地望都在小邾国，即今日滕州境内。张知寒教授的这一研究成果，得到了当代著名专家学者任继愈、杨向奎、张岱年、蔡尚思、匡亚明等的赞同与支持。任继愈先生为滕州题词“墨子故里”（见图 2-7），杨向奎先生为滕州题词“墨子诞生地”（见图

2-8），都充分肯定了墨子里籍就是滕州。

图 2-7　任继愈题
“墨子故里”碑

图 2-8　杨向奎题
“墨子诞生地”碑

【注释】

①张知寒《墨子里籍考论》，山东人民出版社 1996 年版；《读墨余论》，山东友谊出版社 1999 年版。

②见任继愈《墨子与墨家》，商务印书馆 1998 年版。

［原载《墨子研究论丛》（一），1991 年，后增改为“墨子纪念馆展室墨子里籍简介”，有改动］

第三篇　墨子生卒考论

一、众说纷纭的墨子生卒

墨子生于何年？卒于何年？这是历史疑案。我们且看历代名人如何论述墨子的生卒。

西汉武帝时著名史家司马迁在《史记·孟子荀卿列传》中模糊地说墨子“或曰并孔子时，或曰在其后”，没说具体的年代，为后世留下了难题。

司马贞《史记索隐》据西汉末年刘向《别录》推测“墨子在七十子之后”，也没说清具体年代。

东汉史家班固在《汉书·艺文志》中说：“墨子……在孔子后。”

南朝刘宋时期史家范晔在《后汉书·张衡传》注中的说法稍为确切一点：公输般、墨子“并当子思时，出仲尼后”。

清代毕沅（1730—1797）在自己校注的《墨子》中认为墨子是“六国时人”。

清代汪中（1745—1794）在《墨子·序》中认为：“墨子实与楚惠王同时，其仕宋当景公、昭公之世，其年于孔子差后，或犹及见孔子矣。”

清代墨学大师孙诒让（1848—1908）不赞同毕沅、汪中的论断，他在《墨子间诂·墨子年表》中认为：“近代治《墨子》书者，毕沅以为六国时人，至周末犹存，既失之太后；汪中沿宋鲍彪之说，谓仕宋得当景公世，又失之太前，殆皆不考之过。窃以今五十三篇之书推校之，墨子前及与公输般、鲁阳文子相问答，而后及见齐太公和，与齐康公兴乐，楚吴起之死，上距孔子之卒，几及百年，则墨子之后孔子，盖信。审核前后，约略计之，墨子当与子思并时，而生年尚在其后，当生于周定王之初年，而卒于安王之季，盖八九十岁，亦寿考矣。其仕宋盖当昭公之世。邹阳书云‘宋信子罕之计而囚墨翟’，其事他书不经见。秦汉诸子多言子罕逐君，高诱则云子罕杀昭公，又韩子说皇喜杀宋君，子罕与喜当即一人。窃疑昭公实被放杀，而史失载。墨子之囚，殆即昭公之末年事与？先秦遗闻，百不存一，儒家惟孔子生卒年月明箸于《春秋》经、传，然尚不无差异。七十子之年，孔壁古文《弟子籍》所传者亦不能备。外此，则孟、荀诸贤，皆不能质言其年寿，岂徒墨子然哉？今取定王元年迄安王二十六年，凡九十有三年，表其年数，而以五十三篇书关涉诸国及古书说墨子佚事附箸之。”孙诒让是清末研究墨子的大家，他考证墨子生于周定王（贞定王）元年（前468），卒于周安王二十六年（前376），享年93岁。

近代治墨学的学者梁启超（1873—1929）在《墨子学案·墨子年代考》中对孙诒让的观点稍有修正："毕沅据《非攻中篇》言中山之亡，则谓墨子至周赧王二十年（西纪前二九五）犹存。果尔，则墨子与孟子同时，安有是理。孙诒让据道藏本校正毕本误文，此说不辩自破矣。孙氏作《墨子年表》，大段不谬。但其据《亲士篇》言吴起之死，则谓墨子至周安王廿一年（西纪前三八一）犹存；此亦不确。胡适谓墨子决不及见吴起之死，谅矣。然胡氏谓墨子生年约当孔子卒前二十年，其卒年约当吴起死前四十年，则又失之太前。以吾所考证则如下：墨子生于周定王初年（元年至十年之间，西纪前四六八至四五九），约当孔子卒后十余年（孔子卒于前四七九）。墨子卒于周安王中叶（十二年至二十年之间，西纪前三九〇至三八二），约当孟子生前十余年（孟子生于前三七二）。"梁启超考证墨子享年80岁上下。

钱穆（1895—1990）在《先秦诸子系年·墨子生卒考》中指出：墨子生年,当在周敬王之末年（前476），或犹及孔子之未死也。墨子当死于周安王十年（前392），年寿盖逾八十。墨子享年84岁。

吴毓江（1898—1977）在《墨子校注·附录》中考证指出，墨子生于周敬王三十二年（前488）至以后十年间，卒于周威烈王二十四年（前402），享年86岁。

冯友兰（1895—1990）在《中国哲学史新编》中定墨子生卒年为公元前475年至公元前390年，享年85岁。

方授楚（1898—1956）在《墨学源流》中把墨子的生卒年定

为周敬王三十年（前490）至周威烈王二十三年（前403），享年87岁。

侯外庐（1903—1987）在《中国思想通史》中把墨子的生卒年定为周敬王三十年（前490）至周威烈王二十三年（前403），享年87岁。

除上述考论之外，还有许多专家学者各抒己见，考论墨子的生卒时间，不再一一介绍。

二、墨子生卒新考

任继愈（1916—2009）在《墨子与墨家》中说："关于墨子的年代，根据《墨子》书中的记载和先秦各家的传说，墨子和公输般同时，年纪比公输般略小。公输般生于公元前489年（孔子死前10年）。墨子也和孔子的学生'子夏之徒'同时。墨子'止楚攻宋'的故事，好多古籍中都有记载，可见这一件大事是相当可信的。止楚攻宋一事发生的年代应在公元前445到前440年之间，相当于墨子35岁到40岁的时候。墨子在这一次正义的行动中，从北方赶到楚国，十日十夜不休息，可以证明他的年纪当不太老；而这时他已是当代的大师，有弟子禽滑厘等300人。后来他又献书楚惠王，楚惠王在楚国就听说墨子'是北方之贤者'，并尊他为'先生'，可见墨子的年纪也不会太小。这时，孔子的弟子子夏、曾子约60多岁；墨子的年龄约与子思的年龄相当，应在40岁左右。在《非攻下》篇，墨子曾说'今之好战之国，齐晋楚越'，又说'唐叔与吕尚邦齐晋……四分天下而有之'。又在《节葬下》篇说'诸侯力征，南有楚越之王，而北有齐晋之君’。从《墨子》书中记载的当时各诸侯国之间的关系来看，田家还没有取代姜家的齐国；晋国还没有分为韩赵魏三个国家；北方秦国的势力还没有强大，南方的越国还没有衰亡。根据以上所说，我们可以这样说：墨子……约生于公元前480年，约死于公元前420年，活了约60岁。他出生的年代，约当孔子70岁的时候。”

任继愈先生考证墨子生卒年代的方法、史料很科学，也有说服力。墨子出生之年考证确切，其出生于公元前480年（周敬王四十年、鲁哀公十五年）。笔者相信任继愈先生墨子“约生于公元前480年”的考证，但不同意墨子“约死于公元前420年”的结论，主要根据如下：

孙诒让在《墨子间诂·墨子年表》中认为，“墨子前及与公输般、鲁阳文子相问答，而后及见齐太公和”，证明墨子那时健在。《墨子·鲁问》篇记载：“子墨子见齐大王，曰：‘今有刀于此，试之人头，倅然断之，可谓利乎？’大王曰：‘利。’子墨子曰：‘多试之人头，倅然断之，可谓利乎？’大王曰：‘利。’子墨子曰：‘刀则利矣，孰将受其不祥？’大王曰：‘刀受其利，试者受其不祥。’子墨子曰：‘并国覆军，贼杀百姓，孰将受其不祥？’大王俯仰而思之，曰：‘我受其不祥。’”此事发生在周安王七年（前395），文中的齐大王就是齐太公田和，田和并没称王，田氏代齐之后称齐王，此文是墨家弟子所记，用“大王”称号称“太公”。这件史实非常关键，足以证明墨子那时还活着，他不顾86岁的高龄，奔走齐国，成功劝阻了齐太公田和进攻鲁国。根据这件事及有关资料，结合孙诒让、梁启超等专家学者的考论，笔者认为墨子逝世于周安王十二年（前 390）。

综上所述，墨子生卒时间为公元前 480 年至公元前 390 年，享年 90 岁。

三、墨子诞生纪念日

关于墨子的生卒年代，因受史料所限，目前我们只能根据现有的史料推论研究，暂定为生于周敬王四十年（前 480），卒于周安王十二年（前 390）。将来如有新的史料出现，如有确凿的论证，我们再进行修正。

墨子生卒年代的考论如此之难，如果再往下考论他的生日和祭日，目前无能为力，没有可以借助的资料，无法考证他的出生日期和逝世日期。那么，在什么时间纪念这位伟大的平民圣人？我们可以学习借鉴历史上成功的经验。

在史料奇缺无法考证墨子具体生日和祭日的情况下，为了纪念墨子，我们可以选择一个比较合适的日子，作为“墨子诞生纪念日”。

选择墨子的诞生纪念日，可以参考以下条件：一是利用假期，便于社会各界人士参与纪念活动。二是考虑墨子“兼爱”“大同社会”的思想，对现实有重要参考借鉴意义。因此，建议把 7 月 18 日定为墨子诞生纪念日。

笔者提出“墨子诞生纪念日”的建议，是为了纪念墨子，弘扬墨学，为现实社会服务。这是抛砖引玉，仅供大家参考。

（原载《职大学报》2020 年第 6 期，有改动）

第四篇　墨家兴亡考论

一、墨家的产生

墨子创立的民间组织名为“墨家”，首领称为巨子（钜子），成员称为墨者。墨家产生于战国前期，自有其时代与社会的原因。

首先，墨家是战国时期学术上百家争鸣的产物。据《汉书·艺术志》记载，所谓诸子百家，主要是指儒、道、阴阳、法、名、墨、纵横、杂、农九家，而其中影响最大的是儒、墨、道、法四家。各家之间的争鸣，表面上看是学术的是非高下之争，而实质上是不同阶级和阶层的利益之争，是社会朝什么方向发展之争。墨家作为平民阶级的代表参加了这场争鸣，代表了平民的利益和愿望。

其次，墨家在反侵略兼并战争中产生并壮大起来。春秋时期，诸侯国之间的征战已绵延不绝，至战国愈演愈烈。春秋初年，周朝有一百余诸侯国，至战国初年，只剩下十几个诸侯国，而七国争雄正拉开序幕。春秋时，列国交战所投入的兵力，一般不过数万，最多也不超过十万；至战国，则有达十万以上，多至数十万的。这种无义战争，给社会给人民带来什么结果呢？正如墨子指出的，战争双方不论胜负，都使得社会的大量财物遭到毁坏，不计其数的人民遭受伤亡。目睹这罪恶的战争给人民生活带来的深重灾难，处在平民地位上的墨家，势必要强烈地反对和谴责；同时劝导人们以“兼爱”相待，使世界变得和平与安乐。正是由于这样的原因，“兼爱”“非攻”也就成了墨家学说的中心内容。不仅如此，为了有效地制止侵略，墨家还肩负起抗御侵略的重任，站到了斗争的最前线，做出了他们卓越的贡献。

最后，墨家的崛起，反映了平民阶级的自我觉醒。春秋战国时期，物质生产有了明显进步，农业、手工业迅速发展，商品交换更为兴盛。这种进步，主要表现在物质生产方面，也同时表现在平民阶级的成长与壮大，表现在他们自我意识的觉醒。墨子强调“贵不敖贱”（《墨子·兼爱中》），强调“官无常贵而民无终贱”（《墨子·尚贤上》），提倡“尚贤使能”（《墨子·尚贤中》），“虽在农与工肆之人，有能则举之”（《墨子·尚贤上》），正是反映了平民的民主平等的要求。

墨家为什么要以墨子的姓氏名家呢？水渭松先生说：“第一，这是墨家组织的成员对于首领的崇敬意识的反映。《庄子·天下》说：后世的墨家成员，‘以巨子为圣人，皆愿为之尸’。对于当时的首领都崇敬到如此程度，可见这种观念是多么强烈！我们由此可以设想，在墨家创家之初，它的成员出于对开创者墨子的崇敬与爱戴，而主张以他的姓氏名家，也正是情理之中的事。第二，这与墨家组织的特殊性质有关。墨家是一个组织严密的集团，首领即统帅，一切部署行动都听命于他。这种显要的地位和作用，使得以墨子的姓氏名家有极大的可能性。如果事实确实是这样，那么，墨家名称的产生显然是出于它本身的原因，而不是如江瑔等人所说是世人的外加。”

总之，墨家应运而生，在战国诸侯争霸、百家争鸣的历史舞台上，上演了非常重要的正剧。

二、墨家的组织

战国时期，诸子百家大都是松散型的学派，唯独墨子组建了墨家团体，而且是有纲领、有组织和纪律的严密的学派。墨家是中国古代独具特色的一个学派，不仅有独特的思想、独特的组织、独特的实践、独特的成就，而且有着独特的历程。

墨家在建立之初，即有一定的组织形式。随着墨者数量的增加，活动范围的扩大，其组织形式也趋于严密，具有军事防御自卫的性质。随着时间的推移，其组织形式更得到了强化，成为高度组织化的学术、军事团体。

墨家的宗旨是“兴天下之利，除天下之害”。他们的政治、学术和社会活动不是为了做官，而是为了实现其“兴天下之利，除天下之害”的崇高理想。故墨子说：“道不行不受其赏，义不听不处其朝。”所以当楚王、越王分别以“封地五百里”等高官厚禄邀请墨子，但墨子知道楚王、越王不能用其道、只是图其名，终于辞谢不去。墨子曾推荐弟子高石子到卫国从政，卫君封高石

子高官厚禄，但卫君不采纳他的政治主张，高石子就辞去官禄，回来向墨子报告。墨子表扬高石子：做得很对。墨子还推荐弟子胜绰到齐国大将项子牛处做官，派他做项子牛的工作，不要攻打鲁国，但胜绰没有完成使命，项子牛三次入侵鲁国，胜绰都跟随进攻，墨子为此非常生气，派弟子把胜绰召回。这些都足以证明，墨家的宗旨是“兴天下之利，除天下之害”，决不为个人谋私利。墨家团体成员所从事的活动，主要有两个方面：一是宣传墨家的主张，一是帮助弱国防御侵略。墨子倡导“有力者疾以助人，有财者勉以分人，有道者劝以教人”。这三条充分展示出墨家成员崇高的精神风貌。据《淮南子·泰族训》说：“墨子服役者百八十人，皆可使赴火蹈刃，死不旋踵，化之所致也。”为了实现救世的目标，团体的每一成员都万难不辞，英勇顽强！

墨家的组织形式，一是设立“巨子”制，由他统帅与决断一切。巨子有至高无上的权威，所有墨家成员必须绝对服从其领导。“巨子”这一具体称呼没有被用于墨子，也许当时还没有这种称呼，但墨子是墨家的创始人，自然是第一任巨子。此后的巨子都是从影响最大、威信最高的弟子中产生。巨子产生的程序虽没有资料记载，但据顾颉刚研究，中国的“禅让制”起源于墨家，墨家巨子的产生应是“禅让制”的实践。巨子的承继也可能是由前任直接指定接班人，并移交权力。二是团体内部有不同专业的分工，以便有效地开展各项活动。墨子在回答弟子治徒娱、县子硕的问话时，曾说：“为义”之事，“能谈辩者谈辩，能说书者说书，能从事者从事，然后义事成也”（《墨子·耕柱》）。“义事”

即墨子为之奋斗的事业。为了使它能够实现，墨子对于团体内部的人员进行了大体分工。所谓“谈辩”，即与人论理辩说；所谓“说书”，即通过解说有关典籍来阐述墨家思想，其中当然也包括遵照墨子所著之书来进行论说；所谓“从事”，即指从事于防御侵略、劳动生产等事。战国中期，身在楚国的墨家巨子孟胜下令将其职位传给宋国的田襄子，从这一事中我们可以看出，墨家组织已扩大到许多诸侯国。虽然他们在多少个诸侯国建立了分支尚不可知，但各分支都归属于巨子统一领导则是清楚的。因此可以设想，各分支之间必定保持着一定的联系，以便必要时采取联合的行动。

墨家有着严密的纪律。墨者的政治社会活动要遵守墨家的纪律，如果违反，那就要受到批评或制裁。如墨子推荐胜绰去齐国大将项子牛处行义，胜绰三次跟随项子牛入侵鲁国，违背了墨子的“非攻”之义，墨子就派高孙子去把胜绰召回。墨子介绍一个弟子到卫国去工作，约定薪俸是1000盆谷，但实际上卫国只给这个弟子500盆谷。这个弟子不干回来了，向墨子汇报，墨子批评他，说他工作只计较个人的利益，不是为了行义。

墨家有严格的家法。墨家之法，“杀人者死，伤人者刑”。凡是墨者，都要绝对遵照执行。据《吕氏春秋·去私》记载：“墨者有巨子腹䵍（tūn），居秦，其子杀人。秦惠王曰：‘先生之年长矣，非有他子也，寡人已令吏弗诛矣，先生之以此听寡人也。’腹䵍对曰：‘墨者之法曰：杀人者死，伤人者刑。此所以禁杀伤人也。夫禁杀伤人者，天下之大义也。王虽为之赐而令吏弗诛；腹䵍不可不行墨子之法。’不许惠王，而遂杀之。”此事虽然发生在墨子之后，但说“墨者之法”，就可知此法为墨子制定，并且自墨家成立就开始执行。墨家执法如山，不徇私情，令人佩服。

墨家有着严密的组织。墨子反对楚国侵略宋国，除亲自面谏楚王、力劝楚王停止侵略行动之外，他还指令大弟子禽滑釐率领三百墨者，帮助楚国守城。如果没有严密的组织，那是无法办到的。

墨家有严格的训练。墨家弟子180人，都是刀山可上，火海敢闯，视死如归，义无反顾。这种勇敢牺牲的精神，一定是严格训练的结果。

墨家有集体的经费。墨者到各地工作或做官，所得的薪俸，除自己生活所需之外，其余的都上交给墨家，作为集体经费。如耕柱子在楚国做官，一次就送十金给墨子。

墨家有特殊的制度。墨子只穿粗布短衣，艰苦朴素。他要求弟子也要节用、节葬，以自苦为荣；不仅要有知识和专业技能，多数成员还要接受军事训练，并随时准备打仗，为兴利除害献身。墨家对于丧葬，有明确的制度：“冬日冬服，夏日夏服，桐棺三寸……”

墨家有活动基地。墨家既然是一个学术与军事相结合的社团，当然不可能独立自主地存在于某一个诸侯国家，而必须得到该国执政者的许可。墨家要在抵御侵略的斗争中发挥作用，也必然会选择并依附于某些弱小国，作为活动的基地。

据墨学专家孙诒让《墨学传授考》，墨子及门弟子 15 人，再传弟子 3 人，三传弟子 1 人，其他虽治墨学而传授系统不详者 13 人，杂家 4 人。在其弟子中，禽滑釐是最著名的，其次还有高石子、高何、县子硕、公尚过、耕柱子、魏越等。现存史料明确记载曾担任过墨家最高领导职务巨子的有孟胜、田襄子、腹䵍。

三、墨家的分裂

墨家是高度统一的团体，在墨子死后却走向分裂，此事见于《庄子・天下》和《韩非子・显学》。《庄子・天下》篇说“相里勤之弟子，五侯之徒，南方之墨者苦获、已齿、邓陵子之属，俱诵《墨经》，而倍谲不同，相谓‘别墨’。以坚白同异之辩相訾，以觭偶不仵之辞相应”。文中列举当时墨家在北方有两派，在南方有三派，他们虽然都诵读《墨经》，可是观点不一致，因而都说对方不是正统的墨家。从他们因为对《墨经》在理解上的分歧对立而竟然分道扬镳来看，不仅这《墨经》是至关重要的墨家经典，而且他们分歧的焦点必然是关系到墨家的根本宗旨要不要坚持的重大原则问题。这看法可以从《韩非子・显学》得到印证。《韩非子・显学》说：“自墨子之死也，有相里氏之墨，有相夫氏之墨，有邓陵氏之墨。……墨离为三，取舍相反不同，而皆自谓真……墨。”既然自称“真墨”，别人当然是“假墨”（即“别墨”）。

墨家当时所面临的斗争形势十分严峻，各种事务不胜艰苦，生活又极其简朴，所以，墨子死后，墨家内部会就根本宗旨等一些重大问题发生争执。这种分歧乃至对立的观点，我们从《墨子·兼爱》等文章中也可以窥察出一些迹象。例如：关于“兼爱”说，从原来的广泛劝导，到提出“劝之以赏誉，威之以刑罚”（《墨子·兼爱下》），即寄希望于统治者用强权推行；如“尚贤”说，从原来的以爱利百姓为贤，反对贵族世袭，要求平民参政，到提出“贤”的标准是能为君尽职殉难（《墨子·尚贤中》）。这种种迹象，使人明显地感觉到，在墨家内部有一种势力，他们已从支持贫困者、弱小者的立场转向支持强权者。他们虽然仍打着墨家的旗号，诵读着《墨经》，但他们可以对《墨经》作出符合自己需要的解释。由此可知，他们势必与坚持墨家宗旨的人发生激烈的争辩，最后使墨家产生分裂。

四、墨家的衰亡

墨家势力曾盛极一时，在舆论上与儒家平分秋色，《韩非子》称为“儒墨显学”。但是，到秦始皇统一前夕，墨家已急趋衰微。孙诒让说“墨氏之学亡于秦季”。这是什么原因呢？原因是多方面的，主要有以下三个方面：

第一，墨子死后，其弟子分裂，有的能坚持墨家宗旨，但力量减弱；有的背叛了墨家的宗旨，投靠了强权者，不惜给他们充当卫士，这是最根本的原因。墨家之所以能崛起于一时，广得民心，具有强大的生命力，完全在于他们代表着平民的利益、弱小国家的利益，立志要为天下人兴利除害。可是，墨子死后20年左右，巨子孟胜已依附于楚国贵族阳城君门下，成为他的心腹，与他订立保卫封邑的约定，并且因为自己不能践约而以一死表其忠诚。孟胜的生和死，都为着阳城君一人，这就是他心目中的“墨者之义”，与墨子提倡的“爱利百姓”之义真是风马牛不相及了。他的185个弟子也相随集体自杀，演出了一幕愚忠的丑剧。这样的墨者，不是走向了自己的反面吗？如此墨家弟子，使天下人大失所望，实际上是自取灭亡。

第二，墨家精神不适应社会形势。一种精神能否被人们接受，并不是取决于主观意愿，而是决定于相应的社会条件是否具备。墨家那种为社会民生艰苦奋斗，甚至不惜献身的精神固然难能可贵，可是，这种精神在两千多年后的今天，也还只是在先进人物身上得到体现，在墨子当时不可能具备倡导和实现它的社会条件。因此，它虽然能鼓动人心于一时，却无法使其成员持之以恒。庄子指出：墨子的精神行为，他自己虽然能够做到，可是别人忍受不了，很难做到。

第三，作为墨子学说中心内容的“兼爱”主张，在阶级社会里是行不通的。在阶级社会里，人与人之间，特别是对抗阶级之间，不可能超越实际存在的利害关系而相亲相爱。“兼爱”主张固然是出于一种善良的愿望，但是，客观实际不以其为转移。

墨子创立的墨家学派虽然衰亡了，但墨子的思想并未失传，它像基因一样，代代相传不息。清代中后期，墨学开始复苏，到民国形成高潮。新中国成立后，尤其是改革开放以来，墨学重放光彩。

五、墨家后继有人

墨子逝世之后，墨家分为三派（一说五派），社团组织继续存在发展，亡而不灭，后继有人，薪火相传。秦汉之后，墨家解散，化整为零，墨者分散于民间，游离于社会，有的行侠仗义，路见不平，拔刀相助；有的隐身山林，落草为寇，替天行道；有的藏身于道观，尊墨子为地仙，收《墨子》于《道藏》；有的仗义疏财，救济贫民；有的著书立说，仗义执言，为墨子与墨学鸣不平。历朝历代，墨家散于民间，薪火相传，传人不断。其中影响较大的墨者有清代汪中、现代谢湘、当代张知寒。

（一）墨者汪中

汪中（1745—1794），字容甫，江都（今属江苏扬州）人，祖籍安徽歙县。清朝时期著名的哲学家、文学家、史学家，与阮元、焦循同为“扬州学派”的杰出代表。汪中幼年丧父，母亲带着他们姐弟三人，求告无门，苦苦挣扎。他少年帮书店卖书，酷爱读书，经过刻苦自修，诗文自成一格。汪中为人，对朋友无私帮助，对母亲至孝，但以才华自负，睥睨当世文人，好骂也善骂，是清代考据文人中少见的至情至性的人物。

乾嘉时期，为了校正经书，学者们开始对《墨子》作校勘、训诂，以方便“引说就经”。汪中是这一时期第一个校注《墨子》的人，他对《墨子》大胆提出自己的见解，因此受到代表当时传统思想的翁方纲的批判，翁方纲甚至拿一个“墨者”的头衔加给他，主张褫革他的“生员”衣顶，宣布他为名教罪人。翁方纲

(1733—1818)，清代书法家、文学家、金石学家，官至内阁学士。他以卫道士的身份，声色俱厉地说："有生员（指明清时经本省各级考试入府、州、县学者，通名生员，俗称秀才）汪中者，则公然为《墨子》撰序，自言能治《墨子》，且敢言孟子之言'兼爱无父'为诬墨子，此则又名教之罪人，又无疑也。……今见汪中治墨子之言，则当时褫其生员衣顶，固法所宜矣！汪中者，昔尝与予论金石，颇该洽，犹是嗜学士也，其所撰他条亦尚无甚大舛戾。或今姑以此准折焉，不名之曰'生员'，以当褫革，第称曰'墨者汪中'，庶得其平也乎！然而夷之怃然以后，则已身向正学矣。所以孟门弟子尚许之，尚惜之，书曰'墨者夷之'；若汪中，岂其能当此称哉!"(《复初斋文集》卷一五《书墨子》)由此可知，汪中的评墨子在当时影响很大。

汪中首先校释《墨子》，并撰《墨子序》与《墨子后序》，力辩孟子、荀子对墨子诬蔑之言，对墨子给予正确的评价。汪中从儒家的立场肯定墨子，一反孟子以来斥之为异端的说法。汪中评论墨子虽然客观中肯，但是惹出祸害，得罪了以翁方纲为代表的儒家官员，险些丢掉了"生员"之冠，被冠以"墨者汪中"之名。

（二）墨家巨子谢湘

民国时期，墨家获得了新生，第 102 代墨家巨子谢湘在香港创立墨道堂，弘扬墨学，书写了传奇人生。

胡逸民先生在《墨子学说研究·序》中说：谢今生先生，原名湘，道号典梅，粤之东莞人也。他崇仰墨子，服膺墨家学说，

行事一循墨子之道，主张实用，提倡力行，刻苦节约，排私为公。我则是许行之徒，躬耕垄亩，实行劳动，闻谢先生将来拟建墨子圣坛于沙田，一新香港人士的耳目，明年春并决定租用大会堂，每星期宣扬墨子学说一次，又于九龙弥敦道二二七号九楼谢氏宗亲会内，每星期召开香港墨道堂中国学术座谈会一次，使香港人士尤其青少年，了然于墨子学说，可以匡救时弊。谢先生手写《墨子学说研究》一书，届时当可问世。其抱负如此，深令吾人感动，逸民不敏，志愿追随，身体力行墨家之学说，造成香港之新风气，转移中国之旧习惯，复兴春秋时代墨学之泱泱大风，其前途光明，可预卜也。谢先生是实行家，也是理想家，很重道义，言必信，行必果，好议论，工文词，论其性格，沉静持重，他可以缄默到整天不开口，也可以言如泉涌，滔滔不绝，下笔万言，极具奇见，言人之所不敢言。最近二十年间，著述盈箧，我常和他谈话，霎时之间，灵感一动，伸纸挥毫，顷刻立就，曾在香港电台，先后播讲《反三国演义》《墨子学说研究》《中国历史人物质疑》《中国著名长篇旧小说考证》，为听众所欢迎与爱好。谢先生承墨翟后身褐道人指定为墨家一百零二代巨子，因谢先生刊行《墨子学说研究》一书，特序之如上。

谢湘先生在《墨子学说研究》中说：自古以来，墨学虽被排斥于士大夫们，而农村老百姓，以及城市的下层阶级，仍保持墨子的遗风，尤其是洪门帮会，好侠尚义，都是奉承墨子的遗教，至于士大夫方面，行为操守，暗合于墨家的作风者亦不少，如明代的海瑞。至于编述者（即谢湘），被称为墨家白眉巨子，这也是有一段故事。且读本人所撰的《北京奇遇记》：京城西直门外，近西山之麓，白云观在焉。白云观者，天下最大之道观也，可容道众数千人，各名山之黄冠羽客，云游至京者，恒驻仙踪于此。中有褐（粗布衣服）道人，来自辽蓟，昂藏七尺，髯长及腹，寿120余岁，静修于观之窟室，终日盘足而坐，不言不动，不饮不食，盖其辟谷已多年矣，天未白，往西山朝太阳，习吐纳，出入人未见也。余读书北大，闲往游观，蒙当家者引进，拜座下，褐道人曰：吾为墨翟后身,汝则弟子禽滑釐也，转世不知若干次，我知之而汝未悉也，今有缘复会，他日汝当回复本来面目，墨学之湮没不传久矣，兴灭继绝，唯汝是望，兹传汝相人之奇术，济世之秘方，汝享富贵四十年后，当急流勇退，弘扬旧学，永昌墨宗，锡（赐封）汝为102代墨家巨子，勉之勉之，毋负吾嘱！当时不以为意，日寇之来，屡陷险境，均荷吾师灵示，得以化险为夷，抱此宏愿二十余年，今始实现，是亦吾师所启示也。编述者原在香港九龙大角咀福泽街八号七楼（现拟迁往沙田火炭村、拔子窝并耕农庄内）创立唯一的墨道堂，废除一切旧仪式，以阐扬墨子遗教为主，附设中国学术研究部，希望港九志同道合之人士，不论男女老少前来互相讨论研究，本人（即谢湘自指）于48年前曾得到墨家的真传（参阅《北京奇遇记》），对于墨家的蕴义、研究颇有心得，且能实践墨子兼爱、和平、苦行、节用诸大端，身体力行，数十年如一日，可说得上拳拳服膺、老而弥笃的了。本人自1957年由南洋回港，观摩儒、释、道合一的融合精神，有所感悟，因而有“墨道堂”之设，纳天道于人道之中，使人道循天道行事。本来墨家与道家的思想学术虚实不同，动静各异，然而道家能吸收墨家的精华，且将《墨子》之书收入《道藏》里，虽经儒家攻击，幸能保全至今。墨子在道教言，犹为太极仙卿，后来许多道家亦能排难解纷，好侠尚义，如吕洞宾之流，所以到了晋唐以后，墨、道早已合流了。道家伪造墨子《枕中五行要记》1 卷，《五行变化墨子》5 卷，盖即《葛洪神仙传》所谓《五行记》者，则道家之宗仰墨子，正与儒家之排斥墨子相反。(见图 4-1)

图 4-1　谢湘先生在香港墨道堂留影

以上所言，言简意赅地说明了谢湘先生是墨家第 102 代巨子，墨家后继有人。

（三）墨家传人张知寒

20 世纪 50 年代，谢湘在香港创立墨道堂；20 世纪 90 年代，张知寒提议并促成滕州市政府建立了墨子纪念馆和墨子研究中心。

张知寒（1928—1998）出生于山东滕州龙阳镇顾庙村，山东大学历史系著名教授。1988 年离休，1998 年去世。短短的 10 年间，他开创了墨学研究事业，在弘扬墨学上主要有三大贡献：

第一，他的“墨子故里在滕州”的结论，得到学术界的认可。这是他多年研究的重大成果，也是墨学研究上的重大突破，以此为契机，拉开了墨学兴盛的帷幕。

第二，他把弘扬墨学与我国两个文明建设和世界和平紧密结合，提出了墨学研究要为现实服务的新思路、新观点、新方法，为墨学兴盛注入了活力与动力，引起了各级党政领导的重视，得到了社会各界人士的支持。

第三，他是20世纪墨学兴盛的奠基人、组织者，是墨学兴盛的纽带、灵魂，也是卓越的墨学社会活动家。

10年来，无论春夏秋冬，无论东西南北，张知寒先生到处奔波，“上说下教”宣传墨学，用真情感动了一个又一个听众，掀起了一个又一个研究墨学的高潮，筑起了墨学研究的大厦。10年来，他推动成立了有史以来第一个由政府主办的墨学研究部门——滕州市墨子研究中心；主持成立了有史以来第一个民间墨学研究机构——中国墨子学会。这标志着墨学研究再不是一盘散沙，而是进入了有组织、有领导、有章程的新阶段。10年来，他先后主办了一次全国、三次国际墨学研讨会，每次大会规格之高、规模之大、效果之好，在我国墨学史上都是空前的，它标志着墨学长期被冷落的历史已经结束，从此进入一个崭新的时期。10年来，他建议、协助滕州兴建并完成了墨子研究中心、墨子纪念馆、墨学研究展、石版《墨子》、大型墨子铜像、墨子名家题辞碑廊、大型壁画《墨子圣迹图志》、墨子诞生地碑和墨子故里碑等一系列基础工程和不朽之作，填补了多项墨学史的空白，这也是历史

上第一次为墨子建造纪念像、纪念馆，第一次为墨学研究者建设研究基地。（见图 4-2）

图 4-2　张知寒教授

10 年来，张知寒先生在繁忙的社会活动中，挤时间赶写了《墨子里籍应在今之滕州说》《略说墨子学说对后世的影响》等论文近 20 篇，出版了《墨子里籍考论》《读墨余论》等论著。此外，他还主编了 4 集 200 多万字的《墨子研究论丛》，主编了一套 10 本 100 多万字的“墨学与当今世界”丛书。这些墨学研究的论著有深度与广度，足以超越前贤，启发后来，影响当代。据不完全统计，近年来全国各省、市、区相继出版了《墨学通论》《墨子评传》《显学重光》《中国墨家》《墨子名言》《墨者的智慧》《墨子新论》《平民圣人：墨子的故事》《墨子》《墨子白话今译》等各种专著 100 多本，发表墨学研究论文 1000 多篇。

上述主要成就和成果，是张知寒在生命的最后 10 年取得的，也是在与多种癌魔进行 6 年顽强斗争中取得的，真是来之不易。从某种意义上说，他是用血汗谱写了新时期的墨学，他是用生命奏响了墨学兴盛的凯歌！

张知寒在遗嘱中说："墨学与当今世界"的稿费还没发给作者，应该发给，我的不要了。要感谢吴（官正）书记、韩（喜凯）书记对墨学事业的关怀。《墨子论丛》第四集上的照片不清楚，选几张清楚的换下来。我希望墨子纪念馆永远不受侵犯，让广星写清楚，墨子纪念馆具有世界意义、现实意义、历史意义，可提高党在国内外的声望。要想法确立墨子纪念馆的地位……

社会各界人士都支持张知寒先生研究墨子。党和国家的领导姜春云、费孝通等先生，在百忙中参加他主持的墨学国际研讨会，接见与会专家学者，发表重要讲话，接受中国墨子学会的名誉职务，为学会及墨子研究题词，为大型墨子铜像揭幕。山东省的领导赵志浩、韩喜凯、苗枫林、董凤基、王玉玺等先生，对他开创的墨学事业非常重视，拨出专款支持墨学研究。滕州籍在外地工作的李景上将、李继耐政委、杨斯德部长、商景才主席、王学仲教授、朱传棨教授等领导和专家，他们钦佩赞扬张知寒对家乡的无私奉献，也大力支持他为振兴滕州、弘扬墨学所开创的事业。

曾任中共中央政治局委员、山东省委书记吴官正先生曾亲自到张知寒先生家中看望，出席他主持的第三届墨学国际研讨会，发表了重要讲话："张知寒教授对自己要求很严格，我被他的精神感动了。我从未参加过学术研讨会，这是第一次。所以我对他介绍的墨子的思想和他对墨学的贡献，很受感动。”

颜道岸、任继愈、杨向奎先生在唁电中高度评价张知寒先生为墨学研究做出的不朽贡献：“先秦墨子显学传，两汉以后不新鲜。而今墨学重奋起，赖有教授张知寒。”

蔡尚思先生曾真诚地说：“研究墨子，张知寒教授不如我；组织发动、宣传墨学，我不如张知寒教授。张知寒教授是优秀的社会活动家。”他亲笔题词：“张知寒同志富有墨子精神，值得人们学习。”

任继愈先生曾任国家图书馆馆长，是著名教授、博士生导师、著名哲学家。他高度赞扬张知寒是“当代的墨子”，并说：“在我所有的朋友当中，张知寒教授是我最敬重的一个。”

不管社会对他怎样，不管命运把他抛到哪里，也不管生命给他带来多少不堪忍受的苦痛，张知寒总想做一个对社会有用、对人民有益的人。他为了墨学事业，心甘情愿地牺牲自己的一切，奉献自己的一切。正是在这种牺牲和奉献中，他创造了辉煌，获得了人生的意义和人的尊严与价值。他像一支烛、一盏灯，最后6年身患多种癌病，明明知道快要耗尽、熬干，仍要把自己最后的光、最后的热献给墨学，献给社会，献给人类。

汪中、谢湘、张知寒等是墨家传人的典型代表，还有许多墨者为弘扬墨学做出了不朽的贡献，本文所限，不能一一论述。

（原载《墨子读本》，青岛出版社2004年版，今增“五、墨家后继有人”等相关章节。有改动）

第五篇 《墨子》其书考论

一、《墨子》的作者

关于《墨子》的作者，明代之前并无异议，都认定作者是墨子。自明之后，有的学者提出疑问，认为《墨子》一书不是墨子所作，而是其弟子或后人整理编辑；有的学者怀疑一些篇章的真实性。《四库全书总目提要》关于《墨子》书说："其书中多称子墨子，则门人之言，非所自著。"又说："第五十二篇以下，皆兵家言。其文古奥，或不可句读，与全书为不类。疑因五十一篇言公输般九攻、墨子九拒之事，其徒因采摭其术，附记其末。"

近代学者方授楚在《墨学源流》中说："墨子未尝自著书也，今所传《墨子》书，乃墨翟弟子及其后学所记述，缀缉而成者。(言墨子未自著书，于墨子之价值无损，在古代文具艰难，而识字者不多，在一时之效用，著述未必优于口说。故释迦牟尼，耶稣基督，均未自著书也，其于世界宗教之影响何如？苏格拉底亦未自著书也，于西洋学术，影响又何如？在墨子以前，孔子明言述而不作，虽作《春秋》，然因鲁史，实犹未作也。）”

当代学者谭家健在《墨子研究》中说：“多数学者认为，这本书基本上不是墨翟自著，而是其门人或后学所记录辑集，相当于墨学丛书，成书大约在战国后期。”

当代学者詹剑峰对《墨子》的作者问题有独到的论述：“先秦流传下来的子书，大抵是汉时人编定的。《墨子》一书是刘向校编墨子自著及其门徒记述墨子言论的书篇而写定的一家之言。后来班固又重加编定，原有七十一篇，现只存五十三篇……总起来说，《墨子》一书是墨子一家之言，犹之乎《庄子》一书是‘道家者流’中庄子一家之言，《荀子》一书是‘儒家者流’中荀子一家之言。众所周知，《庄子》一书有庄派学生引申和附加的成分，《荀子》一书也有荀派学生引申和附加的成分。我们研究《庄子》，不能也无法划出前期庄子哲学和后期庄子哲学，不能也无法划分为前期庄子和后期庄子。同样，我们研究《荀子》，不能也无法划分为前期荀子哲学和后期荀子哲学，不能也无法划分为前期荀子和后期荀子。怎样能把《墨子》划出前期墨子哲学和后期墨子哲学，划分为前期墨子和后期墨子呢？所以我们把《墨子》一书作为墨子一家之言来研究、分析和叙述墨子哲学。”（《墨子的哲学与科学》）詹剑峰这一结论，客观地分析了在《墨子》作者问题上的一些错误观点，把颠倒的历史纠正过来，还《墨子》作者的本来面目，对于墨学研究贡献极大。

《墨子》中的《经上》《经下》《经说上》《经说下》《大取》《小取》6 篇，许多学者命之曰《墨经》或《墨辩》。《墨经》有的只含前 4 篇，有的包括全部 6 篇。现代著名学者詹剑峰研究认为，墨子自著《墨经》。《经上》《经下》两篇是墨子自著，是墨子教人的全部大义之所在，故题名为《经》。《经说上》《经说下》两篇是墨子讲《经》时所作的说明，也许是他讲《经》时学生所作的记录。这 4 篇是墨子学术思想的中坚，也是中国古代劳动人民从实践中所得到的科学知识的总结。墨子著《经》，铁证如山。“楚惠王五十年，墨子至郢，献书惠王。王受而读之，曰：‘良书也。’”（李善《文选注》）这部书一定是墨子自著，因为墨子决不会把别人写的书献给楚惠王。后来楚威王又读墨子的书，认为“其言多而不辩（文）”。这就是说，墨子的书所讲的方面很多，但辞句短简深奥。试读现存的《经》，讲的方面确是很多，讲哲学，讲政治，讲科学，讲逻辑，而《经》的辞句确是不文，短简深奥。庄子也曾明确指出：三派墨者“俱诵墨经”（《庄子·天下》）。“如果《经》不是墨子自著，怎样能使三派墨者‘俱诵’呢？只有墨子亲著的《经》才能使三派墨者‘俱诵’。因为《经》是墨学要义之所在而又为三派墨者所‘俱诵’，故称为《墨经》。”（詹剑峰《墨子的哲学与科学》）

当代著名学者王赞源、姜宝昌、孙中原等专家所编《墨经正读》中包括了《大取》《小取》。他们认为《大取》是墨学的总纲领，也是墨家的逻辑学和伦理学，其中对利害的权衡去取，同异的辩证分析，以及“辞以故生，以理长，以类行”的推论三原则，均有精辟的论述。《大取》罗列了众多的条文，内容以辨析爱、恶、义、利居多，其中夹杂着名辩之文。《小取》结构完整，层次井然，主要内容是逻辑学，已具规模，是我国逻辑学的奠基之作，也是我国最早的逻辑学教材。

墨子把他的思想、理想、理论、实践等集中浓缩刻印为《墨经》，但讲学时不受其限制，自然要举例分析论证，自然要动手进行实验。他的弟子们把他的讲授加以整理成文，然后用作教材，或到各国游说王公大人，或到各地收徒传道。如果是这样，墨子亲自使用的教材与弟子们使用的教材就有详略之分。但是，万变不离其宗，无论墨家弟子有多少，走到哪里，都要按照墨子的基本思想、原理去宣讲，决不能违背原则。这是因为他们有统一的最高权威的墨学教学大纲——《墨经》。

《墨子》一书除墨子自著《墨经》之外，还有墨子十论、墨子语录、墨子城防等大部分内容，这些内容经过弟子及再传弟子汇编成书。

二、《墨子》的版本

关于《墨子》的版本，现代墨学研究者栾调甫的论述很有价值，他认为《墨子》流传版本演变的基本过程是竹书—帛书—刻本。他说：“《墨子》原本为竹书，故有七十一篇之目。汉人转录于帛，故有十五卷之分。至宋而后，始有刊本。篇卷次第犹存其旧，故得据以考见传本源流。”(《墨子研究论文集》)据此，他列出了《墨子》前后相承的9种版本：竹书本、卷书本、分章本、隋唐本、宋刊本、明《道藏》本、明嘉靖本、清毕秋帆校注本、清孙仲容《间诂》本。依据栾氏的论点，结合有关的资料，简述如下：

（一）竹书本

竹书本是指汉武帝、汉成帝时从民间收藏中征集到的战国时期的《墨子》书。这种古书为“简策（册）”，把文字写在特制的竹片上，用绳子编连而成。一根书写文字的竹片为“简”，多根竹简编连成“册”，称为“篇”，所以古本《墨子》以篇计数。班固在《汉书·艺文志》中记载：“《墨子》七十一篇。”以“篇”计量而不用“卷”计数，可见汉代所收藏的《墨子》是竹简本。这可能是《墨子》最早的版本，因竹简书不易收藏，久藏易烂，久已失传。考古发现的竹简有《墨子》书的内容。

（二）卷书本

卷书本是指汉代刘向校书后，又从竹书转抄写于缣素（细绢）上的《墨子》书。汉武帝时曾经下令广征遗书，并“建藏书之策，置写书之官，下及诸子传说，皆充秘府”（《汉书·艺文志》）。汉成帝河平三年（前26），为整理皇家秘府的藏书，成帝命刘向总领校书编目之事，同时负责校经传诸子等。栾调甫认为：“据其《录》云：‘皆已定以杀青简，书可缮写也。’盖谓其书校定完毕已书之于竹简，并可从而转写于缣素以为卷书也。……由是言之：自刘向校书始有隶字之本，自录于缣素始有分卷之目，而《墨子》书之有卷本起于西汉已无疑矣。”（《墨子研究论文集》）将竹简本《墨子》抄写为汉时帛书本《墨子》，应从汉成帝开始。帛书本为校勘今本《墨子》提供了有价值的根据，如《墨子·耕柱》之“夏后开”即“夏后启”，把“启”字改写成“开”字，是为了避讳汉景帝刘启的名字。再如今本《墨子》中的“亦”字，实为古“其”字之误，古“其”字写作“亓”，隶书写作“亣”，后人误写成“亦”。

（三）分章本

分章本是指《经上》《经下》“二篇分章作两重排列写之”的《墨子》本。栾调甫认为：“其每行字数当在三十五字以上。以唐卷行间容字较少，汉人专经不甚治墨，疑古卷分章出魏晋人手。”（《墨子研究论文集》）

（四）隋唐本

隋唐本是指《隋书·经籍志》和《旧唐书·经籍志》著录的《墨子》书。《隋书·经籍志》“著录《墨子》十五卷、《目》一卷，为自东晋以降南北两朝流传之本。其十五卷即今本《墨子》全书，《目》一卷则刘向校定之目录也”（《墨子研究论文集》）。隋本《墨子》系南北朝时的字体，据此本可考证后人传抄刻印时校改而成的伪字。《旧唐书·经籍志》只记《墨子》15 卷，没提《目》1 卷。唐本《墨子》也有因唐代行文而出现的伪字，据此也可考证后人传抄刻印时校改而成的伪字。

（五）宋刊本

宋刊本是指“宋《崇文总目》著录《墨子》十五卷，为北宋景祐中崇文院所藏之本”（《墨子研究论文集》）。栾调甫认为，宋本《墨子》“疑自唐人写经之本传录而出”。此外，另有一种三卷本《墨子》，据宋《中兴阁书目》记载，三卷本只有“自《亲士》至《上（尚）同》凡十三篇”，不是全本。宋刊三卷本源出古本，未经宋人改窜，据此本可以校十五卷本。

（六）明《道藏》本

明《道藏》本是指明正统十年（1445）道士张宇初等刊刻的《道藏》梵夹本。栾调甫认为："宋官私书目虽以十五卷与三卷本两本并列，然宋末明初人所习见者皆其不全之三卷本。至明正统十年刊行《道藏》，世遂重见十五卷之全书。今按《道藏》全书，《墨子》在沛字号。……据书中讳字言之，其本当出自宋椠。"(《墨子研究论文集》)明《道藏》本《墨子》出自宋刊十五卷本。

（七）明嘉靖本

明嘉靖本是指明壬子活字本和癸丑唐刻本《墨子》。这两种版本刻印相差一年，而其书又同传自陆稳。印刷虽然有先后，实则同出于一源。栾调甫说："壬子本传行甚稀：据《士礼居题跋记》，其时仅存二本。一为顾抱冲所藏，一为黄荛圃所藏，同为蓝印活字本。顾本存亡今所未详，黄本后归聊城杨氏，为潘祖荫借校未还，其书至今尚在潘氏。然据潘博山校本，其文字讹误倒置，视癸丑本更过之。世以蓝印活字为贵，从而为之轩轾，非也。又陆稳云'内府本'当即《道藏》，癸丑本行十七字同于《藏》本，正可相互以证其然。其于《藏》本讹字间有更正，而脱字空等处亦有省并，转不逮《藏》本尚可资以考订。"此《墨子》刻本具有研究价值。

（八）清毕秋帆校注本

清毕秋帆校注本即世称经训堂本，清乾隆四十八年（1783）毕秋帆校刊。"据毕氏《自叙》云：'本存《道藏》中，缺宋讳字，知即宋本。'及《古今算学书录》云：'经训堂校唐尧臣本。'

以三本对校，互有应合，疑其兼用两本也。惟毕校颇有意改之处，注云‘旧作某’者亦不尽与两本合。……然按十五卷本：自宋李焘之校，已云多所脱误。明刊因循宋本，无所校雠。至毕校而后，书始可读。则今日墨学复闻于世者，不可不推毕氏为首功。”（《墨子研究论文集》）

（九）清孙仲容《间诂》本

清孙仲容《间诂》本是指孙诒让的《墨子间诂》。“《间诂》本有二：一清光绪甲午活字本，二清宣统庚戌刊本。刊本为孙氏重定本，今行世者是也。按《间诂》为孙氏积二十年之力而成，搜集清儒校注至十余家，在近代《墨子》注中最为详备。故治墨者遵用其书，亦视若郑氏之《三礼注》矣。然孙氏识断甚劣，其于墨子学说亦无甚深得。……故余谓《间诂》虽具集校之劳，实棼已乱之丝，殊无裨于初学。又定本刊于孙氏身后，讹文脱字随在而是。亦读《间诂》者所当知也。”（《墨子研究论文集》）

栾氏认为：“以上九部，为《墨子》书上自竹书下至今日传本之源流。前之五部，为由史志及本书文字推想而得。后之四部，则原本俱在不难取而证之。至论《墨子》书而先考其传本源流者，因古书历经缮刻传抄，不无讹衍脱误之失。欲使其文顺理解，必有事乎雠校。盖雠校为研读古书之初步，而传本则雠校之首事也。本篇详考传本源流，为明原泉所自，俾知泛滥之由。”（《墨子研究论文集》）

栾调甫所论极是。除此 9 种版本之外，现代治墨专家吴毓江所著《墨子校注》，也具有重要的价值。《墨子校注》15 卷，

1944 年被收入《察今堂丛书》，由重庆独立出版社出版，但流传不广，且讹误甚多，有的模糊不清。吴氏晚年曾作订补，但生前未能重刊。1991 年，西南师范大学汉语言文献研究所整理校点，以作者晚年亲笔订补的初印本作为底本，详校其所引书，后由西南师范大学出版社出版。

《墨子》在先秦诸子中最为难读，传流至今的校注以毕沅刻本《墨子》为最早，以孙诒让的《墨子间诂》为最善，以吴毓江的《墨子校注》所据之版本为最多。吴毓江搜集廿年，漫游万里，见到日本宫内省藏卷子本《群书治要》所存《墨子》数篇，与今本异文颇多，其他如正德俞抄三卷本、正统道藏原本、嘉靖壬子铜活字本等 15 种，都是孙诒让所未见。吴注本广罗异本，详加校订，订正毕、孙二本千余字。此书堪称《墨子》注中的第三座高峰。

三、《墨子》的分类

关于《墨子》的分类，学者的观点大同小异，大都把现存的 53 篇分为 5 组，只是每组的篇目有所不同。下面作简要的比较。

（一）胡适、梁启超、方授楚等关于《墨子》的分类

第 1 组：《亲士》《修身》《所染》《法仪》《七患》《辞过》《三辩》，共 7 篇。

第 2 组：《尚贤》《尚同》《兼爱》《非攻》《节用》《节葬》《天志》《明鬼》《非乐》《非命》《非儒》等 24 篇。

第 3 组：《经上》《经下》《经说上》《经说下》《大取》《小取》，共 6 篇。

第4组：《耕柱》《贵义》《公孟》《鲁问》《公输》，共5篇。

第5组：《备城门》《备高临》《备梯》《备水》《备突》《备穴》《备蛾傅》《迎敌祠》《旗帜》《号令》《杂守》，共11篇。

（二）詹剑峰关于《墨子》的分类

第1组，“两经”。如前所述，《经上》《经下》两篇是墨子自己撰写的，是墨子教人之全部大义所在，故题名为“经”。《经说上》《经说下》这两篇是墨子讲《经》的时候所作的说明，也可能是他讲《经》时弟子所作的记录。这4篇既是墨子学术思想的精髓与中坚，也是中国古代百姓从劳动实践中所得到的科学知识的集中总结。

第2组，“十论”与《非儒》。“十论”即《尚贤》《尚同》《兼爱》《非攻》《节用》《节葬》《天志》《明鬼》《非乐》《非命》，是墨子“上说下教”的言论，由三派墨者记录下来，故同一论题各有上、中、下3篇。而《非儒》则是墨家后学所作。“十论”是墨子宣传他的政治主张的十大纲领。

第3组，《大取》《小取》《亲士》等9篇。近人把《大取》《小取》合入《经》和《经说》4篇，称为“墨辩”。《亲士》《修身》《所染》《法仪》《七患》《辞过》《三辩》7篇，《墨子》三卷本称之为《经》。我们没有充分证据证明这9篇文章是墨子自著或非墨子自著，但把它们和“十论”相比较，就可发现其共同性：它们都是就墨子学说的某一观点加以发挥而写成的论文。所以这9篇文章和“十论”一样，都是墨子学说的组成部分。

第4组，“墨语”。《耕柱》《贵义》《公孟》《鲁问》《公输》5篇，是记述墨子同当时人士的辩论、游说王公大臣的言论，以及应答或教导弟子的话。据笔者看，“墨语”5篇，与其说像《论语》，毋宁说像《孟子》。

第5组，《备城门》以下11篇。按刘歆总编的《七略》，这11篇是编在《兵书略》“技巧家”，班固《汉书·艺文志》把它抽出来编在《墨子》，使《墨子》成为71篇。墨子非攻，但主防御。所以《备城门》等篇在墨学中也是重要的部分。

总体来说，詹剑峰认为，《墨子》一书是墨子一家之言，不能也无法划分为前期《墨子》和后期《墨子》。（见《墨子的哲学与科学》）

除此之外，治墨者对《墨子》还有不同的分类，因篇幅所限，不一一论述。

四、《墨子》的校注

《墨子》是先秦古书，如不予校注，后人很难读懂。秦汉至清近两千年间，史书记载仅有两人为《墨子》作注。第一位是西晋的鲁胜，他的《墨辩注》正文已佚，只有《墨辩注·叙》被录入《晋书·隐逸传》中。第二位是唐代的乐台，所注《墨子》已佚。长期以来，《墨子》校注几乎空白。

清代至今，《墨子》校注有了重大进展，校注本形式多样，版本不可胜计。有对全书校注的，如毕沅所注《墨子》；有专校部分篇章的，如梁启超的《墨经校释》；有对全书选校的，如水渭松的《墨子导读》。下面简述《墨子》全书校注和《墨辩》6篇校注的情况。

（一）《墨子》校注

清代首先校注《墨子》的是汪中，时间约在乾隆四十一、四十二年间。他在《墨子序》中说："今以意粗为是正，阙所不知。又采古书之涉于《墨子》者，别为《表微》一卷。"汪中注《墨子》是《墨子》书校注与研究的良好开端。但令人遗憾的是，他所注《墨子》及《表微》均已佚失。

此后，卢文弨、孙星衍、毕沅同时治墨。毕沅集其成作《墨子》校注并付印发行，完成了清代首行于世的《墨子》注本。毕注《墨子》有两大贡献，一是使《墨子》由不可读而为初步可读，二是引发后人再校注《墨子》。

毕沅之后，校注《墨子》的集大成者是孙诒让。孙诒让用了24年的时间，集诸说之大成，取多种校勘方法，发前人所未发，完成了《墨子间诂》一书。《墨子间诂》有两个版本，一是光绪十九年（1893）写毕，第二年印成的聚珍版本（活字本）；二是光绪三十三年（1907）写毕，宣统二年（1910）刊印的重定本，即今天流行于世的版本。《墨子间诂》包括校释《墨子》53篇的《间诂》15卷、《目录》1卷、《附录》1卷、《后语》2卷，总计19卷。《墨子间诂》的出版发行，具有重大的价值。俞樾在为该书所作《序》中说："盖自有《墨子》以来未有此书也。"梁启超评价此书："现代墨学复活，全由此书导之。"此评价确当，此书确有前人难以达到的高度，并能给予后人启迪。

（二）《墨辩》校注

《墨子》书中的《经上》《经下》《经说上》《经说下》《大取》《小取》6篇，是《墨子》书中较为难读的几篇。清代以来，关于《墨辩》的校注主要在以下两方面。

一是《墨辩》6篇的定名、作者及成书年代。关于6篇的定名，第一个问题是：哪几篇可以归到《经》？一种意见是《经上》《经下》和《经说上》《经说下》4篇就是《墨子》的《经》。另一种意见为《经上》至《小取》6篇都不是《墨子》中的《经》，以张尔田、胡适等为代表。第二个问题是：这6篇中有4篇或6篇可以归入《墨子》的《经》，应称《墨经》，还是称《墨辩》？《墨经》一名出自《庄子·天下》，《墨辩》一名出自鲁胜《墨辩注·叙》。梁启超等认为《经》指《经上》《经下》等4篇，汪中等把《大取》《小取》也归入《经》。孙诒让以为《墨辩》《墨经》乃异名同实，所指为一。后人多以孙氏之说为是，《墨经》《墨辩》可以交互取代使用。关于6篇的作者及年代，主要有三种观点：第一，墨子自著《经》《说》，毕沅、张惠言、伍非百、高亨、詹剑峰等持此说。第二，《经》《说》《取》6篇非墨子自撰，是“别墨所作”，汪中、孙诒让、胡适等持此说。第三，6篇导源于墨子，中经众多墨家弟子及后学的长期努力集体写成，成书当在战国后期，方授楚、冯友兰、侯外庐、杜国庠、任继愈等持此说。

二是《墨辩》6篇的校注。自从张惠言第一个专注本《墨子经说解》写成，《墨辩》6篇的校注至今未断。诸多治墨者为此付出了艰辛的劳动，做出了巨大的贡献，取得了丰硕的成果。成果主要有两方面：第一，《经》《说》原有体例的发现。栾调甫在《读梁任公〈墨经校释〉》中说："研究《经》与《经说》，第一步要明白两个例子：一是《经》上、下篇旁行读的例，一是《说》上、下篇牒字的例。"因此，发现并恢复《经》《说》的原有体例，就成了解读这 4 篇的一把钥匙。清代发现"旁行"体例并据以重新考定《经》文的第一人是毕沅。第二，6 篇文字的校注。清代至今，对《墨辩》6 篇的校注，随着时代的发展，由单纯的"正文字，明训诂"向借助校注讲义理的方向逐渐转化。在校注方法上主要有两种，一是"拿两本对照，或根据前人所征引，记其异同，择善而从"；二是"根据本书或他书的旁证、反证，校正文句之原始的讹误"。(梁启超《中国近三百年学术史》)

(原载《墨子读本》，青岛出版社 2004 年版，今有增删)

第六篇　墨学兴衰考论

墨子创立的墨学，战国时期被誉为“显学”。但令人遗憾的是，秦汉之后墨学“不显”，隐伏于道教之中，流传于游侠之林，植根于平民之间。鸦片战争之后，墨学开始复苏，至民国前期形成高潮。新中国成立前后，墨学研究停滞不前；改革开放以来，墨学再度兴盛。墨学发端于墨子故里山东滕州，影响波及世界四大洲几十个国家和地区，呈现出前所未有的良好态势。

一、墨学成为“显学”

墨子于战国初期创立墨学，很快传扬天下，成为当时两大显学（即“儒”“墨”两家）之一。战国后期法家代表韩非子说：“世之显学，儒、墨也。儒之所至，孔丘也；墨之所至，墨翟也。”（《韩非子·显学》）

首先，墨学成为显学的主要原因是，它代表了广大平民和奴隶的根本利益，深受他们的欢迎和拥护，有着最广大的社会基础。

墨子生活的时代，中国正经历一场巨大的社会变革，即经历了夏、商、西周、春秋的奴隶制社会逐渐向封建制社会过渡。在这个社会大变革的时期，每个人尤其是思想家都在思考、探索，提出自己的观点、思想。

墨子思考、探索的结论是：人生在世应以“兴利除害”为己任。他说：“仁之事者，必务求兴天下之利，除天下之害。”（《墨子·非乐上》）他“兴利除害”的主要内容是：“有力者疾以助人，有财者勉以分人，有道者劝以教人。若此，则饥者得食，寒者得衣，乱者得治。若饥则得食，寒则得衣，乱则得治，此安生生。”（《墨子·尚贤下》）其目的就是国家富、财用足、政治清平、老有所养、幼有所长、人人衣食暖饱、家家幸福平安，建立一个兼相爱、交相利、互相帮助、互相友爱的人类社会。墨子的人生理想，当时虽然难以实现，但展现了他为天下兴利除害的崇高理想与远大志向，并揭示了个人应当为社会、为人类尽职尽责的人生价值观。

其次，墨学成为显学的主要标志是其流传很广，影响很大，弟子和从者很多。

墨学在战国时期流传于鲁、齐、宋、卫、楚、秦、越等国，具有广泛的影响。当时“礼乐灭息，圣人隐伏，墨术行”（《荀子·成相》）；“杨朱、墨翟之言盈天下，天下之言，不归杨则归墨”（《孟子·滕文公下》）；“孔墨之弟子徒属充满天下”（《吕氏春秋·似顺论》）；“（孔墨）从属弥众，弟子弥丰，充满天下”（《吕氏春秋·仲春纪》）；“世之显学，儒、墨也。儒之所至，孔丘也。墨之所至，墨翟也”（《韩非子·显学》）。上述诸子的评论说明，墨子创立的墨家追随者很多，其学说传播范围很广，其影响很大。

墨家成为当时的显学，受到儒家学派的抵制与批驳。孟子言辞激烈，大声疾呼：“圣王不作，诸侯放恣，处士横议。杨朱、墨翟之言盈天下，天下之言，不归杨则归墨。杨氏为我，是无君也；墨氏兼爱，是无父也。无父无君，是禽兽也。……杨墨之道不息，孔子之道不著，是邪说诬民，充塞仁义也。仁义充塞，则率兽食人，人将相食。吾为此惧，闲先圣之道，距杨墨，放淫辞，邪说者不得作。……能言距杨墨者，圣人之徒也。”（《孟子·滕文公下》）他批判墨子的重点是“兼爱”，因为“兼爱”与儒家的“亲亲有术，尊贤有等”的宗法制和等级制相背，所以他把墨子的学说看作败坏先圣之道的“淫辞”，阻塞仁义的“邪说”，几乎是吃人的野兽。因此，孟子立志要“息邪说”，捍卫孔儒之道，决心置墨学于死地，成为“圣人之徒”。

荀子也对墨子展开批驳：“不知壹天下，建国家之权称，上功用，大俭约而僈差等，曾不足以容辨异，县（悬）君臣；然而其持之有故，其言之成理，足以欺惑愚众，是墨翟、宋钘也。”（《荀子·非十二子》）荀子的非墨也是集中在墨子反对等级歧视和压迫的人道主义与平等追求上，即所谓的“僈差等”。荀子批评墨子“有见于齐，无见于畸”（《荀子·天论》）。

从孟子、荀子对墨子的批驳来看，墨学的影响太大，儒家学派有很强的危机感，因此奋起批驳墨子的某些思想观点。这时期的墨、儒争鸣是学派之争，对于墨家没有大的损伤。但是到了秦汉时期，情况就发生了根本性的变化。

二、墨学的衰落

墨学作为显学，大约兴盛了200余年。从秦始皇统一中国之后，墨学逐渐受到压抑。秦丞相李斯以私学妨碍皇帝权威、不利于大一统中央集权为理由，提出禁私家学、焚百家书之策。他说："今皇帝并有天下，别黑白而定一尊。私学而相与非法教，人闻令下，则各以其学议之，入则心非，出则巷议，夸主以为名，异取以为高，率群下以造谤。如此弗禁，则主势降乎上，党与成乎下。禁之便。臣请史官非秦记皆烧之。非博士官所职，天下敢有藏《诗》《书》、百家语者，悉诣守尉杂烧之。有敢偶语《诗》《书》者弃市。以古非今者族。吏见知不举者与同罪。令下三十日不烧，黥为城旦。所不去者，医药、卜筮、种树之书。"(《史记·秦始皇本纪》)秦始皇采纳了李斯的建议，在全国上下禁止私学、焚烧各国史籍及诸子百家之书，墨学受到沉重的打击，开始由"显"而"隐"。

秦灭汉兴，汉朝初期以黄老思想治国，墨学还有一定的活动空间，墨家弟子还在各地活动。到汉武帝时，情况发生了重大变化，董仲舒提出"推明孔氏，抑黜百家"的建议。他说："《春秋》大一统者，天地之常经，古今之通谊也。今师异道，人异论，百家殊方，指意不同。是以上亡以持一统；法制数变，下不知所守。臣愚以为诸不在六艺之科孔子之术者，皆绝其道，勿使并进。邪辟之说灭息，然后统纪可一而法度可明，民知所从矣。”（《汉书·董仲舒传》）董仲舒的主张比李斯的建议有过之而无不及，汉武帝采纳了他的主张，实行“罢黜百家，独尊儒术”的国策。从此，“儒术”就和封建统治制度紧密连在一起，在中国漫长的封建社会中，儒学成为统治者进行思想统治的武器。而墨学受到致命的打击，从此隐伏于民间及道教之中。

为了强化儒学的作用，从西汉平帝开始，历代统治者不断抬高、神化儒家的代表人物孔子和孟子，使他们成为意识形态领域的绝对权威。同时，儒家的《诗》《书》《礼》《易》《春秋》成为培养和选拔所需人才的教科书。到宋代，《孟子》被列入“九经”，朱熹的《孟子》注释更成了科举考试的标准答案。在这种情况下，孟子批判墨子的言论无异于封建王权对墨家处以死刑的判决书，成为儒士拒斥墨学的一条律令。这种以儒家批判形式出现的来自封建王权的打击，对墨学的发展产生了极为不利而又十分深远的影响。

孔孟之道的确立，阻断了学人治墨。凡是治墨者，都被视为儒学之叛逆。著名学者胡适在《翁方纲与〈墨子〉》一文中对此论述极为生动真实：“现在大家喜欢谈《墨子》，墨学几乎成了一种时髦风尚。但《墨子》的研究在一百多年前还是一件得罪名教的事；那时候研究墨学的人还算是‘名教之罪人’，有褫革衣顶的危险。翁方纲……有《书墨子》一篇，作于乾隆晚年，写当时学者的心理最可笑，可以考见世风的变迁。今摘抄于下：……有生员汪中者，则公然为《墨子》

撰序，自言能治《墨子》，且敢言孟子之言兼爱无父为诬墨子。此则名教之罪人，又无疑也。……今见汪中治《墨子》之言，则当时褫革其生员衣顶，固法所宜矣。”

在这种政治高压、思想专制之下，学人避墨犹恐不及，谁还敢治墨学、读墨书呢？因此，《墨子》书虽存，但读者凤毛麟角。学人唯恐失去前程，墨学归于沉寂。正如治墨学者陈柱所说：“自孟子辟墨氏为无父，而世儒遂交非墨子，同目为禽兽，不得与于人之列，遑问其学之得失哉？……墨子之书……自汉之后，耳食之儒，既本孟子之言，变本加厉，深相疾恶，无有治之者；中间鲁胜《墨辩注》及《乐台注》，其书皆已不传。盖墨子之书，二千余年来，若存若亡，亦已久矣。”（《定本墨子间诂补正自序》）

三、墨学的兴盛

秦汉之后，墨学虽然隐而不显，但是并未“中绝”，一些有识之士敢于站出来直言，为墨子说几句公道话。如西汉的司马迁、三国的曹操、晋代的鲁胜、唐代的魏徵与韩愈、宋代的欧阳修、明代的李贽等名人，都曾为墨子仗义直言。历代名家名人对墨子客观的评论，为墨学的兴盛埋下了伏笔。自从清中期考证学兴起，子书的研究有了较大的进步，《墨子》研究得到一些学人的重视，毕沅、汪中等开始校注《墨子》。但墨学真正形成高潮，还是在鸦片战争之后。

1840 年鸦片战争后，中国封建社会逐渐向半殖民地半封建社会转变，帝国主义列强用坚船利炮打开了中国的国门，加紧了政治、经济上的压迫、掠夺和文化上的渗透。社会的剧变引起了思想的剧变，沉寂了两千年的墨学开始复苏。

世界列强的欺压掠夺、清朝政府的腐败无能，促使许多爱国之士急于寻找救亡图存之路。面对社会实际，“汉学”“宋学”黯然失色，“经世致用”的观念应运而生。梁启超对当时的思想变化有着生动的论述：“‘鸦片战役’以后，志士扼腕切齿，引为大辱奇戚，思所以自湔拔；经世致用观念之复活，炎炎不可抑。又海禁既开，所谓‘西学’者逐渐输入，始则工艺，次则政制。学者若生息于漆室之中，不知室外更何所有。忽穴一牖外窥，则粲然者皆昔所未睹也，还顾室中，则皆沈黑积秽。于是对外求索之欲日炽，对内厌弃之情日烈。”（《清代学术概论》）

当时国内有两大思想倾向：一是悲观论，认为中国人不行，不如外国人聪明，不懂科学，没有大炮铁船，只能向西方学习。二是自强论，认为中国人最聪明，早在两千年前墨子就在科技上有许多重大发现，只是后来不被重视，明以来落后于外国；中国人应当弘扬墨学，用墨子的精神鼓舞士气，自强不息，救国图强。

社会剧变使国人努力寻求治世救国的良策，墨学无儒学修养心性的空论，有舍身以救天下的追求与实践。社会剧变使先进的学人热衷于探索西学，同时他们又不愿丧失“天朝上国”“文化之邦”的面子，因为《墨子》有哲学、科学、逻辑等方面的知识，可以与西学相提并论，所有这些对当时的学人都有很大的吸引力，使之竞相研究，形成热潮。对此，治墨学者栾调甫有很好的论述："道咸以降，西学东来。声光化电，皆为时务。学人微古，经传蔑如。《墨子》书多论光重几何之理，足以颉颃西学。此其由微而著者……光宣之交，博爱之教，逻辑之学，大张于世。而孔门言语之科，不闻论辩之术。孟轲剧口之谈，亦多不坚可破之论。加以儒先克己慎修为教，更无舍身救世之概。惟墨子主兼爱则杀身以利天下，出言谈则持辩以立三表。事伟理圆，足与相当。此其由微而得以大显于世者。"(《墨子研究论文集》)

栾氏的评论很有见地，高度概括了当时的形势。学人热衷于墨学的势头越来越大，发展到清末民初，出现了对《墨子》书"家传户诵，几如往日之读经"的可喜局面，形成了令人瞩目的研究热潮，使人感到"显学重光"，令人为之拍手叫好！

新中国成立以来，墨学研究走过了曲折的道路，取得了较大的成就，可分为三个阶段。

第一阶段，新中国成立后的17年。新中国成立之后的17年，据不完全统计，共出版了7种墨学研究专著。即1956年任继愈的《墨子》，1956年詹剑峰的《墨家的形式逻辑》，1957年栾调甫的《墨子研究论文集》，1958年高亨的《墨经校诠》，1958年谭戒甫的《墨辩发微》，1958年岑仲勉的《墨子城守各篇简注》，1962年吉联抗的《墨子·非乐》。

第二阶段，"文化大革命"10年。"文化大革命"10年，学术研究被迫中断，墨学也不例外。

第三阶段，改革开放以来的20多年，即1978—2000年左右。这20多年，墨学研究的突出特点是：有组织、有机构、有领导，有章程、有规划、有基地，成果多、影响大、国际化。概述如下：

第一，有组织、有机构、有领导。1990 年 12 月 29 日，滕州市委与山东大学党委联合在滕州机关招待所成立了“山东大学滕州市墨子研究中心”，山东大学党委书记任主任，滕州市委书记任第一副主任。1991 年 10 月，滕州成立了墨子研究中心办公室，作为局级事业单位，隶属于市政府，2003 年由正科级升格为副县级。墨子研究中心的成立，开创了地方政府与高校相结合，发挥各自的优势，共同致力墨学研究的先河。1992 年 10 月 6 日，中国墨子学会在滕州成立。该会是全国性社会学术团体，挂靠单位是山东大学，主管部门是教育部，并经民政部登记注册，办公地点在滕州市墨子研究中心。1995 年 8 月 29 日，山东墨子基金会在滕州成立。该会是经中国人民银行山东省分行、山东省民政厅批准成立的民间资助学术研究的团体，主管单位是省教委，办公地点在滕州市墨子研究中心。山东大学滕州市墨子研究中心、中国墨子学会、山东墨子基金会，三个机构相对独立，任务不同，目的相同。墨子研究中心是山东大学和滕州市委、市政府联合成立的事业单位，中国墨子学会是全国性的社会学术组织，山东墨子基金会是筹集墨子研究基金的社团组织，其目的都是弘扬墨学、振兴中华。此外，枣庄学院、山东大学先后成立了墨子研究所，河南也成立了墨子学会。这些组织机构的建立，在两千多年的墨学研究史上都是首创，初步形成了党委领导、政府主持、学者研究、社会参与的局面。

第二，有章程、有规划、有基地。1991 年 1 月，山东大学滕州市墨子研究中心制定了《墨子研究近期计划和长远规划》。1992 年 10 月，中国墨子学会制定了《中国墨子学会章程》和工作规划。1995 年 8 月，山东墨子基金会制定了《山东墨子基金会章程》和发展计划。1993 年 5 月，墨子国际研究中心奠基，第二年秋落成。墨子国际研究中心占地 10000 平方米，其中建筑面积 4000 多平方米，主要建筑有墨子生平事迹展厅（圣迹堂）、科技军事成果展厅（科技堂）、研究成果展厅（墨堂）、古今名人评墨子书法艺术展展厅、墨子书库、汇文堂、办公楼、目夷亭、墨子像、名家题辞碑廊和《墨子》刻石碑廊等，是集学术研讨、图书资料收藏、各种展览、科技教育、参观游览于一体的综合性、多功能的园林式建筑，深受各界人士的赞赏。该中心有五个门牌：山东大学滕州市墨子研究中心、墨子国际研究中心、中国墨子学会、山东墨子基金会和墨子纪念馆。它的兴建与使用，标志着墨子研究和墨子有了“根”、有了“家”，有了一个国内外专家学者研究墨子的基地。

第三，成果多、影响大、国际化。改革开放后的第一个 10 年，共出版墨学论著 7 种，即 1979 年陈孟麟的《墨辩逻辑学》，1980 年沈有鼎的《墨经的逻辑学》，1981 年谭戒甫的《墨经分类译注》，1981 年詹剑峰的《墨子的哲学与科学》，1983 年方孝博的《墨经中的数学和物理学》，1984 年马宗霍的《墨子间诂参正》，1986 年王焕镳的《〈墨子校释〉商兑》。此外，一些哲学、逻辑、思想等著作中专辟章节介绍墨子，还出现了为数不多的论文。1988年至今，墨学研究兴盛，研究成果不断涌现，据不完全统计，共编辑出版各类文集、专著170多部（册），论文1000多篇。其中，墨子研究中心和中国墨子学会编辑出版了《墨子研究论丛》（1~6辑）、《墨子里籍考论》、“墨学与当今世界”丛书（共10册）、《墨子名言》、《墨子国际研究中心名家题辞》、《墨子兵书》、《王玉玺八体书古今名人评墨子》、《王玉玺书墨经》、《墨子大全》（共100册）等130多部（册），创办了《墨学研究》（内部期刊）。

十几年来，墨子研究中心和中国墨子学会主办了1届全国、5届国际墨学研讨会；购买墨子研究及相关书刊10000多册，征集名家题辞800多幅；在滕州火车站广场和墨子国际研究中心分别为墨子塑像；协助中央电视台拍摄了《滕州寻墨》，协助山东电视台拍摄了《墨子故里行》《假日旅游》；与山东电视台、山东档案馆联合制作了《墨子》光盘；在《人民日报》《光明日报》《大众日报》《枣庄日报》《滕州日报》等报刊发表了10多万字的论文和宣传文章；协助滕州市修建了木石镇墨子故里纪念馆、目夷亭、墨子故里碑以及省级墨子故里森林公园等景点；现正筹拍50集电视连续剧《墨子春秋》；筹建1000多亩的墨府、墨子城系列工程，开发墨子文化旅游。

墨子研究中心和中国墨子学会不断加强与香港、澳门、台湾的学术交流，不断加强与海外学者的学术交流，已与日本、韩国、美国、瑞典、俄罗斯、新加坡、澳大利亚等国的学者建立联系，访问讲学，互赠资料，初步实现了“墨学研究国际化”。

此外，河南、贵州等省也相继成立墨学研究机构，举办墨学会议。其中，河南省社科院与鲁山县联合成立了河南省墨子学会，举办了两届墨学研讨会；贵州省贵阳职工大学常务副校长齐瑞端教授主持召开了一届墨学研讨会。他们都为弘扬墨学做出了较大的贡献。

（原载《墨子读本》，青岛出版社 2004 年版，今有增删）

第七篇　墨子的政治思想

墨子是伟大的思想家，他的思想博大精深，主要体现在兼爱、非攻、尚贤、尚同、节用、节葬、非乐、非命、天志、明鬼 10 个方面：

一、兼爱

“兼爱”是墨子思想的核心，也是墨子代表性的观点。所谓“兼爱”就是“远施周偏”的爱，即不分等级、不分远近亲疏地爱一切人。墨子的“兼爱”思想，具有明显的进步意义，主要表现在以下几个方面：

第一，“兼爱”的根本出发点，是为了阻止“强必执弱，富必侮贫，贵必敖贱，诈必欺愚”（《墨子·兼爱中》，以下只出现篇名）的霸道行为，使穷苦人民和弱小的诸侯国家能摆脱灭亡的命运。

第二，墨子倡说“兼爱”是着眼于实利，不是停留在空泛的道德说教上。对穷苦人民“兼爱”，就要实现“饥者得食，寒者得衣，劳者得息，乱者得治”（《非命下》），就要做到“为万民兴利除害”（《尚同中》）。对弱小国家“兼爱”，就是竭力帮助它不受大国的侵略。墨子认为“爱”与“利”两者不可分离，爱而必利，不利无以见爱，号召人们“兼相爱，交相利”。

第三，“兼爱”是“爱人不外己，己在所爱之中”（《大取》）。也就是说，爱别人并不是不爱自己，自己也在所爱之中。

第四，“兼爱”说是对儒家“仁爱”说的突破。孔子的学说以仁爱为中心，强调“亲亲”（爱其亲人）为本。人有亲疏之别，因此爱也有厚薄之分。墨子把这些受制于宗族血缘和等级差别的“爱人”，变为无亲疏、无等级、无差别的完全平等的“兼爱”；不仅如此，更为重要的是，他要把人民从原来作为被“爱”的陪衬角色确立为被“爱”的主体对象，甚至要求君主也做到“爱民谨忠，利民谨厚”。这就突破了儒家“仁爱”的保守性和狭隘性，达到了前所未有的高度。

第五，墨子主张的“兼爱”，是爱包括奴隶在内的所有人。如《法仪》篇所说：“天下无大小国，皆天之邑也。人无幼长贵贱，皆天之臣也。”墨子认为无论大国小国，都是天之邑，应该平等相处，不应以大攻小；人民没有年龄大小和身份贵贱之分，都是天的臣民，应该人人平等，贵族不应欺凌平民、奴隶。为此，墨子公开为劳动人民尤其是奴隶呐喊，呼吁社会各界人士关爱他们，给奴隶以做人的权利，还他们以人身自由。在战国初期，墨子是第一个重视人权、提出解放奴隶的平民思想家，为奴隶制社会向封建制社会过渡做出了不朽的贡献。

墨子不仅倡导“兼爱”，而且身体力行地实践这一主张，努力做到“有力以助人，有财以分人，有道以教人”，尽力做有益于人民的事情。更可贵的是，他为了实现爱天下的崇高目标，甚至甘于舍己为人。总之，“兼爱”是墨学的总纲，它既是社会道德追求，又是政治目标，同时具有世界观的哲学意义，体现了墨子的崇高理想。

中国社会科学院研究员、中国墨子学会副会长谭家健先生在《墨子研究》中认为，“兼”是对爱的方式、范围和程度的一种规定，说明如何去爱。主要有四条基本原则：第一，平等性原则，“兼爱”的根本意义就是平等之爱，不分所爱对象的社会等级，一律相爱。“使天下兼相爱，爱人若爱其身。”第二，普遍性原则，“兼爱”应该“远施周偏”，即不分远近，不受地域的限制。第三，相互性原则，从整体上讲，爱应该是相互的，而不应该是单方的。“夫爱人者，人必从而爱之；利人者，人必从而利之。”第四，无私性原则，从个体上讲，爱应该是利他的、无私的，不包含着利己的动机。谭先生对墨子“兼爱”的解释，笔者完全赞成。

如果用现代大家熟悉常用的词语对“兼爱”作高度概括，笔者认为也可以这样说：兼爱就是无私奉献，为人服务；兼爱就是毫不利己，专门利人；兼爱就是我为人人，人人为我；兼爱就是互惠互利，合作双赢。

墨子为什么要提出“兼爱”？“兼爱”的对象是哪些人？这是由时代环境和墨子人生哲学思想决定的。

墨子生活的战国初期，王室衰微，井田破坏，工商自主，诸侯争雄，战争不断，杀人殉葬，民不聊生，社会动荡不安，人民生命难保。面对这样的时局，墨子忧心忡忡，他分析，凡是天下的祸害怨恨、强欺弱、众劫寡、富侮贫、贵欺贱、诈凌愚，都是"以不相爱生也"（《兼爱中》）。

他说："当察乱何自起？起不相爱。臣子之不孝君父，所谓乱也。子自爱，不爱父，故亏父而自利；弟自爱，不爱兄，故亏兄而自利；臣自爱，不爱君，故亏君而自利，此所谓乱也。虽父之不慈子，兄之不慈弟，君之不慈臣，此亦天下之所谓乱也。父自爱也，不爱子，故亏子而自利；兄自爱也，不爱弟，故亏弟而自利；君自爱也，不爱臣，故亏臣而自利。是何也？皆起不相爱。"（《兼爱上》）

找到了社会动荡不安、人民艰难困苦的原因，墨子开出了救世的良方——"兼爱"。他说："视人之国若视其国，视人之家若视其家，视人之身若视其身。是故诸侯相爱则不野战，家主相爱则不相篡，人与人相爱则不相贼，君臣相爱则惠忠，父子相爱则慈孝，兄弟相爱则和调。天下之人皆相爱，强不执弱，众不劫寡，富不侮贫，贵不敖贱，诈不欺愚。凡天下祸篡怨恨，可使毋起者，以相爱生也，是以仁者誉之……兼相爱，交相利，此圣王之法，天下之治道也，不可不务为也。"（《兼爱中》）墨子设想，只要人与人互相关爱，就能天下太平，国泰民安。这是墨子理想的社会境界。

墨子高举"兼爱"的古典人道主义大旗，其目的就是救世、兴利、除害。墨子主张以人为本，还人应有的权利，人人都应得到人间之爱。正如侯声在《博爱主义》一文中所说：“墨子之兼爱论，其要旨谓：天下之乱，乱于不相爱；天下之治，治于兼相爱。侯声曰：大哉博爱之道乎！其道行于社会则社会团结，行于种族则同族统一，行于国家则国力坚凝，行于世界则世界治平。”孙中山先生在《民族主义》第六讲中对墨子的兼爱给予高度的评价：古时最讲“爱”字的，莫过于墨子。他还在《民报》创刊号上称赞墨子是“世界第一平等博爱主义大家”。

“兼爱”是墨子古典人道主义的核心，由此向外延伸，他提出了“非攻”“尚贤”“尚同”“天志”“明鬼”“节用”“节葬”“非命”“非乐”等一系列主张。

综上所述，墨子认为：天下大乱，民不聊生，主要原因是“不兼爱”。拯救人类，争取和平，只有实行“兼爱”。墨子提出的“兼爱”，是救世的良药，在当时引起广大民众的赞同。

墨子兼爱的思想学说至今已有2400多年，经历了从显学到冷落，从冷落再兴盛的发展变化过程，这中间原因很多，今天不作研讨。但有一点可以肯定，“兼爱”已经成为中华民族的文化基因，世代相传，发扬光大，从未间断。也就是说，中华民族自古以来就是勤劳善良、助人为乐、热爱祖国、热爱和平的民族。

“兼爱”作为一种理想目标完全是值得追求的，但需要克服人自身的很多局限，比如自私自利、重利轻义等思想。实践“兼爱”这种学说，有助于解决许多社会问题，以达到“强不执弱，众不劫寡，富不侮贫，贵不敖贱，诈不欺愚”的目标。

兼爱学说给人的最基本的启发是，人应该从只知道自爱而不知道相爱、只知道自利而不知道利人的偏狭中超脱出来，由此营造一个和谐的社会、温馨的群体以及令人备感舒适的人际关系。

兼爱的现代价值和意义主要有下列几点：

第一，兼爱利己。“兼爱”是爱别人也爱自己，自己也在所爱之中。走向兼爱，即乐在其中，能健康长寿。俗话说，为人不做亏心事，不怕半夜鬼叫门。你老想着帮助他人，心底无私天地宽，自然吃饭香、睡觉甜，无忧无虑，健康长寿。

第二，兼爱利人。“兼爱”是奉献，帮助需要帮助的人，肯定有利于他人。如20世纪60年代的雷锋，21世纪的“活雷锋”郭明义，还有很多最美女教师、最美的哥、感动中国人物等。他们的事迹感天动地，催人泪下，都是“兼爱”思想实践的典范。

第三，兼爱利国、利天下。江泽民、胡锦涛主席先后访问苏联、美国时，曾经引用墨子“强不执弱，富不侮贫”的名言，说明中华民族自古以来就兼爱他国，热爱和平，阐述我国平等互利、和平外交的原则立场。这句名言是《墨子·兼爱中》的两句，文字是：“天下之人皆相爱，强不执弱，众不劫寡，富不侮贫，贵不敖贱，诈不欺愚。凡天下祸篡怨恨，可使毋起者，以相爱生也，是以仁者誉之。”译成现代语义是：天下人兼相爱，强者不压制弱者，人多势众的不劫掠人少的，富人不欺侮穷人，高贵的人不鄙视卑贱的人，奸诈狡猾的也不欺骗愚笨的。那么天下的灾祸、争夺、埋怨、仇恨都不可能发生，那就是由于兼相爱才有可能，所以仁人君子都十分赞美兼爱的美德。

弘扬墨子的兼爱思想，有利于中华民族的统一大业，有利于世界的和平与发展。

二、非攻

“非攻”，即反对并制止侵略战争，是由“兼爱”衍生出来的。非攻是墨子思想的重要组成部分，也是墨子军事思想的核心。“非”是非议、谴责、反对，“攻”是进攻、攻击，指非正义的侵略战争。“非攻”，就是反对侵略战争。墨子把战争分为两类：一类称为“诛”，是正义的战争；一类称为“攻”，是非正义的战争。他认为大禹伐有苗、商汤伐夏桀、周武王伐殷纣王等讨伐暴虐君王的战争，是为民兴利除害，因而称之为“诛”，是正义的战争，应大力支持。他认为大国攻打小国、强国欺凌弱国，是非正义的侵略战争，其结果是亡民伤财，天下大乱，因而称之为“攻”，应当坚决谴责、反对。墨家除了宣传“非攻”之外，还组建军事武装，为反对并制止侵略战争、保卫弱小国家而英勇抗争。通过“非攻”而争取和平，是墨家为之奋斗的最终目的。

《非攻》分上、中、下三篇，这三篇中心内容一致，但举例不同，繁简有别，可能是墨家三派弟子根据墨子的讲话记录整理而成。上篇以生动的比喻说明非攻的理由。中篇反复举例论证攻战的害处，批驳攻战者的错误观点，说明为了民众与国家的利益必须非攻。下篇从理论与实践两方面指出攻伐别国的害处，进一步批驳为侵略战争辩解的谬论，告诫当时的王公大人不要发动侵略战争。

墨子说：古代的王公大人都想得到而不愿失去，都想安定而不愿危乱，所以面对侵略战争不能不反对。如果杀死一人为不义，必定有一条死罪；那么杀死十人为十倍不义，必定有十条死罪；杀死百人为百倍不义，必定有百条死罪。对此，天下的君子都知道这种道理并且会加以谴责，认为这是不义的。现在最大的不义是攻打别人的国家，却不知道谴责，反而去赞誉，称之为义，还要把称赞的话记录下来留传后世。假如他们知道那是不义的，又怎么解释把不义的事记录下来传给后代呢？现在看到小的错事，就知道加以谴责；但像攻打别国那样大的坏事，却不知道谴责，反而跟着赞誉，称之为义。这能说是懂得义与不义的区别吗？因此我知道天下的君子把义与不义的界限混乱了。墨子说：古人曾说，君子不以水为镜而是以人为镜。以水为镜，只见面容；以人为镜，则知晓吉凶。今主张以攻战夺取利益者，何不以智伯失败的事为借鉴呢？此类的作为不是吉而是凶，是完全可以预见的。墨子说：现在天下的王公大人、贤士君子，如果内心确实想要兴天下之利，除天下之害，但又频繁地求助于攻战，这实际是天下最大的祸害了。如果真有意行仁义之事，成为上等贤士，对上要符合圣王之道，对下要符合国家百姓之利，对于“非攻”的主张，就不可不审察，其原因就在于此。

墨子反对侵略战争，但不反对正义的自卫之战。他把侵略别国（所谓“攻”）与讨伐不义之国（所谓“诛”）相区分，这是可取的。他不是非武力论者，他充分肯定历史上汤伐桀、武王伐纣的功绩，认为这是无可非议的，这就使得他的“非攻”有确定的含义和鲜明的倾向性。因为掠夺战争带给社会民生以无穷的灾难：土地荒废，尸骨遍野。为了制止不义之战，他不仅奔走呼吁，还与弟子研制防御武器。多次成功地制止了大国侵略小国的不义之战，其中最为成功的有“止楚攻宋”、“阻齐伐鲁”、阻止鲁阳文君侵郑，等等。鲁迅先生曾以《非攻》为题写成著名的历史小说，赞扬墨子为中国的脊梁和传奇式的伟大英雄。当前，和平与发展是全人类所关心的两大主题，墨子的“非攻”对维护世界和平、稳定社会、建设幸福的生存环境有着十分重要的作用。

三、尚贤

“尚贤”就是选用人才。贤，一般是就人的才德而言。墨子在《尚贤上》中说，“贤”是“厚乎德行，辩乎言谈，博乎道术者”。所谓德行之“厚”，就是指要达到“义”的要求，也就是能爱人利人，爱利百姓。所谓博乎道术，就是能通晓治国的道理与方法，并且有胜任其事的才能。墨子提出“贤”的标准，目的是实现他改革政权机构、建立贤人政治的愿望，即把那些世袭的无才无德的贵族换下来，将符合“贤”的标准的人士选拔上去。墨子认为国家的富或贫，人民的众或寡，行政的治或乱，都取决于是否贤者在位，因此他说：“义在人上，天下必治。”（《非命上》）“尚贤者，政之本也。”（《尚贤上》）

墨子还认为“官无常贵，而民无终贱，有能则举之”，又说：“虽在农与工肆之人，有能则举之。”这样明确地提出平民有平等参与政治管理的权利，在我国历史上还属首次。墨子“尚贤使能”“任人唯贤”的理论是进步的，对我们搞现代化建设特别有参考价值。因为实现现代化要靠知识、靠人才，当前更需要“尚贤使能”。所以说，墨子的用人之道对我们有极为重要的现实意义。

“尚贤”是墨子“尚同”学说的引申。“尚贤”的说法是根据“尚同”一义所说的选择“贤者”之意即选择“里长、乡长、国君、天子”的意思而来的。可以说，“尚贤”是“尚同”的保证，离开了由贤者担任各级政长直至天子的原则，“尚同”也就不能发挥其应有的作用甚至走向歧途。张岱年认为：“尚同实以尚贤为根本。尚同须‘选天下之贤可者立以为天子’，离尚贤，则尚同不可讲。”（见《中国哲学大纲》）杨俊光认为：“‘尚同’是一种治乱世的灵丹妙药，尚贤已经是包含在其中的一味药物。”（见《墨子新论》）

墨子主张“尚贤使能”，他把“尚贤”看作是“为政之本”，认为国家混乱的原因是当权者“不能以尚贤事能为政”。在《尚贤上》开篇即说：“今者王公大人为政于国家者，皆欲国家之富，人民之众，刑政之治。然而不得富而得贫，不得众而得寡，不得治而得乱，则是本失其所欲，得其所恶，是其故何也？子墨子言曰：‘是在王公大人为政于国家者，不能以尚贤事能为政也。’”在总结历史经验的基础上，墨子指出要得贤而治。同时，他还认为，对于一个国家，仅有少数贤士不够，还必须有众多的贤士。《尚贤上》说：“国有贤良之士众，则国家之治厚；贤良之士寡，则国家之治薄。故大人之务，将在于众贤而已。”“众贤”就是不断扩大贤才的队伍。怎样才能“众贤”？《墨子》的《亲士》《所染》篇作了系统论述。《亲士》篇说：“入国而不存其士，则亡国矣。见贤而不急，则缓其君矣。……缓贤忘士，而能以其国存者，未曾有也。”进而指出：“良弓难张，然可以及高入深；良马难乘，然可以任重致远；良才难令，然可以致君见尊。”国君必须有江海般的气量，方能容纳众多的人才。这是十分高明的见解。墨子还以“染于苍则苍，染于黄则黄”作比喻，告诫国君诸侯和人们，要亲贤良、远小人、慎交友。

什么样的人才算是贤士呢？墨子认为必须是“厚乎德行，辩乎言谈，博乎道术者”，这样的人是“国家之珍，而社稷之佐也”。(《尚贤上》) 这里提出的以德、言、术三项作为贤士的标准，强调了德才兼备的原则。墨子主张“列德而尚贤”，首先要求“厚乎德行”。所谓“德行”主要指义，而义的基本内容就是兼爱。《尚贤下》说：“为贤之道将奈何？曰：有力者疾以助人，有财者勉以分人，有道者劝以教人。若此，则饥者得食，寒者得衣，乱者得治。”其次是“辩乎言谈”，就是能够积极宣传有利于国家和百姓的思想理论，通过明辨是非“为义”服务。最后是“博乎道术”，就是具有处理各种实际问题的才干和广博的知识。

如何选贤？第一，墨子主张摒弃“任人唯亲”的现象，实行“任人唯贤”的用人之道。他说：“虽在农与工肆之人，有能则举之……无能则下之。”从理论上明确指出，农夫、工匠、商贾也在选贤的范围之内，在此之前是没有的。第二，“不党父兄，不偏贵富”，否认宗法制和世家大族做官的特权。第三，“官无常贵而民无终贱”，对贵族世袭制度予以否定。

如何尊贤？墨子指出，“必为置三本”。即“贵之、富之、敬之”。具体地讲，就是“高予之爵，重予之禄，任之以事，断予之令”。所谓“高予之爵”，就是封高官。因为“爵位不高，则民不敬也”，所以必须“般爵以贵之，裂地以封之”，使之效忠于国家。所谓“重予之禄”，就是给予厚禄。因为“蓄禄不厚，则民不信也”。所谓“断予之令”，就是让贤士有职有权，能够果断地发号施令，施展才能，治理国家。

尊贤和使能必须紧密结合，在人才管理上，墨子特别强调赏罚严明。墨子一再呼吁“以劳殿赏，量功而分禄”，认为赏善罚恶，褒贤贬暴，乃为治之要。怎样才能严明赏罚？他提出三条原则：一是赏罚必须“明于理”，二是赏罚必须从“严”，三是赏罚必须讲“信”。

总之，墨子主张把贤人政治推广到全国，让有德、有才的人从事国家的各级行政管理工作，建立起中央集权的、上下一致的贤人政治。这充分体现了他力求使国家安定统一和社会秩序良好的愿望。

四、尚同

“尚同”就是“一同天下之义”，是墨子关于国家起源与政权职能的学说，也是“兼爱”得以实施的政治制度。墨子主张的“尚同”，不但下自乡长、上至天子都必须选举贤者担当，一层层的执行者都必须“一同天下之义”，而且天子必须“又总天下之义，以尚同于天”。(《尚同下》)这个统一奉行的公正法则，是为了反对专制独裁的统治，积极推行民主政治，做到下情上达，赏罚分明。墨子认为，应在“民主”的基础上，建立起有效的行政管理制度，并制定出统一的法规，形成统一的是非观念，以统一人们的思想和行动。这种行政管理制度和思想统一是社会存在和发展的基础，是造福于人类的。

墨子注意到“尚同”如果离开“尚贤”这一前提，就会成为不问是非好恶的思想专制，只有确立这一前提，才可能使思想舆论的统一有正确的方向，即只能统一到“中（符合）国家百姓之利”这一目标上来。“尚同”说的积极意义也在这里。

“尚同”是墨子政治思想的核心。其目的是救治乱世，建立起良好的社会秩序。在他看来，建立国家政治制度，即“尚同一义为政”的国家、政治制度，就是为了解决“未有刑政之时”“天下之乱，若禽兽然”的社会问题。墨子认为“明乎天下之所以乱者，生于无政长。是故选天下之贤可者，立以为天子”，天子既立，乃选择贤者，设立三公，封建诸侯。诸侯选择其国之贤者，置以为大夫及乡里之长。于是建立起国家的政治制度。由此可见，国家是由“一同天下之义”以制止“厚者有斗而薄者有争”而产生的。所谓“一义”是思想统一，“尚同”是政治集中。但“一义”不是一个人说了算，而是“上下同义”；“尚同”不是下情不上达，而是“上下通情”，故“上之所是必皆是之，所非必皆非之”。

墨子把国家政权机构划分为四级，即天下、国、乡、里，并规定从里长、乡长、诸侯到天子的主要职能：第一，同一天下之义，即下级服从上级，统一思想行动；第二，同一天下之情，即下情上达，下级如实向上级汇报情况；第三，同一天下之赏罚，即赏罚严明，以法治理天下、国家。

对于墨子的尚同思想，近代以来学者有不同的看法。有的学者持否定态度，说墨子宣扬“不民主”“专制集权”等。有些学者则极力推崇，如20世纪70年代台湾学者周长耀说：“墨子的尚同、尚贤的理想，可以说是一种很完整的‘民主集权的政治’。”（见《孔墨思想之比较》）20世纪80年代张伟国说：“现代民主政治的理想与墨子的想法亦无太大的相悖。”“墨子的政治理想就算以西洋现代民主政治理想比，也绝不失色。在迎合中国现实的历史条件和社会环境来说，墨子政治理想的价值，不一定在西洋现代民主政治理想之下。”（见《尚同非极权》）学者詹剑峰说：“墨子的‘尚同’是统一中国的一个方案。不过，墨子的‘尚同’并不提倡君主专制，因为政首先要‘上下同义’，还要‘上下通情’。”“墨子的‘尚同’是反对儒家以礼治国，提出以法治国。”“开商鞅、韩非等法治的先路”“目的是在建立一个强有力的中央政府”。“这样的政制是否独裁？据我看，是有独裁的意味的。但是，反省一下，如果不这样做，混乱的天下能够统一起来么？”（见《墨子的哲学与科学》）

墨子重视百姓个人的利益，更强调国家的共同利益，认为百姓必须服从国家，国家必须爱护百姓。墨子的“尚同”思想，要点在强调统一，强调君主在“尚贤”的前提下集权。春秋战国之际社会战乱不止，而“在这种普遍的混乱状态中，王权乃是一种进步的因素”（见恩格斯《论封建制度的瓦解和民族国家的产生》）。这种政治思想，是符合当时历史发展的进步政治思想。

五、节用

“节用”的主旨是提倡节俭，反对奢侈。凡事应当节俭，这是墨子的一个基本观点。为此，墨子要求杜绝奢侈而厉行节约，在衣食住行各方面，效仿古代“圣王”的处世原则：第一，一切生活器用以最低标准和切合实用为原则。衣食能温饱即可，房屋能避风雨即可，舟车能使用即可；第二，把是否对人民有利作为考虑与处理事情的出发点，有利的就做，无益的就不做。

墨家不但倡导“节用”，而且注重“强本”。所谓“强本”，就是指加强生产，发展经济。墨子把粮食看作是国家之宝，认为不可不努力生产。为此，他主张让驱供战争和差役之用的农夫返归故里，从事耕种，不夺其力，勿夺其时。

墨子提出“节用”主张的重要意义在于：第一，揭示了统治者挥霍钱财的剥削本质；第二，总结了历史的经验教训，把节用与奢侈提高到关系国家兴亡的高度——“俭节则昌，淫佚则亡”，促使统治者有鉴于此能猛醒。今天看来，“节用”仍有深刻的现实意义。

六、节葬

节葬，就是丧葬礼节要节俭，是节用的补充，从利民出发，反对杀殉，体现了人道主义精神。当时，社会实行厚葬久丧已成常习。厚葬是指对于死者的葬礼要厚重。且不说从人死到安葬入土有一系列繁琐的礼节，就是在埋葬方面，也以厚为贵，如要修筑高大的坟墓，要用珠玉珍宝和众多的器物随葬，甚至要杀人殉葬。久丧是指亲属居丧致哀的时间要长久，其中最长的是三年，称为“三年之丧”，像子女为父母居丧就是。在此期间，服丧者不仅要停止原来从事的工作，而且要住在墓地上专为居丧所修建的小木屋里，睡在草垫上，头枕着土块；强忍着少吃饭，穿很单薄的衣服。用这样的方法来表示自己痛不欲生的心情，直至把身体折磨得十分虚弱。

墨子认为厚葬久丧的做法是极其有害的，是不明智的，会导致“国家必贫，人民必寡，刑政必乱”(《节葬下》)的后果。为此，他针锋相对地提出“节葬短丧”的主张，即不管天子还是庶民，死后一律穿三件衣服，用三寸厚的桐木板棺材；棺材也不要深埋，只要下面不触及泉水，上面不至散发出气味即可；坟墓也不要高，只要能辨认出它的所在位置即可。死者的亲属，只须在送葬和返回时哭一下，返回之后，立即从事他的工作。丧葬时间仅定为三天，用来处理善后事务。墨子认为这样做是“不失死生之利”，即对于死者和活着的人都有好处。墨子这一移风易俗的主张，不仅在当时是难能可贵的，而且对现在仍有一定的指导意义。

七、非乐

“非乐”，也是“节用”思想的一个内容，即反对从事音乐活动，这是墨子一个引人注意的主张。墨子所以要“非乐”，理由主要有两个：一是因为统治者的音乐享受加重了人民的负担。墨子说，统治者为了制作更多的乐器，便增加赋税；为了看节目表演，就征选一大批青年男女，使他们脱离生产劳动，并且要给他们穿好吃好，这势必加重人民的负担，所以不能不反对。二是墨子认为音乐活动对于社会非但无益可言，而且是有害的。他认为眼前要解决的紧迫问题是减轻人民的困苦和制止侵略战争，而从事音乐活动不仅无助于此，而且不能勤勉于政务和生产，这就势必带来国家危乱以致灭亡的后果。由此可知，“非乐”是遭受苦难民众的心愿和心声。人民处于水深火热之中，哪有心思欣赏音乐？结论是“为乐非也”，不可不禁止。

对于墨子“非乐”的主张，学术界还有两种比较流行的观点：一是认为墨子并不反对音乐本身，因为墨子曾说过“居必常安，然后求乐”（《说苑·反质》）这样的话，可见他之所以“非乐”，是因为看到人民的生活条件太差，在生活条件得到改善之后，是不反对音乐活动的。二是认为墨子所非只是某种特殊的音乐。唐庆增谓：“墨子所反对之音乐，共有三种：（一）伤民财之乐，（二）夺人民时间之乐，（三）损害人民生产事业之乐……墨子所谓‘不足治天下’等语，乃系有激而发，非反对音乐本身。”（《中国经济思想史》）历史上，对墨子的非乐思想有两种态度：一种是否定，认为墨子“简直不知经济文化为何物”；另一种是肯定，认为“墨者非乐，非不知乐，为救世之急也”（伍非百语）。两说比较，实以后说为善。

八、非命

“非命”，即反对有命的主张。墨子具有强烈的救世使命感，他从历史和现实的考察中提出这一主张。首先，墨子认为世上无“命”，从历史上纣王之时与汤武之时比较，客观条件无一可变，差别只在于主观努力。同时，自古至今的人民亦未尝“见命之物，闻命之声”。其次，墨子认为“命”是由于“暴王作之，穷人术之”（《非命下》），完全是“暴王”和“不肖之民”对自己“听治不强”“从事不强”而得到悲惨结局的推诿，是自欺欺人之谈。

墨子“非命”而“尚力”。“力”与“命”是两种相对立的观点：注重“力”者，对自我力量充满信心，认为事在人为，有志竟成，因而奋发进取；宿命论者则一切归于命定，摒弃人力，以为人力无可奈何。墨子提倡“力”而排斥“命”，主张发挥人的主观能动性，去创造一切的理论，至今仍有现实意义。墨子反对“天命”而肯定天与鬼神的意志，似乎自相矛盾。因为按照通常的看法，所谓的“命”仍是天与鬼神所定，墨子却能脱去俗见，认为本来无所谓“命”，如果一切都已命中注定，则天与鬼神便不能起到赏善罚暴的作用。

九、天志

天志，就是天的意志，墨子认为天是有意志的最高主宰。他说：“天为贵，天为知。”（《天志中》）墨子是怎样论证天是有意志的呢？主要从两个方面：一是以历史事例为证据，认为古代“圣王”功成名遂，古代“暴王”身死国亡，是显示了天意，根本原因在于他们是顺天意还是逆天意；二是以天时和人事的吉凶为证据，认为这是天对于人们是顺天意还是逆天意的报应。墨子承认天是决定世间人事的最高主宰，而所言的“天志”是属于一种超越思想。“天”被人格化为外在的最高神，而人应当服从“天志”。“天志”是客观的绝对标准，人则是有限的，因此要“上同于天”。墨子把“心”作为认识的主体，而把“天”即自然界作为认识的对象，是一种十分先进的哲学思想。墨子以“天志”为“法仪”，这种法仪就是人类社会的共同公正法则，是天赋的、神圣的，出于天志的大公无私、兼爱、兼利和光明普照。他的这种“天赋法仪”的思想与西方 17、18 世纪思想家所提出的“天赋人权”是一致的。它的失传实谓中国历史的一大憾事。

关于墨子的“天志”，历来存有争议。有的认为“天志”是墨子的神道设教，墨子是宗教家；有的认为“天志”是墨学的核心，是科学。这些问题，都有待于进一步研究探讨。

十、明鬼

“明鬼”，是辨明鬼神的存在和它们所起的“赏贤罚暴”的作用。墨子引用很多的例子来证实鬼神确实存在，而且十分灵验，这些例子都以群众见闻（当今的，或见于古籍记载的）为凭据。其实，辨明鬼神的存在不是墨子的本意所在，他的真正意图是宣扬鬼神能起到赏贤罚暴的作用，这一点是应该充分注意的。看他所说的鬼神，确实不同于一般：一是它们无所不在，无所不见，谁在暗中做坏事，都逃不过它们的目光，即使最隐蔽的事情也不例外；二是赏罚分明，为善有德者必赏，暴虐无道、残杀无辜者必罚，不管你怎样富贵，怎样势强人众，鬼神之诛是威力无比、迅捷异常、无可抗拒的。我们不难看出，墨子的“明鬼”，完全是针对当时的统治者和恶势力，警告他们要弃恶从善，才不至于自取灭亡。

墨子的“明鬼”是利用鬼神，借鬼神之威力来宣传并推行自己学说的一种手段，人们把它看作墨子的社会控制论。而有的研究者认为，墨子坚信鬼神，绝无假借之意，鬼神的意志与他的主张完全一致。

综上所述，墨子的政治思想主要体现在兼爱、非攻、尚贤、尚同、节用、节葬、非乐、非命、天志、明鬼十大政治主张上。他的政治思想虽然遭受儒家的激烈批判，但其科学合理的部分至今仍闪闪发光，给我们指示前进的方向。

（原载《墨子读本》，青岛出版社 2004 年版，今有增删）

第八篇　墨子的哲学思想

哲学是对基本和普遍之问题的研究，一般认为中国哲学起源于东周时期，以孔子的儒家、老子的道家、墨子的墨家及晚期的法家为代表。春秋战国时期，诸子百家纷纷著书立说，寻求在乱世中的立国之本、生存之道，哲学得到深入发展，取得了辉煌的成果。

墨子是春秋战国之际伟大的思想家、哲学家、科学家、教育家、军事家和社会活动家，也是墨家学派的创始人。苗枫林先生在首届墨子学术研讨会上曾指出：在我们祖国的文明史上，墨子代表了一个时代的高度，他的思想具有极其重要的时代价值。第一，墨子是中国人民自古以来酷爱和平也是人类自古以来酷爱和平的一面旗帜。第二，墨子是中国古典人道主义也是人类古典人道主义的一面旗帜。第三，墨子是中国古代劳动者智慧也是世界古代劳动者智慧的一面旗帜。他在天文学、光学、几何学、物理学、逻辑学、工程学等方面都高于先秦诸子，在某些领域堪称人类先驱。墨子作为一位百科全书式的学者，充分体现了劳动者的伟大智慧。

墨子的哲学思想博大精深，本文不作全面阐述，只从墨子的宇宙论、认识论、实践观、时空观、天志观、三表法等方面谈些见解。

一、墨子的宇宙论

古希腊哲学家亚里士多德认为，哲学是存在之所以存在的科学，即研究存在及其本质属性的原因与原理的科学。墨子虽没对哲学下过这样的定义，但他遇事总要问一个“为什么”“是否有道理”。这样的例子在《墨子》书中有很多。如墨子在《兼爱上》说：“圣人以治天下为事者也，不可不察乱之所自起。当察乱何自起？起不相爱。”所以《经上》第一条开宗明义，提出“故，所得而后成也”。以“故”作为全篇的总纲，探究客观事物形成的原因，是墨子哲学的出发点。墨子指出任何事物的发生和存在（成）必有它的原因（故）。这就是客观事物的因果律。引申之，“故”即物之所以成为物之理，墨子名之为“法”，也就是“仪型”。他认为，立说有立说之法，治国有治国之法，人与人、国与国相处有相处之法，合乎法者是，不合乎法者非。所以“法”是人们思想、言论、行为的法仪（规范）。一句话，“故”这一范畴是墨子哲学的基本原理。

尸子说：“墨子贵兼。”《经上》说：“体，分于兼也。”“兼”即整体，总体，全体。“体”即个体，个别，部分 。“兼”这一范畴也是墨子哲学的基本原理。墨子认为世界是一个整体，其中的万事万物，以其共同性而互相联系起来，又以其特殊性而互相区别开来，表现为种与种、类与类的关联。即世界是一大全（兼），物类（体）是从大全分出，而个体（端）则是从物类分出，所以世界通体相关。

在中国哲学上，关于天地万物从“无”开始，还是从“有”开始，争论非常激烈。老子主张天地万物从“无”开始，同时又认为有与无相对，相反又相成，“有无相生”。墨子认为有与无虽属相对之事，但所谓“无”，或者是曾经有而现在没有之事，或者是绝对没有之事，两者的实质是不同的。为了证明万物始于有，墨子提出了“已然则常然”的法则，给它一个新名称，叫“自然齐一律”。宇宙间任何现象，如果它的原因不存在，则它可以不出现。我们知道时间转瞬即消逝，似乎“无”，但时间过去存在，现在存在，将来永远存在，这是很好的例证。我们所经历的时间（久）是有限的，即有穷的；但根据墨子“已然则常然”的道理，就可知道时间是绵延不断以至无穷的。所以墨子说：“久，有穷无穷。”由此可以说，墨子是中国哲学史上第一个提出“时间”这一范畴的。

虽然老子也有时间和空间的观念，但墨子明确提出了时间和空间两个范畴，并下了正确的定义。墨子用“久”表示时间，用“宇”表示空间，这是墨子特用的时空名词和哲学术语。时间和空间是有限还是无限？这也是中外哲学史上长久争论的一个问题。然而在两千多年前，墨子的时空观居然是矛盾的统一论。墨子认为，时间是无始无终的，始是有久无久的辩证统一。由此看来，墨子的时空观符合恩格斯所说的：“无限纯粹是由有限组成的，这已经是矛盾，可是事情就是这样。……正因为无限性是矛盾，所以它是无限的、在时间上和空间上无止境地展开的过程。”(《反杜林论》)墨子在两千多年前触及“久是有穷无穷的矛盾统一，宇是有穷无穷的矛盾统一”，这是难能可贵的。

墨子的宇宙论是说明天地万物之“所以然”。宇宙是一总体，万物皆从总体分出，所以说“体，分于兼也”。由此又说明天地万物不始于“无形”而始于“有形”。凡属有形必在时空之内。时空是一切存在的基本形式。墨子认为无限的时空是由有限的时空所组成。宇宙之间，纷纭万状，都是物质运动的形态。由此可以肯定，墨子的宇宙论是属于唯物论阵营的。

二、墨子的认识论

墨子在宇宙论中曾经规定：“力，刑（形）之所以奋也。”“生，形与知处也。”人的形骸是物质，其本身具有知的能力，感官能觉，心官能思。人们的认识则在这种物质基础上而发生，先由感官摹写客观事物的情状，而后由心官以虑以思而成概念，这是墨子认识起源论的基本观点。

墨子哲学很重视认识论，《经上》第一条提出“故”（起因论），第二条提出“兼”（宇宙整体论），构成了墨子宇宙论的基本观点。第三条提出“知”，接下来三条都是讲认识论，阐明了认识从何而起，由何而成。所以墨子哲学中，宇宙论同认识论紧密地联系起来。

墨子的认识论是属于唯物的。他认为“实”在先，“名”在后，名（概念）是模拟客观事物“实”的，在思维与存在的关系这一哲学根本问题上，肯定了存在是第一性，思维是第二性。

墨子的认识论是建立在生理基础上的，感官能觉，心官能思，构成人们的认识能力。主观的官能与客观的事物相接触，形成接知（感性认识）。经验是一切知识的源泉，思维具有巨大的作用。认识始于接知（感性认识），终于恕知（理性认识）。由此说明认识是一种由浅入深、由感性到理性的过程。

墨子朴素地坚信外物是可知的，说知（推理的知识）是可靠的。他把知识分为三种：闻知、说知、亲知，坚信未来的事是可知的。

墨子的认识论始于经验，终于实践，显示出认识论的异彩。第一，他的眼睛向下，在认识论的领域里提出吸取广大人民群众的经验，作为立论的根据，即“下原察百姓耳目之实”，这是哲学史上少见的。第二，知识或理论的最后目的是在实践，一切言行，都要符合国家人民的利益。第三，实际应用是检验理论真伪的标准。一种理论应用到实际上，看它是否符合国家百姓人民之利，如果符合则“是”，不符合则“非”。总之，实践是检验真理的唯一标准。

三、墨子的实践观

墨子一生最重视社会实践活动，始终坚持实践第一的观点。在先秦时期的哲学家中，他是第一个运用经验论来反对先验论、坚持实践是检验真理的唯一标准的哲学家。

墨子认为，人的认识来源于“耳目之实”，通过人的感官和实际的生产社会活动，才能形成深刻的认识。他在《明鬼下》中指出：“天下之所以察知有与无之道者，必以众之耳目之实，知有与亡（无）为仪者也。请（诚）惑闻之见之，则必以为有；莫闻莫见，则必以为无。”这就是说，判断有无，是以人的耳听眼见为依据。感官感觉到了的就有，感觉不到的就没有。他的认识论是建立在人的生理基础上，认为人的感官能觉、心官能思，从而形成人的认识能力。

墨子的认识论虽然重视实践经验，但并不忽视人的思考归纳推理的作用。《经上》说：“闻，耳之聪也，循所闻而得其意，心之察也。”“言，口之利也，执所言而意得见，心之辩也。”这是说，耳能听到声音，或能知道其中的意思，但言外之意，还要用心思考。口能说话，但要把自己的意见准确表达出来，仍需要用心去思考。由此可见，思考、分析、推理在认识过程中是很重要的。墨子认为认识始于接知（感性认识），终于恕知（理性认识）。而“恕也者，以其知论物，而其知之也著”，充分肯定“恕之知物”更深刻、更完全，说明认识是一种由浅入深、由感性到理性的过程。

墨子的认识论始于经验，终于实践，显示出夺目的光彩。首先，他尊重历史的经验，“上本之于古者圣王之事”，以历史记载中前人的间接经验为依据。其次，他吸取广大人民群众的丰富经验，“下原察百姓耳目之实”，即以广大群众的直接感觉经验为依据，这一点，在哲学史上是罕见的。最后，他主张通过实践来检验认识是否正确。“废（发）以为刑政，观其中国家百姓人民之利”，即通过社会实践来考察某种言论、政策、主张在实施过程中是否符合实际情况，能否给国家与人民带来好处。如孔子的“天命论”，应用到社会实践，容易使人失去坚强的斗志，造成听天由命的风气，养成得过且过的不良习惯，不思上进，不拼搏向上，这对国家与人民都极为不利。墨子因而“非命”，提出“非命论”。他提出“事在人为”，人力固可以征服自然，他的论点能使人勤奋，催人奋进，增加人们的斗志，有利于国家与人民。

四、墨子的时空观

墨子是中国哲学史上第一个提出“时间”这一范畴的哲学家。下面，简单谈谈墨子矛盾统一的时空观。墨子说：“久（时间），有穷无穷。”其意是指我们所经历的时间（久）是有限的（有穷的），但时间过去存在，将来永远存在，即时间又是无穷的。

《经上》：“久，弥异时也。”（久是永恒，是长远。弥是合，是周遍，兼全体而无遗。）

《经说上》：“久：合古、今、旦、莫（暮）。”

《经上》说：“宇，弥异所也。”（宇是寓，所是方所，处所。）

《经说上》：“宇：家东、西、南、北。”

这里宇、久二字的涵义就是空间与时间，不过墨子称时间不叫宙，而叫久，不称宇宙而称久宇（时空），是其特用的哲学术语。

关于时间、空间是有限还是无限，在哲学史上争论不休，这就是康德所发现的“二律背反”，一种不能解决的矛盾。然而在两千多年前，墨子的时空观居然是矛盾的统一论，认为久是有穷无穷的矛盾统一，宇是有穷无穷的矛盾统一，确是难能可贵。

此外，墨子还认识到时间空间与物体运动的统一。《经下》说：“宇，域徙，说在长宇久。”（徙即运动。）

《经说下》解释：“长宇：徙而有处，宇。宇南北，在旦有在暮。”（南北实指东西。有即又。）

这里说的“宇，域徙”，就是宇宙间的物体运动。物体运动必须通过一定长度的空间，并且必须经过一定长度的时间。如果物体不经历时间和空间，运动是不可能的。宇宙间万物的运动都在一定长度的时空内进行。故《经下》曰：“宇，域徙，说在长宇久。”由此可见，墨子确实认识到物体运动与时空的辩证关系。

墨子把时间与空间统一于物质的运动之中，这是对时间空间之间辩证统一关系的卓越见解，是对时间空间和物质运动相统一的卓越见解，包含了物质运动是时间空间的本质的思想萌芽。单从这一方面来说，牛顿的古典物理学也要相形见绌。牛顿认为时间和空间是互不相干的，时间和空间与物质的存在及其运动状况没有联系。直到 1905 年爱因斯坦建立了狭义相对论，并在此基础上推广为广义相对论（1916 年），才把时间和空间统一起来，揭示了空间和时间的辩证关系。而墨子早在两千多年前就提出了时间空间的统一，产生了时间空间物体运动相统一的思想萌芽，这是了不起的。

五、墨子的天志观

墨子的世界观充满矛盾。春秋末年，孔子宣扬“命定论”，墨子对此予以否定。首先，墨子运用“三表法”否定了“命定论”。他认为，决定人们不同遭遇的不是“命”，而是“力”。他强调“人力”的作用，认为人之所以不同于禽兽，在于“赖其力者生，不赖其力者不生”（《非乐上》）。强力思想的提出，正是人类对自身力量的认识深化的结果。其次，墨子分析了“命定论”产生的社会根源和危害性，认为“命”这个东西，天地间根本不存在，是古时候统治者杜撰出来的，用来欺骗、迷惑广大人民的。他认为“命定论”是一种“凶言”“暴人之道”（《非命上》），“天下之厚害”（《非命中》），为了“兴天下之利，除天下之害”，必须彻底批判。

墨子虽然否定了“命定论”，却代之以“天志”，把“天”说成是人类社会的最高主宰。“故子墨子之有天之意也，上将以度天下之王公大人为刑政也，下将以量天下之万民为文学出言谈也。观其行，顺天之意，谓之善意行；反天之意，谓之不善意行。观其言谈，顺天之意，谓之善言谈；反天之意，谓之不善言谈。观其刑政，顺天之意，谓之善刑政；反天之意，谓之不善刑政。故置此以为法，立此以为仪，将以量度天下之王公大人卿大夫之仁与不仁，譬之犹分黑白也。”（《天志中》）可见“天志”是神化了的墨家理想的最高准则，是限制天子行为的规范。墨子希望借助于它匡正天下，使人兼相爱，消除战乱，实现“非攻”，

以达到天下“尚同”的目的。

除了肯定“天志”之外，墨子还主张“明鬼”。他从经验论出发，论证了“鬼神”是客观存在的，并且把“鬼神”分成“天鬼”、“山水鬼神”和“人死而为鬼者”（《明鬼下》）三类，同时还赋予“鬼神”以理想的性格，说“鬼神”能赏贤罚暴，无所不知，无所不能。因此，祭祀鬼神大有好处，“上以交鬼之福，下以合欢聚众，取亲乎乡里”（《明鬼下》）。要想“兴天下之利，除天下之害”，就必须“尊天”“明鬼”。显然，墨子希望利用“鬼神”和“天志”来警戒统治者要行善除恶。

从“尚力”“非命”与“天志”“明鬼”的思想可以看出，墨子的世界观是矛盾的。墨子世界观中的矛盾合乎当时社会的实际，这种矛盾在墨子思想中是合乎逻辑的，反映出一位哲学家、科学家、社会活动家以“天下兴利”为己任的真实思想与良好愿望。

六、墨子的三表法

在墨子的学说中，他的认识论是最光辉的一部分，具有唯物主义的观点。他所提出的认识客观事物的方法和检查认识可靠性的标准就是有名的“三表”或“三法”。“表”和“法”都是标志、标准的意思。“三表”就是判断认识正确与否的三个标准。

墨子在《非命上》中说：“言必有三表。何谓三表？子墨子言曰：有本之者，有原之者，有用之者。于何本之？上本之于古者圣王之事。于何原之？下原察百姓耳目之实。于何用之？废(发）以为刑政，观其中国家百姓人民之利。”在《非命中》和《非命下》两篇中，也有类似（即“三法”）的记述，本文仅就《非命上》的“三表”加以阐述。

墨子的第一表认为：“上本之于古者圣王之事。”要判断事情的真假是非，不能只凭主观的印象，而要有历史的根据、前人的经验。《墨子》中有许多地方引用了《尚书》《诗经》，也引用了当时周、郑、燕、齐等国的历史——《春秋》。墨子并不是自炫博学，而是为了说明他的论证有根据，他要在前人的经验和历史的记载中寻找间接的经验。间接的经验在认识过程中是必不可少的。这是人类认识的特点之一。墨子与儒家辩论时，经常使用这一武器。如墨子在驳斥“命定论”的主张时，就曾举出古代的一些例子作为证据。他说：“古者桀之所乱，汤受而治之。纣之所乱，武王受而治之。此世未易，民未渝，在于桀、纣，则天下乱，在于汤、武，则天下治，岂可谓有命哉？”(《非命上》)墨子更进一步追问那些相信有“命”的人，说：“先王之宪亦尝有曰：福不可请，而祸不可讳（违)。敬无益、暴无伤者乎？……先王之刑亦尝有曰：福不可请，祸不可讳。敬无益、暴无伤者乎？……先王之誓亦尝有曰：福不可请，祸不可讳。敬无益、暴无伤者乎？”(《非命上》)墨子的“非命”学说给当时的“命定论”者以有力的打击。

墨子的第二表认为：“下原察百姓耳目之实。”判断事情的真伪是非，要根据“百姓耳目之实”，就是说要用广大人民亲身的经验作为标准，不能只凭主观想象。他在反对命定论者的辩论中也曾使用过这一武器。他反问那些相信有“命”的人说：“所以知命之有与亡（‘亡’即‘无’）者，以众人耳目之情知有与亡。有闻之，有见之，谓之有。莫之闻，莫之见，谓之亡。”(《非命中》)墨子又说，可是事实上，自古至今，“亦尝见命之物，闻命之声者乎？则未尝有也”(《非命中》)。耳目感官经验是知识的直接来源，通过直接经验可以得到正确的知识，这是一般认识的途径。我们必须肯定，墨子提出的这一点是对的。但是认识的对象不尽是感官所能直接接触得到的，比如墨子在上面所举的“命”，根本就是一个抽象名词，即使有，也是看不见、摸不着的东西。因而，墨子知道只凭主观印象容易出错误（这是对的），但他把过去的以及现在的某些根本无法通过实践来证实的所谓“经验”，又常常当作衡量事情真假的标准，这是不对的。

墨子的第三表认为：“废（发）以为刑政，观其中国家百姓人民之利。”判断事情的真假是非，要看它是否符合国家百姓人民的利益。这是墨子认识论最主要、也是最根本的思想方法。墨子反对侵略战争，反对世袭贵族奢侈浪费的生活，都是依照这一标准，即以它合不合“国家百姓人民之利”为出发点。墨子思想中许多丰富的、带有人民性的进步因素，都是在这一标准、指导下发展出来的。

总而言之，墨子的思想方法和判断真理的标准（“三表”）的根本精神是唯物主义的，认为判断事物的总的精神和方法，是反对主观，相信客观。他的“三表”都是为了防止认识上的片面性和主观性而提出的。他也是根据经验（第一表、第二表），根据客观效果（第三表）对事情做出判断。不足之处是他没有把唯物主义贯彻到底。

墨子和弟子们既然出身于具有丰富生产知识的劳动者阶层，而且他们还会制造守城的器械，足证他们具有一定的科学知识，在他们科学实践的基础上，会产生自发的唯物主义倾向的认识论，这是完全可以理解的。

此外，墨子在思想方法上提出了推理的重要性：“彭轻生子曰：往者可知，来者不可知。子墨子曰：籍设而（尔）亲在百里之外，则遇难焉。期以一日也，及之则生，不及则死。今有固车良马于此，又有奴（驽）马四隅之轮于此，使子择焉，子将何乘？对曰：乘良马固车，可以速至。子墨子曰：焉在矣来（怎么说未来的事无法知道）？”（《鲁问》）

墨子最早提出具有科学意义的“类”的概念，指出逻辑上的“界说”（定义）的重要性。墨子经常用揭露论敌分类观念混淆的方法来驳倒对方。例如公输般只知道不可无故杀一个人，却替楚国造云梯攻宋国，准备杀害很多的人。墨子在《公输》篇中就曾指责他“义不杀少而杀众，不可谓知类”，把公输般驳得无可奈何。墨子对于“界说”的认识也是相当明确的。有这样一个有名的辩论：“子墨子曰：问于儒者何故为乐？曰：乐以为乐也。子墨子曰：子未我应也。今我问曰：何故为室？曰：冬避寒焉，夏避暑焉，室以为男女之别也。则子告我为室之故矣。今我问曰：

何故为乐？曰：乐以为乐也。是犹曰：何故为室？曰：室以为室也。”（《公孟》）通过以上这一论辩，我们可以清楚地看出墨子思想方法逻辑的严密性。

墨子的哲学思想以及其他方面的成就，是人类历史上宝贵的文化遗产，应该继承弘扬。

（本篇为作者参加第九届国际中国哲学大会的论文，该会于1995年8月4日至8日在美国马萨诸塞州波士顿大学举行，今有增删）

第九篇　墨子的人本思想

墨子是中国古代伟大的思想家、教育家、科学家、军事家、逻辑学家和社会活动家，也是一位学贯文理、注重实践、百科全书式的平民圣人。他的思想博大精深，本文着重探讨其人本思想。

一、墨子的人生目的是兴利除害

人生的目的是什么？古今中外每人都有自己的答案。墨子的人生目的是“兴天下之利，除天下之害”。他说：“仁之事者，必务求兴天下之利，除天下之害。”（《非乐上》）他“兴利除害”的主要内容是：“有力者疾以助人，有财者勉以分人，有道者劝以教人。若此，则饥者得食，寒者得衣，乱者得治。若饥则得食，寒则得衣，乱则得治，此安生生。”（《尚贤下》）其目的就是建立一个兼相爱、交相利、互相帮助、互相友爱的人类社会。

墨子生活的时代，中国正经历一场巨大的社会变革，即经历了夏、商、西周、春秋的奴隶制社会逐渐向封建制社会过渡。在这个社会大变革的时期，每个人尤其是思想家都在思考、探索，提出自己的观点、思想。

墨子思考、探索的结论是：人生在世应以“兴利除害”为己任。其目的就是使国家富、财用足、政治清平、老有所养、幼有所长、人人衣食暖饱、家家幸福平安，建立一个兼相爱、交相利、互相帮助、互相友爱的人类社会。墨子的人生理想，当时虽然难以实现，却展现了他为天下兴利除害的崇高理想与远大志向，并揭示了个人应当为社会、为人类尽职尽责的人生价值观。

墨子把“兴利除害”作为人生的目标，并强调以“义”作为做人的原则。他说“万事莫贵于义”（《贵义》），主张以义正人、治国。“义者，正也。何以知义之为正也？天下有义则治，无义则乱”（《天志下》），主张以义为原则处理富贵亲疏、生死治乱的关系。“不义不富，不义不贵，不义不亲，不义不近。”（《尚贤上》）“天下有义则生，无义则死；有义则富，无义则贫；有义则治，无义则乱。”（《天志上》）同时，墨子把“义”与“利”进行了沟通，指出“义，利也”（《经说下》），强调以义正人，以义取利，义利统一。

墨子有着强烈的救世意识，非常关心人民的生死贫富安危，他认为只要有利于救世和解除人民的疾苦，人就可以牺牲自己，“士损己而益其所为也”，提倡大公无私和无私利人，提倡无私奉献和自我牺牲精神，并把禹、汤、文王作为无私奉献和自我牺牲精神的人格楷模。墨子言行一致，为利天下奔走呼喊，不畏艰难险阻，“摩顶放踵利天下，为之”（《孟子・尽心上》），“备世之急”“枯槁不舍”（《庄子·天下》），展示了其实践品格和无私奉献与自我牺牲的伟大精神。

墨子在“兴天下之利，除天下之害”的人生目标中，最重要的贡献是为解放奴隶而奔走呼喊。中国的奴隶制始于夏初，其下限在春秋战国之际。在奴隶制社会里，人分不同的等级，最上者作为“天子”，非常高贵，掌握生杀大权；最下者为奴隶，异常卑贱，不如牛马猪狗。郭沫若在《奴隶制时代》中指出：“起初异族的人被俘的都被杀掉，或者被用为祭祀神祇祖妣的牺牲。卜辞里面以人为牲的记录很多。其后人的使用价值被重视了，不必尽杀，有选择地豢养起来，作为奴隶使用，或从事生产，或干家内杂务。这是人从死的牛马变成活的牛马，但比起牛马来依然是贱。这样的人是可以任意屠杀、贩卖的。……从事生产的最下层的人，因生产的发达，生产力需要的增加，而逐渐把价值提高了。特别在春秋末年，新兴的地主阶级和旧时代的上层奴隶主们争取生产者，生产者的价值、地位、身份都逐渐提高了起来。这反映在意识形态上，对于人的看法便不能不起改变。”他高度概括了奴隶演变的进程，进而指出：“对于人的看法的改变是有普遍性的，儒家在主张‘仁’，主张‘泛爱众’，道家在主张‘慈’，墨家在主张‘兼爱’。……墨家所主张的‘兼爱’，是要爱护彼此的生命财产。”

二、墨子以人为本的核心是“兼爱”

墨子以人为本的核心是“兼爱”。他为什么要提出“兼爱”？

“兼爱”的对象是哪些人？这是由时代环境和墨子人生哲学思想决定的。

墨子生活的战国初期，井田破坏，工商自主，诸侯争雄，战争不断，杀人殉葬，民不聊生，社会动荡不安，人民生命难保。面对这样的时局，墨子忧心忡忡，他分析，凡是天下的祸害怨恨、强欺弱、众劫寡、富侮贫、贵欺贱、诈凌愚，都是“以不相爱生也”（《兼爱中》）。他说：“当察乱何自起？起不相爱。臣子之不孝君父，所谓乱也。子自爱，不爱父，故亏父而自利；弟自爱，不爱兄，故亏兄而自利；臣自爱，不爱君，故亏君而自利，此所谓乱也。虽父之不慈子，兄之不慈弟，君之不慈臣，此亦天下之所谓乱也。父自爱也，不爱子，故亏子而自利；兄自爱也，不爱弟，故亏弟而自利；君自爱也，不爱臣，故亏臣而自利。是何也？皆起不相爱。”（《兼爱上》）找到了社会动荡不安、人民艰难困苦的原因，墨子开出了救世的良方——“兼爱”。他说：“视人之国若视其国，视人之家若视其家，视人之身若视其身。是故诸侯相爱则不野战，家主相爱则不相篡，人与人相爱则不相贼，君臣相爱则惠忠，父子相爱则慈孝，兄弟相爱则和调。天下之人皆相爱，强不执弱，众不劫寡，富不侮贫，贵不敖贱，诈不欺愚。凡天下祸篡怨恨，可使毋起者，以相爱生也，是以仁者誉之……兼相爱，交相利，此圣王之法，天下之治道也，不可不务为也。”（《兼爱中》）墨子设想，只要天下人与人互相关爱，就能天下太平，国泰民安。这是墨子理想的社会境界。

“兼爱”的对象是哪些人？墨子主张的兼爱，是不分远近亲疏地爱一切人，这当然包括平民及奴隶。谭家健先生在《墨子研究》中认为，“兼”是对爱的方式、范围和程度的一种规定，说明如何去爱。主要有四条基本原则：第一，平等性原则，“兼爱”的根本意义就是平等之爱，不分所爱对象的社会等级，一律相爱。“使天下兼相爱，爱人若爱其身。”第二，普遍性原则，“兼爱”应该“远施周偏”，即不分远近，不受地域的限制。第三，相互性原则，从整体上讲，爱应该是相互的，而不应该是单方的。“夫爱人者，人必从而爱之；利人者，人必从而利之。”第四，无私性原则，从个体上讲，爱应该是利他的、无私的，不包含着利己的动机。谭先生对墨子“兼爱”的概括非常精彩，笔者完全赞成。这充分说明墨子的“兼爱”包括了天子、诸侯、大夫、百姓以及人间最底层的奴隶。

“兼爱”的目的是什么？墨子高举“兼爱”的古典人道主义大旗，其目的就是救世、兴利除害，以人为本，还人应有的权利，人人都应得到人间之爱。正如侯声在《博爱主义》一文中所说：“墨子之兼爱论，其要旨谓：天下之乱，乱于不相爱；天下之治，治于兼相爱。侯声曰：大哉博爱之道乎！其道行于社会则社会团结，行于种族则同族统一，行于国家则国力坚凝，行于世界则世界治平。”孙中山先生在《民族主义》第六讲中对墨子的兼爱给予高度的评价：古时最讲“爱”字的，莫过于墨子。他还在《民报》创刊号上称赞墨子是“世界第一平等博爱主义大家”。

“兼爱”是墨子古典人道主义的核心，由此向外延伸，他提出了“非攻”“尚贤”“尚同”“节用”“节葬”“非命”“非乐”

等一系列主张。所谓“非攻”，即反对非正义的侵略和掠夺战争。所谓“尚贤”，“即尚国民阶级的资格，并坚持着国民阶级的立场以反对氏族贵族”（见侯外庐《中国思想通史》）。侯先生所谓“国民阶级”，指的是自由民、奴隶、手工业者以及公社农民和百工商贾等。墨子公开要求打破宗法制度任人唯亲的原则，扩大选贤的范围，不分亲疏贵贱，“有能则举之”“无能则下之”“官无常贵而民无终贱”“虽在农与工肆之人，有能则举之”；还要求“举义不辟贫贱”“举义不避远近”，十分重视“贱人”参政，积极呼吁“国中之众”（城市市民）、“四鄙之萌人”（四郊的农夫或农奴）进入备选贤士之列。所谓“尚同”，即同一天下之义（上下统一思想）、同一天下之情（下情上达）、同一天下之法（严明赏罚）。值得注意的是，墨子是在“尚贤”的前提下讲“尚同”的，重视个人的利益，更强调国家的共同利益，认为个人必须服从国家，国家必须爱护人民。所谓“节用”，就是提倡节俭，反对奢侈浪费；开源节流，增收节支，发展生产，增加粮食；提倡早婚多生，反对蓄养姬妾，重视人口增加。所谓“节葬”，就是主张丧葬要节俭，揭露和谴责儒家的“厚葬久丧”，针锋相对地提出了“薄葬短丧”及其“葬埋之法”；同时，坚决反对杀害奴隶殉葬。墨子的节葬，具有重大的现实意义。所谓“非乐”，就是反对统治阶级以“亏夺民衣食之财”为代价的音乐享受，这是墨子“非乐”的历史意义。所谓“非命”，即驳斥“有命”说，墨子用“三表”法则作为判断是非的标准，揭示“有命”说的危害，探索它产生的根源，提倡以人为本，依靠自身强力从事，发展生产，创造财富。上述墨子的主张，体现了他以人为本的古典人道主义。

三、墨子是解放奴隶的先驱

中国的奴隶制社会始于夏初，其下限在春秋战国之际。在奴隶制社会里，人分不同的等级，最上者作为“天子”，非常高贵，掌握生杀大权；最下者为奴隶，异常卑贱，不如牛马猪狗。

墨子认为奴隶也是人，奴隶与奴隶主都是天的臣民，人在天面前都是平等的。他在《小取》篇中说：“获，人也；爱获，爱人也。臧，人也；爱臧，爱人也。”臧、获即奴隶，当时荆、淮、海、岱之间的方言，污骂男奴曰“臧”，污骂女婢曰“获”。墨子反对奴隶主贵族的等级偏见，把“臧”（奴隶）、“获”（婢役）等卑贱之人也纳入“爱”的对象范围。因此，他坚决反对奴隶主屠杀奴隶殉葬。他在《节葬下》指出：“若送从（孙诒让以为是‘送死若徙’），曰：天子杀殉，众者数百，寡者数十；将军、大夫杀殉，众者数十，寡者数人。”他还指出：“今王公大人之为葬埋……舆马女乐皆具。”葬埋的殉葬品，有物也有人，郭沫若认为：“其实‘女乐’所指的就是人了。‘女乐’人数可以多可以少。……‘舆马’一项也不一定是单纯的车马。‘舆’的第二义是‘人有十等’中的‘皂臣舆，舆臣隶’的‘舆’（《左传》昭公七年）。故单举一‘舆’字，实可兼含着车与车夫。”这个结论是正确的。

但是，郭沫若的另一个结论是错误的。他说：“……《墨子·节葬篇》……把物殉看得比较重，而把人殉看得比较轻。墨

家是主张节用的，物殉太浪费了，故加以反对。人殉如出于自意识的道义感，在墨家看来，不仅不应该反对，倒宁是应该奖励的。”(《奴隶制时代》)对于郭氏的这个结论，水渭松、刘禾、谭家健等先生都曾撰文批驳，笔者基本同意他们的观点，在此基础上谈几点看法：（一）墨子高度重视人的价值和作用，主张大力发展人口，制定男婚女嫁的年龄底限，鼓励人口生育；主张以人为本，解放奴隶，坚决反对杀人殉葬。（二）郭沫若在此文所举的墨家巨子孟胜为阳城君守城而殉职，其弟子183人同时为守城而殉职，这是誓死抗敌、宁死不屈的悲壮行为，与殉葬性质截然相反，风马牛不相及；如果战争是正义的，这种牺牲精神更应当大力提倡。(三）墨子“节葬”的观点非常明确具体：“棺三寸，足以朽骨；衣三领，足以朽肉；掘地之深，下无菹漏，气无发泄于上，垄足以期其所则止矣。哭往哭来，反，从事乎衣食之财，佴乎祭祀，以致孝于亲。”(《节葬下》)墨子制定的葬埋法则，既不损害死者的利益，又重视生者的利益，充分体现了以人为本尤以生者为本的人本思想，绝不是“重物轻人”，更不是“节葬不非殉”，而是“节葬又非殉”。

墨子主张的“兼爱”，是爱包括奴隶在内的人。如《法仪》篇所说：“今天下无大小国，皆天之邑也。人无幼长贵贱，皆天之臣也。”墨子认为无论大国小国，都是天之邑，应该平等相处，不应以大攻小；人民没有年龄大小和身份贵贱之分，都是天的臣民，应该人人平等，贵族不应欺凌平民、奴隶。为此，墨子公开为劳动人民尤其是奴隶呐喊，呼吁社会各界人士关爱他们，给奴隶以做人的权利，还他们的人身自由。在战国初期，墨子是第一个重视人权、提出解放奴隶的平民思想家，为奴隶制社会向封建制社会过渡做出了不朽的贡献。

综上所述，墨子以人为本，替天行道，高举古典人道主义的旗帜，吹响了解放奴隶的号角，成为提倡人权、解放奴隶的先驱，促进了奴隶制社会向封建制社会过渡。

四、墨子的“天人合一”观

墨子既重视和关心人的价值，又强调“天人合一”，人与自然和谐，以实现兼爱互利、和平共处、天下大同、国泰民安的人生理想。

墨子以人为本、非命强力，却又尊天、明鬼。这是矛盾的统一。在当时有何作用？今天应如何看待？主要有两种观点。一是否定墨子的“天志”“明鬼”，如郭沫若、卢枫等学者，认为墨子的“天志”就是“王志”，“明鬼”是唯心论，是复古等。一是肯定墨子的“天志”“明鬼”，认为具有重要的历史价值。下面主要谈谈后者观点。

翦伯赞、冯友兰、任继愈、李绍崑、乔长路、谭家健等著名学者都充分肯定墨子的“天志”“明鬼”。任继愈先生认为：墨子借用统治阶级的天鬼崇拜形式,让天鬼为劳动者的利益服务。李绍崑先生认为“天志”是墨子的思想核心，具有重要的价值。

乔长路先生认为，墨子的天志，有赏善罚恶的作用，与传统的宗教观念相比，发生了质的变化，其特点如下：（一）在传统的天命观念中，天志是自然力（如风雨雷电）或社会力量（如帝王权威）被幻想化的结果，是以超人间力量或形式表现出的人间力量。而墨子却剥下了天神的神秘外衣，把它复原为现实的赤裸裸的人间力量。（二）墨子将天志作为一种救世的工具，让天志为其政治、人生哲学服务。墨子“明鬼”，承认鬼的存在，他让鬼神帮助实现“尚贤”的主张，他让鬼神来执行赏善罚恶的职能，他使鬼神暗中监察干坏事者。这种暗中监察的力量，被墨子视作惩罚恶暴的一个得力助手，是社会治安的一支重要维护力量。墨子把鬼神的作用限制在几个狭小的范围，对人的命运等无能干涉，鬼神也在事实上成了他实现人生理想的工具。由此可知，墨子的“天志”“明鬼”表面看是有神论，而实质上是无神论思想在支撑着其人生哲学。

谭家健先生认为，墨子的尊天与传统观念有相同的方面，又有不同的方面：第一，墨子进一步确认天比天子具有更高的主宰地位和裁决权力；第二，墨子具体阐述了天的意志就是“为义”“兼爱”“非攻”“强力”等；第三，墨子反复强调，顺天之意必得天之赏，反天之意必得天之罚；第四，墨子提出“天志”，是作为一种方法论，具有衡量一切是非的普遍意义。墨子的“明鬼”与尊天一样，在哲学上是宣传唯心主义，在政治上却是为了“兴天下之利，除天下之害”。墨子一方面宣扬天志、明鬼，另一方面宣扬非命、强力，既承认天处于支配地位，又强调人起主导作用。这是矛盾的，然而在一定条件下又是可以统一起来的。谭先生认为：墨子的尊天可以看成是宗教观念，而墨子的明鬼则属于迷信思想。

上述肯定墨子天志、明鬼的观点，笔者基本赞同，但也有自己的看法。虽然墨子当时对天命神权产生怀疑，但绝大多数人还是相信天命鬼神，这是谁也不能改变的历史。墨子是人不是神，不可能超越历史。历史自墨子至今，又前进了两千多年，但相信天命鬼神的依然大有人在。两千多年前墨子提倡的天志、明鬼与非命、强力，是天人合一、自然与人类和谐的政治与人生的哲学思想。

墨子的天有三层含义：神灵之天、人格之天、自然之天。"天志"即天之意志，墨子认为天是有意志的，天是世间一切人、一切活动的最高监察者。这是神灵之天。"我有天志，譬若轮人之有规，匠人之有矩，轮匠执其规矩以度天下之方圆。曰：中者是也，不中者非也。"(《天志上》)墨子明确宣布，天志如木匠手中的规矩一样，是一种重要的工具而已。这是人格之天。"且吾所以知天之爱民之厚者有矣。曰：以磨为日月星辰，以昭道之；制为四时春秋冬夏，以纪纲之；雷降雪霜雨露，以长遂五谷麻丝，使民得而财利之；列为山川溪谷，播赋百事，以临司民之善否；为王公侯伯，使之赏贤而罚暴，贼金木鸟兽，从事乎五谷麻丝，以为民衣食之财；自古及今，未尝不有此也。"(《天志中》)这是自然之天。

墨子的"鬼"有两类：一类是天鬼、山鬼、水鬼，一类是人死而为鬼。如他在《明鬼下》篇说："古之今之为鬼，非他也。有天鬼，亦有山水鬼神者，亦有人死而为鬼者。"墨子认为鬼神无时无处不在，时时处处在监察天下所有人的言行："虽有深溪博林，幽涧毋人之所，施行不可以不董，见有鬼神视之……吏治官府之不洁廉，男女之为无别者，鬼神见之；民之为淫暴寇乱盗贼，以兵刃毒药水火，退无罪人乎道路，夺人车马衣裘以自利者，有鬼神见之。是以吏治官府，不敢不洁廉，见善不敢不赏，见暴不敢不罪。民之为淫暴寇乱盗贼，以兵刃毒药水火，退无罪人乎道路，夺人车马衣裘以自利者，由此止。”“若鬼神之能赏贤如罚暴也，盖本施之国家，施之万民，实所以治国家利万民之道也。”（《明鬼下》）

墨子在解释天人关系时，既承认天主宰人与万物，又对人的主观能动性给予充分肯定。人的生死、贵贱不是天命决定的，人只要顺从天意（自然规律）办事，自强不息，就有好的结果。墨子认为，天不是凭自己的喜怒哀乐任意决定人的命运及事物的发展，而是由人的行为通过感应天决定的，这就把天的主宰作用大大限制了，而把这权力让给了人。因此，在墨子的思想里，我们看到的是对人的力量、作用、地位的重视与强调，是对人的“参天”之力的极大信任。但是，人应顺天行事，不能逆天行事，更不可能胜天；只有天人合一，人与自然和谐共处，才是最理想的结局。

综上所述，墨子以人为本、兼爱众生、人人平等、天下大同等人生哲学思想，对于当代哲学的发展具有现实意义。弘扬和研究墨子的人生哲学，有利于世界和平与发展。

（本篇为作者参加第十三届国际中国哲学大会的论文，该会于 2003 年 8 月 16 日至 19 日在瑞典维斯特拉斯市举行，今有增删）

第十篇 墨子的教育思想

墨子的教育思想体系较为完整，其教育目的是培养“爱利万民”的“兼士”或“贤士”。其教育对象上至“王公大人”，下至“徒步之士”，以及“农与工肆之人”。教育内容除诗、书外，还有科学、逻辑、军事技术等方面的知识，主张德智并重、德力并重、德艺并重。其教育原则和方法则注重言行一致、意志锻炼、行为动机、因材施教，还肯定环境和教育的作用，强调“有道者劝以教人”，主张躬行实践、以身作则。在教育态度上，他主张“劝教”与“强为”，而且还要不怕疲倦地“强聒而不舍”，不畏劳苦地送教上门。这在中国教育史上，真可谓千古一人！

一、墨子的教育理论

墨子创立了“教育救世论”“人性所染论”等教育理论。

墨子教育救世论具有重大的价值：一是有着鲜明的治乱世救万民的人民性。教育救世论旨在通过教育的实施，来唤醒广大民众的觉悟，提高广大民众的智能，寻觅出一条救世利民的途径。二是清醒地认识到社会的治理、国家的富强都需要人才，而培养人才就离不开教育，因而把教育事业的发展提高到关系天下兴亡、人民富贫的高度来认识。三是在墨子身体力行下，培养造就了一大批具有新思想、掌握科学技术知识、自愿为行义而奋斗的人才，为社会变革与发展提供了重要的思想和组织准备，使墨家为民行侠仗义的思想根植于中华民族的传统基因之中，代代相传，永放光芒。

墨子认识到环境在教育中能对人产生巨大的影响和作用，提出了著名的“人性所染论”。《墨子·所染》篇记载，墨子见染丝者而叹曰：“染于苍则苍，染于黄则黄，所入者变，其色亦变，五入必而已则为五色矣。故染不可不慎也！”墨子认为人性如素色的丝，染于青色则青，染于黄色则黄，因所染的颜色不同而有所不同。墨子以染丝而变色的道理，生动形象地说明国家、社会和每个人都受到不同教育环境的影响，特别是相交亲密的人，其教育的影响、作用是巨大的。墨子在强调“染不可不慎”的同时，还强调人在环境中的自主意识、选择环境的主观因素及支配环境的主体作用。墨子这一认识是非常可贵的，他能在当时的社会教育实践中，总结出超越前人的、全新的、有一定社会价值的理论，其历史功绩不可磨灭。

二、墨子的教育体系建置

墨子的思想学说主要是通过“上说下教”的社会教育和学校教育而流传于世，影响当时的诸侯列国，同时也逐步得到诸子百家和社会各界的承认。

社会教育。墨子是个大教育家，其教育是全方位、多层次的。他从社会政治的高度着眼，认识到社会教育具有极其重要的作用。首先是因为“王公大人”掌握着统治大权，对整个社会的发展起着别人无法替代的领导作用，他们个人的好恶影响着人类的发展，所以要对他们进行“上说”，说服教育他们尊天、事鬼、兼爱、非攻、尚贤、尚同、非命、非乐、节用、节葬。其次是“农与工肆之人”，这部分人是社会的创造者，占大多数，因而要对他们进行教育，唤醒他们共同创造一个“兼相爱、交相利”的理想社会。这是墨子的高明伟大之处。即要唤起广大人民的觉悟，提高全社会人的素质，如此才能实现崇高的社会政治理想。墨子社会教育的重要特点是形成庞大的教育网络。墨子知道，任何事情要想成功，只靠个人的力量是不行的，要培养更多的人才共同去做，才有希望成功。因此，他除自己到各国游说之外，还派出许多弟子到各地分头讲学，宣传墨家的主张，扩大墨家的队伍，形成遍布社会各地的教育体系。另外，他还选拔一批才能出众的弟子，推荐他们到各国做官，通过这些人，向王公大人进行传教行义。这些充分证明：墨子的社会教育是非常成功的；如不成功，也就不会在百家争鸣中成为两大显学之一。

学校教育。墨子非常重视学校教育，他创办的综合性平民学校很像现代的综合性大学，下设社会科学院、自然科学院、建筑工程学院、军事学院等，门类比较齐全，当时社会上急需什么样的人才，就开设什么样的课程。墨子的文科教育，继承和发展了传统的文化教育，突出朴素唯物主义哲学思想和逻辑学知识的传授。他的兼爱、非攻等十大主张无一不是当时社会现实需要的课题。他在逻辑学上的贡献尤其重大，对概念、判断、推理等思维规律的认识以及著述都是前无古人的。有的学者认为，墨子是“中国逻辑学之父”，这个评价并不过分。墨子在理科方面的教育，不仅在当时绝无仅有，就是在中国引入西学之前也非常罕见。从《墨经》中可以知道，有关自然科学的条文就达 50 多条，这些理论结晶都来源于墨子的科学技术实践。墨子关于天文、地理、数学、力学、光学、声学等方面的成就极其辉煌。杨向奎先生认为，一部墨经，至少等于或超过整个古希腊。墨子在土木工程、机械制作及民用生产生活器具等方面，也取得了巨大的成就。

综上所述，墨子的综合性、百科式的平民学校是理论联系实际、教学行合一的教育。墨子的办学宗旨是培养博学多能、文武兼备并富有“三有”（有道教人、有财分人、有力助人）精神、能强力从事的“兼士”。墨子对其弟子施以严格的组织纪律教育，培养他们高尚的情操和优秀的道德品质，授以各种专门的知识和各种生产劳动的技能技巧，使他们在分工合作的原则下，“各从事其所能”(《墨子·节用中》)，把他们培养成真正履行墨家道义，实现“兴天下之利，除天下之害”的政治目的而行义的兼士。

三、墨子的教育内容

墨子是百科全书式的教育家，因而开设的课程也是社会百科，几乎无所不包。

《墨经》是墨子讲学的主要教材，也可以说是墨学教育大纲。谭戒甫在《墨经分类译注》自序中说："《墨经》各条的意义原有一些是前后连贯的，尤其特殊的如光学八条就是顺序排列着；但其它大部分却都是散开的。现析为十二类：即名言、自然、数学、力学、光学、认识、辩术、辩学、政法、经济、教学、伦理等。名言类放在第一，因为有些名词和语汇都是以后各类所要共用的。次自然类，是先秦名家们很早就用科学观点来解释宇宙现象和因果公例的一些先进理论。次数学、力学、光学三类，都是名家们治学的科学基础，他们以后研究的出发点即建立在这个基础上。次认识类是他们哲学的基础，里面有很多精辟的见解，可为他们的辩论推理作先导。次辩术类，是名家们研究学问所遵循着一种推理的简要形式，这和印度的'因明'极相近似，和希腊的'逻辑'也有很多相通之处，惜秦后失传，没有照样得到应有的发展。次辩学类，是名家们对于当时所论述的若干原理作了一些解释，又对当时一些异义作了很多驳辩。次政法、经济二类是安定人民、维持社会的实际应用。次教学类是培养知识、端正言行的方法。次伦理类是明确社会上人与人间的交际秩序。"从他把《墨经》分类的目的及其各类的内容看，《墨经》的12大类基本上包括了当时社会科学与自然科学的全部内容，应该视为墨学的教育大纲。墨家弟子俱诵《墨经》，以此作为传诵墨学的最重要的经典。当时可能受刻写条件的限制，也为了便于更多的弟子学习运用，这部墨家经典的语言非常精练，几乎达到字字千金的程度。《墨经》的内容，从《亲士》至《非儒》、从《大取》至

《杂守》等篇章几乎都有。只不过《墨经》中讲得极其概括，其他篇讲得比较详尽。这样看来，《墨经》为纲，其他篇为目，形成一部内容丰富完整的综合性教科书。

根据这一分析，也可作如下的理解：墨子把他的思想、理想、理论、实践等都集中浓缩刻印为《墨经》，但讲学时不受其限制，自然要举例分析论证，自然要动手进行实验。他的弟子们根据他的讲授，加以整理成文，然后用作教材，或到各国游说王公大人，或到各地收徒传道。如果是这样的话，墨子亲自使用的教材与弟子们使用的教材就有详略之分。但是，万变不离其宗，无论墨家弟子有多少，走到哪里，都要按照墨子的基本思想、原理去宣讲，绝不能违背原则。这是因为他们有统一的最高权威的墨学教学大纲——《墨经》。

四、墨子的教育原则与方法

“上说下教”“遍从人而说之”。墨子为了救世济民，积极推行社会教育。他认为，“上说”诸侯、王公、大夫是必要的，因为这些统治者手中有权，既可以办好事，也可以干坏事，坏事如发动侵略战争、强征百姓的财物、浪费社会财富，等等。要对他们进行说教、劝告、教育，让他们懂得为民谋福的好处，促使他们“贵义”“兼爱”“非攻”“尚贤”“节用”“节葬”“非乐”。除“上说”之外，更重要的是“下教”，即向平民百姓进行教育，教育他们学习科学文化知识，提高生产劳动技术，增强社会公德意识，增强人的素质，加强防守力量，以改善人民的生活，提高人民的地位。

“扣则鸣，不扣必鸣。”据《墨子·公孟》篇记载，儒家弟子公孟子曾与墨子辩论：“君子共己以待。问焉则言，不问焉则止。譬若钟然，扣则鸣，不扣则不鸣。”墨子批驳了他的这一观点，指出公孟子说的话有三种情况，但他只知其一罢了。如果王公大人在国家做出荒淫暴虐之事，君子前去劝谏，就会说他大不恭顺；通过左右近臣前去劝谏，就会说他私下议论。这是君子感到疑惑而不敢讲话的原因。如果王公大人执政，国家将要发生大难，就像弩机即将发射一样紧迫，君子知道了一定要进谏，像这种情况，有如钟虽不敲，也必定要发出声音来。如果王公大人做邪行不义之事，虽然得到十分巧妙的兵书，可以在军队中施行，想要攻打无罪的国家，用来扩充领土，聚敛财物，但是出师必然受到屈辱，对被攻打的国家不利，对自己的国家也不利，这是对双方都不利。像这种情况，有如钟虽不敲，也必定要发出声音来。墨子列举三种情况，得出的结论是只要是有利于行义的事情，就“不扣必鸣”。他不仅这样讲，而且亲自实践。如墨子止楚攻宋，就是“扣则鸣，不扣必鸣”的理论与实践相结合的成功范例。

因材施教、因人而育。墨子“上说”列国诸侯时，弟子魏越问他：“既得见四方之君，子则将先语？”墨子回答说，凡到一个国家，一定要先选择紧迫的问题去讲。如果这个国家昏乱，就要对他们讲尚贤、尚同的道理；如果这个国家贫穷，就要对他们讲节用、节葬的道理；如果这个国家沉迷于音乐和酒色，就要对他们讲非乐、非命的道理；如果这个国家掠夺、侵略别国，就要对他们讲兼爱、非攻的道理。所以说，要选择紧迫的事先讲。墨子在学校教育中也贯彻了这一理论。有一次治徒娱、县子硕问墨子："为义孰为大务?"墨子说："譬若筑墙然，能筑者筑，能实壤者实壤，能欣者欣，然后墙成也。为义犹是也。能谈辩者谈辩，能说书者说书，能从事者从事，然后义事成也。"(《耕柱》)这段话表明墨子在培养为义的兼士中，也是根据因材施教的理论，发挥每个弟子的特长，设谈辩、说书、从事三科，适合干什么就培养他干什么。

身教重于言教。墨子是一个热心负重的教育家，他以身作则，以言教人，身教重于言教，反对死板的教条式教学方法，主张积极主动地实践教学法。《淮南子·泰族训》说："墨子服役者百八十人，皆可使赴火蹈刃，死不旋踵，化之所致也。"方授楚先生在《墨学源流》中说："化字最能传达神旨，亦即《所染篇》之染也。死乃人所最难，而能赴火蹈刃，视死如饴，则墨子之感人必有在学问、文字、言语以外者。""墨子虽不欲人尊师，而弟子尊之者，盖其人格之伟大而崇高，弟子受其感化而不自觉。""古语曰：'以言教者讼，以身教者从。'其此之谓矣。墨子以其施教之勤与教法之善，故虽由一贱人倡导，终成显学。"曹耀湘先生在《墨子笺》中说："墨子长于行，儒者长于文。行利于一时，文传于后世。诸子百家之书，皆藉儒者以传，欲著书以与儒者争，必不胜也。故儒墨并世，则儒不及墨；逮乎后世，则墨必不及儒。"这些意见很好，充分说明墨子以身示教，身教重于言教的成功经验。

(本篇为作者参加第五届海峡两岸中华传统文化与现代化研讨会的论文，该会于2007年6月在重庆市举行，今有增删)

第十一篇　墨子的科技思想

墨子名翟（前480—前390），春秋战国之际伟大的思想家、科学家、教育家、军事家、逻辑学家。他在思想、科技、教育、军事、逻辑等方面成就卓越，古今中外名人予以高度评价。鲁阳文君（与墨子同时代，生卒不详）在楚王面前称赞墨子是“北方贤圣人”[①]。庄子（约前369—前286）情不自禁地说：“墨子真天下之好也，将求之不得也。虽枯槁不舍也，才士也夫！”[②]他认为墨子是天下德才兼备的好人，这样的人才非常难得，真是救世的才士啊！墨子之才体现在哪里？庄子认为主要在《墨经》之中，墨子死后分为三派：“相里勤之弟子，五侯之徒，南方之墨者苦获、已齿、邓陵子之属，俱诵《墨经》。”[③]他们都以《墨经》为墨子的经典，学习传承。清朝道光年间，邹伯奇（1819—1869）指出：《墨经》中有“视学”（光学）、“重学”（力学）。这是石破天惊之语，唤起人们搜索古典文献中有关科学知识的记载。[④]著名学者张惠言、梁启超、栾调甫、高亨、钱临照、杨向奎、孙中原、王赞源、李约瑟等对《墨经》进行研讨，取得了可喜可贺的成果，充分肯定了墨子在中国科技史上取得的伟大成就。英国著名科学史学家李约瑟在《中国科学技术史》中评价墨子：勾画出了堪称之为科学方法的一套完整理论。墨子与古希腊科学之父亚里士多德、数学家欧几里得等人相比，其时间略早于他们，其成就不相上下，他们都是世界级的科学巨擘。

1992 年 8 月，时任国务委员兼国家科学技术委员会主任的宋健院士为山东滕州的墨子雕像题词：“唯物师祖，科圣墨翟。”[5]从此，“科圣墨翟（子）”与“文圣孔子”“武圣孙子”等古代圣贤并列，受到应有的尊敬。2002 年 5 月 28 日，时任中共中央总书记的江泽民同志在两院院士大会上指出，我国古代思想家墨子的《墨经》中就包含了丰富的关于力学、光学、几何学、工程技术知识和现代物理学、数学的基本要素。[6]

《墨经》是《墨子》中的 4 篇，内容丰富，言简意赅，明天下之理，探科技之源，是中华民族优秀的历史科学遗产。著名学者杨向奎先生认为，一部《墨经》无论在自然科学哪一方面，都超过整个希腊，至少等于整个希腊。[7]下面，我们从时空、数学、力学、光学等方面研究“科圣墨翟”的科技思想。

一、时空

墨子在时空、有无、动止、有穷无穷等重大哲学问题上有很精到的论述，对自然科学中的某些学科作了极有价值的探索，对名实关系、感觉与思维的关系等作了唯物主义的分析，在古代逻辑学和认识论上取得了很高的成就，被誉为“唯物师祖”。

时空指时间和空间。墨子最早提出了“宇”（指空间）、“久”（今为宙，指时间）的时空概念，对时间和空间作了科学的界定，在世界上第一次构建起科学的时空观。例如：

《经上》40：“久，弥异时也。”《经说上》40：“久：合古、今、旦、莫（暮）。”（本文《经》上、下和《经说》上、下均出自《墨经正读》[⑧]，为节省篇幅，以下不再注出。）

《经上》41：“宇，弥异所也。”《经说上》41：“宇：家东、西、南、北。”

《经下》14：“宇，域徙。说在长宇久。”《经说下》14：“长宇：徙而有处，宇。宇南北，在旦又在暮。宇徙，久。”

这几条《经》和《经说》，是关于“时间与空间”的重要论述。“久”是时间概念，现在叫“宙”，例如古代、现代、早晨、傍晚等。“宇”是空间概念，例如东方、西方、南方、北方。时空观是哲学研究的重要问题，墨子不仅感知了这一现象的存在，而且还给予恰当的定义。墨子认为时空是无限的、抽象的，又是有限的、可指的。这一时空理论是对哲学史的伟大贡献。

墨子认为，物体的运动需要广大的空间和连绵的时间，也就是“长宇久”。“宇南北”是解释“长宇”，说明空间的伸展性；“在旦又在暮”是解释“长久”，说明时间的连续性。“宇徙，久”是解释“宇”和“久”的本质和关系，一方面说明空间移动才能产生时间，另一方面表示空间离不开时间，时间也离不开空间，即“时”与“空”是相互依存、不可分割的，是一种运动的系统。

墨子认为，宇徙自南、“南方无穷”，而太阳在宇宙当中，是在我们的正南，即所谓：“日中，正南也。”（《经上》57）显然，这是为宇宙制定了参照系。没有这样一个坐标系，在浩瀚无垠的宇宙中，就谈不到东、南、西、北等问题。“宇徙”的发明是伟大的贡献，但宇徙自南在方向上是错误的。必须说明，墨子的时空理论与现代相对论的时空观相当接近，杨向奎先生称之为“前相对论”。这是划时代的理论。我们知道，西方直到 1687 年，牛顿才在《自然哲学的数学原理》中阐述了绝对时间、绝对空间的概念，那已经是墨子两千年以后的事了。

著名学者任继愈先生认为：《墨经》“关于时空的定义是外延定义，它的可贵处在于不认为有个独立自存的抽象的时间和空间，时空都是具体的实在的，就是我们所经历的变化、所看到的方位，所以时空不能脱离物质世界的存在和运动。上述定义中还包含着对时空无限性的认识，因为‘异时’‘异所’不是常量而是变量，具有开放性，可以无限增加”[9]。王赞源教授认为，墨子对时空的了解是基于人生的经验：对古、今、旦、暮的体验，认识了时间的存在；对东、西、南、北的体验，认识了空间的存在。他这种对事实经验的反省思考，使主观与客观统一起来。尤其他用一个“弥”字，在“异时”“异所”之上，来界定时间和空间，已指出时间的时段性、空间的区域性，同时也隐含了对时空无穷性的认识。[10]

古往今来，时间与空间都是中外哲学家和科学家所关心的课题。西方哲学在康德（1724—1804）和柏格森（1859—1941）之前，一直把“时间”和“空间”分开，视为二物。在相对论以前的物理学，也把“时间”和“空间”看成分开的实体。直到塞缪尔·亚历山大（1859—1938）、爱因斯坦（1879—1955）、怀海德（1861—1947）等学者才明确了时间与空间不能分离、互相关联的正确的“时空观”。这比墨子的“时空观”晚了两千年。

二、数学

数学起源于人类早期的生产活动，数学的产生与人类生产、生活的需要分不开。数学在中国古代叫算术，又称算学，是六艺之一（六艺中称为“数”）。墨子及其弟子大多是从事“百工”的工匠，他们在生产实践当中经常遇到数学方面的问题，于是就学习前人的经验，自己去摸索探讨，不断总结提高，再把所取得的成果记录下来。对有限无限、部分整体、大于小于、数位、倍数等数学概念都有精确论述，对点、线、面、体、圆、方、平行、垂直、相交、重合、相切等几何学概念都有科学定义。

（一）极限和有穷、无穷

墨子关于变数、极限和有穷、无穷的研究，取得了很大的成就。例如：

《经上》42：“穷，或又前不容尺也。”《经说上》42：“穷：域不容尺，有穷，莫不容尺，无穷也。”

“穷”，其意是到头了。有界限的区域空间叫“有穷”，无界限的区域空间叫“无穷”。“有穷”“无穷”是墨子常用的术语，指哲学和数学上的“有限”“无限”。墨子认为，区域有所限定，不能向外拓展一线之微，是为“有穷”；空间漫无边际，可以向外任意拓展，是为“无穷”。墨子以“域（或）不容尺”定义“有穷”；以“莫不容尺”定义“无穷”，这同现代数学“有限”“无限”的概念相近。

在《墨经》中，可以看到极限概念。例如，《经上》44：“始，当时也。”《经说上》44：“始：时或有久，或无久。始当无久。”“始”指正当某时。“有久”“无久”指不等速运动，高速是“无久”，而低速是“有久”。“无久”的单位越小，它就越近于刹那速度，在刹那间达到极限。

近代法国哲学家、物理学家、数学家笛卡儿（1596—1650），英国数学家、物理学家约翰·沃利斯（1616—1703），在极限和有穷无穷的研究上，都取得了很大的成就，但比墨子晚了大约两千年。

（二）数位、切线

我国很早就形成了十进位的计数方法，到商代已发展为完整的十进制计数的系统。墨子对于十进制计数法有着明确阐述，如《经下》59：“一少于二而多于五，说在建位。”《经说下》59：“一：五有一焉，一有五焉，十，二焉。”

此条的“位”指数位。墨子说，个位数的1，自然小于个位数的2；十位数的1，却大于个位数的5，这是因为定位有所不同。例如，个位数的5包括5个个位数的1，十位数的1却包括两个个位数的5，这是因为十位数的1的数值为10，而10包括两个5。珠算是中国人的发明创造，而墨子的“建位”思想，很可能是珠算的理论基础。

数的概念的发展，是先有自然数，后因运算和实践的需要产生了分数。分数概念在中国什么时候形成，至今还不太清楚。但是《墨子》中有分数的记述，如《备城门》中说："马颊长二尺八寸，试藉车之力而为之困。失四分之三在上。"《杂守》中说："斗食食五升，参食食参升小半，四食食二升半，五食食二升，六食食一升大半。"这里的"半""小半""大半"分别为二分之一、三分之一、三分之二，成为中国古代数学中的专用名词。

关于切线，《经上》70："次，无间而不相撄也。"《经说上》70："次，无厚而厚可。""次"即切线，"撄"即相交，"无间"即相切。这个定义的意思是：切线是割线的极限。马克思曾经指出，全部微分学本来产生于求任意一条曲线上任何一点的切线问题。[11]这一发现，在数学上有重大的意义。

《经下》62："正而不可担，说在抟。"《经说下》62："正：凡无所处而不中悬，抟也。"抟，即球体。球体在平面上自由运动，不可能停止下来。因为球体表面上任何一点均可作为切点，凡过切点的半径都垂直于平面，所以球体与平面接触之处，过球心与切点的直线，无不与铅垂线重合。

墨子关于切线的定理与欧几里得完全一致。欧几里得（约前330—前275）是古希腊数学家，最著名的著作是《几何原本》，是欧洲数学的基础，也是最成功的教科书，但比墨子晚了100多年。

（三）"0"的发现

人们常说"一切从0（零）开始""这次考不好，得了0

（零）分”“今天是 0（零）下 5 度”等，都没有离开“0（零）”。在不同的语言环境里，“0”所表示的意思也不相同。“0”除古罗马没有以外，在世界上通用，不会外语都没有关系，大都认识它。《易经》和《墨经》也都有“0”的概念。

《经上》49：“库，易也。”《经说上》49：“库：区穴若斯，貌常。”

关于“库”字的解释，学界说法不一，著名学者杨向奎教授解释：“库”与“区穴”，从训诂学上说亦即“0”。[12]如图 11-1 所示。0 的发现，我们说过是数学史上的大事，在函数中建立直角坐标，坐标原点永远不变，故云：“若斯，貌常”亦即恒量，17 世纪笛卡儿的发现在《墨经》中早已见了。

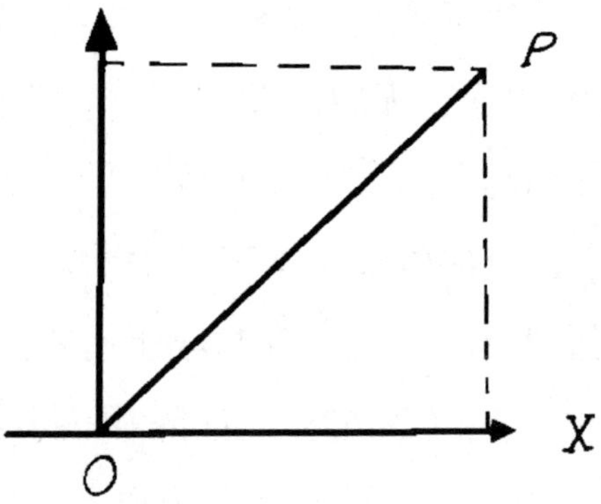

图 11-1　直角坐标

我们认为杨向奎教授的解释令人信服。他与清末墨学大师孙诒让的解释相近。孙诒让引《管子·宙合》篇“区者，虚也”解《经说》“区穴谓空隙”，既云空隙又云虚，用在数学上只能是“0”。

恩格斯认为，零乘任何一个数，都使这个数变成零；零除任何一个数，都使这个数变成无限大；零被任何一个数除，都使这个数变成无限小；它是和其他任何一个数都有无限关系的唯一的数。任何一个量的无，本身还是有量的规定的。[13]墨子所谓“库，易也”，就是指这种变化关系。因此，我们说墨子关于“0”的发现，是数学史上的一个奇迹。

（四）几何

1. 点、线、面、体

在《墨经》中，“点”“线”“面”“体”均有定义。例如：

《经上》62：“端，体之无序而最前者也。”“端”指几何学上的“点”。端点是排列在线上最前面而且没有其他任何一点可以取而代之的极端之点。

《经上》2：“体，分于兼也。”《经说上》2：“体：若二之一，尺之端也。”此条大意是：“体”（部分）是从“兼”（全体）分出的部分。例如：二是一的全体，一是二的部分；线是点的全体，点是线的部分。“体”（部分）在这里指几何学上的“线”。

《经上》64：“间，不及旁也。”《经说上》64：“间，谓夹者也。尺前于区宇而后于端，不夹于端与区宇。及及，非齐之及也。”“间”指“间隙”“中间”，与“旁”相对。间者自间，旁者自旁，言间自不必齐及其旁，间指两旁之物之空隙。“尺”“区”指几何学上的“线”和“面”。线在面之前而在点之后，但不能说线夹于点和面。因为线与面相连及，线又与点相连及，点、线、面三者浑然一体，没有间隙，不是两两并列相夹。

《经上》56：“厚，有所大也。”《经说上》56：“厚，惟无厚无所大。”“厚”指厚度、体积。只有体积才可以用“大”来描述其体积的增加。当然，对无厚可言的平面来论，就不能用“大”来描述其面积的增加。

2. 圆

《墨经》对圆的定义是：圆的半径相等。例如：

《经上》55：“中，同长也。”《经说上》55：“中：心，自是往相若也。”

“中”，指球心、圆心，有时也指焦点。这里，中即心，亦即圆心。圆心，是同圆半径的辐辏点。换言之，圆心到圆周任何一点的距离都相等。

《经上》59：“圆，一中同长也。”《经说上》59：“圆，规写之也。”

“圆”，指球体，有时指平面圆。这里圆即平面圆。圆就是只有一个圆心并且半径都相等的几何图形。作圆的方法是，以圆规的一脚支于圆心处，另一脚自某一点开始，以该点到圆心的距离为半径描画出线，直到最终与始点相交为止。

3. 长方形

《墨经》对于长方形的定义是：长方形是内角都是直角的四边形。例如：

《经上》60：“方，柱隅四杈也。”《经说上》60：“方，矩写之也。”

“方”，指正方、四方。长方形就是楹柱断面的四个角都是直角的几何图形。作长方形的方法是，用矩尺画四条直交的首尾相接的线段。

4. 平行、重合、相交

《墨经》对于平行的定义是：距离水平面都是同样的高度。例如：

《经上》53：“平，同高也。”“平”，指水平面。同高，指线至平面之任何点都一样高，距离相等。显然，这是平行线定义的另一表述形式。

《墨经》对于重合、相交有明确的分析。《经上》68：“撄，相得也。”《经说上》68：“撄：尺与尺俱不尽，端与端俱尽，尺与端或尽或不尽。坚白之撄相尽。体撄不相尽。”此条的大意是：两物相交，互相兼容。

“撄”是墨子常用的术语，指相交或重合。线与线相交，除交点外，其余各点均不重合；点点相交，必定完全重合；线与点相交，对点来说是重合的，对线来说，除交点外，其余各点均不重合。点与点重合，正如石之坚、白融于一体，可谓完全相交重合，而线与线相交、线与点相交，则只能是部分重合。如图 11-2 所示。

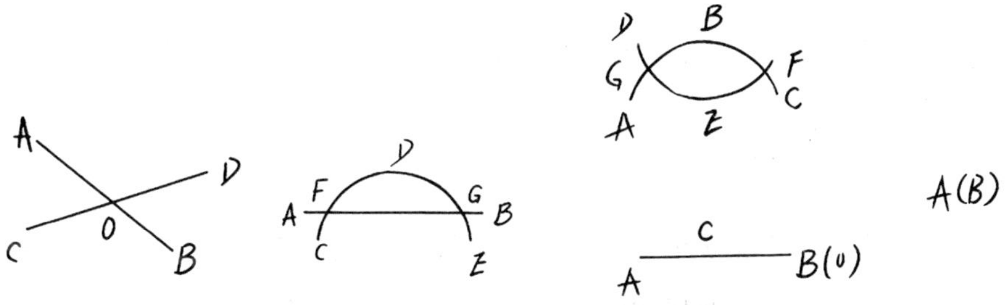

图 11-2　线点重合相交

综上所述可以看出，墨子已对几何要素的平行、重合和相交三种位置关系作了全面的论述。

5. 线段比较

《经上》69：“比，有相撄，有不相撄也。”《经说上》69：

“比：两有端而后可。”此条是说：比较，有两物相交与两物不相交两种情况。两物都有可比之点才能互相比较。

这是线段比较的分析，两条不等长的线段相比，其方法是将较短线段与较长线段平行或重合放置，有较短线段与较长线段重合的部分，也有较长线段多出的部分。如图 11-3 所示。

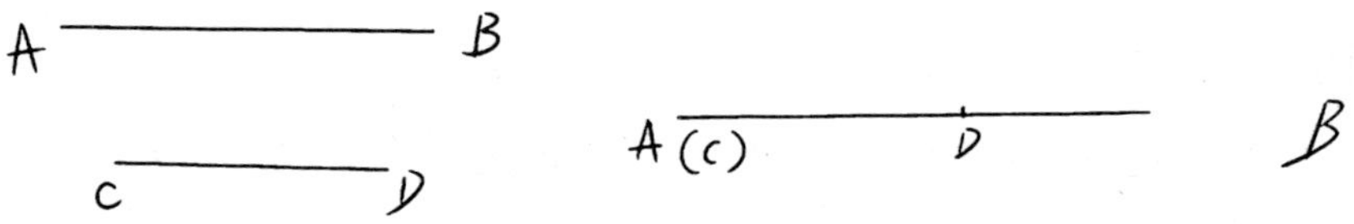

图 11-3　线段比较

综上所述，《墨经》的点、线、面、体、圆、长方形、平行、重合、相交、线段比较等几何知识，与欧几里得几何几乎相同。欧几里得几何产生于公元前 4 世纪，而《墨经》产生于公元前 5 世纪，墨家几何的产生年代早于欧氏几何。欧氏几何为西方几何学，墨氏几何为东方几何学，二者同为早期几何学的璀璨明珠，相映生辉！

三、力学

墨子及其门徒从事“百工”活动，他们在实践中发现，在实验中探索，在具象中抽象，逐渐形成了理论认识，有力证明了实践出真知的道理。著名学者钱临照先生指出：“我们的确可以说我们的祖先在二千多年以前已经开始对力、重、运动之间的关系有正确的观察和研究了。”⑭《墨经》对力作出定义，在力的平衡、重力、拉力、引力、杠杆、滑轮、斜面等方面，经过试验与实践，取得了重大的成就。

（一）力的定义

“力”是改变物体运动或静止状态的根本原因，如重力、引力、举力等。人们总是把重力作为力的代表。例如，物体自由下落，是重力在起作用；上举物体则需克服重力的作用。可以这样说，重力是改变物体运动或静止状态的若干种力的一种。例如：

《经上》21：“力，刑（形）之所以奋也。”《经说上》21：“力：力，重之谓，下与重，奋也。”此条是说：力是物体运动状态发生变化的原因。物体由于重力的作用而下落，其下落的方向也就是重力的方向，这是物体在力的作用下使运动状态发生变化的例子。

英国著名物理学家牛顿的第二定律说，作为物理量，“力”表示一物体对另一物体所施加的作用，并使该物体运动状态发生变化，即迫令该物体脱离静止状态或匀速直线运动状态。其数学表达式为：$F=ma$（F 为作用力，m 为承受作用力物体的质量，a 为物体产生的加速度）。而墨子的“力，刑（形）之所以奋也”可以看作牛顿第二定律的早期表述形式。牛顿第二定律创于 1687 年，比墨子关于“力”的定义约晚两千年。

（二）杠杆平衡原理

《墨经》中有杠杆平衡原理。例如：

《经下》26：“负而不挠，说在胜。”《经说下》26：“负：衡木，加重焉而不挠，极胜重也。右校交绳，无加焉而挠，极不胜重也。衡加重于其一旁必捶，权、重相若也。相衡则本短标长，两加焉重相若，则标必下，标得权也。”如图 11-4 所示。

此条讲杠杆原理。杠杆一边负重而杠杆不倾斜，其原因在于权（秤锤）能够胜任重物，保持了杠杆的平衡。这里有四种情况：第一，杠杆平衡，权胜任重物，即重物乘重臂等于力量乘力臂。第二，向右移动秤锤，力臂缩短，虽然没有添加重物，权也不能胜过重物，杠杆倾斜，即重物乘重臂大于力量乘力臂。第三，在任何一边添加重物，加重的一边必然下垂。第四，在权与重相等、杠杆平衡的情况下，那么，重臂（本）短，力臂（标）长，这时两边添加相同重量的重物，结果力臂一边必然下垂，这是“标得权”的缘故。

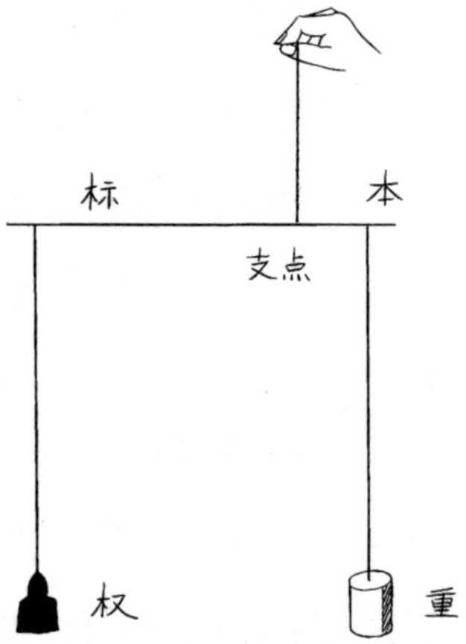

图 11-4　杠杆平衡

根据杠杆平衡原理，墨子做了桔槔，用于生产和军事防御之中。由于桔槔巧妙利用了杠杆平衡的规律，所以就收到“用力小而见功多”的效果。如图 11-5 所示。

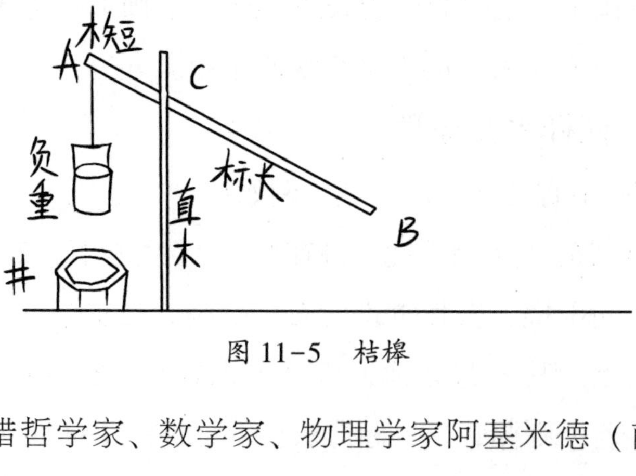

图 11-5　桔槔

古希腊哲学家、数学家、物理学家阿基米德（前 287—前

212）关于杠杆平衡原理的研究结论，与墨子的研究结论相似。但墨子早于阿基米德200年，所以说，最早发现杠杆平衡原理的应该是墨子。

（三）滑轮受力分析

《墨经》解释了滑轮受力情况及其原理，例如：

《经下》27 ：“挈与收反，说在薄。”《经说下》27：“挈：挈，有力也；引，无力也。不止所挈之止于施也，绳制挈之也，若以锥刺之。挈，长重者下，短轻者上，上者愈得，下者愈亡，绳直权重相若，则止矣。收，上者愈丧，下者愈得，上者权重尽则遂。”如图11-6所示。

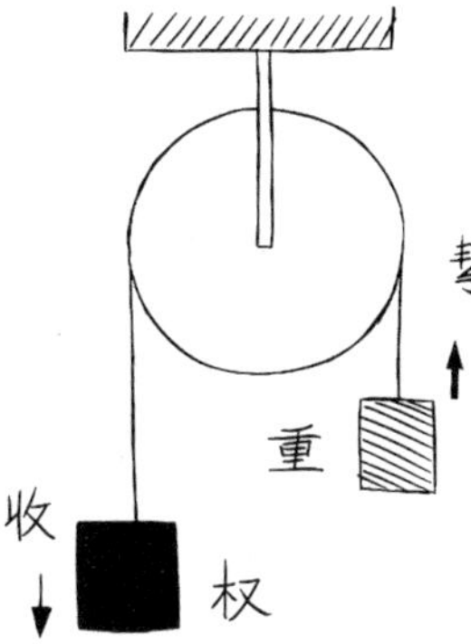

图11-6　滑轮

此条讲滑轮原理。使用滑轮向上提的力量与向下曳的力量相反。或上或下，关键是受力的迫使。向上提需要用力，向下曳无须用力，因有地心引力，所以被提的重物不一定都需要施加力量，用拉绳控制，就好像用斧劈木头一样省力。向上提物，绳长物重的必下，绳短物轻的必上。被提升的物越上升，向下的权就越下坠。拉绳同长，权物相等，滑轮停止，正如杠杆处于平衡状态。向下引物，上升的绳越短，下曳的绳越长。上升的权或物到了尽头，那么下坠的物或权就到了地面。这里有三种情况：第一，权大于物重，则权收（下）而物挈（上），物尽而权坠地。第二，权等于物重，且两边拉绳同长，则平衡不动。第三，权小于物重，则权挈（上）而物收（下），权尽而物坠地。此条讲定滑轮的原理，它既可以改变物体运动方向，又可以节省力量。墨家利用滑轮受力原理，制作了辘轳，用辘轳提水。如图 11-7 所示。

图 11-7　辘轳

辘轳也可以用来提土、挖河等。此外，还可用于防御，如《墨子·备高临》中把辘轳作为“连弩车”的配套设备发射长箭；用辘轳牵引巨大的木屋，内藏勇士刺杀爬城之敌。

（四）斜面受力分析

《墨经》有斜面受力分析。例如：

《经下》28："倚者不可正，说在梯。"

《经说下》28："倚：倍、拒、掔、射，倚焉则不正。挈，两轮高，两轮为輲，车梯也。重其前，弦其前，载弦其轱，而悬重于其前。是梯挈，且挈则行。凡重，上弗挈，下弗收，旁弗劫，则下直。杝，或害之也，流。梯者不得流，直也。今也废石于平地，重不流，无旁也。若夫绳之引轱也，是犹自舟中引横也。"

此条讲斜面受力的原理。搬运重物利用斜面，可以省力。例如车梯，是利用斜面原理的典型，也是由地面至高处（城墙、堡垒、堤坝等）搬运重物的器械，战时改造为攻城云梯。其结构是：后面轮高而有辐，前轮低而无辐。用一长木板架于前后轴上，构成斜面。车梯重心在车的前端，静止时在车前端仍需以绳下悬重物，以便在装物或上人时保持平衡，不致后倾。这样既省力又方便。如图 11–8 所示。

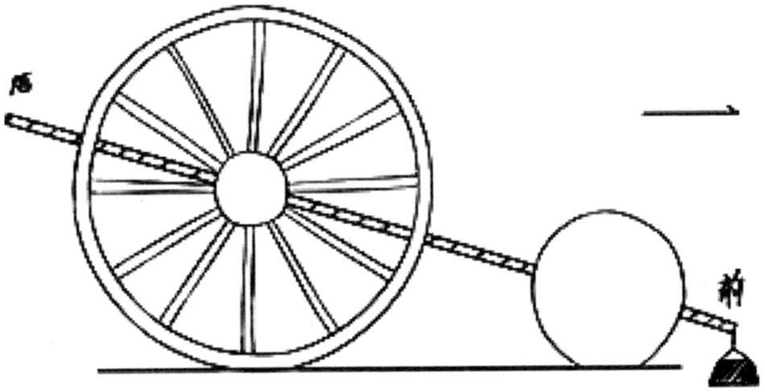

图 11–8　车梯

（五）物体平衡受力分析

《墨经》有物体平衡受力实验分析。例如：

《经下》29：“堆之必柱，说在废材。”《经说下》29：“堆：并石，累石耳，夹寝者法也。方石去地尺，关石于其下，悬丝于其上，使适至方石。不下，柱也。胶丝去石，挈也。丝绝，引也。未变而石易，收也。”

此条是对物体受力情况的分析。堆砌石料一定要有所支撑，如放置建筑材料就有一定规律。排列石头、砌垒石头，那些被夹着平卧的石头，必然受到支撑。取一块方石，让它离地面正好有一尺的间隔，然后放一块石头在它下面，在它上面悬系一根丝绳，使丝绳下端正好够着这块方石。这块方石不往下落，是受到下面石头支撑的缘故。把丝绳固结在上面那块石头上，去掉下面的石头，这时会发现丝绳对石头的提挈作用。如果丝绳断了，这时会发现石头向下的牵引作用。提绳的手没有改变，而石头位置改变了，这是地心的引力作用。应当说，这是世界上最早的关于物体受力情况的分析。挈、引，如图 11–9 所示。

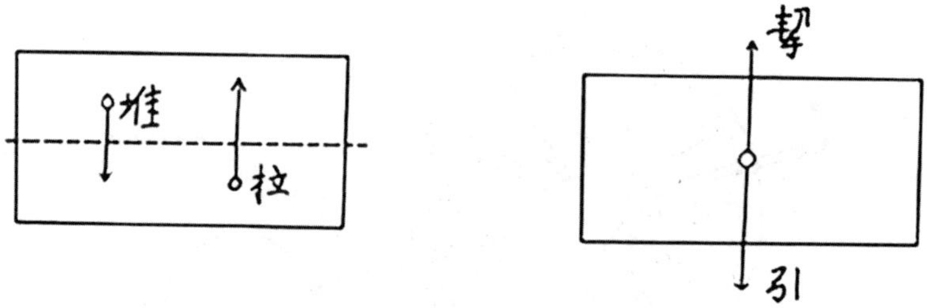

图 11–9　物体受力分析

（六）弹性力学

《墨经》有弹性力学论述。例如：

《经下》52："均之绝否，说在所均。"《经说下》52："均：发均，悬轻。而发绝，不均也。均，其绝也莫绝。"

此条大意：均平的物质断或不断，关键在于均平的程度。发丝结构均匀，就可以悬挂轻物。而发丝断了，那是因为其结构不均匀。如果其结构均匀，那么就不会断。

关于这条经和说，学界有不同的理解。著名墨学专家颜道岸教授认为：均是均匀，绝是断裂，发是毛发，以发为例，比较容易说明"弹性力学"。这是有关分子物理学的问题，也是需要做多次实验的弹性力学问题。中国科学院力学研究所的孙庚辰先生听到颜道岸教授讲到墨子的"均质说"，非常激动，立即写了一份材料，介绍他们曾经做过的这类试验，说明去掉细丝的微观缺陷，当它成为极细的"晶须"时，就达到较高的强度，这就是"均之绝否，说在所均"的科学实验。

“均，其绝也莫绝”的理想境界，至今还没有达到。

墨子关于弹性力学的理论，的确是科技史上的瑰宝。他一定做过各种拉力实验，没有实验，便得不出这种理论。

四、光学

墨子在光学的研究上取得了在那个时代无与伦比的光辉成就，其研究成果主要表现在物影的生成、小孔成像（影）、光的反射现象、物影大小所关涉的条件、平面镜成像、凹面镜成像、凸面镜成像等若干方面，可以说既全面又系统。

（一）物影的生成

《经下》18：“影不徙，说在改为。”这句话包含的意思是：物体遮蔽日光而成影子。影子是不动的。可是，人们有时以为影子可以移动，那是由于物体移动不断生成的新影与尚未消失的旧影相接相续而造成的一种错觉。

《经说下》18：“影：光至影亡。若在，尽古息。”如果物体移动，日光重又照到原处，那么，原处的影子一定会消失。如果物体不移动，而影子在原处，那么，这影子将永远停留在那里。

此条经及经说讲物影的生成，说明物蔽日光而成物影，物不移则影不徙之理。由于“视觉暂留”效应，在物动过程中，所得若干单影依次出现，达到某一必需的速率时，就会产生影徙的感觉。物体的影子本身是不会移动的，人们看到的影子移动，是因为光源和物体相对位置改变的结果。光线照到的地方，影子就消失了。如果物体与光线仍在，人们就可以见到影子永久停留在那里。

墨子的这一光学理论成为近世电影的形成原理。电影是由活动照相术结合幻灯放映发展起来的一种现代艺术。用电影摄像机以每秒摄取若干格画幅的运转速度，将被摄体的运动过程拍摄在条状胶片上，成为许多格动作逐渐变化的画面，然后将不同场景用不同的距离、角度拍成的许多段这样的胶片衔接起来，经过一定的工艺过程，制成可以放映出来供许多人观看的影片。当这些静止画面通过放映机以同样的运转速度被连续地投映于银幕时，由于人们视觉具有瞬间保留印象的特性，观众便从银幕上看到放大了的活动形象。电影发明于 19 世纪末，最初仅拍摄一些活动录像的片断，以后逐渐发展成一种独特的艺术形式。早期电影是无声的，20 世纪 20 年代开始出现有声电影，以后又出现彩色电影。电影是一门综合艺术，具有丰富地反映生活的功能，而且影片可以大量复制放映，有极广泛的群众性。19 世纪末出现的电影，其原理早在公元前 5 世纪就由中国的墨子揭示出来了。

（二）双影的生成

《经下》19：“影二，说在重。”两个光源照射同一个物体，会形成两个影子，而这两个影子会发生重叠，形成本影和半影两部分。

《经说下》19：“影：二光夹一光。一光者影也。”两个光源照射同一个物体，会形成两个半影夹着一个本影的现象。

此条讲双影形成的原因。光照射物体，受光处明，背光处暗，暗就是“影”。一个光源，照射物体仅有一“影”，如图 11-10 所示。光源 A 之光从右方斜照树，树右方受其光，树左方背光而成影。这是一个光源成一影的例子。

如果在树的左侧与 A 光源成轴对称处再设 B 光源，形成 A、B 两个光源，就会出现左、右两个树影。如图 11-11 所示。

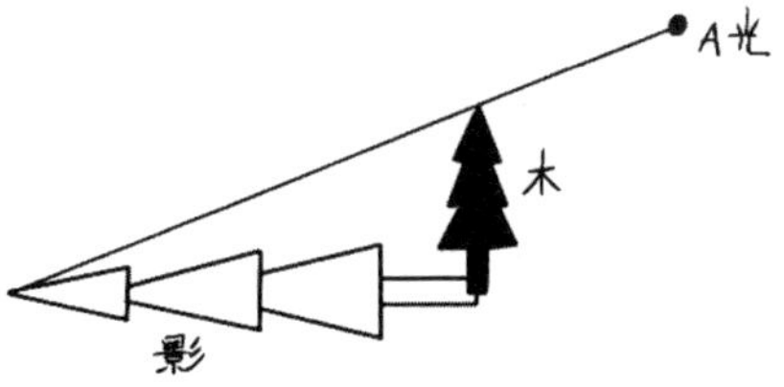

图 11-10　一个光源成一个树影

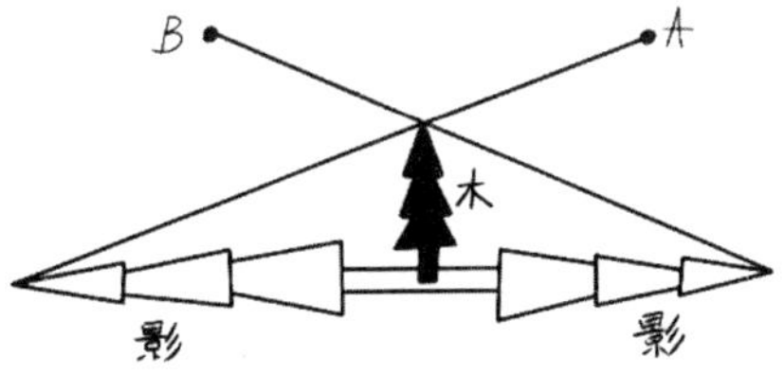

图 11-11　两个光源出现左右两个树影

在两个光源都照射到的部分，则完全明亮，没有阴影。实验说明双影形成的原因，是由于“二光”存在。“二光”所形成的阴影，中间夹着一个重影。如果有三个或三个以上光源照射，依此类推。

（三）小孔成像（影）

《经下》20：“影倒，在午有端与影长，说在端。”光线交穿隔屏小孔，必定在映幕上成一倒影。发光物体或反光物体和映幕同隔屏上小孔的距离关系到倒影的大小。假若隔屏小孔距光体近而距映幕远，则所成倒影较大；假若隔屏小孔距光体远而距映幕近，则所成倒影较小。出现倒影的关键在于屏孔极小。

《经说下》20：“影：光之人煦若射。下者之人也高，高者之人也下。足蔽下光，故成影于上，首蔽上光，故成影于下。在远近有端与于光，故影库内也。”就小孔成人影而言，光线从光源照到人身，必走直线，就像箭从弓弦上射出一样。经过人体下部的光线，穿过屏上小孔，投影在映幕上部；经过人体上部的光线，穿过屏上小孔，投影在映幕下部。这是因为人足遮蔽射至人体下部的光线，所以成影于映幕上部；人首遮蔽射至人体上部的光线，所以成影于映幕下部。总之，因为有了小孔，并且使小孔与物体、映幕的距离远近适度，这是光线在隔屏小孔处交穿的关键所在。只有具备这一条件，才能在隔屏后面的映幕上形成倒影。

如图 11-12 所示：烛光与午孔的距离近，而映幕与午孔的距离远，则生成于映幕上的倒立烛影大。

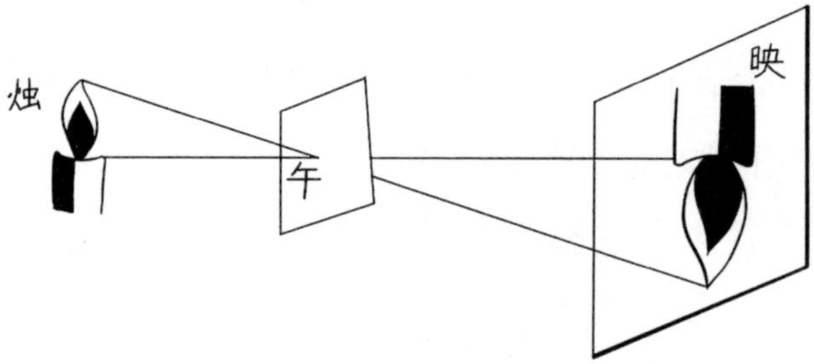

图 11-12　倒立烛影大

如图 11-13 所示：烛光与午孔的距离远，而映幕与午孔的距离近，则生成于映幕上的倒立烛影小。

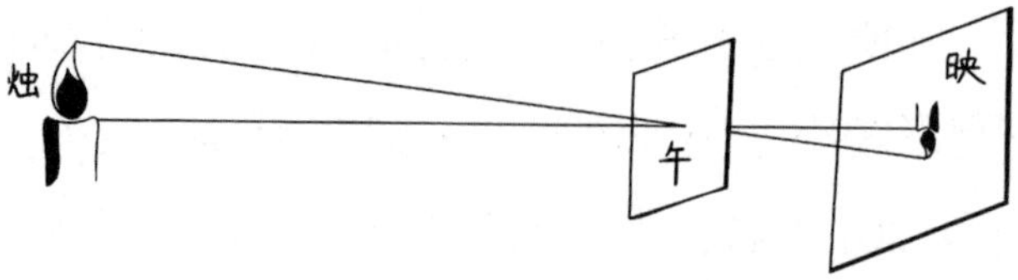

图 11-13　倒立烛影小

如图 11-14 所示：日光射至足部，为之遮蔽，则足部之影必投至映幕上部；日光射至首部，为之遮蔽，则首部之影必投至映幕下部，成倒立人影。

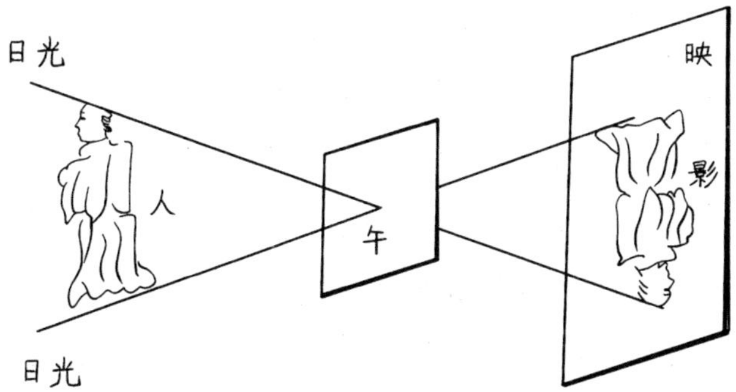

图 11-14　小孔成像

此条所说“光之人煦若射。下者之人也高，高者之人也下。足蔽下光，故成影于上，首蔽上光，故成影于下”，既是世界上最早的光沿直线传播的科学描述，也是世界上最早的小孔成像的正确阐释。远在公元前 5 世纪，墨子就用小孔成像的实验来说明光沿直线传播的特性，实在是一项了不起的科技发现。19 世纪以来，人们利用小孔成影的原理，发明了照相机、电影、电视等。

古代希腊的欧几里得并没有做过什么实验，只是猜测到光的直线行进特性。他在所著《光学》中说：我们假想光是作直线进行的。光线从物体达到人的眼睛，形成一个锥体。锥顶在眼睛，锥底在物体。只有光线碰到的某些东西才会被我们看见，没有碰到的就看不见了。不难看出，欧氏关于光的直线行进特性的描述，在科学性和明晰性上都远逊于墨子。

（四）光的反射现象

《经下》21：“影迎日，说在抟。”

《经说下》21：“影：日之光反烛人，则影在日与人之间。”

此条讲光线的反射原理，大意是：太阳光射至平面镜，又反转来照至人身，就会形成人影向太阳的现象。经过平面镜反射的光线再照至人身，人影将在太阳与人之间。人影在太阳与人之间，形成这一现象的原因在于光的反射作用。太阳的光线被镜子反射到人的身上，那么影子就形成于太阳和人之间。我们推测墨子进行这类实验用的可能是铜镜，因为发掘的自商代至战国的地下文物中都有铜镜，可以证明这一点。另外，光射至水面，同样可以出现反射现象，不过用水面来观察反射现象不如用镜面效果好。如图 11-15 所示：墙外农夫插秧景象射至高悬的镜面上，又经高悬的镜面反射至墙内水盆之中，墙内立者窥水中之影，即知墙外农夫劳作之景。这种简易潜望镜与现代所用的复杂潜望镜原理完全一样。应该说，它是现代潜望镜及其他利用光的反射特性改变光路的光学仪器的原型。这是墨子光学的又一贡献。

图 11-15　光的反射现象

（五）物影大小长短的条件

《经下》22：“影之小大，说在杝正远近。”意为：同一物体，为光所照，影子大小长短不同。其原因在于物体置立的斜正以及光源距离物体的远近。

《经说下》22：“影：木杝，影短大；木正，影长小。光小于木，则影大于木。非独小也，远近。”意为：以烛光照临立木而言，如果立木斜向，则生成较短且较粗较深的影子；如果立木正直，则生成较长且较细较浅的影子。如果烛光长度小于立木长度，则生成长度大于立木的影子；如果烛光长度大于立木长度，则生成长度小于立木的影子。如果烛光距离立木较远，则生成较小的影子；如果烛光距离立木较近，则生成较大的影子。

此条讲物影形成大小长短的诸多条件。光源照射物体所形成的影子大小长短不同，其原因是物体摆放的斜正、光源距物体的远近不同。如用木标做实验，木标斜放，则影子短而大。木标正放，则影子长而小。光源小于木标，则影子大于木标。光源大于木标，则影子小于木标。影子不仅仅与木标小大有关系，还与光源距离木标的远近有关系。光源距木标远时，影子小；光源距木标近时，影子大。很明显，墨子对物影大小长短与置立木标的正斜、光源的大小以及木标距离烛光的远近诸因素的关系，分析研究得极为详尽正确。文字固然简约概括，但是表意完密周详，没有任何遗漏，实在令人惊叹。

（六）平面镜成像

《经下》23：“临鉴而立，影倒，多而若少，说在寡区。”物体放置在平面镜之前，必在镜后生成倒置的虚像。二平面镜交角愈大，所生成的虚像数目愈少。相反，二平面镜交角愈小，所生成的虚像数目愈多。其原因在于较小的交角所夹的区面较小。

《经说下》23：“临：正鉴（指平面镜），影多寡、貌态、白黑、远近、杝正，异于光。鉴影当俱，就去亦当俱，俱用背。鉴者之臭（指物影），于鉴无所不鉴。影之臭无数而必过正。故同处，其体俱然，鉴分。”意为：一个平面镜只能生成单一的虚像，而其状貌形态的不同、像体浓淡的不同、距镜远近的不同和位置正斜的不同，都是不同光体的真实反映。平面镜中的虚像，处处都与镜前物体相对。如果移动镜前物体，使之靠近或背离镜面，镜中虚像也随之靠近或背离镜面。这也就是说，虚像时时都用背逆物体进退的方向移动，来保持它与物体之间永远存在的相对关系。对于平面镜来说，凡有物体，必定生成虚像，没有任何例外。假如要生成许多虚像，就必须使二平面镜交角逐渐减小，并且小到不足90°才可以。所以，不论是一个平面镜成像，还是两个平面镜成像，镜前物体和镜后虚像都同时存在。单一虚像或众多虚像虽属倒置，但其形体与物体完全相同，虚像与物体或虚像与虚像分别居于镜面前后，为轴对称图形。

此条讲平面镜成像的原理。人站在平面镜前，镜后会形成倒立的虚像，人不管怎样变换角度和距离，形成的像只有一个，这种现象的特征在于成像与真像稍有区别。面对平面镜，成像只有一个，像的状态、明暗、远近、斜正都因光源的变化而有区别。人在镜前，镜与人体之像总是同时存在，人体靠近或离开镜面，成像也总是如此。并且人体与像的运动方向总是相反。被照人体的容貌，在镜中都会有所反映。像的容貌多样，而且一定与原形有所不同。所以人体与影像同在，他们的形态全都如此，于镜面呈对称分开。

（七）凹面镜成像

《经下》24：“鉴洼影二，一小而易，一大而正，说在中之外内。”意为：凹面镜成像，一种情况是像比物体小并且是倒立的，另一种情况是像比物体大并且是正立的。两种情况在于物体是处在球心之外还是焦点之内。

《经说下》24：“鉴：中之内，鉴者近中，则所鉴大，影亦大；远中，则所鉴小，影亦小，而必正。起于中缘正而长其值也。中之外，鉴者近中，则所鉴大，影亦大；远中，则所鉴小，影亦小，而必易。合于中缘易而长其值也。”意为：物体在焦点之内成像的情况：照镜子的人接近焦点，则所照的面积大，成像也较大；远离焦点，则所照的面积小，成像也较小，但像都一定是正立的。这是由于光线从焦点和球心出发，与镜面正交，并向镜后延长相交而成像的结果。物体在球心之外成像的情况：照镜子的人接近球心，则所照的面积大，成像也较大；远离球心，则所照的面积小，成像也较小，但像都一定是倒立的。这是由于光线会合于焦点和球心中间，并延长相交而成像的结果。

此条讲凹面镜成像的原理。凹面镜成像有两种情况：一种情况是物体置于球心之外，生成的实像比物体小并且是倒立的；另一种情况是物体置于焦点之内，生成的虚像比物体大并且是正立的。形成这一现象的关键在于，物体是处在球心之外还是处在焦点之内。物体在焦点之内成像的情况：被照物体接近焦点，则所照的面积大，成像也较大；远离焦点，则所照的面积小，成像也较小，但像一定都是正立的虚像。这是由于光线从焦点和球心出发，与镜面正交，并向镜后延长相交而成像的结果。物体在球心之外成像的情况：被照物体接近球心，则所照的面积大，成像也较大；远离球心，则所照的面积小，成像也较小，但像一定都是倒立的实像。这是由于光线会合于焦点和球心中间，并延长相交而成像的结果。

墨子光学中凹面镜成影的原理对后世影响较大。近代以来，凹面镜广泛应用于各种反射望远镜中。反射望远镜是用反射镜作为物镜的天文望远镜。物镜是镀银或铝的凹面镜。天体发出的光线在凹面镜的焦点上成像，再用目镜观测或用专门的附属设备观测记录。为了使观测者或照相设备不遮住天体的光线，在物镜和目镜之间备有辅助装置，主要有两种：一是牛顿式反射望远镜，是英国著名物理学家牛顿于1668年发明的。它是用一个平面镜将由物镜来的光束转向90°，在影筒的侧边成像；二是卡塞格林式反射望远镜，是法国物理学家卡塞格林于1672年发明的。它是用一个凸面镜将由物镜来的光束转向180°，使光束返回物镜中央的一个圆孔，在孔后面用专门的附属设备或用目镜来观测。凹面镜与透镜相比，可以做得较大。所以在天文观测工作中，通常使用大口径的反射望远镜，以提高其聚光本领和分辨率。

（八）凸面镜成像

《经下》25："鉴团（指球体，即凸面镜），影一小一大，而必正，说在得。"意为：凸面镜只有一种像。

《经说下》25："鉴：鉴者近，则所鉴大，影亦大；其远，所鉴小，影亦小，而必正。影过正故招（通昭，指明显、清楚）。"意为：如果从中点观察，若被鉴照物离镜面近，看起来就大，生成的像也大；若被鉴照物离镜面远，看起来就小，生成的像也小。但是，生成的像必定都是正立的。因为生成的像在镜面后方，所以它清晰。

此条讲凸面镜成像的原理。凸面镜成像的情况，由于物体距离镜面的远近不同，成像会大小不同，但必定都是正立的虚像。关键在于物体与镜面的距离要得当：物体距镜面近，则所照面积大，成像也大；距镜面远，则所照面积小，成像也小。物体距镜面过远，像与原物差别过大。凸面镜成像有两种情况：一是物体离镜面较远，在镜后生成一个较小而正立虚像；二是物体离镜面较近，在镜后生成一个较大而正立的虚像。（虚像总比物体小）这两种情况生成的像都是正立的虚像，其关键在于物体与镜面的距离关系必须适宜、得当。由墨子所发现的凸面镜成像原理，在现代得到了极其广泛的应用，如汽车的反光镜及公路转弯处的反光镜等。

（九）"墨子号"量子通信卫星

钱临照先生认为：《墨经》光学八条，"确乎可称二千多年前世界上的伟大光学著作"。"所以我们可以肯定地说，光是直线进行的基本性质的伟大发现，墨经上所说的要比欧几立德来得早，并且来得好。就只这一条，墨经在世界科学史上应当有崇高的地位。”

墨子对光学研究贡献最大。他对光的直线传播、光的折射、物影生成、小孔成像和平面镜成像、凹面镜成像、凸面镜成像等，都做了试验研究，总结出光学的基本原理，为后人研究利用光学奠定了理论基础。例如，我们今天生活、生产、民用、工用、军用、科研等需要的平面镜、凹面镜、凸面镜、透镜、棱镜、显微镜、望远镜、照相机、摄像机、摄谱仪、测距仪、录像机、扫描仪、监控器、反光镜、胃镜、电影、电视、幻灯片等，制造生产这些产品，如果寻根求源，都可以从墨子的光学里找到原理。

2016 年 8 月 16 日，中国“墨子号”量子科学实验卫星在酒泉卫星发射中心成功升空，标志着我国空间科学研究又迈出了重要一步。“墨子号”的发射成功，将使我国在世界上首次实现卫星和地面之间的量子通信，构建天地一体化的量子保密通信与科学实验体系。

“墨子号”量子科学实验卫星首席专家潘建伟院士说，之所以给它起名为“墨子”，是因为墨子通过小孔成像实验发现了光沿直线传播，并最早提出光沿直线传播理论，还提出了某种意义上的粒子论，奠定了光通信、量子通信的基础。用墨子的名字命名以纪念他在早期物理光学方面的成就，必将提升我们的文化自信。

2018 年 5—10 月，“墨子号”量子卫星首席科学家潘建伟院士在央视一套黄金时间公益广告中说：“墨子第一次用科学方法，解释了光沿直线传播，这在光学中是一条非常重要的原理，启发了量子通信。”（自 2018 年 5 月开始，其作为公益广告，每天多次重播。）墨子的光学理论启发了量子通信，而以“墨子号”命名的量子通信卫星，把墨子的科技思想传送到千家万户、世界各国，让墨子名扬全球。

结　语

40 多年前有一句流行歌词：“万物生长靠太阳。”万物自然包括人类，人类生活在阳光之下才能繁衍生息、代代相传。试想，假如没有了阳光，世界将是一团漆黑，万物无法生长，人类不能生存，那将是多么可怕！因此，从远古到现代，我们的先人对太阳充满了无限的崇拜、热爱和敬畏，称其为太阳神。同时，我们的先人也对阳光进行研究和利用。在中国古代的先哲圣贤中，墨子是对光学研究贡献最大的一位杰出代表。饮水思源，吃水不忘打井人；光学寻祖，人民永记子墨子。综上所述，笔者的结论是：墨子是伟大的平民圣人，墨子是中国古代光学之父、世界近现代摄影摄像技术的前驱。

党的十八大以来，习近平总书记高度重视科技创新，提出一系列新思想、新论断、新要求。他说：科技是国家强盛之基，创新是民族进步之魂。科技兴则民族兴，科技强则国家强。他指出，到 21 世纪中叶建成社会主义现代化国家，科技强国是应有之义。今天，我们应深入挖掘和阐发“科圣墨子”的科技思想，为科技强国做出应有的贡献。

综上所述，科圣墨翟的科学思想，来源于丰富的社会实践，形成于多次的科学试验，服务于人民的生产生活，服务于兴利除害的人生哲理，服务于兼爱非攻的和平主张，服务于天下大同的人类梦想。我们研究科圣墨翟的科学思想，有利于科技强国，有利于实现中国梦。

【注释】

①（唐）余知古原著，袁华忠译注：《渚宫旧事译注》，湖北人民出版社1999年版，第100页。

②《庄子》，岳麓书社2016年版，第421页。

③《庄子》，岳麓书社2016年版，第420~421页。

④戴念祖、张旭敏：《中国物理学史大系·光学史》，湖南教育出版社2001年版，“序”第1页。

⑤李广星主编：《墨子国际研究中心名家题辞》，山东文艺出版社1999年版。

⑥江泽民在两院院士大会上的讲话，《人民日报》2002年5月28日。

⑦杨向奎：《墨经数理研究》，山东大学出版社1993年版，第25页。

⑧王赞源主编：《墨经正读》，上海科学技术文献出版社2011年版。

⑨任继愈主编：《中国哲学发展史》，人民出版社1998年版，第526页。

⑩王赞源主编：《墨经正读》，上海科学技术文献出版社2011年版，第33页。

⑪马克思著，北京大学《数学手稿》编译组编译：《数学手稿》，人民

出版社1975年版，第20页。

⑫杨向奎：《墨经数理研究》，山东大学出版社1993年版，第37页。

⑬恩格斯著，于光远等译编：《自然辩证法》，人民出版社1984年版，第168页。

⑭钱临照：《论墨经中关于形学力学和光学的知识》，《科学通报》1951年第8期。

（本篇是作者应邀于2007年9月在首都师范大学的演讲稿，有删改）

第十二篇　墨子的经济思想

墨子的经济思想十分丰富，核心是“强本”“节用”，本文从“强本”“节用”两个方面论述墨子的经济思想。

一、强本

“强本”的“本”字最早见于西周金文，本义指树根，比喻根本的、重要的事物，又引申为主体、原来、本来、原始等义，这里指根本、根源。“强本”就是要注重发展生产，促进经济繁荣，使人民丰衣足食。墨子的“强本”思想主要表现在以下几点：一是“赖其力者生，不赖其力者不生”；二是增加人口，发展生产；三是物质交换流通与价值规律。

（一）依赖其力生存发展

墨子十分强调人要依靠劳动生产而生存发展，提出“赖其力者生，不赖其力者不生”的观点，把经济状况的好坏、物质财富的多少提高到关系人类生存、社会稳定、国家富强与否的高度。因此，墨子非常重视物质生产，尤其是生活资料的粮食生产：

“凡五谷者，民之所仰也，君之所以为养也。故民无仰，则君无养；民无食，则不可事。故食不可不务也，地不可不力也。”(《七患》)因此，生产第一的观点贯穿于墨子学说的始终。

“赖其力者生，不赖其力者不生”出自《非乐上》。“赖”指依赖，依靠；“力”始见于商代甲骨文及商代金文，其古字形像耒（原始的农具)。力的本义即耒，用耒耕作需有力，故引申为气力的力。力字由力量又特指体力劳作，后泛指能力、力量、努力、尽力。依靠劳动创造财富，人类才能生存发展。“赖其力者生，不赖其力者不生”，墨子认为人人必须努力劳动（包括脑力劳动）产出，自食其力。

墨子认为，社会财富都是劳动创造出来的，因此强力非命。春秋战国时期，“命富则富，命贫则贫；命众则众，命寡则寡；命治则治，命乱则乱；命寿则寿，命夭则夭”(《非命上》)的宿命论非常盛行，墨子则不相信命运之说，他在《非命中》说：“自古以及今，生民以来者，亦尝见命之物、闻命之声者乎？则未尝有也。若以百姓为愚不肖，耳目之情不足因而为法，然则胡不尝考之诸侯之传言流语乎？自古以及今，生民以来者，亦尝有闻命之声、见命之体者乎？则未尝有也。”墨子从朴素的经验论否定了“命”的存在。他还从历史上治乱兴衰的事实中论证“命”的不可信。如《非命中》说：“昔者桀之所乱，汤治之；纣之所乱，武王治之。此世不渝而民不改，上变政而民易教。其在汤、武则治，其在桀、纣则乱。安危治乱，在上之发政也，则岂可谓有命哉?”有力地证明了治乱兴衰不在于命，而在于人。

墨子“非命”，批驳宿命论，其目的是倡导人们发扬积极进取的人生态度，实现国强民富的理想。他在《非命下》篇中说：“今也王公大人之所以蚤（早）朝晏（晚）退，听狱治政，终朝均分而不敢怠倦者，何也？曰：彼以为强必治，不强必乱；强必宁，不强必危，故不敢怠倦。今也卿大夫之所以竭股肱之力，殚其思虑之知，内治官府，外敛关市、山林、泽梁之利，以实官府而不敢怠倦者，何也？曰：彼以为强必贵，不强必贱；强必荣，不强必辱，故不敢怠倦。今也农夫之所以蚤出暮入，强乎耕稼树艺，多聚叔粟而不敢怠倦者，何也？曰：彼以为强必富，不强必贫；强必饱，不强必饥，故不敢怠倦。今也妇人之所以夙兴夜寐，强乎纺绩织纴，多治麻統葛绪，捆布縿，而不敢怠倦者，何也？曰：彼以为强必富，不强必贫；强必暖，不强必寒，故不敢怠倦。今虽毋在乎王公大人，蕢若信有命而致行之，则必怠乎听狱治政矣，卿大夫必怠乎治官府矣，农夫必怠乎耕稼树艺矣，妇人必怠乎纺绩织纴矣。王公大人怠乎听狱治政，卿大夫怠乎治官府，则我以为天下必乱矣；农夫怠乎耕稼树艺，妇人怠乎纺绩织纴，则我以为天下衣食之财将必不足矣。”因此，墨子反复强调只有努力尽职，才是获取富贵、荣誉、衣食的保障，如果不努力尽职尽责，就会贫贱、受辱、饥寒。他的“赖其力者生，不赖其力者不生”的经济思想是非常正确的。

（二）增加人口，发展生产

墨子认识到人类历史的发展同人口有着紧密的联系，认识到人口的重要作用，因此极力倡导增加人口，并主张通过及时婚嫁来实现这一思想。他说："昔者圣王为法，曰：'丈夫年二十，毋敢不处家；女子年十五，毋敢不事人。'此圣王之法也。圣王既没，于民次也。其欲蚤处家者，有所二十年处家；其欲晚处家者，有所四十年处家。以其蚤与其晚相践，后圣王之法十年。若纯三年而字，子生可以二三年矣。此不惟使民蚤处家而可以倍与？且不然已。"（《节用上》）墨子指出，男20岁、女15岁成婚，就能使人口增加。但是，人们并未严格遵守这一圣王之法，影响了人口增长。

及时成婚，尽早生育，绝不只是婚姻当事人能决定的，还要统治阶级有所作为。"今天下为政者，其所以寡人之道多，其使民劳，其籍敛厚。民财不足，冻饿死者，不可胜数也。且大人惟毋兴师以攻伐邻国，久者终年，速者数月，男女久不相见，此所以寡人之道也。与居处不安，饮食不时，作疾病死者；有与侵就偄橐，攻城野战死者，不可胜数。此不令为政者所以寡人之道数术而起与？圣人为政特无此。不圣人为政，其所以众人之道亦数术而起与？故子墨子曰：去无用之费，圣王之道，天下之大利也。"（《节用上》）

为了增加人口，墨子反对统治者对人民的过度剥削及侵略战争，反对久丧，反对蓄私。由于当时人口相对较少，土地不是人们争夺的主要资源。因此，墨子有得以向诸侯王公游说非攻主张的可靠依据，从而反对战争以避免人口减少、土地荒芜、社会赡养不足而失天下大利，成天下大害。他是中国历史上第一个系统论述人口问题的思想家。墨子极力主张增加人口，其采取的主要策略有三：其一，反对侵略战争和社会动乱以阻止人口减少，促使人口增长；其二，反对厚葬久丧，伤财劳民，男女失时，以阻止人口减少；其三，主张男女适时嫁娶，即早婚早育以增加人口。从当时的社会现实来看，墨子的主张是正确的。墨子珍爱生命，将人口、人力资源视为当时扩大经济生产与增加社会财富的可投入资本，以增加人口的方式来作为劳力资本积累，然后投入劳力资本扩大再生产，从而在节用的基础上进一步加速积累财富。如此，形成经济良性循环，通过劳力资本投入扩大生产与节俭用度两相并行，使社会总财富和人口都同时增加，百姓的生活水平也得以提高。

（三）物质交换流通与价值规律

墨子认为社会分工是历史的必然，所以强调社会物质生产的分工合作和物质交换流通，探讨了价值规律。

如《经下》30："买无贵，说在反其贾（gǔ）。"意思是说：物价不会昂贵，原因是有方法恢复到一定的行情。此条经文中的"买"指"物价"。"贾"旧指商人或买卖，今作"价"。有买必有卖，交易才能成立，故买已包含卖。买卖必然涉及价格，此处的"买"代表物价。有买必有卖，故买无贵，卖亦无贱，即买卖是没有贵贱的，原因在于价格反复调适。《经说下》30："买，刀籴（dí）相为贾。刀轻则籴不贵，刀重则籴不易。王刀无变，籴有变，岁变籴，则岁变刀。若鬻子。"意思是说：币值与谷价互为升降，轻（小）币容易流通，农人多粜谷换钱，所以谷价不贵；重（大）币不便找零，农人闭粜不售，所以籴谷不易。制钱币值一定，但谷价则因岁收的丰歉而有涨跌，谷价递年有变，国家则逐年调整轻、重币的发行量，来调节物价。这就像留着大币支付小币。此条经文中的“刀”指“刀币”，即古钱。“籴”，本义为买米，泛指买卖谷类。这里“刀”指货币，“籴”指物价。“刀轻”指轻币、小币、小钱，“刀重”指重币、大币、大钱。“刀轻则籴不贵”，即轻钱小币容易流通；“刀重则籴不易”，即重钱大币不便流通。“王刀”指国家货币。“岁变籴，则岁变刀”，每年谷子因丰收或歉收而有贵贱，国家则根据收成改变重币、轻币的发行量，调节物价。“若鬻子”，即留着大币支付小币。此条经文的“王刀无变”，即制钱本身为有价之物（金、银、铜），贬值有限。然而，《墨经》与现代货币理论同样强调：控制货币供给，可以控制物价膨胀；其差别在于现代货币理论指的是控制货币的供给总额，而《墨经》则指控制轻、重币的发行量。

再如《经下》31：“贾宜则售，说在尽。”意思是说：价格适当就出售，理由在能卖完存货。《经说下》31：“贾，尽也者，尽去其所以不售也。其所以不售去，则售，正贾也。宜不宜，正欲不欲。若败邦、鬻室、嫁子。”意思是说：尽，就是卖光所有的存货。能卖掉那些没有出售的货物，这样倾售的价格就是正价。价格适当不适当，正要看买者想不想要。货物的倾售就像战败国的人民、土地、出售的房子、出嫁的女儿，很快就要离我而去，归属他人。这条经文说明：货物都有时间限制，要尽早卖出，不要过期。再者，尽快出售才能换回现金，方便周转。存货太多，表明占用成本太多，表明成本未能收回。要尽量想法降低存货，倾售存货，换取现金才是做生意的正道。上述描述正是经济学关注的焦点：价格与价值关系，供应与需求关系。

墨子关于实物生产、物物交换两种最基本的经济活动和仅次于两者的（人力）资本投入的经济活动的经济思想，不仅符合当时的生产力状况，而且也符合现代经济生产力状况。既是从古代到现代的三种基本的经济活动，也代表了三种经济模式。第一种模式是依赖实物生产活动的以自给自足为主的小农经济模式。虽然也有一定的商品交易和资本投资的活动，但主要还是以自给自足的生产活动为主。第二种模式是依赖物物交换的商品经济，主要从事商品的买卖交易，当然也是以实物生产为基础的，商人可以是商品的直接生产者，而更多的是商品的定购者或纯粹的贱买贵卖的中介者。第三种模式是以实物生产和物物交换为基础的以资本投入为主要表现形式的经济模式。当然，在墨子时代，是以人力作为主要投资资本。墨子的实物生产、物物交换与资本投入三种经济活动发生的先后顺序，可以说明社会的发展趋势和规律，是符合当时的社会状况和生产力发展水平的。

二、节用

墨子既强调强力从事发展经济，又主张开源节流，提倡“节用”。“节用”就是勤俭节约，减少一切不必要的开支；从“节用”又派生出“节葬”“非乐”等主张，他从历史的经验教训中总结出“俭节则昌，淫佚则亡”的至理名言。“节用”就是提倡节俭、反对奢侈、保护资源，是一种生态消费思想。墨子曰：

“古者圣王制为节用之法曰：……凡足以奉给民用则止。诸加费不加于民利者，圣王弗为。”（《节用中》）“是故用财不费，民德不劳，其兴利多矣。”（《节用上》）这两句话基本概括了墨子的消费思想，主要表现在饮食、衣服、房屋、舟车、丧葬、乐舞等方面。下面概述其要点。

（一）节用之一：饮食

墨子认为：上古之时，人不会制作饮食，靠吃草木的果实生存。圣人出世，教导人耕作栽种五谷，作为人的食物。他们种植的食物，足以增气补虚、饱肚强身。由于他们生活节俭，食物能够满足其生存的需要，所以社会和谐稳定。现在的情况与古时不同，君主向人民征收重税，蒸烤牛羊鱼鳖，享受美味佳肴；大国国君的餐桌上有近百个菜食，小国国君的餐桌上有十几种菜食，各种菜食摆在桌上有一丈见方，眼睛不能全看清楚，手不能全部拿到，口不能全部品尝；这些菜食根本吃不了，剩下的冬天则冻结成冰，夏天则变味腐臭。国君饮食奢侈，大臣和权贵效仿，他们奢侈浪费，穷人挨饿受冻。饮食能够满足人们基本生活需求就好，浪费食物，人们饥饿，将导致天下混乱。国君如果真希望天下安定，不希望天下混乱，那么在饮食上就必须节俭。

（二）节用之二：衣服

墨子认为：上古之时，人不会缝制衣服，披着兽皮，以草绳为腰带，冬天穿的既不柔软也不暖和，夏天穿的既不柔软也不凉爽。圣人出世，认为这不符合人的需求，于是教妇女纺丝麻，织布绢，用来制作人穿的衣服。制作衣服的原则是：冬天用帛做衣服，使人感觉柔软温暖；夏天用葛布做衣服，使人感觉轻便凉爽。仅仅如此而已。所以圣人制作衣服，适合身体，舒适肌肤就满足了，不是为了好看，在人们面前炫耀。现在的君主与古代圣人制作衣服不同了，君主制作的衣服除了冬暖夏凉柔软舒适之外，还要绣满花纹，佩上金钩玉佩。这样做势必征收重税，残酷掠夺百姓的衣食之财，耗尽财力和劳力，造成极大的浪费。衣服要简朴实用，不要奢侈华丽。劳民伤财，奢侈浪费，必然导致天下混乱。国君如果真希望天下安定，不希望天下混乱，那么在衣服上就必须节俭。

（三）节用之三：房屋

墨子认为：上古之时，人不会建筑房屋，依傍山丘居住，凭借洞穴居住。因为地面潮湿伤害人的身体，所以圣人建筑房屋。建筑房屋的原则是：地基的高度足以避潮湿，四周的墙足以御风寒，屋顶足以抵御雪霜雨露，屋墙的高度足以使男女方便居住，仅此而已。凡是劳民伤财而不增加利益的，都不去做。所以圣人修建房屋，是为了方便生活，不是为了观赏。现在的国君建造宫室则与古代圣人不同，征收重税，掠夺衣食之财，建筑曲折多姿、雄伟壮观的宫室台榭，以及五彩缤纷的雕刻饰物。国君建筑宫室如此，左右大臣也都仿效他，把大量的财物用在建筑宫殿上，破坏了生态资源，且不足以应付凶饥灾害以救济孤寡，国家贫穷而百姓难以治理，导致社会混乱。建筑房屋是为了满足人们的居住需求，多余的装饰都不需要，凡是浪费人力财力的建筑装饰都不可为。国君如果真希望天下安定，不希望天下混乱，那么在宫室上就必须节俭。

（四）节用之四：舟车

墨子认为：上古之时，人不会制造舟车，重的物体不能移动，远的地方不能到达。所以圣人开始制造舟车，以便利人的生活。他们制造的舟车，坚固轻快便利，可以把重的东西运到远处。因为用财少而得利多，所以人们喜欢而归附于圣王。现在的国君制造的舟车与古代圣人的不同，舟车坚固轻快便利都已具备，但他们还征收重税用来装饰舟车：饰车以刺绣花纹，饰船以雕刻图案。为此，妇女放弃纺织而从事刺绣，因而人民遭受寒冷；男人离开耕耘而从事雕刻，因此人民遭受饥饿。君主做舟车如此，左右大臣也都效仿他，因此加重了人们的负担，劳民伤财，浪费生态资源，造成了社会混乱。国君如果真希望天下安定，不希望天下混乱，那么在舟车上就必须节俭。

（五）节用之五：节葬

“节葬”是从“节用”衍生出来的，也是节用的一个重要方面。“节葬”反对“久丧”和“厚葬”两个方面，突出体现了墨子的丧葬思想。

久丧是指治丧的时间久长。儒家礼制规定，国君死，服丧三年；父母死，服丧三年；妻和嫡子死，服丧三年；伯父、叔父、兄弟、庶子死，服丧一年；亲族死，服丧五个月；姑母、姊妹、舅父、外甥死，服丧数月。家人死了，亲属要哭声不断，泣不成声，披麻戴孝，流着眼泪；孝子要住在墓旁的草屋之中，睡草席，

枕土块，故意少吃忍饥挨饿，故意少穿忍寒挨冻，致使面目黝黑，身体瘦削，耳聋目呆，手脚无力，不能做事。又说孝子居丧，须到搀扶才能起床，拄杖才能行走的地步，这样守丧尽孝三年。(详见《节葬下》)

厚葬是指埋葬死者时陪葬物品极丰、棺椁多重，甚至以人陪葬。天子诸侯厚葬，用金银珠宝绕满全身，用丝帛锦衣包裹尸骨，把车马象牙、帷幕帐幔、钟鼎金鼓、桌席器皿、戈剑旌旗、铠甲盾牌等全部埋到墓中，还要用人殉葬，多者数百，少者数十。诸侯厚葬，使其府库空虚，诸如车马帷幕、金玉珠玑、钟鼓宝剑、象牙皮革、羽旄旌旗、铜鼎镜鉴，统统埋入墓穴。王公大人厚葬，棺材外面套上棺材（称为椁），裹尸体的衣被要多层，棺椁的装饰要漂亮，坟墓要堆积高大。平民庶人死了，也要尽力去办，几乎倾家荡产。(见《节葬下》)

面对久丧厚葬，墨子非常反感，予以严肃批评：按照久丧厚葬的丧礼去做，其结果是王公大人不能上朝理政，卿大夫不能处理政务，农夫不能耕田种地，百工不能制造器具，妇女不能纺纱织布。大量的财物埋入地下，生者不能享用，造成极大浪费。男女长期分居，居丧身体虚弱，不能男婚女嫁，无法生儿育女，致使人口下降。因此，久丧厚葬易导致家破人亡、国家贫穷，无益于国防。墨子认为，穿衣吃饭是活人的利益，要节约；埋葬是死人的利益，更要节约。因此，墨子反对“久丧厚葬”，提出“短丧薄葬”的主张：不管天子还是庶民，死后一律穿三件衣服，用三寸厚的桐木板棺材；棺材也不要深埋，只要下面不触及泉水，上面不至散发出气味即可；坟墓也不要高大，只要能辨认出它所在的位置即可。死者的亲属只在送葬和返回时哭一下，返回之后，立即从事自己的工作。丧葬时间定为三天，用来处理善后事务。这样做对于死者和活着的人都有好处。同时，坚决反对杀害奴隶殉葬。(详见《节葬下》)墨子这一移风易俗的主张，不仅在当时是难能可贵的，而且对现在仍有一定的指导意义。

（六）节用之六：非乐

“非乐”也是从“节用”衍生出来的。墨子为什么“非乐”？主要是因为“乐”违反了“诸加费不加于民利者，圣王弗为”的原则。“子墨子之所以非乐者，非以大钟鸣鼓琴瑟竽笙之声以为不乐也……耳知其乐也，然上考之不中圣王之事，下度之不中万民之利。是故子墨子曰：‘为乐非也！’”（《非乐上》）《说苑·反质》篇也记载墨子答禽滑釐语曰：“食必常饱，然后求美；衣必常暖，然后求丽；居必常安，然后求乐。为可长，行可久，先质而后文，此圣人之务。”正如伍非百说：“今之论者，以墨子非乐，只知有物质上之利，而忘却精神上之益，为非乐论一大缺点。……墨子所谓利者，固不止物质的，而亦兼有精神的。不过利有缓急，有本末。先其急后其缓，培其本削其末，而后利乃可长久。”(《墨子大义述》)然而有的学者批评墨子“不懂音乐”，认为“非乐”是过激的行为，这应予以否定。

墨子为何“非乐”？主要有以下三点：其一，墨子懂音乐，也知道音乐好听悦耳，之所以非乐，并不是大钟、鸣鼓、琴瑟、竽笙之声不好听，而是音乐劳民伤财，不能兴利除害，上不符合圣王之事，下不符合万民的利益，所以“非乐”。其二，墨子认为，民有“饥者不得食，寒者不得衣，劳者不得息”三患，乐不能救；国有危难，“为之撞巨钟、击鸣鼓、弹琴瑟、吹竽笙而扬干戚”，乐不能救；“今有大国即攻小国，有大家即伐小家，强劫弱，众暴寡，诈欺愚，贵傲贱，寇乱盗贼并兴，不可禁止也。然即当为之撞巨钟、击鸣鼓、弹琴瑟、吹竽笙而扬干戚，天下之乱也，将安可得而治与?”乐不能救。所以非乐。其三，墨子认为：王公大人观乐妨碍政务，危害社稷；士君子观乐影响政务，仓库不实；男子制乐，耽误耕耘；女子制乐，影响纺织。所以“非乐”。(见《非乐上》)

对于墨子的“非乐”，有人批评指责墨子不懂音乐，不会欣赏。这是不正确的。墨子懂音乐，也知道音乐赏心悦目，但是，他更懂得广大百姓艰难贫困，国君大夫观赏音乐需要大量的人力财物，如齐国的“万人乐舞”，浪费极大。这些建立在百姓饥寒交迫之上的“音乐舞蹈”，必须反对。“以此亏夺民衣食之财，仁者弗为也。是故子墨子之所以非乐者，非以大钟鸣鼓琴瑟竽笙之声以为不乐也。” (《非乐上》) 为民请命而“非乐”，这是墨子“非乐”的目的及价值。

综上所述，墨子“节用”的主张不仅揭示了统治者挥霍钱财的剥削本质，也总结了历史的经验教训，把节用与奢侈提高到关系国家兴亡的高度。从古至今，许多仁人志士和平民百姓都主张“节用”，对墨子的“节用”主张充分肯定。当今社会，人们逐渐认识到自然资源是相对有限的，许多是不可再生的。要保持自然资源和人类社会的协调发展，确保人的生活消费不至于突破生态环境的承受能力，不至于超过自然资源的限度，就必须“节用”。墨子的“节用”主张，是一种生态消费观念，是保持人与自然生态平衡的根本措施，有助于促进人与自然的和谐发展。墨子“俭节则昌，淫佚则亡”的名言，既是对奢侈浪费的严重警告，也是对节约资源、生态消费的大声呼唤。

墨子经济思想的核心是“强本节用”，通过“强本”，增加社会财富；通过“节用”，减少浪费，让“饥者得食，寒者得衣，劳者得息，乱者得治”，实现兼爱主张和“国家之富、人民之众、刑政之治”的政治目的。

（原载《墨子读本》，青岛出版社2004年版，今有增删）

第十三篇　墨子的外交思想

春秋战国时期，诸侯争战不息，春秋时期的“盟会”，战国时期的“连横合纵”，充分显示了外交活动的重要性。墨子周游列国，开展外交活动。弟子魏越说：“先生见到各国之君说什么呢?”墨子答道：“每到一国，必须选择那些急需的事先讲。国家混乱，则语之尚贤、尚同；国家贫穷，则语之节用、节葬；国家喜好声乐、沉迷于酒色，则语之非乐、非命；国家淫僻无礼，则语之尊天事鬼；国家抢夺侵凌，则语之兼爱非攻。”他四处奔走，“上说诸侯，下教民众”“强聒而不舍”“遍从人而说之”，席不暇暖，摩顶放踵，东北游齐，西游卫、郑，南游宋、蔡、楚、越等国。墨子的外交思想独具特色，主要体现在兼爱交利、非攻善守、义利并重、和平共处等方面。

一、兼相爱、交相利，互惠双赢

“兼相爱、交相利，互惠双赢”是墨子重要的外交思想之一。“兼爱”是墨子的十大思想主张核心，“兼爱”就是同时而广泛地爱不同的人，视人如己，爱无差等。“兼”字在《墨子》全书出现了 142 次，使用频率很高，主要是“整，整体”或“全，都”的意思。“爱”字在《墨子》全书出现了 269 次，使用频率极高，主要有“仁爱，加惠”、“对人或事物有很深的感情”或“所喜爱的人或东西”的意思。“兼爱”在《墨子》全书中出现了 17 次，与“兼爱”同义的“兼相爱”出现了 15 次，合计 32 次，使用频率也很高。同一词语在一本书中高频率出现，标志着该词语在本书中的重要作用，“爱”“兼爱”“兼相爱”就是《墨子》中的核心词语，这三个词语的核心就是一个“爱”字。

为何“兼爱”？这与时代背景有关。春秋战国时期，礼崩乐坏，井田破坏，工商自主，诸侯争雄，战争不断，杀人殉葬，民不聊生，社会动荡不安，人民生命难保。面对这样的时局，墨子忧心忡忡，他分析，凡是天下的祸害怨恨、强欺弱、众劫寡、富侮贫、贵欺贱、诈凌愚，都是因为不相爱。墨子说：“当察乱何自起？起不相爱。臣子之不孝君父，所谓乱也。子自爱，不爱父，故亏父而自利；弟自爱，不爱兄，故亏兄而自利；臣自爱，不爱君，故亏君而自利，此所谓乱也。虽父之不慈子，兄之不慈弟，君之不慈臣，此亦天下之所谓乱也。父自爱也，不爱子，故亏子而自利；兄自爱也，不爱弟，故亏弟而自利；君自爱也，不爱臣，故亏臣而自利。是何也？皆起不相爱。”“兼爱”的根本出发点，是为了使穷苦人民和弱小的诸侯国家能摆脱灭亡的厄运，实现“饥者得食，寒者得衣，劳者得息，乱者得治”。

找到了社会动荡不安、人民艰难困苦的原因，是由于人与人之间“不相爱”，墨子开出了救世的良方——“兼相爱”。他说：“视人之国若视其国，视人之家若视其家，视人之身若视其身。是故诸侯相爱则不野战，家主相爱则不相篡，人与人相爱则不相贼，君臣相爱则惠忠，父子相爱则慈孝，兄弟相爱则和调。天下之人皆相爱，强不执弱，众不劫寡，富不侮贫，贵不敖贱，诈不欺愚。凡天下祸篡怨恨，可使毋起者，以相爱生也，是以仁者誉之。”墨子认为，只要天下人与人互相关爱，就能天下太平，国泰民安。

墨子提倡“兼爱”，遭到以儒者为主的士人的反对、攻击，双方展开了激烈的辩论、智慧的较量。一是关于“兼爱”难行。反对者说：“兼爱”虽然好，但是难以办到。墨子反驳说：那是你们不知道“兼爱”的好处。从前，晋文公喜欢服装简陋，臣子都仿效简朴；楚灵王喜欢细腰，臣子都减肥少吃；越王勾践喜欢尚武勇敢，臣子就勇于拼命。这都是“上行下效”。但“兼爱”与这些不同，是“兼相爱、交相利”，双方互爱，容易做到。只是国君不把“兼爱”当作政事，不带头实行罢了。二是“兼爱”不可行。反对者说：“兼爱”虽好，但不可行，就好比要举起泰山越过黄河、济水一样。墨子反驳说：你们的比喻不恰当。要举起泰山越过黄河、济水，从古到今没有人能做到。“兼爱”与此例不同，古代的圣王就曾经实行过，例如夏禹、周文王都实行“兼爱”。三是与巫马子辩论“兼爱与义”。巫马子对墨子说：我与你不一样，我做不到“兼爱”。我爱人是由内到外、由近到远，逐渐减少爱的程度，即先爱自己，然后是双亲、家人、家乡人、家族人、鲁国人、邹国人、越国人。只会杀他人以利于我，而不会杀我以利他人。墨子说：你的这种义，是藏匿还是公开？巫马子说：我的义公开。墨子说：天下有多少人相信你的说法，就有多少人想杀你来利于自己。反之，天下有多少人不相信你的说法，就有多少人想杀你，认为你是散布谣言的人。喜欢你的人想杀你，不喜欢你的人也想杀你，这就是轻率之言将祸及你自己。你的话有何利？如果无利还要说，那就是信口胡说了。墨子与儒者的辩论很多，仅从以上几点就可以看出墨子善于辩论，智慧高超。

墨子高举“兼爱”的智慧大旗，其目的就是“兴天下之利，除天下之害”。所谓“兼爱”就是不分等级、不分远近亲疏地爱一切人，包括奴隶在内。墨子认为人没有年龄大小和身份贵贱之分，都是天的臣民，应该人人平等，贵族不应欺凌平民、奴隶。为此，墨子公开为劳动人民尤其是奴隶呐喊，呼吁社会各界人士关爱他们，给奴隶以做人的权利，还他们的人身自由。在战国初期，墨子是第一个重视人权、提出解放奴隶的平民思想家，为奴隶制社会向封建制社会过渡做出了不朽的贡献。孙中山先生因此称赞说：古时最讲“爱”字的，莫过于墨子。

墨子兼爱的思想学说至今已有2400多年，已经成为中华民族的优秀文化基因。“兼爱”的现代价值和意义主要有下列几点：第一，兼爱利己。“兼爱”是爱别人也爱自己，自己也在所爱之中。走向“兼爱”，即乐在其中，能健康长寿。俗话说，为人不做亏心事，不怕半夜鬼敲门。你老想着帮助他人，心底无私天地宽，自然吃饭香、睡觉甜，无忧无虑，健康长寿。第二，兼爱利人。“兼爱”是奉献，帮助需要帮助的人，肯定有利于他人。如20世纪60年代的雷锋，21世纪的“活雷锋”郭明义，还有很多感动中国的先进人物等。他们的事迹感天动地，催人泪下，都是“兼爱利人”的典范。第三，兼爱利国、利天下、利生态。江泽民、胡锦涛、习近平主席先后出国访问，都曾引用墨子的名言“兼爱”，说明中华民族自古以来就热爱和平，阐述了我国平等互利、和平外交的原则立场。弘扬墨子的兼爱思想，有利于中华民族的统一大业，有利于世界的和平与发展。

二、非攻善守、反对侵略战争

非攻善守、反对侵略战争是墨子外交思想之二。

墨子“兼爱”，必然“非攻”，“兼爱”是“非攻”的理论基础，“非攻”是“兼爱”实践结果。“非攻”是墨子十大思想主张之一。“非攻”的“非”相当于“不”，引申为“反对”“非难”；“攻”指“进攻”“攻战”，引申为“侵略战争”。概括其意，“非攻”就是“反对侵略战争”“反对战争杀人”，是墨子以人为本的大智慧。

墨子把战争分为两类：一类称为“诛”，是正义的战争；一类称为“攻”，是非正义的战争。他认为大禹伐有苗、商汤伐夏桀、周武王伐殷纣王等讨伐暴虐君王的战争，是为民兴利除害，因而称之为“诛”，是正义的战争，应大力支持。他认为大国攻打小国、强国欺凌弱国是非正义的侵略战争，其结果是亡民伤财，天下大乱，因而称之为“攻”，应当坚决谴责、反对。墨子除了宣传“非攻”之外，还组建军事武装，为反对并制止侵略战争、保卫弱小国家而英勇抗争。通过“非攻”而争取和平，是墨子为之奋斗的目的。

墨子以人为本，重视人的生命，提出“非攻”的主张。古今中外，发生了多少战争？有多少人死于战争？这可能是一个天文数字，难以统计出准确的结果。仅据史料如《春秋》的不完全记载，在春秋时期近300年的时间里，就发生了483次战争。另有《左传》记载，这一时期战争多达四五百次。这些战争要死亡多少人？这恐怕也是个巨大的数字。这些死于战争的“人”，“本是同根生”，都是同样的“人”，互相残杀，岂不是对社会最大的伤害和破坏？

墨子之所以反对战争，是因为战争有三大危害：第一，战争侵夺民时。冬天行军寒冷，夏天行军暑热，春天出兵影响耕种，秋天出兵影响收获，荒废一个季节，减少粮食收获，造成人们饥饿。第二，战争竭尽民财。攻战所需的军兵、民夫、器械、物资，几乎耗尽国力民力。第三，战争造成成千上万的士兵百姓死亡。墨子说：“今攻三里之城，七里之郭，攻此不用锐，且无杀而徒得，此然也。杀人多必数于万，寡必数于千，然后三里之城、七里之郭，且可得也。”又说：“与其涂道之修远，粮食辍绝而不继，百姓死者，不可胜数也；与其居处之不安，食饭之不时，饥饱之不节，百姓之道疾病而死者，不可胜数。丧师多不可胜数，丧师尽不可胜计。”士兵、百姓大量死亡，破坏了以人为主的社会形态。

墨子主张“非攻”，遭到好战国君的反对、攻击，双方展开了激烈的辩论、智慧的较量。一是关于“攻伐”是不义之战。墨子认为：有人犯了小过失，大家都知道谴责；诸侯犯了大的罪行——攻打侵略他国，杀人成千上万，大家却不知道谴责，反而跟着赞美，称之为义举，这是黑白混淆、是非颠倒，不懂义与不义的区别；攻打侵略他国、杀人夺物占地是最大的不义，也是对社会最大的破坏。二是驳斥攻伐之君谎称以义之名而战，主张帮助弱小之国抵抗大国的侵略，提倡积极备战，反对侵略战争。他说：“今且天下之王公大人士君子，中情将欲求兴天下之利，除天下之害，当若繁为攻伐，此实天下之巨害也。今欲为仁义，求为上士，尚欲中圣王之道，下欲中国家百姓之利，故当若非攻之为说，而将不可不察者此也。”从理论和实践两个方面指出攻伐他国的危害，批驳了好战国君的谬论。

墨子是古代历史上第一位人道主义军事家，他从“兼爱天下”、热爱和平的思想出发，反对大国以强凌弱的侵略战争，主张积极防御，防止大国的侵略战争。他反对不义之战，主张积极防御，有备无患，忘战必危。只有做好战备，国家才能长治久安，立于不败之地。他主张小国防御必须发动全民参战，全民皆兵，不分男女老少一律组织起来，从事守城，万众一心，同仇敌忾。墨子把“赏明可信”看作是守城胜利的条件之一，要对守城的军民进行有关安、危两方面的教育，以稳定人心，提高士气。墨子的“守御战”并不是被动挨打，而是采取积极的攻势，消灭敌人。在强敌压境之际，可在所守城地的周围采取坚壁清野的策略。

墨子注重军事武器的储备、发明和应用，制作完善的防守工程和科学的防御武器。他认为仓库里没有储备充足的兵器，虽为有义之师，也不能战胜无义之敌。

《墨子·公输》篇记述了墨子“非攻”的经历与成果。公元前440年，楚惠王请公输般制造攻城的云梯，准备攻打宋国。墨子闻讯后不畏艰辛，摩顶放踵，跋山涉水，十日十夜赶到楚国，先以理说服公输般、楚王，从道义上指出他们的不义，迫使公输般“服”，楚王称“善”，接着与公输般实战模拟，挫败公输般。与此同时，墨子还帮助宋国做好充分的防御准备，从根本上打消楚国攻宋的欲望，终于制止了楚王的侵略行径。此篇情节曲折生动，语言质朴，具有严密的逻辑性。墨子善于运用形象的比喻和对比说明事理，表现了他高超的辩论技巧和卓越的军事才能。止楚攻宋表现了墨子反对攻伐、扶助弱小、舍生忘死、维护正义、见义勇为的光辉事迹。

墨子反对侵略战争，但主张积极防御，讲求战争器械与技术的运用，论兵法攻守都很精到。他的大弟子禽滑釐曾经多次向墨子请教防御之道。墨子说：“你问哪种防御方式？”禽滑釐回答说：“现在攻城常用的进攻方法有临、钩、冲、梯、堙、水、穴、空洞、蚁傅、轒辒（fén wēn）、轩车等12种，请问先生应该怎样防守？”墨子回答了如何防守12种进攻之后又说：“城墙厚而高，壕沟深而宽，修好望敌之楼，防守器械齐备，粮食材草充足，防守人员精干，官民和睦，全民皆兵，国君讲信义，大臣争立功，赏罚严明。具备这些条件，城就可以守住。”禽滑釐听后起身拜了两次，说："先生讲得很好，请先生讲讲战争防御问题。"墨子说："我一贯反对侵略战争，支持被侵略国家抵抗自卫。关于防御，最重要的是战前做好物质和精神两方面的准备。我在《备城门》《备高临》《备梯》《备水》《备突》《备蛾傅》《迎敌祠》《旗帜》《号令》《杂守》等篇中讲得比较具体，有战役指挥、战前动员、全民参战、兵器机械、粮食柴草、兵役制度、军事训练、组织纪律、赏罚奖惩等内容，你可以学习研究。"墨子的军事学说以守为主，而《孙子兵法》以攻为主，二者都是我国兵书的经典。中共中央政治局原常委、中共中央军委原副主席刘华清上将称墨子是伟大的军事家。

墨子反对侵略战争，但不反对正义的自卫之战。这就使得他的"非攻"有确定的含义和鲜明的倾向性。墨子的"非攻"思想，充分体现了关注人生、以人为本的外交思想。研究墨子的外交思想，古为今用，有利于反对霸权主义、强权政治，反对侵略战争，对促进祖国统一与世界和平具有重要的现实意义。

三、义利并重，和平共处

墨子贵义，认为"义，利也"（《经上》）。"以义为利、义利并重、重义轻利、和平共处"是墨子的外交思想之三。

鲁国南部有一个名人叫吴虑，他冬天制陶，夏天耕作，自比尧舜。墨子听说后就去见他。吴虑对墨子说："义，贵在切实可行，何必空言！"墨子说："你亲自陶稼，分之于民，获利太小。我认为不如诵读与研究先王的学说，通晓与考察圣人的言辞，在上劝说王公大人，在下劝说平民百姓。王公大人采用了我的学说，国家一定能得到治理；平民百姓采用了我的学说，品行必有修养。所以我认为，即使不耕作、不纺织，而功劳胜过耕作与纺织。我到各国宣传义，可以救天下，获利巨大，怎能不去宣传呢？”

墨子在齐国见到老朋友非常高兴。老朋友说：“现在天下没有人行义，你何必独自吃苦行义，不如就此停止。”墨子说：“有个人生养了十个儿子，只有一个耕种，其他九个闲着，这一个耕种的不能不更加努力啊。为什么呢？因为吃饭的人多而耕种的人少。现在天下没有人行义，您应该勉励我行义，为什么还劝阻我？”有一天，墨子对弟子讲解义与利的关系。他说：“义，利也。”“万事莫贵于义。”为义就是要“兴天下之利，除天下之害”，把国家百姓人民之利作为衡量价值高低的标准。要“兼相爱、交相利”，做到“兼而爱之，兼而利之”。他用利来规定义的内涵，把仁、义和爱的道德观念同利益、功利直接联系起来，表现了义利统一和重视功利的思想。

鲁国国君请教墨子：“我害怕齐国攻打鲁国，可以解救吗？”墨子答道：“可以。我希望您对上尊天敬事鬼神，对下爱护百姓；准备丰厚的皮毛、钱币，辞令要谦恭；赶快礼交四邻的诸侯；驱使全国的人民，抵御齐国的侵略。这样，祸患就可以解救。不这样，就无其他办法了。”

习近平总书记在国内外的政务活动中，多次引用墨子名言，阐述党和国家的大政方针，充分说明了墨子思想的重要价值，具有重要的现实意义。

2013 年 10 月 2 日，习近平主席出访东盟国家，接受印度尼西亚和马来西亚媒体联合采访时说：“中华民族几千年来形成了兼爱非攻、亲仁善邻、以和为贵、和而不同的理念。中国奉行与邻为善、以邻为伴的周边外交方针，对亚洲繁荣稳定作出了重要贡献。”（见《光明日报》2013 年 10 月 3 日）

2013 年 11 月 24 日至 28 日，习近平在山东考察工作结束时的讲话中提到，山东是齐鲁文化发祥地，是孔孟故乡，也是墨子、孙子、荀子等古代思想家的故里，在弘扬中华民族传统美德方面资源丰富。

2014 年 9 月 18 日，习近平主席在印度新德里作《携手追寻民族复兴之梦》的演讲：“中华民族历来爱好和平，和平、和睦、和谐的追求深深植根于中华民族的精神世界之中。中国自古就倡导‘强不执弱，富不侮贫’，深刻总结了‘国虽大，好战必亡’的箴言。……中华民族主张的‘天下大同’和印度人民追求的‘世界一家’、中华民族推崇的‘兼爱’和印度人民倡导的‘不害’是相通的，我们都把‘和’视作天下之大道，希望万国安宁、和谐共处。”（见《光明日报》2014 年 9 月 19 日）

2015 年 12 月 16 日，习近平主席《在第二届世界互联网大会开幕式上的讲话》中指出：“‘天下兼相爱则治，交相恶则乱。’完善全球互联网治理体系，维护网络空间秩序，必须坚持同舟共济、互信互利的理念，摈弃零和博弈、赢者通吃的旧观念。”（见《光明日报》2015 年 12 月 17 日）

2017年11月10日，习近平主席在亚太经合组织工商领导人峰会上的主旨演讲中说："中国古人说：'口言之，身必行之。'实现亚太更大发展，需要每个成员脚踏实地拿出行动。"其中，"口言之，身必行之"一句，正是出自《墨子·公孟》。

2018年6月22日至23日，中央外事工作会议在北京召开，中共中央总书记、国家主席、中央军委主席习近平在会上发表重要讲话强调：我国对外工作要坚持以新时代中国特色社会主义外交思想为指导，统筹国内国际两个大局，牢牢把握服务民族复兴、促进人类进步这条主线，推动构建人类命运共同体，坚定维护国家主权、安全、发展利益，积极参与引领全球治理体系改革，打造更加完善的全球伙伴关系网络，努力开创中国特色大国外交新局面，为全面建成小康社会、进而全面建设社会主义现代化强国创造有利条件、作出应有贡献。习近平在讲话中指出，在实践中，我们积累了有益经验和深刻体会，对外工作要坚持统筹国内国际两个大局，坚持战略自信和保持战略定力，坚持推进外交理论和实践创新，坚持战略谋划和全球布局，坚持捍卫国家核心和重大利益，坚持合作共赢和义利相兼，坚持底线思维和风险意识。习近平指出，要高举构建人类命运共同体旗帜，推动全球治理体系朝着更加公正合理的方向发展。要坚持共商共建共享，推动"一带一路"建设走实走深、行稳致远，推动对外开放迈上新台阶。要运筹好大国关系，推动构建总体稳定、均衡发展的大国关系框架。要做好周边外交工作，推动周边环境更加友好、更加有利。要深化同发展中国家团结合作，推动形成携手共进、共同发展新局面。广大发展中国家是我国在国际事务中的天然同盟军，要坚持正确义利观，做好同发展中国家团结合作的大文章。要深入推动中国同世界深入交流、互学互鉴。其中，“坚持合作共赢和义利相兼”，正是墨子所说的“兼相爱、交相利”，即“义、利并重”。

（中国外交部原部长李肇星曾于2004年2月22日视察滕州市墨子纪念馆，本篇为作者接待汇报稿，今有增删）

第十四篇　墨子的法治思想

研究墨子的法治思想，首先要读懂《墨子》，其次要弄通先秦典籍，两方面结合起来，才能把握墨子法治思想的来源、时代背景、目的意义，吸取精华，古为今用。

一、时代背景与“法”字解释

（一）时代背景

墨子生活的春秋战国时期，社会生产力有了显著的进步，各诸侯国之间的政治经济发生了新的不平衡。周边的少数民族受中原文化的影响，得到了很大的发展；而中原及东部沿海各诸侯国由于政治经济条件的不同，出现了强弱的差异，产生了大国争霸。在诸侯与周天子争权夺利、诸侯与诸侯之间进行争霸的同时，诸侯国内部也发生了“私家”对“公室”的斗争。天下礼崩乐坏、诸侯变法图强是春秋战国时代的两大特征。

礼崩乐坏。礼在中国古代是社会的典章制度和道德规范，而乐便是配合典礼仪式的舞乐。礼崩乐坏是对东周时期典章制度逐渐被废弃的一种形象描述。《论语·阳货》：“三年之丧，期已久矣。君子三年不为礼，礼必坏；三年不为乐，乐必崩。”这是说，周代封建制度遭到极大的破坏，寓意社会制度和文化秩序遭遇重大变局。在春秋中后期，生产力的发展导致在经济基础、上层建筑领域出现了与周礼要求不相融的局面，具体表现在势力强大的诸侯开始变王田为私田，变分封制为郡县制，政权不断下移，诸侯国纷纷制定自己的法律。孔子认为，只要每个人都克己复礼，严格按照社会等级做事，人人安分守己，社会就不会混乱。

变法图强。子产是春秋时期郑国著名的政治家、思想家、改革家，在郑国掌握国政时做了很多事情。其中，最重要的有两件：一是“作丘赋”，一是“铸刑书”。郑简公二十三年（前543），子产为相，他主持制定了刑书，写在竹简上，由官吏掌握施行。郑简公三十年（前536），子产下令把“刑书”铸在鼎上，放在王宫门口，由国人监督，依法治国，限制贵族滥用职权。刑书刚公布时，遭到了守旧派的强烈反对，但是子产还是坚定地去做。子产是第一个将刑法公布于众的人，是法家的先驱者！晋顷公十三年（前513）冬，晋国大夫赵鞅“铸刑鼎”，把范宣子所制定的“刑书”铸在鼎上，公之于众。这是中国历史上第二次公布成文法，在打破旧的政治格局、推动社会法治进步方面意义重大。魏文侯当政时，礼贤下士，任用李悝（kuī）为相，在魏国实行变法，内容涉及经济、政治、军事和司法制度，拉开了战国变法运动的大幕。

“以法治国”是墨子对子产、赵鞅等变法图强思想的继承与发展，也是对儒家“以礼治国”的一种背离，是对春秋以来各国追求法治实践的总结。“法治”二字最早见于墨子的《法仪》，那时称“法治”为“治法”，词序不同于现代，但意思相同。墨子以百工治器为例，说明依法治国的作用与价值，提出立法应以“天志”为法，才能公平、公正、公义、可信。由此可见，墨子的立法和法治观富有法学意义，与孔子追求的恢复“周礼”的礼制完全不同。墨子的法治观展示了法治之法的规则性、规范性、有效性、强制性、实践性、正义性、平等性、普遍性，因此可以说墨子是中国法治思想史上第一位思想家。

（二）《墨子》中“法”字的解释

墨子对“法”高度重视，“法”字在《墨子》书中出现了144次，约为全书97751字的1.5‰，使用频率之高，令人惊叹。其中，“法”字单独使用115次，“法”字组词使用29次：“法仪”4次，“法令”2次，“法象”1次，“法程”1次，“法义”2次，“法则”1次，“不法”1次，“取法”4次，“三法”6次，“刑法”3次，“仪法”3次，“义法”1次。现根据《墨子大辞典》和《辞海》（第七版）的解释，把《墨子》中关于“法”及其相关词语简述如下：

法主要有以下解释：(1)准则，规范。例如：“虽至士之为将相者皆有法，虽至百工从事者亦皆有法。”（《法仪》）“为宫室之法，曰：室高足以辟润湿，边足以圉风寒，上足以待雪霜雨露，宫墙之高，足以别男女之礼。”（《辞过》）“若昔者三代圣王，足以为法矣。”（《明鬼下》）(2)使动用法，使……规范。例如：“必修其言，法其行。”（《非儒下》）(3)刑法，法律，法令。例如：“仕者持禄，游者爱佼，君修法讨臣，臣慑而不敢拂，四患也。”（《七患》）“诸女子有死罪及坐失火皆无有所失，逮其以火为乱事者如法。”（《号令》）“从淫之法，其罪射。”（《号令》）“唯作五杀之刑，曰法。”（《尚同中》）(4)效法，师法。例如：“天下之为学者众，而仁者寡。若皆法其学，此法不仁也。”（《法仪》）“古之圣王，欲传其道于后世，是故书之竹帛，镂之金石，传遗后世子孙，欲后世子孙法之也。”（《贵义》）“且子法周，而未法夏也，子之古非古也。”（《公孟》）“惟法其言，用其谋，行其道。”（《尚贤下》）(5)方法。例如：“遂属之城，以御云梯之法应之。”（《杂守》）“以兼相爱、交相利之法易之。”（《兼爱中》）“凡守围城之法，厚以高，壕池深以广，楼撕揗，守备缮利。”（《备城门》）(6)《墨经》中的逻辑术语，相当于标准、规则、模型。例如：“法，所若而然也。”（《经上》）“若”是依照、符合的意思。“法同，则观其同。”（《经上》）“一法者之相与也尽。”（《经下》）按照同一的原则去做，必能得出同样的结果。“尺寸也，绳墨也，规矩也，衡石也，斗斛也，角量也，谓之法。”（《管子・七法》）(7)法与广义的法律通用，由国家制定或认可，并由国家以强制力保证其实施。

法仪：准则。例如：“天下从事者，不可以无法仪。”（《法仪》）

法令：法律。例如：“法令不急而行，民不劳而上足用，故民归之。（《辞过》）“节各有辩，法令各有贞。”（《旗帜》）

法象：仿效。例如："为宫室若此，故左右皆法象之，是以其财不足以待凶饥、振孤寡，故国贫而民难治也。"（《辞过》）

法程：军法，军纪。例如："敢问适人强弱，遂以傅城，后上先断（断即斩，对于后爬城者斩首），以为法程，斩城为基，掘下为室，前上不止，后射既疾，为之柰何？"（《备蛾傅》）

法义：即法仪。例如："何不当发吾府库，视吾先君之法义？"（《天志下》）

法则：规则，文中指天之意。例如："帝善其顺法则也，故举殷以赏之。"（《天志中》）

不法：不合法度。例如："不法，止诘之。"（《号令》）

取法：效法，学习。例如："虽子墨子之所谓兼者，于文王取法焉。"（《兼爱下》）

三法：即"三表法"。例如："然今天下之情伪，未可得而识也，故使言有三法。"（《非命中》）

刑法：关于犯罪和刑罚的法律规范的总称。例如："贤者之治国也，蚤朝晏退，听狱治政，是以国家治而刑法正。"（《尚贤中》）

仪法：法则，规则。例如："子墨子置立天之以为仪法。"（《天志下》）

义法：即"仪法"，法则，标准。例如："凡出言谈，由文学之为道也，则不可而不先立义法。"（《非命中》）

二、天下从事者不可以无法仪

俗话说“国有国法，家有家规”，这里的“法”与“规”大同小异，适用人群的范围有大小之分，实质都是“法”的意思，有时单独用“法”，有时“法规”并用。“法规”随着人类的发展而不断成熟完善，从习惯法发展为成文法。法规在人类的发展史上约束、规范人们的行为，起着促进人类发展前进的重要作用。

墨子认为，法是社会发展到一定阶段，为适应社会的发展而产生的。在原始社会的自然状态中，由于缺乏一种使人们共同遵循的社会准则，故部落之间、人与人之间为了各自的利益而不断发生冲突。为了共同发展的需要，人们逐渐认识到要建立一种既保障个人的权益又不伤害他人权益的行为准则，这些准则逐渐演变为“法”。因而“古者圣王为五刑，请以治其民。譬若丝缕之有纪，罔罟之有纲，所连收天下之百姓不尚同其上者也”（《尚同上》）。

墨子很重视法的作用。子墨子曰：“天下从事者，不可以无法仪，无法仪而其事能成者无有也。虽至士之为将相者皆有法，虽至百工从事者亦皆有法。百工为方以矩，为圆以规，直以绳，衡以水，正以县。无巧工不巧工，皆以此五者为法。巧者能中之，不巧者虽不能中，放依以从事，犹逾已。故百工从事，皆有法所度。今大者治天下，其次治大国，而无法所度，此不若百工辩也。”（《法仪》）墨子指出：天下做任何事情的人，都不可以没有准则。没有准则而事情能成功，是没有的。以百工为例，工匠如用规、矩、线、水（即水平器）、垂等工具施工，巧工匠能做得完美精致，不巧的工匠也能做得超越原来的水平。所以治理天下或者治理国邑，没有法则是治不好的。

墨子说："凡出言谈，则必可而不先立仪而言。若不先立仪而言，譬之犹运钧之上而立朝夕焉也。我以为虽有朝夕之辩，必将终未可得而从定也。是故言有三法。何谓三法？曰：有考之者，有原之者，有用之者。恶乎考之？考先圣大王之事。恶乎原之？察众之耳目之请。恶乎用之？发而为政乎国，察万民而观之。此谓三法也。"（《非命下》）墨子认为，凡是发表言论，就不可不先立准则，然后再讲。如果不先立准则就讲，就好比在制陶器的转轮上放置测量时间的仪器一样，无法靠它来确定时间。因此判定言论有三表法则：有考求史实的，有推究原因的，有用于实践的；就是考求古代圣王的事迹，审察人们耳目所见的实情，检验它对万民的效果如何。这就是三表法则，也是"言谈"的准则。

墨子说："法，所若而然也。""所若而然"就是标准的意思。治国处事都应该按标准去做，也就是依法治国。

三、以天为法

"依法治国"，"法"从何出？墨子说："莫若法天。"为什么要以天为法？其理由主要有四点：一是天廉明仁慈，二是天能实施祸福，三是天执法如山，四是天一视同仁。

墨子说："然则奚以为治法（即法治）而可？当皆法其父母奚若？天下之为父母者众，而仁者寡，若皆法其父母，此法不仁

也。法不仁，不可以为法。当皆法其学奚若？天下之为学者众，而仁者寡，若皆法其学，此法不仁也。法不仁，不可以为法。当皆法其君奚若？天下之为君者众，而仁者寡，若皆法其君，此法不仁也。法不仁，不可以为法。故父母、学、君三者，莫可以为治法。然则奚以为治法（即法治）而可？故曰：莫若法天。天之行广而无私，其施厚而不德，其明久而不衰，故圣王法之。既以天为法，动作有为，必度于天，天之所欲则为之，天所不欲则止。”（《法仪》）墨子在这段自问自答中，明确提出法治的准则问题。他认为，天下的父母、老师、国君仁义者少，不仁义者多，不宜效法他们，因此不可以把他们的言论立为法则。那么，用什么作为治理国家的法则呢？只有效法天。因为天的品行博大而无私，它的施予丰厚但并不夸耀自己，它的光明经久不衰。所以，圣明的君王都效法天。既然把天作为榜样，人的行为就必须以天意来衡量。天意所喜欢的就做，天意所不喜欢的就停止。

墨子说：“我有天志，譬若轮人之有规，匠人之有矩。轮匠执其规矩，以度天下之方圜。曰：‘中者是也，不中者非也。’今天下之士君子之书不可胜载，言语不可尽计。上说诸侯，下说列士。其于仁义，则大相远也。何以知之？曰：我得天下之明法以度之。”（《天志上》）墨子这段话的大意是：我有上天的意志，就好像匠人有规矩，匠人拿着规矩来测量天下的方圆，说：符合规矩就是对的，不符合规矩就是错的。如今天下士君子的书籍、言语很多，我用天下的明法来衡量他们的言论，知道他们离仁义很远。

“故子墨子置天之以为仪法。非独子墨子以天之志为法也，于先王之书《大夏》之道之然：‘帝谓文王，予怀明德，毋大声以色，毋长夏以革，不识不知，顺帝之则。’此诰文王之以天志为法也，而顺帝之则也。且今天下之士君子，中实将欲为仁义，求为上士，上欲中圣王之道，下欲中国家百姓之利者，当天之志而不可不察也。天之志者，义之经也。”（《天志下》）这段话的大意是：墨子创立“天志”之说，作为人们的法则，是有史可据的。早在先王之书《大雅》上，天就告诫周文王要以天的意志为法则，顺从天的法则行事。现在天下士君子，如果诚心诚意想行仁义，希望能成为高尚之士，上能合乎圣王的“道”，下能符合国家百姓的利益，那就要遵守天的意志。

四、兼爱非攻之法

天志之法的内容之一是兼爱非攻。

（一）兼爱之法

墨子“兼爱”，明确指出：“顺天意者，兼相爱、交相利，必得赏；反天意者，别相恶、交相贼，必得罚。”（《天志上》）“天欲人相爱相利，而不欲人相恶相贼也。”（《法仪》）这两段话的大意是：天希望人们互相爱护和互惠互利，而不希望人们互相厌恶和互相残害。

墨子说：“若使天下兼相爱，国与国不相攻，家与家不相乱，盗贼无有，君臣父子皆能孝慈，若此则天下治。故圣人以治天下为事者，恶得不禁恶而劝爱？故天下兼相爱则治，交相恶则乱。”（《兼爱上》）“天下之人皆不相爱，强必执弱，富必侮贫，贵必敖贱，诈必欺愚。凡天下祸篡怨恨，其所以起者，以不相爱生也……天下之人皆相爱，强不执弱，众不劫寡，富不侮贫，贵不敖贱，诈不欺愚，凡天下祸篡怨恨，可使毋起者，以相爱生也。”(《兼爱中》)墨子的中心思想是：若使天下的人都彼此相爱，国与国不互相攻打，家与家不互相争夺，没有盗贼，君臣父子都孝顺慈爱，这样天下就太平了。圣人既然以治理天下为己任，怎么能不禁止人们互相仇恨、不劝导人们彼此相爱呢？所以，天下人能彼此相爱才会太平，互相仇恨就会混乱。

“兼爱”是墨子思想的核心，也是墨子代表性的观点。所谓“兼爱”就是“远施周偏”的爱，即不分等级、不分远近亲疏地爱一切人。墨子的“兼爱”思想，具有明显的进步意义，主要表现在以下三个方面：一是“兼爱”的根本出发点，是为了阻止“强劫弱，众暴寡，诈谋愚，贵傲贱”(《天志中》)的暴诈行径，使穷苦人民和弱小的诸侯国能摆脱灭亡的厄运。二是“兼爱”着眼于实利，不停留在空泛的道德说教上。对穷苦人民“兼爱”，就要实现“饥者得食，寒者得衣，劳者得息，乱者得治”(《非命下》)；对弱小国家“兼爱”，就是竭力帮助它不受大国的侵略。墨子认为“兼相爱，交相利”。三是“兼爱”说是对于儒家“仁爱”说的突破。孔子的学说以仁爱为中心，强调“亲亲”(爱其亲人）为本。人有亲疏之别，因此爱也有厚薄之分。墨子把这些受制于宗族血缘和等级差别的“爱人”，变为无亲疏、无等级、无差别的完全平等的“兼爱”，这就突破儒家“仁爱”的保守性和狭隘性，达到了前所未有的高度。墨子不仅倡导“兼爱”，而且身体力行地实践这一主张，努力做到“有力以助人，有财以分人，有道以教人”，尽力做有益于人民的事情。总之，“兼爱”是墨学的总纲，它既是墨子的社会道德追求，又是法治的主要内容，体现了墨子的崇高理想。

（二）非攻之法

“非攻”即反对并制止侵略战争，是由“兼爱”衍生出来的。墨子说：“杀一人谓之不义，必有一死罪矣。若以此说往，杀十人十重不义，必有十死罪矣；杀百人百重不义，必有百死罪矣。当此，天下之君子皆知而非之，谓之不义。今至大为不义攻国，则弗知非，从而誉之，谓之义；情不知其不义也。”（《非攻上》）“今大国之攻小国也，攻者，农夫不得耕，妇人不得织，以守为事。攻人者，亦农夫不得耕，妇人不得织，以攻为事。故大国之攻小国也，譬犹童子之为马也。”（《耕柱》）“大不攻小也，强不侮弱也，众不贼寡也，诈不欺愚也，贵不傲贱也，富不骄贫也，壮不夺老也，是以天下之庶国，莫以水火毒药兵刃以相害也。”（《天志下》）

墨子“非攻”，是因为掠夺战争带给社会民生以无穷的灾难：土地荒废，尸骨遍野。为了制止不义之战，他不仅奔走呼吁，还与弟子研制防御武器，多次成功地制止了大国侵略小国的不义之战，其中最为成功的有“止楚攻宋”、“阻齐攻鲁”、阻止鲁阳文君侵郑等。墨子反对侵略战争，但不反对正义的自卫之战。他把侵略别国（所谓“攻”）与讨伐不义之国（所谓“诛”）相区分，这是可取的。他不是非武力论者，他充分肯定历史上汤伐桀、武王伐纣的功绩，认为这是无可非议的，这就使得他的“非攻”有确定的含义和鲜明的倾向性。当前，和平与发展是全人类共同关心的两大主题，墨子的“非攻”对维护人类和平、稳定社会秩序、建设幸福的生存环境有着十分重要的作用。

五、尚同尚贤之法

天志之法的内容之二是尚同尚贤。

（一）尚同之法

墨子“尚同”，明确指出：“古者民始生，未有刑政之时，盖其语人异义。是以一人则一义，二人则二义，十人则十义。其人兹众，其所谓义者亦兹众。是以人是其义，以非人之义，故交相非也。是以内者父子兄弟作怨恶，离散不能相和合。天下之百姓皆以水火毒药相亏害，至有余力不能以相劳，腐朽余财不以相分，隐匿良道不以相教。天下之乱，若禽兽然。”（《尚同上》）这段话的大意是：古代人类刚产生，还没有政治刑法的时侯，人们所说的话意义各不相同。这样，一个人就有一种道理，两个人就有两种道理，十个人就有十种道理，人愈多，其所谓的道理也就愈多。于是人人都认为自己的道理是对的，而批评别人的道理，因而就互相指责对方。于是在家里父子兄弟间生出怨恨，使家庭离散，不能互相团结和睦。天下混乱，就像禽兽一样。

墨子认为，只有统一道义才能息争止乱。于是，人们选举出部落首领（政长），首领统一大家的思想认识，制定行为规范，使大家尊天敬鬼，服从领导。所以墨子主张尚同，认为只有尚同，才不会产生混乱，从而达到天下大治。这种“尚同”的思想，反映了墨家学派重视集中统一和严格的法规，力求通过“尚同”实现太平的理想。

墨子说：“尚同，为政之本而治要也。”（《尚同下》）“古者圣王为五刑，请以治其民。譬若丝缕之有纪，罔罟之有纲，所连收天下之百姓不尚同其上者也。”（《尚同上》）“故当尚同之为说也，尚用之天子，可以治天下矣。中用之诸侯，可而治其国矣。小用之家君，可而治其家矣。是故大用之治天下不窕，小用之治一国一家而不横者，若道之谓也。”“凡使民尚同者，爱民不疾，民无可使。曰：必疾爱而使之，致信而持之，富贵以道其前，明罚以率其后。为政若此，唯欲毋与我同，将不可得也。”（《尚同下》）

墨子这些话的大意是：古代圣王制定五刑之法，就是为了用来治理他的人民，这好比丝线有绳头、渔网有拉绳一样，都是用来约束天下百姓的。“尚同”，上面天子用它，可以治理天下；中间诸侯用它，可以治理他的国家；下层一家之主用它，可以治理他的家庭。“尚同”，必须切实爱民才能使令他们，要对他们信诚才能拥有他们，用立功可以富贵在前面引导他们，以犯罪定要惩罚在后面警告他们。

“尚同”就是“一同天下之义”，是墨子关于国家起源与政权职能的学说，也是“兼爱”得以实施的政治制度。墨子主张的“尚同”，不但下自乡长、上至天子都必须选举贤者担当，执行者都必须“一同天下之义”，而且天子必须“又总天下之义，以尚同于天”（《尚同下》）。这个统一奉行的公正法则，是为了反对专制独裁的统治，积极推行民主政治，做到下情上达，赏罚分明。墨子认为，要在“民主”的基础上，建立起有效的行政管理，并制定出统一的法规，形成统一的是非观念，以统一人们的思想和行动。这种行政管理和思想统一是社会存在和发展的基础，是造福于人类的。墨子注意到“尚同”如果离开“尚贤”这一前提，就会成为不问是非好恶的思想专制，只有确立“尚贤”这一前提，才可能使思想舆论的统一有正确的方向，即统一到“中（符合）国家百姓之利”这一目标上来。“尚同”说的积极意义也在这里。

（二）尚贤之法

“尚贤”就是选用人才。墨子说：“夫尚贤者，政之本也。”“贤良之士，厚乎德行，辩乎言谈，博乎道术者乎。”“故古者圣王之为政，列德而尚贤。虽在农与工肆之人，有能则举之，高予之爵，重予之禄，任之以事，断予之令。曰：爵位不高则民弗敬，蓄禄不厚则民不信，政令不断则民不畏。举三者授之贤者，非为贤赐也，欲其事之成。”“以德就列，以官服事，以劳殿赏，量功而分禄。故官无常贵，而民无终贱，有能则举之，无能则下之。举公义，辟私怨，此若言之谓也。”(《尚贤上》)

墨子在《尚贤》中说，“贤”是“厚乎德行，辩乎言谈，博乎道术者”。所谓德行之“厚”，就是指要达到“义”的要求，也就是能爱人利人，爱利百姓。所谓博乎道术，就是能通晓治国的道理与方法，并且有胜任其事的才能。墨子提出“贤”的标准，目的是实现他改革政权机构，建立贤人政治的愿望，即把那些世袭的无才无德的贵族换下来，将符合“贤”的标准的人士选拔上去。墨子认为国家的富或贫，人民的众或寡，行政的治或乱，都取决于是否有贤者在位。因此，他说：“义人在上，天下必治。”(《非命上》)“尚贤者，政之本。”(《尚贤上》)墨子还认为“官无常贵，而民无终贱，有能则举之”。又说：“虽在农与肆之人，有能则举之。”这样明确地提出平民有平等参与政治管理的权利，在我国历史上还属首次。墨子“尚贤使能”“任人唯贤”的理论是进步的，其用人之道对我们有着重要的现实意义。

六、节用节葬之法

天志之法的内容之三是节用节葬。

（一）节用之法

“节用”的主旨是提倡节俭，反对奢侈。凡事应当节俭，这是墨子的一个基本观点。墨子说：“是故古者圣王制为节用之法……曰：凡足以奉给民用，则止。诸加费不加于民利者，圣王弗为。”“古者圣王制为饮食之法，曰：足以充虚继气，强股肱，耳目聪明，则止。不极五味之调、芬香之和，不致远国珍怪异物。何以知其然？古者尧治天下，南抚交阯，北降幽都，东西至日所出入，莫不宾服，逮至其厚爱。黍稷不二，羹胾（zì）不重。饭于土塯，啜于土形，斗以酌。俯仰周旋威仪之礼，圣王弗为。”“古者圣王制为衣服之法，曰：冬服绀緅之衣，轻且暖；夏服絺绤之衣，轻且清，则止。诸加费不加于民利者，圣王弗为。”(《节用中》)“古之民未知为宫室时，就陵阜而居，穴而处。下润湿伤民，故圣王作为宫室。为宫室之法，曰：室高足以辟润湿，边足以圉风寒，上足以待雪霜雨露，宫墙之高，足以别男女之礼。谨此则止。凡费财劳力不加利者，不为也。……是故圣王作为宫室，便于生，不以为观乐也……当今之主，其为宫室，则与此异矣。必厚作敛于百姓，暴夺民衣食之财，以为宫室台榭曲直之望、青黄刻镂之饰。为宫室若此，故左右皆法象之。是以其财不足以待凶饥、振孤寡，故国贫而民难治也。君实欲天下之治而恶其乱也，当为宫室，不可不节。”（《辞过》）

墨子主张“节用”，要求杜绝奢侈而厉行节约，在衣食住行各方面，效仿古代“圣王”的处世原则：一是一切生活器用以最低标准和切合实用为原则。衣食能温饱即可，房屋能避风雨即可，舟车能使用即可；二是把是否对人民有利作为考虑与处理事情的出发点，有利的就做，无益的就不做。墨家不但倡导“节用”，而且注重“强本”。所谓“强本”，就是指加强生产，发展经济。墨子把粮食看作是国家之宝，认为不可不努力生产。为此，他主张让驱供战争和差役之用的农夫返归故里，从事耕种，不夺其力，勿夺其时。墨子提出“节用”主张的重要意义在于：一是揭示了统治者挥霍钱财的剥削本质；二是总结了历史的经验教训，把节用与奢侈提高到关系国家兴亡的高度“俭节则昌，淫佚则亡”，促使统治者有鉴于此而猛醒。

（二）节葬之法

“节葬”是从“节用”衍生出来的，是节用的一个重要方面。“节葬”就是丧葬礼节要节俭，反对“久丧”“厚葬”，反对用人殉葬，体现了人道主义精神。墨子说："棺三寸，足以朽骨；衣三领，足以朽肉。掘地之深，下无菹漏，气无发泄于上，垄足以期其所，则止矣。哭往哭来，反从事乎衣食之财，佴乎祭祀，以致孝于亲。故曰：子墨子之法，不失死生之利者，此也。"（《节葬下》）

"久丧"是指治丧的时间久长。墨子指出：儒家礼制规定，国君死，服丧三年；父母死，服丧三年；妻和嫡子死，服丧三年；伯父、叔父、兄弟、庶子死，服丧一年；亲族死，服丧五个月；姑母、姊妹、舅父、外甥死，服丧数月。家人死了，亲属要哭声不断，泣不成声，披麻戴孝，流着眼泪，孝子住在墓旁的草屋之中，睡草席，枕土块，故意少吃以忍饥挨饿，故意少穿以忍寒挨冻，致使面目黝黑，身体瘦削，耳聋目呆，手脚无力，不能做事。又说孝子居丧，须到搀扶才能起床、拄杖才能行走的地步，这样守丧尽孝三年。

"厚葬"是指埋葬死者时陪葬物品极丰、棺椁多重，甚至以人陪葬。天子诸侯厚葬，用金银珠宝绕满全身，用丝帛锦衣包裹尸骨，把车马象牙、帷幕帐幔、钟鼎金鼓、桌席器皿、戈剑旌旗、铠甲盾牌等全部埋到墓中，还要用人殉葬，多者数百，少者数十。诸侯厚葬，诸如车马帷幕、金玉珠玑、钟鼓宝剑、象牙皮革、羽旄旌旗、铜鼎镜鉴等，统统埋入墓穴，使其府库空虚。王公大人厚葬，棺材外面套上棺材（称为椁），裹尸体的衣被要多层，棺椁的装饰要漂亮，坟墓要堆积高大。平民庶人死了，也要尽力去办，几乎倾家荡产。

面对久丧厚葬，墨子非常反感，并予以严肃批评：按照久丧厚葬的丧礼去做，其结果是王公大人不能上朝理政，卿大夫不能处理政务，农夫不能耕田种地，百工不能制造器具，妇女不能纺纱织布。大量的财物埋入地下，生者不能享用，造成极大浪费。男女长期分居，居丧致使身体虚弱，不能男婚女嫁，无法生儿育女，致使人口下降。因此，久丧厚葬导致家破人亡，国家贫穷，无益于国防。墨子认为，穿衣吃饭是活人的权益，要保障；入土为安是死人的仪式，要节约。因此，墨子对“久丧厚葬”进行改革，实行“短丧薄葬”。不管是天子还是庶民，死后一律穿三件衣服，用三寸厚的桐木板棺材；棺材也不要深埋，只要下面不触及泉水，上面不至散发出气味即可；坟墓也不要高，只要能辨认出它所在的位置即可。死者的亲属只须在送葬和返回时哭一下，返回之后，立即从事自己的工作。丧葬时间仅定为三天，用来处理善后事务。墨子认为这样做是“不失死生之利”，即对于死者和活着的人都有好处。同时，坚决反对杀害奴隶殉葬。

墨子这一移风易俗的主张，不仅在当时是难能可贵的，而且对现在仍有一定的指导意义。

七、刑法

天志之法的内容之四是刑法。

墨子对刑法颇有研究。首先，定义明确。比如：什么是刑？“听狱制罪者，刑也。”什么是罪？“罪，犯禁也。”什么是罚？“罚，上报下之罪也。”这些定义虽然没有道出它们的阶级本质，但也能证明墨子对法律有了一定程度的认识。其次，重视刑法的作用。墨子说："古者圣王为五刑［指墨（脸上刺字）、劓（割掉鼻子）、剕（去其膝盖骨）、宫（割去生殖器）、大辟（砍头）五种刑罚］，请以治其民。譬若丝缕之有纪，罔罟之有纲。"他把以五刑为代表的法律比作国家纲纪，充分说明重视的程度。他又说："善用刑者以治民，不善用刑者以为五杀。"意思是说：光有刑法还不够，必须善用。所谓善用，就是罪刑相当，能以服众。所谓"五杀"，则是滥刑无辜，人民反对。所以他指出："君子不强听治，即刑政乱。"这样长久下去，国家将亡，如果是"发宪布令以教诲，明赏罚以劝沮。若此，则乱者可使治，而危者可使安矣"。在此，墨子将运用法律的作用与国家的兴衰直接联系起来。再次，提出一些司法原则，择其要者有：(1)断案要事实清楚，判决要公正。如"上以此为赏罚，甚明察以审信"；(2)赏罚要准确、及时。如"驰驱以告天子，是以赏当贤，罚当暴，不杀不辜，不失有罪"；(3)损人越严重罪越大，如"以亏人愈多，其不仁兹甚，罪益厚"。墨子在定罪量刑上要求严肃认真，特别是死刑，一再强调"刑法正""不杀不辜，不失有罪"。

墨子对刑罚的主要打击对象也有独到见解。他认为"盗人"固然是打击对象，但主要对象应该是那些王公大人。因为他们"必厚作敛于百姓，暴夺民衣食之财，以为宫室台榭曲直之望、青黄刻镂之饰"。无穷尽的铺张浪费、骄奢淫逸的行为和生活，造成"民饥寒并至""孤寡者冻馁，虽欲无乱，不可得也"。所以墨子认为"罪"虽然犯在劳动人民身上，但产生的根源发生在贵族们身上。因此，他主张将刑罚的主要锋芒对准“强必执弱，富必侮贫，贵必敖贱，诈必欺愚”的贵族。

墨子对罪与非罪的界限划分得较为清楚。他说：“罪不在禁，惟（虽）害无罪。”意思是说，只要不触犯刑律，即使有过错，也构不成犯罪。墨子对刑法的论述，虽然没有揭示出犯罪和刑罚的本质，但对法律的认识也是一个大的进步，尤其是对劳动人民“犯罪”根源分析得非常深刻和精辟。

墨子为墨家制定“家法”，其中最为人称赞的就是“杀人者死，伤人者刑”和“杀盗人非杀人也”的名言。前者是墨家的规定，后者是其逻辑的举例。“杀人者死”，墨家严格要求其成员不要无辜杀人，这也是反对滥杀无辜的具体表现，更是对当时贵族擅自虐杀无辜的谴责。“杀盗人非杀人也”的命题是说杀强盗不能说是杀人，其真实含义在于主张杀盗。墨子认为“盗人”的盗窃行为已构成犯罪，应该受到法律的惩罚。即便是将他们杀死，也不属于滥杀无辜的范畴，因为他们罪有应得。

综上所述，墨子在刑法方面虽然没有专著，但是把墨子关于刑法的零散论述汇集起来，内容还是十分丰富的。他以兼爱为核心，以天法为准则，以赏罚为重点，以刑法为代表，比较全面地论述了法律的内容和形式，这些都是我国古代文化遗产中的瑰宝。

八、墨子之法的现代价值

春秋战国之际，礼崩乐坏，孔子为此叹息，尝试恢复周礼；子产、赵鞅等有识之士开始探索变法，把刑法铸于鼎上，公布于众，依法治国；墨子批判儒家的“依礼治国”，提出“依法治国”的墨家法治思想理论，为稍后的李悝、吴起及后期的商鞅、韩非子等轰轰烈烈的变法图强运动奠定了思想理论基础。

墨子创立的墨家是一个法规严明的民间团体，墨者都必须严格遵守墨家的家法。墨家巨子以身作则带头执法守法，做到有法必依，执法必严，在法规面前一视同仁。《吕氏春秋·去私》记载了墨子之后的墨家巨子腹䵍执法如山、大义灭亲的案例：“墨者有巨子腹䵍，居秦，其子杀人，秦惠王曰：‘先生之年长矣，非有他子也，寡人已令吏弗诛矣，先生之以此听寡人也。’腹䵍对曰：‘墨者之法曰：杀人者死，伤人者刑。此所以禁杀伤人也。夫禁杀伤人者，天下之大义也。王虽为之赐，而令吏弗诛，腹䵍不可不行墨者之法。’不许惠王，而遂杀之。子，人之所私也，忍所私以行大义，巨子可谓公矣。”

这个案例，充分肯定了墨家巨子腹䵍为遵循墨家之法，不徇私情，大义灭亲，依法处死儿子的无私行为，高度赞赏墨家“忍所私以行大义”的精神。这个案例流传千古，发人深思，给予我们许多启示。

启示之一：要有严明的法纪。墨子主张以法治天下，同时也主张以法治“家”。墨子为墨家制定了严明的家法，用来约束每一个墨者的行为，使其保持团结、拼搏的精神，增强团体的凝聚力和战斗力。

启示之二：执法者要以身作则。如果因为法律执掌于自己手中，便可枉法、违法、犯法，法令的权威性必遭践踏。无论治国治军，还是管理一个地方、一个部门，当有令不行、有禁不止的时候，治理的人就应反省自己遵纪守法的情况。

启示之三：有法必依，执法必严，违法必究。我国自改革开放以来，立法工作进展迅速，一个以宪法为核心的严密法律体系已经形成。这么多的法律法规，怎样才能做到有法必依、执法必严、违法必究？这值得我们思考。

启示之四：执法如山，大义灭亲。墨家巨子腹䵍在秦王特赦儿子死刑的情况下，并没因其子是独生子而不执行墨家家法，而是严格执法，把独生子依法处死。真正做到了在法律面前不徇私情，大义灭亲。

启示之五：法律面前人人平等。习近平总书记特别强调：法律面前，人人平等。他认为，对于特权思想，要坚决清除；对于特权行为，要严加惩处。在司法上，越是高级干部子弟，越是高级干部，越是名人，一旦违法乱纪，越要抓紧查处，惩恶扬善。这就把人人平等的思想具体化、制度化了。当前，我们要好好学习、借鉴墨家的典型案例，认真实践习近平新时代中国特色社会主义思想。

党的十八大以来，以习近平同志为核心的党中央提出一系列全面依法治国的新理念、新思想、新战略。这些新理念、新思想、新战略是马克思主义法治思想中国化的最新成果，是全面依法治国的根本遵循，必须长期坚持，不断丰富发展。

依法治国、依法执政、依法行政是一个有机整体，关键在于党要坚持依法执政，各级政府要坚持依法行政。依法治国首先要坚持依宪治国，依法执政首先要坚持依宪执政。党领导人民制定宪法法律，领导人民实施宪法法律，党自身必须在宪法法律范围内活动。任何公民、社会组织和国家机关都必须以宪法法律为行为准则，依照宪法法律行使权利或权力，履行义务或职责，都不得有超越宪法法律的特权，一切违反宪法法律的行为都必须予以追究。必须坚定不移推进法治领域改革。解决好立法、执法、司法、守法等领域的突出矛盾和问题。要紧紧抓住全面依法治国的关键环节，完善立法体制，提高立法质量。要推进严格执法，理顺执法体制，完善执法程序，全面落实执法责任制。要支持司法机关依法独立行使职权，健全司法权力分工负责、相互配合、相互制约的制度安排。要加大全民普法力度，培育全社会办事依法、遇事找法、解决问题用法、化解矛盾靠法的法治环境。2020 年 6 月 16 日，《求是》杂志发表习近平总书记重要文章《充分认识颁布实施民法典重大意义　依法更好保障人民合法权益》。文章从民法典在中国特色社会主义法律体系中具有的重要地位、加强民法典重大意义的宣传教育、加强民事立法相关工作、加强民法典执法司法活动、加强民法典普法工作等方面，详细阐释了颁布实施民法典的重大意义和依法更好保障人民合法权益的重要性。

综上所述，墨子的法治思想理论以“天志”为准则，以“兼爱”为目的，以“赏罚”为重点，以“刑法”为代表，较为全面地论述了法律的起源、目的、准则、重点，这些都是我国法治文化遗产中的瑰宝，具有重要的历史价值。研究墨子的法治思想，吸取其精华，对于贯彻落实习近平新时代中国特色社会主义思想，依法治国，具有重要的意义。

（原载《墨子读本》，青岛出版社 2004 年版，今有增删）

第十五篇　墨子的管理思想

墨子的管理思想源于社会实践，他创建了墨家，弟子成百上千，他们的组织管理怎样落实？他们的衣食住行怎样解决？他们的学习训练如何安排？他们怎么组织城邑防御？俗话说，“墨守成规”，墨子都有办法解决。墨子的管理思想非常丰富实用，主要有以下六点：立好规矩，尚贤使能，尚同统一，兼爱互利，倡导节用，影响深远。现简要论述如下：

一、立好规矩

（一）无规矩不成方圆

规矩即法规、标准。天志就是规矩，治天下的规矩就是天志。按规矩办事，要有底线。法规面前，人人平等。

墨子说：“天下从事者，不可以无法仪，无法仪而其事能成者无有也。虽至士之为将相者皆有法，虽至百工从事者亦皆有法。百工为方以矩，为圆以规，直以绳，衡以水，正以县。无巧工不巧工，皆以此五者为法。巧者能中之，不巧者虽不能中，放依以从事，犹逾已。故百工从事，皆有法所度。”（《法仪》）意思是说：天下所有做事的人，都不可以没有标准。没有标准而想把事情做好，那是没有的。即使像那些由士出身担任将相的人，也都有标准；就是从事于各种行业的人，也都有标准。不依规矩不能成就方圆。工匠们用矩画方形，用规画圆形，用墨斗画直线，用水平器测平面，用悬锤量偏正。无论是巧工还是非巧工，都用这五种标准施工。巧工能做得更好，不巧的虽然不能做得很好，但用这些标准仿照去做，总能超过原来的水平。所以从事各种行业，都有标准可以遵循。

墨子在《法仪》中，用“规矩”作为例证，说明“法仪”的重要。笔者认为墨子说的“天下从事者，不可以无法仪，无法仪而其事能成者无有也”，是颠扑不破的真理。清光绪三十一年（1905），在孙中山先生于日本创办的《民报》创刊号上，绘有“世界第一平等博爱主义大家墨翟”，其右手便持有“规矩”。

规的本义是画圆的器具，今指圆规。规的引申义有规则、法则、章程、标准、法度等。《说文》：“规，有法度也。从夫，从见。”矩的本义是画直角或方形的工具——矩尺（曲尺）。矩的引申义有法则、规则、法度等。规矩本义指规和矩，是画方圆的工具，其引申义是规则、法则、法度、法规等。《孟子·离娄上》：“不以规矩，不能成方圆。”

墨子创立的墨家，其内部有着严格的“规矩”“法仪”，即“墨家之法”。《吕氏春秋·去私》篇有一个真实的案例：墨家巨子腹䵍的儿子杀了人，秦惠王特意赦免他的儿子。腹䵍不同意，他回答说，墨家的法律规定：杀人者处死，伤人者受刑。这是天下的公理，因此杀死了自己的儿子。这表明墨家公正无私，执法必严。

墨子用“规矩”比喻“法仪”，进而说明“天下从事者，不可以无法仪，无法仪而其事能成者无有也”，墨子的“法仪”就是“墨家之法”。

（二）立规矩必须遵循天志

墨子认为，立规矩必须遵循“天志”，以“天志”为“法仪”，作为天下共同的公正法则。

“天志”即天的意志。墨子认为：天是有意志的，天是世间一切人、一切活动的最高监察者。“我有天志，譬若轮人之有规，匠人之有矩。轮匠执其规矩以度天下之方圜。曰：中者是也，不中者非也。”“天志”如木匠手中的规矩一样，是一种重要的工具。

墨子说：“天为贵，天为知而已矣，然则义果自天出矣。”“天子为善，天能赏之；天子为暴，天能罚之。”“天之意，不欲大国之攻小国也，大家之乱小家也。强之暴寡，诈之谋愚，贵之傲贱，此天之所不欲也。不止此而已，欲人之有力相营，有道相教，有财相分也。”(《天志中》)

著名墨学专家杨宽（1914—2005）教授认为：《墨子·天志》的上、中、下三篇结论是相同的，最后都归结到以“天志”作为法仪。墨子所说的“法仪”，就是人类社会共同的公正法则。他认为这种公正法则是天赋的，是神圣的，是出于天意的大公无私、兼爱兼利和光明普照。他所说的天赋法仪，在伦理道德上的公正法则就是兼相爱而交相利。

二、尚贤使能

管理要有规矩，但规矩是人制定的，还要靠人去执行、落实，选人用人是关键。因此，墨子提出“尚贤使能”的管理思想，主要论述如下：

“夫尚贤者，政之本也。”（《尚贤上》）尊重贤才，是治政的根本。

“贤良之士，厚乎德行，辩乎言谈，博乎道术者。”（《尚贤上》）贤良的人，德行高尚，能言善辩，学问广博。

“故古者圣王之为政，列德而尚贤，虽在农与工肆之人，有能则举之，高予之爵，重予之禄，任之以事，断予之令，曰：爵位不高则民弗敬，蓄禄不厚则民不信，政令不断则民不畏。举三者授之贤者，非为贤赐也，欲其事之成。”（《尚贤上》）所以古代圣王施政，总是任德尚贤。即使是农民或工匠、商人，只要有才能就选拔，给他很高的爵位，给他很厚的俸禄，委以重任，授予决断之权。也就是说：爵位不高，百姓就不会敬重；俸禄不厚，百姓就不会信任；政令不能决断，百姓就不会畏惧。把这三者授予贤人，不是为了赏赐贤人，而是想让他把政事办好。

“不胜其任而处其位，非此位之人也；不胜其爵而处其禄，非此禄之主也。良弓难张，然可以及高入深；良马难乘，然可以任重致远；良才难令，然可以致君见尊。”（《亲士》）不能胜任其事而居其位，他就是不应该占据这个位子的人；不能胜任那个官爵而享受那个官爵的俸禄，他就是不配享受这种俸禄的人。良弓难以拉开，但它能够射到高、深处；好马难以驾驭，但它能够负重行远；杰出的人才难以指挥，但他能辅佐国君使之受到尊敬。

“以德就列，以官服事，以劳殿赏，量功而分禄。故官无常贵，而民无终贱，有能则举之，无能则下之，举公义，辟私怨，此若言之谓也。”(《尚贤上》)要以品德安排官位，要以官职大小授予相应的权力，要按付出的劳动定其奖赏，要按功劳大小分发俸禄。所以官吏没有永远富贵的，贫民百姓也不是终身卑贱的，有才能的就选拔，没有才能的就撤掉，选拔大家公认有“义”的人，消除私怨成见，就是说的这个道理。

上述墨子“尚贤使能”的管理思想，就是打破宗法制度任人唯亲的原则，扩大选贤的范围，不分亲疏贵贱，“有能则举之，无能则下之”“官无常贵，而民无终贱”“虽在农与工肆之人，有能则举之”；还要求“举义不辟贫贱”“举义不避远”，十分重视“贱人”参政。

三、尚同统一

“尚同”即同一天下之义（上下统一思想)、同一天下之情(下情上达)、同一天下之法（严明赏罚)。值得注意的是，墨子是在“尚贤”的前提下讲“尚同”的，重视个人的利益，更强调国家的利益，认为个人必须服从国家，国家必须爱护人民。

墨子说：“古者民始生未有刑政之时，盖其语人异义。是以一人则一义，二人则二义，十人则十义，其人兹众。其所谓义者亦兹众。是以人是其义，以非人之义，故交相非也。”(《尚同上》)这段话的大意是：古代人类刚诞生，还没有行政治理的时候，所说的道理各不相同。所以一个人就有一种道理，两个人就有两种道理，十个人就有十种道理，人越多，他们所说的道理也就越多。每人都肯定自己的道理，否定别人的道理，因此就互相非难、排斥、攻击。没有统一的领导，无法组织生产生活，所以墨子指出：“尚同为政之本而治要也。”(《尚同下》)即政令、思想、言论、行为等统一于君王，是施政的根本和治理的关键。

“故当尚同之为说也，尚用之天子，可以治天下矣；中用之诸侯，可而治其国矣；小用之家君，可而治其家矣。是故大用之治天下不窕，小用之治一国一家而不横者，若道之谓也。”(《尚同下》)这段话的大意是：尚同作为一种主张，天子用它，可以治理天下；诸侯用它，可以治理他的国家；一家之主用它，可以治理他的家庭。所以，从大处用它，治理天下不会亏缺；从小处用它，治理一国一家而不会充塞阻碍，说的就是尚同这一主张。

墨子的“尚同”是在“尚贤”的基础上实行的，决策之前征求下面基层的意见、建议，然后集中决策实行。

四、兼爱互利

我们先看墨子关于“兼爱”的论述：

“兼相爱，交相利。”（《兼爱中》）既爱自己也爱别人，与人交往要彼此有利。

“爱人不外己，己在所爱之中。”（《大取》）爱别人并不是不爱自己，自己也在所爱之中。

“若使天下兼相爱，国与国不相攻，家与家不相乱，盗贼无有，君臣父子皆能孝慈，若此则天下治。故圣人以治天下为事者，恶得不禁恶而劝爱？故天下兼相爱则治，交相恶则乱。”（《兼爱上》）若使天下的人都彼此相爱，国与国不互相攻打，家与家不互相争夺，没有盗贼，君臣父子都孝顺慈爱，这样天下就太平了。圣人既然以治理天下为己任，怎么能不禁止人们互相仇恨而不劝导人们彼此相爱呢？所以，天下人能彼此相爱才会太平，互相仇恨就会混乱。

“天下之人皆不相爱，强必执弱，富必侮贫，贵必敖贱，诈必欺愚。凡天下祸篡怨恨，其所以起者，以不相爱生也。”（《兼爱中》）天下的人都不相爱，那么强大的一定会压迫弱小的，富有的一定会欺侮贫穷的，显贵的一定会轻视低贱的，诡诈的一定会欺骗愚笨的。天下一切祸乱、抢夺、仇恨等之所以会发生，都是由于互不相爱引起的。

“天下之人皆相爱，强不执弱，众不劫寡，富不侮贫，贵不敖贱，诈不欺愚。凡天下祸篡怨恨，可使毋起者，以相爱生也。”（《兼爱中》）天下的人都相爱，强大的就不会压迫弱小的，人多的就不会抢劫人少的，富有的就不会欺侮贫穷的，显贵的就不会轻视低贱的，诡诈的就不会欺骗愚笨的。天下一切祸乱、抢夺、仇恨等之所以都不会发生，就是因为兼相爱。

“夫爱人者，人必从而爱之；利人者，人必从而利之；恶人者，人必从而恶之；害人者，人必从而害之。”（《兼爱中》）爱别人的人，别人必然爱他；利于别人的人，别人也必然利于他；憎恶别人的人，别人也必然憎恶他；残害别人的人，别人也必然残害他。

“无言而不雠，无德而不报。投我以桃，报之以李。即此言爱人者必见爱也，而恶人者必见恶也。”（《兼爱下》）没有什么话不答应，没有什么恩德不报答。你把桃子投给我，我用李子回报你。这就是说爱人的人必定被人爱，而憎恶人的人必定被人憎恶。

“兼爱”是墨子思想的核心，也是墨子代表性的观点。所谓“兼爱”就是“远施周偏”的爱，即不分等级、不分远近亲疏地爱一切人。墨子的“兼爱”思想，具有明显的进步意义，主要表现在以下三个方面：第一，“兼爱”的根本出发点，是为了阻止“强劫弱，众暴寡，诈谋愚，贵傲贱”（《天志中》）的强暴行径，使穷苦人民和弱小的诸侯国能摆脱灭亡的厄运。第二，墨子倡说“兼爱”是着眼于实利，不是停留在空泛的道德说教上。对穷苦人民“兼爱”，就要实现“饥者得食，寒者得衣，劳者得息，乱者得治”（《非命下》），就要做到“为万民兴利除害”（《尚同中》）。对弱小国家“兼爱”，就是竭力帮助它不受大国的侵略。墨子认为“爱”与“利”两者不可分离，爱而必利，不利无以见爱，号召人们“兼相爱，交相利”。第三，“兼爱”说是对于儒家“仁爱”说的突破。孔子的学说以仁爱为中心，强调“亲亲”（爱其亲人）为本。人有亲疏之别，因此爱也有厚薄之分。墨子把这些受制于宗族血缘和等级差别的“爱人”，变为无亲疏、无等级、无差别的平等的“兼爱”，这就突破了儒家“仁爱”的保守性和狭隘性，达到了前所未有的高度。孙中山先生因此称赞说：古时最讲“爱”字的，莫过于墨子。

兼相爱、交相利，互惠互利，实现双赢，是墨子管理思想的一大亮点。墨子不仅倡导“兼爱”，而且身体力行地实践这一主张；努力做到“有力以助人，有财以分人，有道以教人”，尽力做有益于人民的事情。更可贵的是，他为了实现爱天下的崇高目标，甚至甘于舍己为人。总之，“兼爱”是墨学的总纲，它既是社会的道德追求，又是政治目标，同时具有世界观的哲学意义，体现了墨子的崇高理想。

五、倡导节用

墨子管理思想上的又一大亮点是“节用”，主要观点如下：

“故先民以时生财，固本而用财，则财足。”（《七患》）所以古代贤人按农时生产财富，巩固了经济根本之后再节约开支，财物就丰足。

“俭节则昌，淫佚则亡。”（《辞过》）节俭就会昌盛，淫逸就会灭亡。

“去无用之费，圣王之道，天下之大利也。”（《节用上》）去掉无用的耗费，这是圣王之道，是天下的大利。

“凡五谷者，民之所仰也，君之所以为养也。故民无仰则君无养，民无食则不可事。故食不可不务也，地不可不力也，用不可不节也。”(《七患》)五谷是百姓所赖以生存的，也是君王用以作为给养的。所以百姓失去五谷，君王也就没有给养；百姓没有吃的，君王也就无法役使他们。因此，粮食不能不努力生产，土地不能不努力耕种，财物不能不尽量节省。

“衣食者人之生利也，然且犹尚有节；葬埋者人之死利也，夫何独无节于此乎。”(《节葬下》)吃饭穿衣是生者的利益，尚且需要有节制；葬埋是死者的利益，为什么独独不加以节制呢？

“死则既以葬矣，生者必无久哭，而疾而从事，人为其所能，以交相利也。”(《节葬下》)死者既然埋葬，生者不要久哭，而应赶快做事情，各人尽自己的能力，达到互惠互利。

“贫家而学富家之衣食多用，则速亡必矣。”(《贵义》)贫困之家如果仿效富裕之家那样穿衣、吃饭和花费，那么一定会很快破败。

墨子以上关于“节用”的论述，其核心就是提倡节俭，反对奢侈浪费；主张开源节流，增收节支，发展生产，增加粮食；提倡早婚多生，重视人口增加。浪费是最大的犯罪。墨子认为要节约自然资源，节约人力物力，不论贫富，都要节用。俭节则昌，淫佚则亡。短丧节葬。所谓“节葬”，就是主张丧葬要节俭，揭露和谴责儒家的“久丧厚葬”，针锋相对地提出了“短丧薄葬”及其“葬埋之法”；同时，坚决反对杀害奴隶殉葬。墨子的节葬，具有重大的现实意义。

六、影响深远

墨子的管理思想内涵丰富，影响深远，不仅可以用于治国理家，而且可以用于现代企业管理，这一点中外都有成功的典型。

（一）日本涩泽荣一与墨子管理思想

涩泽荣一（1840—1931），日本明治和大正时期的大实业家，被称为“日本企业之父”，代表作品是《论语和算盘》。近现代以来，随着工商业的发展，日本的劳资关系越发紧张。企业家只顾自己的私欲，拼命剥削职工，从不考虑职工的生活与福利，结果劳资矛盾日益加深，罢工连连，企业破产，工人失业，两败俱伤，造成严重的经济危机与社会不安。有远见的企业家认识到企业职工才是生产力的真正主体，只有维持良好的劳资关系，企业才能兴旺发达。他们为了避免西方企业家在经营管理上的失败，决心在经营管理上进行重大改革，遂巧妙地把中国先秦诸子的某些思想纳入他们的企业管理之中，取得了举世瞩目的巨大成就。其中，“日本企业之父”涩泽荣一，一生参与了 500 多家企业的经营，都以所谓的“儒家精神”为指导，取得了一个又一个的胜利。为了宣传企业精神，他还撰著了《论语和算盘》一书，以《论语》代表道德，算盘代表经济，提出了一个“道德与经济合一论”的响亮口号，作为复兴日本经济的指导方针。涩泽荣一的这本书，曾风行于日本全国，企业家几乎人手一册。他的主张曾风靡于当代资本主义各国，“儒家精神振兴了东方经济”这一说法，也随之闻名遐迩。

1990 年，张知寒教授曾与笔者谈论涩泽荣一的《论语和算盘》及其“道德与经济合一论”。他认为这本书与其说源于儒家，倒不如说源于墨家更符合实际。首先，儒家祖师孔子就不会赞同涩泽荣一这个说法。因为孔子是“罕言利”的，曾说：“君子喻于义，小人喻于利。”认为“放于利而行，多怨”。孟子也说：“何必曰利，亦有仁义而已矣。”这都说明：儒家不仅认为道德与经济不能合一，而且还是对立的。在我国历史上，最早提出“义利合一”或曰“道德与经济合一”的首推墨子，墨子提出的“兼相爱，交相利”就是“道德与经济合一”的主要内涵。再如《墨子》里所说的“义，利；不义，害”，可说与涩泽荣一在劝业银行倡导的“义利合一，彼此互惠”的企业精神完全一致。墨子的管理思想为什么被他们看成是儒家思想了呢？其原因是：自孟子起即大力地“援墨入儒”。两汉以后，更出现了不少“墨冠儒戴”的学者，儒、墨相混处甚多。不对儒、墨进行专门的比较研究，是很难辨识的。涩泽荣一不自觉地利用窜入儒学中的墨子思想，写成他的《论语和算盘》一书，十分自然，并不奇怪。

墨子的“贵义”与“兼相爱，交相利”等主张是一种“投桃报李”的互惠行为，可以兼顾人我、彼此之间的利益，解决彼此的需要。用这些主张进行企业管理，既有效又自然。再说，不论什么企业，都需要有经营理念作为指导。墨子的“贵义”“兼爱”等，不仅是人类的基本行为规范，而且是人类的最高道德情操。用它们作为企业的经营理念或企业精神，具有无与伦比的号召力与吸引力，所以深受聪明的企业家的欢迎。近几十年来，涩泽荣一的“义利合一，彼此互惠”的企业精神，在日本获得了巨大成功。因此，有不少经济学家提出用墨子精神作为现代企业的经营理念和企业伦理规范。这个倡议是很值得当代企业家重视的。

（二）齐瑞端研究与实践墨子管理思想

在中国，也有一位用墨子管理思想治理高校、经营企业的成功人士，她就是原贵阳职工大学校长、中国墨子学会副会长、墨学专家齐瑞端教授。

齐瑞端（1942— ），女，湖南湘潭人，贵州大学中文系毕业。从普通教师到教授，她一直研究墨子，著有《墨子全译》（与周才珠合著）、《墨经正读》（参加编写）等著作。从基层干部到职大校长，她实践墨学，用墨子的管理思想治校，成效显著，使学校走在全国职工大学的前列。她曾联合内蒙古包头职工大学等全国数十所职工大学共同创办《职大学报》，兼任该刊副主编及“墨学研究”专栏主持人，主持在包头召开的国际墨学研讨会，主办在贵阳召开的《墨经正读》定稿会，为墨学研究多次慷慨解囊，无私奉献，为弘扬墨学做出了很大的贡献，被中国墨子学会授予墨学研究突出贡献奖，被大家誉为墨学界的“穆桂英”。

齐瑞端教授尤其注意将墨子的思想与现代企业管理相结合，开展理论研究和实践应用研究，提倡并运用墨子思想管理企业。她在包头主办的国际墨学研讨会上说：“笔者在研究墨学的同时，从 1997 年开始，就参与孩子们创办的企业中的管理。十七年把研究墨学和实践墨学结合起来，体会良多。2005 年 8 月在台湾东吴大学和台湾云林科技大学联合主办的‘墨学现代化’国际学术研讨会上，我结合自己的经营管理实践，作了《墨子思想与现代经营管理》的发言；2011 年在《职大学报》‘墨学专栏’创立十周年之际，在包头举办的‘墨学’国际研讨会上，我再次把自己实践墨学的收获向墨学同仁作了汇报，题为《企业文化的核心——‘兼相爱交相利’》。时隔三年，我虽已 74 岁高龄，却仍在墨学实践的路上奔波，虽未做出惊人的成绩，但墨学的精神却在心中。因此，笔者再次将‘弘扬墨学精神，促进现代营销持续发展’的心迹和足迹书录如下。……笔者作为一介书生，帮助‘下海’的孩子们管理企业，初衷只是想在研究墨学的同时，实践墨学。所以，在乱象丛生的现实中，我始终认为要做成一件事，要办好一个企业，首先要做好一个真正的人。一个具有某种精神的人。在我的实践中，我深感借助、光大，并创造地转化墨子的精神，用以使企业上上下下所有的人都具备一种担当、奉献、自强不息、积极进取的行为方式，才能使企业持续发展，实践证明，行之有效。”“笔者在我们公司的领导者中极力提倡墨子的爱人利民、革新创造的科学精神。……以人为本、爱人利民的精神……知人善用、包容、善待下属。墨子以人为本，爱人利人的精神，还体现在《尚贤》的治国理论之中，爱人利人就要知人用人。我们创造（性）地将它使用在企业管理中是很有价值的。墨子在《尚贤上》中说：‘官无常贵，而民无终贱，有能则举之，无能则下之。’那什么是贤人呢？墨子认为，必须是‘厚乎德行，辩乎言谈，博乎道术’。这种界定是非常精准的。我们这类服务性行业最需要的就是这种道德高尚，有崇高的爱心；头脑清醒、口才好，善于沟通；还具有广博医学保健知识的贤才。有了贤才，怎么用呢？墨子的用才之道，其一，因才而用，《尚贤中》说：‘可使治国者使治国；可使长官者使长官；可使治邑者使治邑。’作为一个企业的领导者，一定要善于识别各类人才，用其所长，才能发挥人才的最大能量。也只有这样整合人才，才能益智决策者。……当代企业的决策者一定要懂得这种认才、借才、积才，才能发财的道理。其二，墨子的用才之道是‘高予之爵，重予之禄，任之以事，断予之令’。这种授权、放权、高位、高薪都是现代人的心理和物质追求。……我们要根据时代的变化，现实的要求，特别注意包容、善待下属，包括包容、善待自己的竞争对手、曾经背离过你的人。要有墨子在《亲士》篇提倡的博大胸怀：‘良弓难张，然可以及高入深；良马难乘，然可以任重致远；良才难令，然可以致君见尊。是故江河不恶小谷之满己也，故能大。圣人者，事无辞也，物无违也，故能为天下器。是故江河之水，非一源之水也；千镒之裘，非一狐之白也。’只有这种胸怀，才能广纳人才，爱人利人之精神也才能落到实处。我们公司成立十二年以来，从无到有，从小到大，现在拥有 3 家直营公司，100 多家经销公司。直属公司的经理和员工，基本队伍稳定。经理全部是从一线队伍中提拔起来的，有职有权，放手让他们经营、管理；一线员工只要在本公司工作三年以上的都是股东，他们除了工资、提成之外，每年都享受公司的赢利分红，所以，老员工大多在城里结了婚、生了子、买了房；有的还买了车，可谓安居乐业。”（《职大学报》2014 年第 6 期）

齐瑞端教授研究墨子、实践墨学，她是利用墨子思想管理学校、企业的第一人，在墨学研究和用墨子思想治理学校、经营企业等方面都取得了丰硕的成绩，令人十分钦佩。

综上所述，墨子的管理思想不仅能够“治国平天下”，而且能够“治家管经营”；不仅有利当时，成为战国时期的“显学”之一，而且惠及后世，成为现代企业经营管理的灵魂。

（本篇写于2020年3月）

第十六篇　墨子的建筑思想

墨子是我国古代伟大的思想家、教育家、科学家、军事家、逻辑学家和社会活动家，这是世人皆知、大家认定的。纵观《墨子》及有关先秦文献，笔者认为对墨子的评价还不够全面，还应加上一个“家”，即“伟大的建筑家”。为此，本文特对墨子的建筑思想（“城市防御、工程建筑”见另篇）进行探讨，以期引起大家的重视。

一、建筑要实用、节用

墨子的建筑思想是什么？笔者认为主要是实用、节用。为什么这样说，请看《墨子·辞过》篇（以下只写篇名）：“古之民未知为宫室时，就陵阜而居，穴而处，下润湿伤民，故圣王作为宫室。为宫室之法，曰：室高足以辟润湿，边足以圉风寒，上足以待雪霜雨露，宫墙之高足以别男女之礼。谨此则止。凡费财劳力不加利者，不为也……是故圣王作为宫室，便于生，不以为观乐也……当今之主，其为宫室，则与此异矣。必厚作敛于百姓，暴夺民衣食之财，以为宫室台榭曲直之望、青黄刻镂之饰。为宫室若此，故左右皆法象之。是以其财不足以待凶饥，振孤寡，故国贫而民难治也。君实欲天下之治而恶其乱也，当为宫室不可不节。”

上述文段主要表述了四点：一是说明建筑的起源。远古时期先人们最初没有房屋，不知道建筑宫室，就依靠高地挖洞穴居。随着人类的进步，圣王（有巢氏）教导人们建筑房屋，满足人们的居住需求。二是说明建筑的目的是“实用”。墨子认为，建筑房屋的目的是满足人们最基本的居住需要：房屋基础的高度足以避潮湿，房屋的四周足以挡住风寒侵袭，房屋的顶部足以遮蔽雪霜雨露，房屋的墙壁高度足以分隔男女、方便男女居住，满足以上几点就行了。三是说明建筑房屋要“节用”。除了满足人们最基本的房屋建筑所需，多余的物件、装饰都不需要；凡是浪费人力、财力建筑装饰都不可为。圣王建筑房屋是为了满足人们的生存、生活的需要，而不是图美观好看。四是批评建筑的浪费行为。“当今之主”（指天子、诸侯）为建造豪华的宫室，剥削百姓，搜刮民财，建筑造型各异的楼堂馆所，雕梁画栋，五彩缤纷。大臣效仿君主，也都建筑豪华的房屋。这些豪华建筑侵占、浪费了民力、物力、国力，造成极大的资源财物浪费和严重的后果。因此，建筑要节用，不能浪费。

我们再看《节用上》：“其为宫室何以为？冬以圉风寒，夏以圉暑雨，有盗贼，加固者芊䖼（qiān qū，诸说各异），不加者去之。……凡其为此物也，无不加用而为者，是故用财不费，民德不劳，其兴利多矣。”

上述文段的意思是：“为什么要建筑房屋呢？因为冬天可以抵御寒风暴雪，夏天可以抵御日晒雨淋，为防御盗贼的侵入而需要再对房屋加固的可以加固，至于美观的装饰不能增加实用的就不要了。……凡是这些建筑物，无一不是因其有用而做的，所以使用钱财不浪费，使用人力不过度，增加的利益就多了。”

墨子对于“节用”还有许多论述，比如：

“诸加费不加于民利者，圣王弗为。”（《节用中》）增加诸多的费用而对人民没有利益的事情，古代圣王是不做的。

“其民俭而易治，其君用财节而易赡也。府库实满，足以待不然；兵革不顿，士民不劳，足以征不服，故霸王之业可行于天下矣。”（《辞过》）人民节俭而容易治理，君王节俭用财就容易富足了。官府的仓库充实，就足以应付不测的变故；兵器不坏，军队和人民不劳困，就足以征伐不肯臣服的诸侯，所以圣王之业就可行于天下了。

“俭节则昌，淫佚则亡。”（《辞过》）节俭就会昌盛，淫逸就会灭亡。

墨子的节用，不仅指建筑上，而且生活的各个方面都要“节用”，包括衣、食、住、行等。如果遇到灾荒年景，还要相应缩减官员的俸禄，减少行政开支。由此可知，墨子的节用思想是积极而从实际出发的，具有重要的现实意义。

二、建筑要遵守法仪

墨子建筑思想的核心是遵守“法仪”。

在《法仪》开篇，墨子曰：“天下从事者，不可以无法仪，无法仪而其事能成者无有也。虽至士之为将相者皆有法，虽至百工从事者亦皆有法。百工为方以矩，为圆以规，直以绳，衡以水，正以县。无巧工不巧工，皆以此五者为法。巧者能中之，不巧者虽不能中，放依以从事，犹逾已。故百工从事，皆有法所度。”

上述文段大意是：“天下所有做事的人，都不可以没有标准。没有标准而想把事情做好，那是没有的。即使像那些由士出身担任将相的人，也都有标准；就是从事于各种行业的人，也都有标准。不依规矩不能成就方圆。工匠们用矩画方形，用规画圆形，用墨斗画直线，用水平器测平面，用悬锤量偏正。无论是巧工还是非巧工，都用这五种标准施工。巧工能做得更好，不巧的虽然不能做得很好，但用这些标准仿照去做，总能超越原来的水平。所以从事各种行业，都有标准可以遵循。”

这段话很重要，笔者的体会比较深刻。笔者年轻时是一名技术较优的木工（木匠），会做各种家具、农具及生活用具，与瓦工（瓦匠，俗称泥水匠）合作建筑房屋，其中门窗、梁架等都由木工制作。我们做工时用的标准，就是墨子当年制定的“法仪”。我们做门窗，绘制方形离不开矩尺（俗称拐尺、角尺）；我们做独轮木车，绘制圆形离不开圆规；我们把圆木锯成木板，首先要用墨斗放线（把墨斗的墨线拉出、拉紧，提线垂直弹下），然后才能依线用锯（拉锯），锯出所需的木料；我们安装门窗，首先用垂直线确定门窗的偏正，用水准仪确定平面，防止出现高低偏斜；瓦工建筑房屋基础，要用水准仪确定地平线，否则无法施工。笔者深有体会，不论何种工匠，不论技艺高低，都离不开这些标准，都要用这些标准（工具）来操作。技术熟练者的操作能够很好地符合标准，不熟练者的操作虽然不能准确无误，但只要依照这些理论来操作，总是胜过徒手随意做的。此外，普通百姓也离不开这些标准，例如老百姓用高粱秆制作锅盖，先是用针线把其纵横两层缝制成一体，然后找出中心，用钉子钉一根直尺（用高粱秆亦可），量出半径尺寸，转动并画出圆周线，用刀切除多余的部分，即完成锅盖的制作。在日常生活中，类似这种手工制作很多，都离不开墨子的“法仪”。因此，笔者认为墨子说的“天下从事者，不可以无法仪，无法仪而其事能成者无有也”，是颠扑不破的建筑理论。

墨子在多年钻研木工及其他技艺的基础上，整理形成了几何学和数学理论。几何学是制图的基础学，任何构件的制作和建筑物的建造，都离不开几何学。《墨经》中的几何知识是各种工匠操作技巧在理论上的总结。我们试读《墨经》中的有关“经说”：

《经上》53：“平，同高也。”平，是任一点距水平基准都同样的高度。

两条直线或两个平面一样平，是指高度距离相同，也就是经过任意一点所引垂线相等。工匠建筑房基，需要找平面，这时就以小范围的静止水面为标准。这就是最原始的水准仪。（《墨经》注译，

诸说不一，本文采用王赞源主编《墨经正读》之注译。下同）

《经上》59：“圆，一中同长也。”圆，只有一个圆心，从圆心到圆周的任一半径都同样长。

《经说上》59：“圆，规写之也。”用圆规画成圆形。

这是墨子关于圆的理论或定义。圆是由规这种工具画出的封闭图形。这个定义指出了圆的主要特征，即圆的半径等长，并且指出了制作圆形的方法，即用规绘画出封闭图形。这个理论，工匠经常运用。

《经上》60：“方，柱隅四权也。”方，是四边相等四角皆为直角的图形。

《经说上》60：“方，矩写之也。”用矩画成方形。

柱的本义是木匠做方形的立柱，这里借用来指边长。隅是角。方就是四边、四角相等，由矩尺这种工具描绘出正方形图形。这是墨子从工匠的操作经验中概括出的方的几何定义，是精确无误的。

上述“经说”表明：“《墨经》的几何学来源手工业工匠的技巧，又服务于当时手工业和建造业，是一种实用性很强的理论和智慧。从某种意义上讲，经验造就了技术，技术成就了理论，这也说明了墨子与墨者这些匠人勇于思考，勤于总结的结果，这也就是可以把墨子称为科学家、建造大师及建筑理论家的缘故。”（参易继先《建筑理论家与思想家——墨子》）

如果说墨子的几何学理论是设计绘图的基础和方法，那么墨子的力学理论就属于制作和建造的规则和技术。我们试读《墨经》中的有关经说：

《经下》27："挈与收反，说在薄。"用滑轮升降物体，提挈与收取的动作相反，因为系权绳端与系物绳端相互牵掣迫使重物升降。

《经说下》27："挈：挈，有力也；引，无力也。不止所挈之止于施也，绳制挈之也，若以锥刺之。挈，长重者下，短轻者上，上者愈得，下者愈亡，绳直权重相若，则止矣。收，上者愈丧，下者愈得，上者权重尽则遂。"挈，是用力提升重物；引，是不用力提升重物。要提升重物，不必限于只用斜面，也可以利用绳子与滑轮的牵掣作用提升它，这就像用锥刺物般省力。滑轮提升重物，权端较重逐渐下降，悬绳愈增愈长，物端较轻缓缓上升，悬绳愈缩短，物体愈升愈接近目的地，权锤愈降愈失去迫使作用，使重物一直升到设定高处，达成任务。如果系权与系物的绳等长，权物重量也相等，这时权物静止不动，既不上升，也不下降，形成引的状态。收，就是下降重物，较轻的权愈升高愈失去迫使重物下降的作用，较重的物愈下降愈接近目的地，使物一直下降到设定的低处，这时升到高处的权重作用已尽，那么就完成了下降重物的任务。

这段"经说"阐述了搬运和提升物体的原理和步骤，是制造建筑提升机的最简易的方法。2400多年前，墨家靠这种方法来建造房屋、宫殿、城楼。而今天建筑使用的升降机，只不过是在古人设计的机械上加了一个电动机。

《经下》29："堆之必柱，说在废材。"堆石砌墙，石头受到上方的正压力，同时也受到下方的支撑力。原因是石材上下叠置。

《经说下》29：“堆：并石，累石耳，夹寝者法也。方石去地尺，关石于其下，悬丝于其上，使适至方石。不下，柱也。胶丝去石，挈也。丝绝，引也。未变而石易，收也。”堆砌，就是排列石块和叠置石块。东西夹室和中间居室都是利用这一方法营造出来的。选一块方形石头，用绳索将它悬挂在离地平面一尺的高度，砌另一石头联贯在它的下面，使它们上下相靠。绳索的长度正好是从悬挂点到方形石头上表面的距离。这时，上面的方形石头不下落，是受到下面石头的支撑力。如果系紧上面的方形石头以后，抽去下面的石头，上面的方形石头被悬挂空中，这是绳索的提挈力所致；如果抽去下面的石头，绳索断绝而方形石头落地，这是地心引力所致。同样是绳索系紧上面的方形石头而抽去下面的石头的情况，后者方形石头落地而改变位置，显然是受到下方收曳力的结果。

建筑房屋堆砌材料时不但要有牢固的基础支撑，还要把砌材放置平稳，这样才能保证石块排列整齐并垒高。这种垒石的方法是砌墙、建屋的法则。一块方石，离地一尺高，在它下面放另一块石头，在它上方悬吊一条绳子，使这条绳子刚好碰到这块方石，方石不坠落，下面的方石就叫“柱”，起到支撑上方方石的作用。用那根绳子将方石捆牢，然后把下面的方石移走，方石也不坠落，这叫作“挈（悬）”；绳子断了，方石就落下，这叫作“引”；牵拉绳子的末端而使方石改变位置，这叫作“收”。墨家根据实践经验，总结出力学原理，总结出砌筑的规则和建造房屋的方法。

以上所列《墨经》中的数条，基本上可以代表墨子建筑思想的核心，还有许多“经说”，不再一一列举。

墨子与鲁班是老乡，故里都在今山东滕州，都是著名的工匠大师，国家图书馆前馆长、著名学者任继愈先生在拙著《滕州史话》再版（中华书局1999年版）的“序言”中有一段精彩的评论。他说：在研究墨子里籍的同时，我发现墨子与鲁班不仅是好朋友，而且还是地地道道的老乡，他们都是滕州人，其故里都在滕州市。墨子与鲁班都是科学发明家，都是平民圣人，尤其是鲁班在人民的心目中占有重要的位置，被奉为工匠的祖师爷。研究他们的思想，弘扬他们的学说，纪念他们的人格，有利于两个文明建设，具有重大的现实意义和深远的历史意义。鲁班与墨子同辈同时，也基本上同专业，公输般的工程机械技术在当时已很著名。他是一个纯技术型的工程师，善于带徒弟而不善于著书，他对抽象思维、国家政治、社会民生不甚关心。墨子除技术外，还关心抽象理论。这两位伟人在后人的心目中留下了不同的形象，墨子是中国的科学圣人，公输般成为后代工匠共同尊奉的祖师爷。千百年来民间信仰，行业神中，鲁班是木瓦石匠、木雕业、制车业、建筑业共同奉祀的行业神。今天国家建筑业所设的最高奖为鲁班奖。滕州一地有墨子、鲁班两位伟人，足以为地方文化添光彩。

（原载《职大学报》2014年第6期，有改动）

第十七篇　墨子的大同思想

笔者这些年来研究墨子，经常思考墨子的兼爱思想与《礼运》中的大同思想的关系，今有两点拙见与大家分享，请大家指正：一是墨子的兼爱思想与《礼运》中的大同思想相同，从某种意义上可以说“兼爱”就是“大同”，两者的核心思想是一致的。二是墨子的“兼爱”源于三皇时代的“大道”，而《礼运》中的“大同”源于墨子的“兼爱”。研究墨子的兼爱大同思想，具有重要的现实意义。

一、墨子的兼爱思想与《礼运》中的大同思想相同

何谓大同？《礼记·礼运》的定义是：“大道之行也，天下为公，选贤与能，讲信修睦，故人不独亲其亲，不独子其子；使老有所终，壮有所用，幼有所长，矜（通‘鳏’，guān）寡、孤独、废疾者皆有所养；男有分，女有归。货，恶（wù）其弃于地也，不必藏于己。力，恶其不出于身也，不必为己。是故谋闭而不兴，

盗窃乱贼而不作。故外户而不闭，是谓大同。”[①]这段古文的大意是：“大道通行的时代，天下公正无私，推选德才兼备的贤人主持事务，讲求诚信，推行和睦，所以人们不单独爱自己的父母，不单独爱自己的子女，使天下的老年人能安享晚年，壮年人能为社会效力，幼童能够顺利成长，使鳏夫、寡妇、孤儿、无儿无女者、残疾者都能得到供养。男子都有自己的职业，女子都有自己的家庭。人们十分珍惜财物，憎恶浪费财货、丢弃财物的行为，捡到财物立即交公，不藏在自己家中私用。人们热爱劳动不惜力气，在共同劳动中以多出力为荣、以少出力为耻，都能尽心尽力地工作，没有省力偷懒的念头。因此各种图谋、私心就会消除而不会兴起，盗窃财物和捣乱破坏的行为就不会出现。所以家家户户都不用关闭大门，这就是大同社会。”

综上所述，“大同社会”的主要特征有以下几点：其一，天下为公、全民公有的社会制度。其二，选贤使能、任人唯贤的管理体制。其三，讲信修睦、义利互惠的人际关系。其四，各得其所、人有所养的社会保障。其五，人人为公、先人后已的社会道德。其六，各尽其力、努力奉献的劳动态度。

“大同社会”的这些特征与墨子的“兼爱”思想相通或相同，有着非常密切的关系，简要分析比较如下：

“兼爱”是墨子思想的核心，“兼爱”就是“远施周偏”之爱，即不分等级、不分远近亲疏地爱所有的人。墨子的“兼爱”思想，主要表现在以下几个方面：(1)“兼爱”的根本出发点，是为了阻止“强必执弱，富必侮贫，贵必敖贱，诈必欺愚”[②]的霸道行为，使穷苦人民和弱小的诸侯国家能摆脱灭亡的命运。(2)“兼爱”是着眼于实利，而不是停留在空泛的道德说教上。对穷苦人民“兼爱”，就要实现“饥者得食，寒者得衣，劳者得息，乱者得治”[3]；就要做到“为万民兴利除害”。对弱小国家“兼爱”，就是竭力帮助它不受大国的侵略。墨子认为“爱”与“利”两者不可分离，爱而必利，不利无以见爱，号召人们“兼相爱，交相利”。(3)“兼爱”是“爱人不外己，己在所爱之中”[4]。也就是说：爱别人并不是不爱自己，自己也在所爱之中。(4)“兼爱”说是对于儒家“仁爱”说的突破。孔子的学说以仁爱为中心，强调“亲亲”(爱其亲人）为本。人有亲疏之别，因此爱也有厚薄之分。墨子把这些受制于宗族血缘和等级差别的“爱人”，变为无亲疏、无等级、无差别的完全平等的“兼爱”；不仅如此，更为重要的是，他要把人民从原来作为被“爱”的陪衬角色确立为被“爱”的主体对象，甚至要求君主也做到“爱民谨忠，利民谨厚”。这就突破了儒家“仁爱”的保守性和狭隘性，达到了前所未有的高度。孙中山先生因此称赞说：古时最讲“爱”字的，莫过于墨子。(5)“兼爱”是爱包括奴隶在内的人。如《法仪》篇所说：“天下无大小国，皆天之邑也。人无幼长贵贱，皆天之臣也。”墨子认为无论大国小国，都是天之邑，应该平等相处，不应以大攻小；人民没有年龄大小和身份贵贱之分，都是天的臣民，应该人人平等，贵族不应欺凌平民、奴隶。为此，墨子公开为劳动人民尤其是奴隶呐喊，呼吁社会各界人士关爱他们，给奴隶以做人的权利，还他们的人身自由。在战国初期，墨子是第一个重视人权、提出解放奴隶的平民思想家，为奴隶制社会向封建制社会过渡做出了不朽的贡献。

墨子不仅倡导“兼爱”，而且身体力行地实践这一主张；努力做到“有力以助人，有财以分人，有道以教人”，尽力做有益于人民的事情。更可贵的是，他为了实现爱天下的崇高目标，甚至甘于舍己为人。如果用现代大家熟悉常用的词语对“兼爱”作高度概括，也可以这样说：兼爱就是无私奉献，为人民服务；兼爱就是毫不利己，专门利人；兼爱就是我为人人，人人为我；兼爱就是互惠互利，合作双赢；兼爱天下就是天下大同。

“兼爱”是墨子思想的核心，由此向外延伸，他提出了“贵义”“非攻”“尚贤”“尚同”“强本”“节用”等一系列思想主张。

“贵义”“非攻”。墨子“贵义”，认为“万事莫贵于义”，“为天下兴利除害”是墨子的最高宗旨。墨子“自苦为义”，反对唯利是图、见利忘义。他在义与利的问题上，主张义利统一。墨子“非攻”，就是反对侵略和掠夺战争，反对大国侵略小国，主张消除战乱，制止战争，实现和平。墨子深知战争给人民带来的灾难，于是勇敢地站出来大声疾呼，反对大国对小国的侵略战争。墨子不仅具有丰富的军事理论，而且也有成功的军事实践。他曾率领弟子多次成功地制止了大国侵略小国的不义之战，其中最成功的是“止楚攻宋”。

“尚贤”“尚同”。墨子主张“尚贤使能”，他把“尚贤”看作“为政之本”，认为国家混乱的原因是当权者不能“以尚贤使能为政”。墨子主张摈弃任人唯亲的现象，实行任人唯贤的用人之道。他说，“虽在农与工肆之人，有能则举之，无能则下之”。“尚同”是墨子“尚贤”学说的引申。他主张把贤人政治推广到全国，让有德、有才的人从事国家的各级行政管理工作，建立起中央集权的、上下一致的贤人政治。这充分体现了他力求使国家安定统一和社会秩序良好的愿望。墨子是在“尚贤”的前提下讲“尚同”的，重视个人的利益，更强调国家的利益，认为个人必须服从国家，国家必须爱护人民。

“强本”“节用”。墨子主张“强本”，就是要注重发展生产，促进经济繁荣，使人民丰衣足食。因此，生产第一的观点贯穿于墨子学说的始终。在“强本”的同时，墨子又提出了“节用”“节葬”等主张。“节用”就是提倡节俭，反对奢侈浪费；开源节流，增收节支，发展生产，增加粮食。“节葬”就是主张丧葬要节俭，揭露和谴责儒家的“久丧厚葬”，针锋相对地提出了“短丧薄葬”及其“葬埋之法”；同时，坚决反对杀害奴隶殉葬。他从历史的经验教训中总结出“俭节则昌，淫佚则亡”的至理名言。

墨子有着强烈的救世意识，非常关心人民的生死贫富安危，他认为只要有利于救世和解除人民的疾苦，人就可以牺牲自己，“士损己而益所为也”，提倡大公无私和无私利人，提倡无私奉献和自我牺牲精神，并把禹、汤、文王作为无私奉献和自我牺牲精神的人格楷模。墨子言行一致，为利天下奔走呼喊，不畏艰难险阻，“墨子兼爱，摩顶放踵利天下，为之”[⑤]，“备世之急”“枯槁不舍”[⑥]，展示了其实践品格和无私奉献与自我牺牲的伟大精神。

通过上述比较分析，能够得出结论：墨子的“兼爱”思想，确是与古代的“大同”思想相通或相同。

二、墨子的“兼爱”源于三皇时代的“大道”

大同思想，源远流长。“西汉孔安国在《尚书序》中解释说，《三坟》是伏羲、神农、黄帝等三皇的典籍，‘言大道也’；《五典》是少昊、颛顼、高辛、帝尧、虞舜等五帝的典籍，‘言常道也’。”[⑦]孔安国认为三皇时期的社会是“大道”，而五帝时期的社会是“常道”，《三坟》这部古老的典籍是“言大道”的，是说三皇时期的“大道”，也是我国最古老的“大道”。我们也可以这样理解：三皇时期是行“大道”的“大同社会”。那时“大道”的核心是：“大道之行也，天下为公，选贤与能，讲信修睦，故人不独亲其亲，不独子其子；使老有所终，壮有所用，幼有所长，矜寡、孤独、废疾者皆有所养……是故谋闭而不兴，盗窃乱贼而不作。故外户而不闭，是谓大同。”

“大同”思想最早见于《诗经·魏风》中的《硕鼠》篇：“逝将去女，适彼乐土。乐土乐土，爰得我所。……逝将去女，适彼乐国。乐国乐国，爰得我直。”译成今意是：“发誓从此离开你，到那理想的乐土。乐土啊美好乐土，那是安居好去处。……

发誓从此离开你，到那理想安乐地。安乐地呀安乐地，劳动所得归自己。”[8]这是一首劳动者反抗沉重剥削，向往美好社会生活的诗歌，诗中虽然没有明说“大同”，但是百姓希望找到安居乐业、劳有所值、永无悲号的“乐土”。《硕鼠》是保留下来的关于大同思想的最早的材料，此诗是《诗经》中的名篇。对“乐土”的向往其实就是对大同社会的向往，即希望天下大同。

“大同”思想最完整地体现在战国前期的《墨子》中，墨子的“兼爱”“非攻”“尚贤”“尚同”“贵义”“节用”等思想，就是大同社会的详细蓝图。三皇时代的“大道”应是墨子兼爱大同思想的源泉。

“大同”思想最完整的表述是在汉代成书的《礼记·礼运》中，本文开篇已收录，这里不再重复。

“大同”思想在晋代陶渊明的《桃花源记》中有了生动的描绘：他幻想出一处同现实世界隔绝的人间乐土——桃源洞，那里没有剥削、压迫和战争，人们永远处于和平、宁静和温饱的环境中，过着无忧无虑的田园生活，人们对外面世界几百年来的王朝废兴、社会动乱都一无所闻，自秦末进洞以来，“乃不知有汉，无论魏晋”。《桃花源记》在中国大同思想发展史上有特别重要的地位。此后一千多年，幻想逃避现实社会的苦难的人普遍地憧憬着“世外桃源”，它成了人间乐土的同义语。但是，它与墨子的大同思想有着很大的不同。

“大同”思想起源于三皇时代，成为墨子“兼爱”思想的源头。因此，有人说《礼记·礼运》的“大同社会”之说，不是儒家孔子的思想，而是墨家墨子的思想。持此说者，代表性的有四家：第一，宋朝吕祖谦《与朱侍讲元晦》："盖不独亲其亲、子其子，而以尧舜禹汤为小康，其真是老聃、墨氏之论。"吕祖谦认为大同思想源于老子、墨子，而不是孔子。第二，近代梁漱溟有《礼运大同说之可疑》："我在民国五年夏天的时候，曾把孔家经籍都翻一遍，自觉颇得其意，按之于书，似无不合；只有《礼运》大同一篇话看着刺眼，觉得大不对……所有孔子的话，我们都可以贯串为一线，只有这里就冲突了。……这篇东西（指大同）其气味太与孔家不对，殆无可辩。"他认为《礼运》大同说与墨子同，与孔子不同。第三，方授楚在《墨学源流·墨学余论》中考论："自清季以来，中国学者喜言大同之说，至今'天下为公'等语，随处可见，足见其影响之深也。然大同之义，虽见于《礼记》之《礼运》，实原于墨家。吾曩有此说，而闻者尚不甚信，兹更一为详陈其理。……此种大同思想，儒家平日所未有，惟于墨家则甚合。如天下为公，选贤与能，则《尚贤》之义也。讲信修睦，则《兼爱》《非攻》之说也。不独亲其亲，不独子其子，则《孟子》所诋为兼爱无父，《汉书·艺文志》所讥推兼爱之极而不知别亲疏也。老有所终，以至孤独废疾者皆有所养，男有分，女有归，则《节用》《节葬》之效果，而《七患》《辞过》所陈之理也，墨家注重生产，故有此象，货恶其弃于地也，不必藏于己；力恶其不出于身也，不必为己，则尤为墨子所常言。如'有力疾以助人，有财勉以分人，有道劝以教人'，就正面言之也。就反面言之，则'手舍余力，不以相劳；隐匿良道，不以

相教，腐朽余财，不以相分：天下之乱，至如禽兽然’。此则爱而利之，乃不必藏于己，不必为己也。谋闭不兴，盗窃不作，外户不闭，则‘刑政治，万民和，国家富，财用足，百姓皆得暖衣饱食，便宁无忧’也。大同之义虽与尚同不同，其名或与尚同有关。大同说与墨家之关系，观此可以恍然矣。惟儒家以大同为历史上已过去之一境界。故偶尔说及，而不必求其实现也。墨家则以兼爱社会为其理想，而欲实现之于今日明朝，故汲汲皇皇以奔赴之，此其大不同者耳。以上乃就《礼运》与《墨子》书，两相比勘，直接推证者也。此非予一人之私言，由宋儒以至今日之学者，知之者固甚多也。……至《礼运》大同说之源于墨家，似无可疑矣。”第四，著名学者庞朴在 2015 年 1 月 19 日《光明日报》上发表《平天下与全球化》：“时下很流行的‘全球化’一词，如果要译成中国传统用语，最恰当的候选者，莫过于‘平天下’，或者是‘世界大同’。……早些年就有人说过，主张大同的《礼运》篇是墨家作品，因为它‘尚同’。”显然，庞朴先生也赞同《礼运》篇是墨家的作品。

上述四家观点很有道理，令人佩服。《礼记》成书于汉代，内容十分广泛丰富，“保留了早期儒家思想学说以及融合诸子百家思想的内容”。我们可以看到墨家、道家、农家、阴阳家等先秦诸子百家的思想学说渗透于其间。由此而反映出《礼记》辑成的时代是一个对儒家各派求同存异，对诸子百家加以融合吸收和改造的时代。[9]根据此说，我们不难理解墨子的兼爱思想是怎样融入到儒家的《礼记》之中，“天下为公”的大同思想被“墨冠儒戴”，这是历史的误会。应正本清源，还墨子一个公道：“天下为公”的大同思想源于墨子，而不是儒家。

“天下为公，世界大同”是中华民族的伟大理想，也是崇高的希望、精神的支柱、前进的旗帜，历代贤人志士为此前赴后继，其中最著名的是康有为和孙中山。康有为写了《大同书》，设想未来的大同社会是一种以生产资料公有制为基础、没有剥削的社会。生产力高度发达，人们的物质文化生活水平很高。国界消失，全世界统一于一个“公政府”之下，没有战争。政治上实行资产阶级民主共和国制度，没有贵贱等级。男女完全平等，家庭已消灭，不存在父权、夫权压迫。孙中山的大同理想，其主要内容是：土地国有，大企业国营，但生产资料私有制仍然存在，资本家和雇佣劳动者两个阶级继续存在；生产力高度发展，人们生活普遍改善；国家举办教育、文化、医疗保健等公共福利事业，供公民享用。孙中山把“博爱”“天下为公”“世界大同”视为终生努力奋斗的理想。他说，通过普遍普及博爱思想，使“地尽五洲，时历万世，蒸蒸芸芸，莫不披其泽惠”，使其成为“人类之福音”。可见，康有为、孙中山的“博爱”思想是超越国界的。

“天下为公，世界大同”的伟大理想不仅是中华民族的文化遗产，也是世界人类文明的文化遗产，有着积极的时代意义。面对目前全球发展的“四大赤字”（指治理赤字、信任赤字、和平赤字、发展赤字），习近平总书记多次向世界倡行大道，提出破解难题的“四个坚持”：坚持公正合理，坚持互商互谅，坚持同舟共济，坚持互利共赢，携手共建人类命运共同体。[⑩]这一方案，根植于“天下为公，世界大同”“兼爱贵义，和合共生”的中华民族优秀文化，也是中国几千年文明一直秉持的理念。

“天下为公，世界大同”和“构建人类命运共同体”是中国古今的伟大理想。墨子兼爱，墨子梦想大同，研究弘扬墨子的兼爱大同思想，具有重要的现实意义。

【注释】

①陈戍国点校：《四书五经》，岳麓书社 1991 年版，第 513 页。

②孙诒让撰：《墨子间诂》，中华书局 2001 年版，第 102 页。

③孙诒让撰：《墨子间诂》，中华书局 2001 年版，第 279 页。

④孙诒让撰：《墨子间诂》，中华书局 2001 年版，第 405 页。

⑤杨伯峻译注：《孟子译注》，中华书局 1988 年版，第 313 页。

⑥孟庆祥等译注：《庄子译注》，黑龙江人民出版社 2003 年版，第 534、535 页。

⑦周少川：《解开我国古代典籍诞生的谜团》，《光明日报》2019 年 5 月 25 日。

⑧王秀梅译注：《诗经》，中华书局 2016 年版。

⑨吴树平、赖长扬主编：《白话四书五经》，国际文化出版公司 1992 年版。

⑩新华社北京 2019 年 3 月 27 日电：引领人类前途命运的中国方案——论习近平主席在中法全球治理论坛闭幕式讲话。

（本篇原载《职大学报》2020 年第 6 期，有改动）

第十八篇　墨子辩学与逻辑

一、辩学与名学

辩：辩论、辩解，如“能言善辩”。《荀子·劝学》：“有争气者，勿与辩也。”引申为言语巧妙诡谲。“辩”通“辨”，辨明、辨别。辩在中国古代逻辑术语中指辩论、推论。墨子主张“辩是非”（《墨子·修身》），“辩其故”（《墨子·兼爱中》）。《墨子·经上》：“辩，争彼也；辩胜，当也。”并认为：“夫辩者，将以明是非之分，审治乱之纪，明同异之处，察名实之理，处利害，决嫌疑焉。”（《墨子·小取》）“辩学”是“逻辑学”的旧称，亦作“辨学”。一般认为中国古代名家学说中有丰富的逻辑思想，而名家重名辩，故称。明末来中国的意大利传教士利玛窦在所译《辨学遗牍》中首先使用此称，以后一度流行，现作为译名已不用。近人亦有用以指称中国古代以“辩”（辩说、论辩）为研究对象的一种学问。

关于“辩学与名学”的研究，仁者见仁，智者见智，《墨学研究》第 6~7 期合编本为现代墨学专家栾调甫（1889—1972）专辑，汇集了栾先生未曾发表问世的 34 篇论文、讲稿、随笔、信函、题跋。其中，关于“辩学与名学”的研究独辟蹊径，颇有新意，比较深刻，现根据其《墨子之辩学》简要概述如下：

（一）关于辩学的形成

辩学的形成较晚。人类的发展进步首先有语言，然后有文字。有了文字记载，思想才能稳固流传后世，人类知识才能不断增长。人类文化发展到一定的高度时，研究讨论其思想条理的辩学才能形成。所以说，辩学必须在一国文化强盛之际才能产生。例如印度的“因明”、希腊的“逻辑”、中国先秦时期的“辩学”，都是在文化发展到一定高度时才产生的。由此推而论之，“辩学”产生于文字之后，文字所以代表思想，“辩学”所以论其思想之理，则“辩学”应当视为纯粹论思理之学。

（二）墨子创立辩术，后世称为墨辩

根据以上所言，辩学产生在文字之后及文化强盛之际，“以余（栾调甫）观之，盖起于墨子”。墨子之前，孔子、老子等没有明确提出辩学。只有墨子首始注重言谈之法，他说：“凡出言谈由文学之为道也，则不可而不先立义法。若言而无义，譬犹立朝夕于员钧之上也，则虽有巧工，必不能得正焉。然今天下之情伪未可得而识也，故使言有三法。三法者何也？有本之者，有原之者，有用之者。”据此，墨子创立言谈三表，以教人习辩，而后辩学乃兴。

二、墨辩、因明与逻辑

“墨辩”是“墨子辩学”的简称，最早见于晋代鲁胜的《墨辩叙》。早在春秋战国时期就产生了“辩学”，墨子是中国辩学的始祖。《墨子·小取》中说：“夫辩者，将以明是非之分，审治乱之纪，明同异之处，察名实之理，处利害，决嫌疑焉。”这是说明辩学的目的和作用。“明是非”和“审治乱”是辩学的政治目的，“明同异”和“察名实”是辩学的认识目的，“处利害”和“决嫌疑”是辩学的作用。《墨经》系统地研究了名、辞、说、辩等相当于词项、命题、推理与论证之类的对象。郭湛波著《先秦辩学史》，详细介绍了辩学的历史。“辩学”是以“辩”（辩说、论辩）为研究对象的一种学问，具体涉及辩的界说、目的和作用，辩的类型，辩的原则和要求，辩的方法、技巧，辩的论说组织、论据支持、语言表达，以及辩者的态度、素质等内容。明末来中国的意大利传教士利玛窦的《辨学遗牍》，介绍亚里士多德的逻辑，首先使用“辨学”这一译名（“辩学”亦作“辨学”）。墨子在亚里士多德建立逻辑学百余年前，就已经建立了一套初具规模的辩学（逻辑学）。近代学者翻译西方的逻辑学时，忽略了墨子创立的“辩学”，用“逻辑”“逻辑学”代替了“辩”“辩学”，这是令人遗憾的。

“因明”一词产生于古印度，“因”指推理的根据、理由；“明”指知识、智慧。最初，正理派对创立印度的因明学说做出了重要贡献。正理派是印度婆罗门教系统的六派哲学之一，此派最早的经典是《正理经》。关于《正理经》及其作者的年代，学术界有不同看法。有人认为该经的最初部分在公元前 6 世纪；有人认为该经的较早部分在公元前 3 世纪；也有人认为该经在 2—5 世纪；还有人认为正理派的成立年代在 100—150 年或 50—150 年，而《正理经》的编撰年代在 250—350 年。总之，现存《正理经》中较早的部分不会晚于 1 世纪。陈那（约 440—约 520）的《因明正理门论》、商羯罗主（约 6 世纪）的《因明入正理论》是因明学的代表作，对推理从形式上作了探讨，提出了“三支论式”。但为佛教服务的因明也未能撇开思维的具体内容而上升为数学形式的科学。

“逻辑”一词产生于古希腊，学者对逻辑进行了较全面的研究，形成了独立的系统理论。亚里士多德（前 384—前 322）的 6 篇逻辑论著被后人集为《工具论》，在历史上建立了第一个关于词项的逻辑系统，亚里士多德被西方人誉为“逻辑之父”。在亚里士多德之后，斯多亚学派研究了关于命题的逻辑。它不同于亚氏逻辑，但又与亚氏逻辑一样，同属演绎逻辑体系，并一起成为传统逻辑最主要的构成部分。

墨辩、因明、逻辑分别发源于古代中国、古印度和古希腊，至今已有两千多年的历史。墨辩的创始人墨子约生于公元前 480 年，约卒于公元前 390 年。逻辑学的创始人亚里士多德生于公元前 384 年，卒于公元前 322 年。因明的集大成者陈那约生于 440 年，约卒于 520 年。从这三大学派创立人的生卒年来看，中国辩学的墨子最早，之后是古希腊逻辑的亚里士多德，最后是古印度因明的陈那。陈那之前早有因明，最早的经典是《正理经》；关于《正理经》及其作者的年代，学术界有不同看法，其产生的年代约在公元前 6 世纪至 1 世纪之间，长达五六百年。

墨子创立墨辩的时间早于逻辑、因明，是世界古代三大逻辑学的创始人之一。

（原载《墨子读本》，青岛出版社 2004 年版，有改动）

第十九篇　墨子对学校教育的启示

墨子的人生理想是拯救混乱争斗的社会，造福于贫困苦难的百姓，把天下变成“兼爱”的人间乐园。为了实现这一崇高的理想，墨子选择了教育救世的道路，他希望通过学校教育培养更多的优秀人才，为“兴天下之利，除天下之害”去奋斗，去献身。他也希望通过上说诸侯王公大人的社会教育，去唤醒他们的良心良知，为天下的穷苦人献出一点爱，使诸侯王公大人不要再为了扩大领土、扩大权力、扩大财产、满足私欲去发动侵略战争，大动干戈，生灵涂炭。要实现这个宏伟的教育目的，当然需要大批各方面的人才。培养造就大批的高素质人才，就成了墨子的当务之急。所以，墨子抛弃了传统的教育模式，开创了新式教育模式。在中国教育史上，墨子是第一个实行新式教育模式的伟大教育家。

一、德育

德育是教育者根据一定社会、一定时代的要求和受教育者思想品德形成的规律，有目的、有计划、有组织地对受教育者施加思想道德影响，以使其形成教育者所期望的思想品德的活动。墨子非常重视德育教育，他在《尚贤上》篇指出：贤良之士要具备“厚乎德行，辩乎言谈，博乎道术”三个条件，把“厚乎德行”放在首位。墨子的德育教育的基本内容有以下几点：

（一）爱国主义教育

墨子的“爱国”是指周天子统治的“天下”，并不是指宋国、鲁国等某一诸侯国。当时的诸侯国所辖区域面积大小不一，享有较高的自治权。墨子虽是宋国后裔，但他既爱自己的家乡，也爱天下的人民，替天下的人民行义，为天下的人民施爱，是一位大爱国主义者，从某个方面讲，也是一位“国际主义者”。为了各诸侯国人民的利益，他到处奔波，呼吁停止战争，和平共处，“摩顶放踵利天下，为之”（《孟子·尽心上》）。他身体力行，身教重于言教，教育弟子热爱天下的人民，反对侵略战争，让弟子了解“天下”的历史、地理和物产资源，热爱锦绣河山，热爱本民族悠久的历史传统和优秀的文化遗产；激发弟子的自尊心和自豪感，使之在与诸侯及朋友的交往中，不卑不亢，落落大方，讲文明、懂礼貌，不失人格；教育弟子反对霸权主义，支持各诸侯国人民的正义战争，维护天下和平和人类进步的事业。他要求弟子做到“有力者疾以助人，有财者勉以分人，有道者劝以教人”，担负起使“饥者得食，寒者得衣，乱者得治”的社会责任，树立天下利益高于一切的爱国思想，为“济世救民”贡献出自己的一切。

（二）理想教育

理想是人们对未来生活和奋斗目标的向往和追求。它是推动人们前进的巨大力量。理想不是空想，它是建立在事物发展规律基础上的，经过奋斗可以实现的目标。理想是人生的精神支柱，人不可没有理想，如果缺了理想，就像丢了灵魂，人生就失去了意义。有的理想经过努力可以实现，有的理想可能经过终生奋斗也没实现，这是因为理想远大，需要很多代人的不懈努力才能实现。墨子的理想是什么？概而言之，就是“天下兼爱”。面对战乱不止、尸骨遍野、人民极端痛苦的社会局面，墨子从尧、舜、禹、汤、文王、武王等圣王那里吸取历史经验，经过长期的社会实践，终于形成了“天下兼爱”的崇高理想。墨子认为，社会动荡、战乱不止、人民无法生存的主要原因是私欲太重、自私自利，为私利而杀人夺财、图财害命；为私欲而发动侵略战争，屠杀无辜百姓，抢占他人财物。社会道德风尚败坏，人与人之间互不信任。如何对症下药，解决社会的顽症？墨子主张“非攻”，提倡“尚贤”“尚同”，坚决“非乐”“非命”“非儒”，尊“天志”，明“鬼神”，建立“兼爱”天下的理想世界。他坚信：只要天下人都能做到“兼相爱，交相利”，就能实现其“兼爱天下”的崇高理想。墨子的这一理想社会为我们描摹了一幅“天下大同”之美景：没有战争，只有和平，人人互爱，平等相处，各司其职，各尽其能，无私奉献，以义为利……笔者认为，我们今天对学生进行理想教育，很有必要联系墨子“兼爱天下”的社会理想，使学生胸怀大志，成为有崇高理想和才干的人。我们相信：爱是心灵的呼唤，爱是无私的奉献。死神也望而却步，幸福之花到处开遍。只要人人都献出一点爱，世界将变成美好的人间。

（三）集体主义教育

墨子所创立的墨家集团，是我国历史上第一个民间教育与军事组织。它有明确的奋斗纲领，有严密的组织机构，有铁一般的纪律。其首领为巨子，墨者要经过严格的训练与教育。这是一个团结战斗、勤劳能干、克己奉公的集体，他们一边生产劳动，一边上课学习；一边军事训练，一边科技实验：过着团结、紧张、严肃、活泼的生活。在这样一支正义之师的大家庭里，墨子经常进行集体主义教育。他教育弟子要正确认识个人与集体之间的关系，个人要服从墨家团体，要忠诚地为墨家团体服务，形成集体主义的观点和情感，树立大公无私的观念，防止个人主义及自私自利思想的影响。他教育弟子要关心集体，热爱集体，处处维护集体荣誉，争取多为集体做好事，树立集体荣誉感和责任感。他还教育弟子建立健康向上的友谊，团结互助；要养成个人服从集体，执行集体决议，自觉遵守集体纪律的良好习惯。在墨子言传身教的培育下，其弟子大都坚持集体主义，紧紧团结在墨家团体之内。如耕柱子的事迹，就能说明他的集体主义意识之强。墨子推荐弟子耕柱子到楚国做官，推行墨家的主张。过了一段时间，墨子的几个弟子去楚国探访耕柱子，耕柱子见到师兄弟很高兴，请他们吃饭，但每餐仅够吃饱，不够丰盛。几个弟子很不高兴，回来向墨子报告："留耕柱子在楚国没什么益处啊！我们几个人去探访他，他请我们吃饭，每餐仅够填饱肚子，一点儿也不丰盛。召他回来算啦。"墨子回答说："这还未可知。"没过多久，耕柱子让人送来十镒金给墨子，并捎话说："弟子不敢贪图财利、违章犯法以送死，这节省下来的十镒金，请老师使用。”墨子对其他弟子说：“耕柱子的事情果然是未可知啊！”这是《墨子·耕柱》篇记载的事情（以下只出现篇名）。这件事能说明许多问题：一是说明墨家集团的确组织严密。弟子远离墨家集团到外地工作，仍然牢记墨家法规，与墨家保持密切联系。二是说明墨家弟子大公无私，没有私产，在外地工作所得的钱财，除留足生活之用外，全部上交墨家集团，作为集体资金，由墨子安排使用。三是说明墨子对弟子知人善任，不轻信别人的看法，师徒之间相互信任。四是说明墨家有强大的凝聚力、向心力，是一个团结一致的团体。

（四）纪律教育

墨子十分重视纪律教育。他要求弟子正确认识纪律的意义和作用，提高遵守纪律的自觉性，养成遵守纪律的习惯和作风，严格遵守墨家的纪律。墨子的纪律教育非常成功，远远超过其他诸家。如弟子耕柱子按照墨家的不存私产的纪律，自觉把剩余的钱及时送给墨子，以作为墨家的集体财产。如果没有执行纪律的高度自觉性，就不可能有这样的自觉行动。

（五）道德教育

墨子非常重视道德教育，提出“贵义”的道德标准。墨子教育弟子说：“万事莫贵于义。”墨子反复举例说明行“义”的意义、作用、价值，教育弟子以“义”为道德标准。他主张要积极行义，见义勇为；坚决反对见利忘义、背信弃义的行为。楚王请鲁班造好云梯，要攻打宋国，墨子听说后，紧急行动，十天十夜赶到楚国，冒着生命危险，制止了一场即将爆发的不义战争。这是墨子行义最光辉的一页，深受当代和后世人们的尊敬。在墨子的教育和影响下，其弟子为了行“义”，不怕千难万险，甚至牺牲生命。墨子的这种“义”的道德教育，一直影响到现代。历史上，有多少英雄好汉、仁人志士路见不平、拔刀相助，以义为利，见义勇为，有的为行义献出了宝贵的生命。当代的雷锋、焦裕禄、孔繁森、徐洪刚等英模，就是行“义”的典范。

总之，墨子的德育很有特色，其教育效果也非常显著。他关于德育的论述，至今还闪耀着真理的光芒，值得我们认真研究与借鉴，为当代中国的精神文明建设服务。

二、智育

智育是向受教育者传授系统的文化科学知识和技能，发展受教育者智力和培养其能力的教育。智育也是人类教育极其重要的组成部分，从人类教育产生之日起，智育就占据着整个教育活动的中心位置。墨子在战国时期就认识到智育的重要，因而十分注意对人的智力和能力的开发与培养。

（一）科学知识教育

在前述篇章中已列举了墨子传授知识的主要内容，这里不再重复。如果用今天的学科划分标准分类，墨子的智育可分为文科、理科、工科、军事学科等。王裕安先生认为：墨子的文科教育，除了继承和发展了传统的文化教育以外，最突出的成就是他朴素的唯物主义哲学思想及最初的逻辑学知识的传授。通观墨子的十大主张及其思想和行动的表现，无一不是当时社会现实所需要的。

墨子对逻辑学的贡献尤其重大，他对概念、判断、推理等思维规律的认识及著述都是前无古人的。由此可见，墨子在文科教育上的水平在当时属于一流。墨子在理科教育方面在当时绝无仅有，直到近代也非常罕见。他通过对生产经验的及时总结与不懈探索，在科学技术领域取得了巨大的成就，其中有精确的自然科学理论，有巧妙的技术发明。《墨经》中有关科技的条目就达 50 多条，内容涉及数学、力学、光学、天文、地理、心理等诸多学科领域，其中许多成就达到了世界领先水平，即使在今天看来，也是真知灼见。国家科学技术委员会原主任宋健院士称赞墨子为“科圣”，一点也不为过。在工科方面的教育，墨子也取得了巨大的成就。他出身木工，是当时著名的能工巧匠，我国史书上有“墨班并称”之说。据《墨子》一书记载，墨子与鲁班都曾用竹、木当材料，制造成木鸢在空中飞翔，这应该是我国最早的风筝。墨子还能在很短的时间内，用三寸木料做成可负“五十石之重”的车辖。墨子把土木工程、机械制作及军民用器具等方面的知识与技术，毫无保留地传授给弟子。这是诸子百家中唯一能这样进行教育的。在军事学科方面，墨子把战略战术、军队编制、武器装备、战前动员、战时防务等各方面，都作为教育的内容，同时还率领弟子制造了许多防御武器，如连弩车、轒辒车、转射机、冲车等。在《墨子·公输》篇中，墨子到楚国劝阻楚王攻打宋国，其大弟子禽滑釐率领三百弟子拿着自造的先进武器，帮助宋国守城。所以，墨子在军事教学上也与其他的军事家不同，有着鲜明的墨家特色。

（二）基本技能教育

墨子非常注重基本技能的教育，他充分运用示范、模仿、练习等教学方法，培养训练弟子的技能，使弟子从掌握知识向形成技能转化。他在这方面的教育是成功的，其弟子不仅能讲善辩，而且会干善干，能够理论联系实际。墨子的智力教育同儒家及其他学派一样，都是成功的，但墨家的技能教育远远超过儒家及其他学派的教育。如墨子训练弟子制造生产、军事两用的桔槔、辘轳、滑轮、车梯等机械工具或武器，同弟子一起进行本影、半影、球面镜成像、小孔成影等一系列光学试验，与弟子共同进行力学、声学等科学试验（详见本书有关篇章）。通过这些实践与实验，既锻炼了弟子的实际操作技能，又为科学技术的研究做出了贡献。我们今天的技能教育理论水平较高，但实际生活、生产能力较低。我们应借鉴墨子重视技能教育的成功经验。

（三）能力教育

发展学生的能力，是智育的重要任务之一，也是智育的最终目的。在墨子的教育中，教育的传授功能与发展功能具有同等重要的地位，但更重视后者的教育。这与墨子的教育目的密切相关。墨子培养人才是以治理天下和为人民服务为根本目的的。为此，他根据每个人的特点与专长，把他们分类培养成谈辩、说书、从事等不同类型的人才。这样的人才必须具备实际的工作能力。如禽滑釐，具有优秀的军事才能，墨子就全面向他传授如何防守的战略战术，教他如何编制军队、怎样制作武器装备、怎样进行器械制造等。在墨子奔赴楚国、止楚攻宋之际，他们做了最坏的打算及妥善的安排。如果楚王杀了墨子，墨子就让禽滑釐代替他指挥墨家三百弟子，誓死保卫宋国。正是由于墨子大无畏的行动和周密的安排，由于其弟子禽滑釐已经具备了较强的实际工作能力，才成功地阻止了这次侵略战争。这也是墨子培养人才开发能力的最好例证。

墨子在智力教育中，提倡以行为本、“以身戴行”（《修身》），主张一切说教、一切理论都必须付诸行动。他教育弟子说：“士虽有学，而行为本。”他重视传授知识的“学”，但更重视训练培育技能和能力的“行”。光有知识不会应用不行，应“口言之，身必行之”。他还教育弟子：“言足以复行者常之，不足以举行者勿常。”即不论什么人，只在嘴上说，如果不把所说的付诸实行的话，则无异于空言，不仅无益，反而有害；那些只说空话而不务实的人，哪怕说得天花乱坠，再有道理，别人也不可能相信，而最终将一事无成。因为在动荡不安的社会现实之中，人们总是以行为而不是以言论来判断衡量他人的。这也是墨子重视培育弟子的实际操作技能，开发其智力的主要原因。墨子为社会需要而培养合格的、理论联系实际的、既懂理论又善于操作的人才，这一点应值得我们借鉴，在培养学生的素质上多下功夫。

三、体育

墨子非常重视体育。《修身》篇说：“君子以身戴行者也。”其现代语义是：君子是用自己的身体力行成为君子的。墨子提出的身体力行具有深刻的内涵：首先，要有一个健康的身体；其次，努力实行义，才能成为君子。没有一个好身体，就无法周游列国，上说下教；没有一个好身体，就无法扬善惩恶，见义勇为；没有一个好身体，就无法替天行道，救万民于水火之中；没有一个好身体，就无法实现人生的崇高理想，为人类做出较大的贡献。墨子把身体素质良好提高到成为君子的必要条件之一。墨子又说："是故置本不安者，无务丰末。"（《修身》）这就是说，根基树立得不牢固，就别想枝叶丰茂。身体是一切之本，其余都是末；本不牢固（健康），其他的就难以办好。墨子又一次强调了身体健康的重要性。

那么，怎样才能保证身体健康呢？重要的是加强体育教育，增强体育锻炼的意识，促进身体健康。《经下》说："无欲恶之为益损也。说在宜。"这句话是说："不一定凡是希望得到的都有益，而不喜欢得到的都有害。这要看其欲望或讨厌会不会合宜。"《经说下》解释此条："欲、恶，伤生、损寿。说以少连，是谁爱也？尝多粟，或者欲，不有能伤也？"意思是说："看看过分的欲望和过分的厌恶之例，就欲望而言的久丧之礼能够伤害身体、减损寿命。像'少连'那样居丧三年，究竟是爱谁呢？吃饭贪得无厌，也是欲望过强，不是会伤害胃和身体吗？"以上两条道理非常深刻：要想有一个健康的身体，就必须克制不合宜的欲望。也就是说，人渴望得到的，不一定都是有益的，也有有害的；同样，不喜欢得到的，不一定都是有害的，也有有益的。关键在于欲望或厌恶都要合宜，有一个适度的问题。人若能把握住"欲"与"恶"的度，就会有高的修养、好的身体。墨子又说："饱者去余，适足，不害。能害，饱。若伤麋之无脾也。”（《经说下》）这是说：吃得过多的人应去掉多余的食物，恰好足够，便没有害处。能形成危害的，就在于吃得过饱。这是非常深刻的养生之道。因而墨子劝教他人：“夫妇节而天地和，风雨节而五谷孰，衣服节而肌肤和。”（《辞过》）意思是说：“夫妻之间有节制，天地阴阳之气就会和顺；风雨协调有节，五谷就能成熟；穿衣注意冷暖，身体就会舒适。”墨子深刻指出：做任何事情都要节制，不可纵欲过度，否则会把身体搞坏。为了实现宏伟的救世济民的社会理想，墨子还向“兼士”提出忠告：“今士之用身，不若商人之用一布之慎也。”（《贵义》）现在的兼士使用自己的身体，还不如商人使用一个钱币那样谨慎，这是非常有害的。要爱惜自己的身体，才能去干更多的义事。墨子关于修身、体育的论述还有不少，这里不一一列举。从上述几例不难看出，墨子是非常重视体育教育和身体健康的。他把身体看作行义、兼爱天下的“载体”，没有这个“载体”，将一事无成。

纵观墨子及其弟子关于体育的实践，主要有以下特点：一是树立崇高的人生理想，培养良好的心理素质。墨子认为，为天下百姓行义，实现兼爱的远大目标，克制私欲，树立公德，人的心地才能宽广，身心才能健康。一个心胸狭窄、自私自利的人在私欲满足不了的情况下，就会怨天尤人、丧心病狂。只有理想崇高、大公无私，才能有良好的心理素质，这是身体健康的重要保证。二是理论与实践相结合，寓体育训练于生产劳动、科学试验之中。墨子创立的墨家团体，从首领到一般弟子，只有分工的不同，没有不劳而获的人。人人都要学习文化科学知识，人人都要参加生产劳动、科学试验；脑力劳动与体力劳动相结合，智力教育与体育训练相结合，增强了身体素质。三是刻苦参加军事训练。墨子高举“兼爱”“非攻”的和平旗帜，身体力行，周游列国，劝阻以大侵小的不义之战。长期的社会实践使墨子悟出了一个深刻的道理：仅靠说理很难制止侵略者放弃侵略的计划，还要靠坚强的军事防御力量，来阻止侵略战争及其扩大。为此，他把墨家组织成为一支能文能武的维护天下和平的部队，哪个弱小的国家被侵略，他就率部前去支援。如著名的“止楚攻宋”之战，墨子十日十夜奔往楚国劝阻楚王罢兵，分派大弟子禽滑釐率领三百墨家弟子携带防御武器帮助宋国守城。由于义正词严、防御措施严密，终于制止了这场侵略战争。试想：墨家军这支维护和平的部队如果不进行严格的军事训练，没有过硬的防御战术、健康的身体，能担负此重任吗？这一点也是儒家及其他学派无法相提并论的。墨子是否有一套完整的体育训练方案，目前看不到史料，不能妄说。但有一点足以说明：墨子一生劳心苦志，摩顶放踵，利天下为之，却活了90岁，可谓长寿。这不能不说是个奇迹，真应了历史上的那句名言：“仁者寿！”

墨子修德先修身的体育思想以及刻苦训练为天下人民的大公无私的行为，值得我们学习借鉴。建设社会主义现代化强国，是我们极其艰巨而繁重的任务，不仅要求每个社会成员有高度的思想觉悟、良好的道德品质、较高的文化修养，有分析问题和解决问题的能力，而且也需要有健康的体魄。实现祖国的现代化，无论是攀登科学技术高峰，还是从事生产建设和保卫祖国，都需要付出艰苦的劳动，要消耗大量的精力和体力，对于人的身体素质都会提出更高的要求。学生只有从小打好基础，体魄健全，才能承担重任。周恩来同志多次指出，学校只能为社会培养有用的人才，不能给社会输送病号，给社会增加负担。因此，加强学校体育，搞好学校体育教育，对于改善我国人民的健康状况，增强体质，提高中华民族的身体素质，其意义是十分重大的。

四、美育

我国古代教育家认为，美育在政治伦理、情感陶冶以及教学等方面，能起到厚人伦、善教化、移风易俗、开启智慧的作用。平民出身的伟大教育家墨子，始终从劳动人民的切身利益出发来看待美学、对待美育，这正是墨子美学与美育思想中最可贵之处。

墨子是在“非以其名也，以其取也”的“取实予名”的唯物主义认识论的基础上来看待“美”的本质问题的。他认为客观上存在着“美”之实，然后才有“美”之名。由此可知，墨子是把“美”看作一种客观存在的东西，这是一种朴素的唯物主义的美学观点。

墨子从当时阶级剥削压迫的实际情况出发，看到凡是“美”的事物正如其他物质生活资料一样都被统治阶级所占有，而且他们为了过度享乐，强迫劳动人民从事“美”的创作，增加了人民的负担和痛苦，人民困于饥寒交迫的境地。被逼走上绝路的劳动人民无奈走上反抗的道路，国家更加混乱不堪。墨子为了减轻劳动人民的负担和痛苦，为了发展生产、富民强国，极力反对人君及其左右大臣好尚文采刻镂之饰，认为追求这样的“美”是毫无意义和作用的。墨子的这一观点应该给予历史的充分肯定。

墨子批判与否定统治者建立在百姓人民痛苦之上的过分“美”，但并不反对“美”本身。如果在万民的衣食起居基本得到满足的前提下，墨子认为人们要求“美”“丽”“乐”，都是必要和应该的。由此可见，墨子并不一概反对和否定“美”和“美”的享乐，他反对的是那些“事奢”“好淫”的审美活动，而这样的审美活动又是统治者所追求的。因此，他只是以否定“美”和“美”的装饰为手段，其目的则是反对剥削阶级以“暴夺民衣食之财”“厚作敛于百姓”来过“事奢”“好淫”的生活。至于人民在“常饱”“常暖”“常安”的情况下，“然后求美”“求丽”“求乐”，则是完全合理和应该的，而且还是“圣人之务”。墨子这种“先质而后文”的美学观点是正确的，恰如恩格斯所说：“人们首先必须吃、喝、住、穿，然后才能从事政治、科学、艺术、宗教等等。”（《在马克思墓前的讲话》）

墨子的这种美学观点也体现在对于“乐”的看法上。他主张“非乐”，在《非乐》篇中列举了“非乐”的5个理由，其目的是维护“万民之利”，反对“王公大人”为了享乐而“亏夺民衣食之财”“厚措敛乎万民”。这也是墨子“非乐”的思想实质。所以说，墨子的“非乐”并不是一概地反对音乐活动，更不是一概地反对和否定音乐本身，他不过是反对“王公大人”违背仁者之为、违背“先质而后文”的做法而已。他从音乐声中，看到的是王公大人的纵情声色、骄奢淫逸，是劳苦大众的血泪与贫困。

五、劳动技术教育

墨子出身于劳动人民，他热爱劳动，懂得劳动的伟大意义，重视对弟子进行劳动教育，培养他们热爱劳动的习惯，使其形成以劳动为荣、以懒惰为耻的品质，抵制好逸恶劳、贪图享乐、不劳而获、奢侈浪费等恶习，教育他们尊重他人劳动，爱惜劳动成果，爱护集体公共财产，树立脑力劳动与体力劳动相结合的观点。在墨子的教育下，墨家与儒家等学派形成鲜明的对比。热爱劳动，以劳动为荣，是墨家最大的特色。墨家既能宣传演讲传道，又能亲自参加各项社会劳动，真正做到了把科学技术应用到社会生产实践当中，取得了较大的成果，受到世人的尊重。

墨子在《非乐》篇指出，人与动物的根本区别在于劳动。动物依靠自身和自然界生产的物产求得生存。人则依靠自己的力量，通过生产劳动，改造自然，创造财富，以求生存与发展。他有一句名言是“赖其力者生，不赖其力者不生”。因此，墨子极力劝人劳动。他把劳动叫作“从事”，认为“强从事，则财用足”（《天志中》），“不强从事，即财用不足”（《非乐上》），“强必富，不强必贫。强必饱，不强必饥。……强必暖，不强必寒。故不敢怠倦”（《非命下》）。墨子反复强调“强”，就是积极勤劳，尽最大努力，要百姓延长劳动时间，提高劳动强度，多付出劳动，就多得到一分收获。他认为："禁耕而求获也，富之说无可得焉。"(《节葬下》)如果禁止耕种而想得到收获，不参加劳动而想发财致富，这是不可能实现的梦想。

在劳动生产中，墨子重视农业生产。因为这些与解决人类最迫切的衣、食、住、行密切相关。《非乐上》篇云："民有三患：饥者不得食，寒者不得衣，劳者不得息。三者民之巨患也。"《七患》篇云："凡五谷者，民之所仰也……故食不可不务也，地不可不力也。……食者，国之宝也。"墨子指出，饥饿、寒冷、疲劳是人民的三大患，民以食为天，以土地为本，要抓住农时，发挥土地的潜力，力求多产粮棉，解决人民的"三患"。为此，他主张要尽可能地组织人民从事农业劳动。他说："为者疾（寡），食者众，则岁无丰。"（《七患》)"一人耕而九人处，则耕者不可以不益急矣。何故？则食者众而耕者寡也。"（《贵义》)从事农业劳动的人少，吃饭消费的人多，社会就不会富有足用。一人干活，九人吃饭，收获很少，就不够吃。此外，墨子也很重视手工业生产。他说："凡天下群百工，轮车鞼匏，陶冶梓匠，使各从事其所能。"（《节用中》)墨子要求木工、制车工、制陶工、冶金工等各种手工业工匠，强力"从事"，"修舟车""为器皿"，供给社会所需要的各种手工业产品。

墨子不仅亲自率领弟子参加各种社会劳动，教育弟子热爱劳动，树立劳动光荣的思想，而且注意从生产劳动中总结概括各种经验理论。如从农业、手工业、城防工程的劳动技术中总结出数学、力学、光学、机械工程学等理论。这些理论涉及面广泛，论述全面具体，具有很强的实用性。例如禽滑釐向墨子请教怎样帮助弱小国家守城，墨子向他传授各种守城之法。其中，《备梯》篇有这样的记载：禽滑釐请教墨子，如果敌人堵塞了我方的护城河，架起云梯攻城，我方应当如何防守？墨子说，你是问对付云梯的办法吧？云梯是一种非常笨重的攻城器械，移动起来非常不方便。守城的一方可在城墙上筑起“行城”和“杂楼”，将自己环绕起来。行城与杂楼之间要保持一定的距离，并且在它们之间要用幕布遮起来。行城要高出原城墙 20 尺，上面筑成锯齿状的“堞”，宽 10 尺，左右两边所连接的木板要与行城的宽度长度相同。“堞”的下部还要开许多名为“爵穴”的小孔，小孔的外面要用布遮起来。投掷机、冲撞及救援用的行栈、行城器械等军械的排列宽度要与敌人士兵的进攻宽度相等，在各种军械之间，要有 10 名士兵掌握冲车，5 名士兵持剑站立。同时，还要派视力好的哨兵随时观察敌人的动静，一旦敌人发动进攻，哨兵就发出信号。于是，守城的士兵有的从两边向敌人射击，有的集中射击某一部分敌人，有的用投掷机向敌人投掷石块。这样，从城上雨点般倾泻下来的箭矢、砂石、火把以及滚烫的开水，足以把进攻之敌打退，敌人用云梯攻城之法也就破了。墨子这些独具特色的积极防御的军事学说，如不源于亲自参加防御工程现场的指挥部署，是难以讲清其具体细节的。

劳动技术教育和其他方面的教育有密切的联系，进行劳动技术教育，有利于促进人的体力、智力、品德和美感的发展，是全面发展教育不可缺少的重要组成部分。生产劳动是人类社会赖以存在和发展的基础。每一个有劳动能力的人，都应以自己的辛勤劳动为社会发展做出贡献。

墨子“强力从事”的劳动技术教育，受到社会各界的赞扬，《庄子·天下》篇称赞墨子“其生也勤，其死也薄”。但是，我们今天的劳动技术教育如何？有多少青年学生愿意参加劳动技术训练？据有关调查，中小学生参加劳动的很少，劳动技术教育课开的也不多。在校大学生大都长期脱离劳动实践，再加上受社会某些不良风气及西方某些腐化堕落思想的影响，部分大学生逐渐滋长了懒惰、贪欲、好逸恶劳的思想，有的学生鄙视体力劳动，有的甚至连自我服务性劳动也不愿意干。这种错误的思想倾向，如不采取措施加以清除，势必影响合格人才的培养。因此，要加强对大、中、小学生的劳动技术教育，帮助他们树立正确的劳动观念和劳动态度。我们也应当很好地借鉴墨子留传给后世的这一宝贵遗产，吸取墨学精华，加快教改步伐，加大力度宣传：劳动光荣，劳动神圣！

（本篇选自拙著《墨学与当代教育》，中国书店1997年版，有改动）

第二十篇　墨子对社会教育的启示

墨子是一位伟大的教育家，他把主要精力贡献给了教育事业；他的足迹遍及黄河、长江之间，他的弟子来自诸侯各国；他虽然没有高官厚禄，但“盛誉流于北方，义声振于楚越”。墨子在其一生的教育实践中，积累了丰富的教育经验，形成了独具特色的教育思想。

墨子的教育思想是两千多年前春秋战国时期的精华，对21世纪的今天是否还有作用？复旦大学原副校长、著名墨学专家蔡尚思教授在《墨子的历史地位与当代价值》中说：“这里说的当代价值是指墨学在社会主义时代也能起到一定的积极作用，墨学在中国思想文化史上的价值是超过任何一家一派的。如果不相信，我就试略举例证让大家来一看和予以科学的评价：

“（一）反宗法血缘关系的大公无私。这在中国思想史上只有墨子一家。他正和只论亲疏而不论是非的孔子相反，他主张亲疏人我不分的兼相爱交相利，这用今天的话来说，也就是主张只问有无道理的法治而反对只问有无关系的人治。这在社会主义的今天与共产主义的将来都是极有意义的。墨家巨子腹䵍便坚持在法律面前亲疏平等，而以父杀子，大义灭亲。从孔子的主张父子有恶行应当相隐，孟子主张即在天子，父亲犯法，子也应当背负其父而远逃。中国历代一直有所谓宗室、外戚（皇亲国戚，裙带关系）、用人唯亲、走后门等等恶习，如果尊墨非儒多点，也许社会可以减少一些罪恶。

“（二）强调人力否定宿命的绝对正确。墨子认为贵贱、贫富、智愚、强弱等等均决定于人为而不决定于命运。此与道家相反，与儒家也不同。连号称能破除迷信的王充也在内。

“（三）墨子强调人类必须加紧生产，努力工作，才能生存。这不仅在今天人口最多或较多的国家有意义，即在将来任何国家也都适用。

“（四）墨子强调节省不必要的消费。反对厚葬久丧，主张节用节私（反对多妻），这对公开宣传美衣美食，讲究生活与大办生日、婚事、丧事等等都穷奢极欲的一种风气，也是非常对症下药的。

“（五）墨子主张有力相劳、有财相分、有道相教，这也是他的兼爱交利主义的具体表现之一，有其积极作用的一面。

“（六）墨子强调实行，反对空谈。主张言行一致，反对儒家说的‘言不必信，行不必果’。这在今日和后世都是至理名言。记得周恩来同志生前也强调‘言必信，行必果’。

“（七）墨子独能以十日十夜，裂裳裹足从北方的鲁国跑到南方的楚都，这是何等的吃苦而伟大的精神……同两万五千里长征与延安精神有点相近……

“（八）墨家的为人太多，自为太少，甚至只知损己杀己去利人利天下的伟大精神，比古今人所乐道的孟子理想的‘与众同乐’、范仲淹理想的‘先天下之忧而忧，后天下之乐而乐’，都高明得多，这才真正是‘为人民服务’而不是为自己服务，直到共产主义也还是适用的。”(见《文史哲》1991 年第 5 期)

蔡先生所论极是，所列墨子 8 个方面的当代价值，具有极强的针对性。下面，我们侧重研究墨子教育思想的当代价值和现实意义，以及对当代社会教育的启示。

一、兼爱与无私奉献教育

“兼爱”是墨子思想的核心，也是墨学的重要纲领，所谓“兼爱”就是“远施周偏”的爱，即爱人如爱己，不分远近亲疏地爱一切人。墨子的“兼爱”思想，具有明显的进步意义，主要表现在以下三个方面：(1) 墨子“兼爱”的根本出发点，是为了阻止“强劫弱，众暴寡，诈谋愚，贵傲贱”（《天志中》) 的暴虐行径，使穷苦人民和弱小的诸侯国摆脱灭亡的厄运。(2) 墨子倡说“兼爱”是着眼于实利，而不是停留在空泛的道德说教上。对穷苦人民“兼爱”，就要实现“饥者得食，寒者得衣，劳者得息，乱者得治”（《非命下》)，做到“为万民兴利除害”（《尚同中》)。对弱小国家“兼爱”，就要竭力帮助它不受大国的侵略。墨子认为“爱”与“利”两者不可分离，爱而必利，不利无以见爱，号召人们“兼相爱，交相利”。(3) 墨子的“兼爱”说是对儒家“仁爱”说的突破。孔子的学说以仁爱为中心，强调“亲亲”（爱其亲人）为本。人有亲疏之别，因此爱也有厚薄之分。墨子把这受制于宗族血缘和等级差别的“爱人”，变为无亲疏、无等级差别的完全平等的“兼爱”；更为重要的是，他要把人民从原来作为被“爱”的陪衬角色，确立为被“爱”的主体对象，甚至要求君主也做到“爱民谨忠，利民谨厚”。这就突破了儒家“仁爱”的保守性和狭隘性，达到了前所未有的高度。孙中山先生因此称赞说：古时最讲“爱”字的，莫过于墨子。

墨子不仅倡导“兼爱”，而且身体力行地实践这一主张；努力做到“有力以助人，有财以分人，有道以教人”，尽力做有益于人民的事情。更可贵的是，他为了实现爱利天下的崇高目标，甚至甘愿舍己为人。总之，“兼爱”是墨学的总纲，它既是社会的道德追求，又是政治目标，体现了墨子的崇高理想。

墨子“兼相爱，交相利”的思想，作为一种道德原则，一直闪耀着真理的光辉，并具有重大的现实意义，在某些杰出的人物身上得到一定程度的体现。令人遗憾的是，由于墨学遭受冷遇，被打入“冷宫”，墨子“兼相爱，交相利”的思想没能得到应有的发扬光大。近代以来，我国一些思想家非常重视墨学，掀起了研究墨学的热潮，力图用墨家思想来抵制西方思想的侵蚀，振奋中华民族精神。在市场经济相对发达的地区，墨子的“兼相爱，交相利”思想同价值规律结合起来，对我国民族工业的发展起到了一定的促进作用。在今天，人与人之间的精神交流与慰藉，人与人之间的互助互爱，更为需要和珍贵。当人们搏击商海惨败之际，当人们失去亲人哀伤之际，当人们路遇歹徒遭凌辱之际，当人们落水遭遇危险之际，更需别人的慰藉、关怀、帮助、救援。在我们的生活中，一个真诚的微笑，一句温暖的问候，一瞥深情的凝视，都可能使我们感动、激动，从而产生一种幸福感。人与人之间以爱交换爱，用信任交换信任，这是最美好的境界。这就是“我爱人人，人人爱我”互助互爱的理想境界。如能实现墨子倡导的这种“兼相爱，交相利”的美好理想，天下就会大治，世界便会成为充满爱的美好人间。

二、非攻与世界和平教育

“非攻”，即反对并制止侵略战争，是由“兼爱”衍生出来的。因为掠夺战争会带给社会民生以无穷的灾难：土地荒废，尸骨遍野。为了制止不义之战，墨子不仅奔走呼吁，还与弟子研制防御武器，多次成功地制止了大国侵略小国的不义之战，其中最成功的有“止楚攻宋”、“阻齐侵鲁”和阻止鲁阳文君侵郑等。

墨子认为只要有战争，就会死伤人，王公、诸侯指示他们的谋臣武将，排列好战船兵车，带着坚固的铠甲和锐利的武器，去攻打无罪的国家，入侵其领土，抢割其庄稼，砍伐其树木，毁坏其城郭，填塞其沟地，夺杀其牲畜，烧毁其祖庙，屠杀其百姓，抢走其宝器物品。这既不符合上天的意志，也不符合鬼神的利益，更不利于百姓，因而应当坚决反对。

战争给被侵略国的人民造成无穷的灾难，也给侵略国的人民增加了负担。军队外出侵略别国，春天打仗，会破坏百姓耕种；秋天打仗，会影响百姓收获；夏天打仗太热，冬天打仗太冷，士兵本身都要受苦。如果荒废一季，百姓因饥寒冻饿而死者就不计其数。出兵侵略别国，还要用大量的竹箭、羽旄、铠甲、盾牌、刀柄、戈矛、剑、兵车、牛马、粮草等军用物资；战争中阵亡的将士不计其数，给家庭带来了巨大的灾难。所以墨子说："大国之攻小国也，是交相贼也，过必反于国。"总之，在墨子看来，战争是一种既损人又不利己的行为。

墨子"非攻"，并不是绝对地反对战争，而是只反对侵略战争。对于正义的战争，也就是自卫反击战，墨子是支持的。他把侵略战争称为"攻"，把正义的战争称为"诛"。他认为古代的圣王大禹战胜了三苗，划分山川为九州，区分事物的上下，节制四方，神民和顺，天下太平。商汤奉了天命，率领军队，灭掉了夏桀，天下诸侯纷纷归顺。周武王兴兵伐纣，灭掉了殷商，使政教通达四方。夏禹、商汤、周武王所发动的战争不能叫"攻"，而应叫"诛"。诛灭无道的昏君，建立新的王朝，是顺天意利万民的正义之战，应该充分肯定而且予以支持。

墨子"非攻"的最终目的是实现和平。他以超越国家的观念来批评国家自利主义。墨子为了防止国与国之间的纷争以达成永久的和平，提出了"兼爱""非攻"的理想。当今世界，虽没形成世界大战，但小的局部的战争仍然是此起彼伏，接连不断，强国干涉弱国内政的事件屡屡不断，战争仍在威胁着人类和平，尤其是核战争对人类的威胁更大。20 世纪 80 年代，联合国分别发表了《我们共同的危机》《我们共同的安全》《我们共同的未来》三个纲领性文件，以回答现实提出的发达国家与发展中国家之间

差距不断加大的问题、裁军与安全问题、环境与发展问题。1991年5月中旬，江泽民总书记访问苏联期间，在戈尔巴乔夫为他举行的国宴上，向全世界庄严宣告：建立国际政治经济新秩序是一个艰巨的过程。这种新秩序要求各国人民的事务由本国人民自己决定，任何外国不应干涉别国内政；大国小国穷国富国一律平等，世界的事务由各国协商解决。中华民族是热爱和平的民族。两千多年前我国战国时期一位思想家就提出过“强不执弱”“富不侮贫”的主张。中国进行建设和改革需要一个长期稳定的国际和平环境。我们愿意同苏联和世界其他各国一道，协同努力，为建立公正合理的国际新秩序作出贡献。江总书记讲话中提到的那位战国时期的思想家就是墨子。所以说，墨子的“兼相爱，交相利”“非攻”“强不执弱”“富不侮贫”等思想主张，今天仍可作为处理国际关系的借鉴。弘扬墨子的这些思想主张，有利于世界和平与稳定发展，对维护人类和平、建设幸福的生存环境有着十分重要的作用。

三、尚贤与尊重人才教育

“尚贤”就是选用人才。墨子在《尚贤上》中说，“贤”是“厚乎德行，辩乎言谈，博乎道术者”。所谓德行之“厚”，就是指要达到“义”的要求，也就是能爱人利人，爱利百姓。所谓博乎道术，就是能通晓治国的道理和方法，并且有胜任其事的才能。墨子提出“贤”的标准，目的是实现他改革政权机构，建立贤人政治的愿望，即把那些世袭的无德无才的贵族换下来，将符合

“贤”的标准的兼士选拔上去。墨子认为国家的富或贫，人民的众或寡，社会的治或乱，都取决于是否贤者在位，所以墨子说：得人才者得天下，失人才者失天下；拥有贤能之士并充分发挥作用的，国家就兴盛；缺少人才，又不重视人才，甚至压制、摧残人才的，国家就衰亡。因此他说：“义人在上，天下必治。”（《非命上》）“尚贤者，政之本也。”（《尚贤上》）

怎样才能得到人才？墨子认为，要招揽贤能之才，需要运用物质和精神两种手段，既要注重物质奖励，又要注重精神奖励。用今天的话讲，就是要用激励政策调动人才的积极性。这是十分明智而有效的。因为它既兼顾了人是感性的充满欲望的物质存在，又兼顾了人具有理性的精神存在的本质特点，充分满足了人的物质需要和精神需要，所以具有吸引力和十分明显的效果。“此固国家之珍而社稷之佐也，亦必且富之、贵之、敬之、誉之，然后国之良士亦将可得而众也。”（《尚贤上》）墨子说：这些人才都是国家的珍宝、社稷的依靠，必须使他们俸禄多、地位高，尊敬他们，表扬他们，然后国内的贤良之士就会日益增多。

墨子认为，君王处理政务，只要抓住根本，其他问题就会迎刃而解。为政之本在于尚贤，而尚贤之本在于“举义士”。选拔义士，以贤能为唯一标准，那些靠世袭门第、裙带关系投机取巧者，都不能选拔重用。墨子还认为，“不义不富，不义不贵，不义不亲，不义不近”。如果能做到这几点，则社会井然，国家安稳，人民纯正。他的这一政治理想，至今仍然闪烁着光芒。

墨子还认为“官无常贵，而民无终贱，有能则举之”“虽在农与工肆之人，有能则举之”，明确提出了平民有平等参与政治管理的权利。这在我国历史上还属首次。墨子“尚贤使能”“任人唯贤”的理论是进步的，对我们搞现代化建设特别有参考价值。

墨子在《尚贤上》篇还指出：“故古者圣王之为政，列德而尚贤。虽在农与工肆之人，有能则举之，高予之爵，重予之禄，任之以事，断予之令，曰：爵位不高则民弗敬，蓄禄不厚则民不信，政令不断则民不畏。举三者授之贤者，非为贤赐也，欲其事之成。故当是时，以德就列，以官服事，以劳殿赏，量功而分禄。故官无常贵，而民无终贱，有能则举之，无能则下之，举公义，辟私怨，此若言谓也。”他在这里表达了美好的贤人治国的理想。他认为贤能的人要得到重用，应被赋予相应的责任和权力，并给予相应的报酬；要发扬公共的道义，消除私家的怨仇，营造公正廉政的环境。但令人遗憾的是，我国古代吏制时与墨子的这一主张相悖。正所谓“三年清知府，十万雪花银”，表面上清政廉洁，私下里却中饱私囊，实际上是“当官靠后台，发财靠乱来”。这虽然不完全是事实，但也道出一些实情。古话说“朝中有人好做官”，在民主制度和行政制度不够健全的情况下，官员任用上的弊端是不可避免的，朝廷任用官员，往往不太在乎下面臣民的意见和感情，一些官员也只是对上级负责，对提拔自己的上级官员负责。虽然可能毫无政绩，但只要和关键官员关系密切，忠心耿耿，仍然可以高戴乌纱帽，尽享权力之乐。“笔者认识的一位从事组织人事工作几十年的同志说，当前中国反腐败决心很大，信心很足，也收到了很大的实效。以权谋私、权钱交易、行业不正之风等，确是腐败的鲜明表现，群众意见很大，但还有一种更大的腐败，往往不为一般人所认识，这就是干部任用的不正之风，或培养接班人、代理人，经营自己的山头；或排斥异己，打击报复。这位同志向以见事明晰著称，应引起有关部门深思。”（参邓英树、向宝云编著《墨子与社会问题透视》，四川人民出版社 1995 年版）结合现实，墨子的人才思想确有许多值得借鉴。

当今世界，人才竞争是最大的竞争。政治竞争、经济竞争、科技竞争，实际上都是人才竞争。美国作为世界强国，既充当世界警察，又掠夺世界资源，其中最大的是掠夺发展中国家的人才资源，它采取各种手段，大量争取和吸收人才。亚洲“四小龙”的经济腾飞，主要靠的是各类科技人才、管理人才。邓小平同志曾经提出“尊重知识，尊重人才”“科学技术是第一生产力”。相关政策的落实，调动了知识分子的积极性，激发了他们献身“四化”的激情，涌现出像蒋筑英、陈景润这样的一大批优秀科技人才。但是，由于在政策执行中出现偏差，我国也曾出现一些失误。在《墨子与社会问题透视》中，作者进行了深刻的分析：“众所周知，知识分子是改革的鼓吹者、倡导者和推动者，但市场经济新秩序似乎没有更多地符合他们的利益，反而使其感到失落与被剥夺。体脑倒挂，行业不正之风，权力腐败等，使知识分子的积极性和创造性受到一定程度的损伤。为改变经济拮据的窘境，有的教授卖馅饼，有的博士练摊，这些反常现象有悖社会分工原理，使人才资源未能得到合理配置，造成了极大的人才浪费，这是引人深思的。”

四、尚同与统一思想教育

墨子的“尚同”就是“一同天下之义”，是墨子关于国家起源与政权职能的学说，也是实施“兼爱”的政治制度。墨子主张的“尚同”，不但下自乡长、上至天子都必须选举贤者担当，而且“天子又总天下之义，以尚同于天”（《尚同下》）。这个统一奉行的公正法则，是为了反对专制独裁的统治，积极推行清明政治，做到下情上达，赏罚分明。墨子认为，必须在“民主”的基础上建立起有效的行政管理，并制定出统一的法规，形成统一的是非观念，以统一人们的思想和行动。这种行政管理和思想的统一是社会存在和发展的基础。

墨子注意到，“尚同”如果离开“尚贤”这一前提，就会成为不问是非好恶的思想专制；只有确立这一前提，才可能使思想舆论的统一有正确的方向，即统一到“中（符合）国家百姓之利”这一目标上来。“尚同”说的积极意义就在这里。

墨子“尚同”的主张，并不是要搞思想专制，不要人们说话，因为他鼓励人们规劝长官的过错，反映好人好事，推荐贤良之士。“尚同”的含义是希望上下意见统一，步调一致，同心同德，令行禁止。通过强有力的政治权力体系，保证政令畅通，措施落实。有的学人把墨子的尚同主张说成是搞思想专制主义，这是不全面的见解。因为，墨子强调尚同必须以尚贤为基础。尚贤是实行尚同的基本前提，墨子认为只有贤良之士才能实现“总天下之义，以尚同于天”，即用“天志”来统一全社会的思想舆论。

"天志"的本质就是"爱利百姓"。这样，尚同以尚贤为前提，就形成了有利于百姓的正确导向。否则，尚同就会变成最高统治者随心所欲、独断横行、是非不清、善恶不分的思想专制的措施。因此，墨子十分强调上自天子、三公、诸侯，下至地方上的乡长、里长，都必须实行举贤良之制，即自上而下建立起贤人政治的一套民主体制，以保证思想舆论统一到正确的方向上来，即求"兴天下之利，除天下之害"，以利万民。就是说，尚同的根本目的是把社会由乱到治整治好。为此，必须自上而下地统一人们的思想认识，把人们的是非观、善恶观、价值观统一到墨子主张的"义"的准则上来，才可能达到把社会治理好的目的。由此可见，尚同和尚贤是不能分离的，尚同虽然要以尚贤为基础、为前提，但尚贤要以尚同来相辅，二者是墨子的政治理论和政治主张不可分割的重要内容。墨子的这个政治主张，对于我们当前的社会政治体制改革是有其重要意义的，值得作深入发掘和研究。（参朱传棨《墨子思想与当代中国社会经济政治发展论要》）

五、节用与艰苦奋斗教育

墨子"节用"的主旨在于提倡节俭，反对奢侈。为此，墨子要求杜绝奢侈而厉行节约，在衣食住行各方面，仿效古代"圣王"的处事原则：首先，一切生活器用以最低标准和切合实用为原则，如衣食能温饱即可，房屋能避风雨即可，舟车能使用即可；其次，以是否对人民有利作为考虑与处理事情的出发点，有利的就做，无益的就不做。

在“节用”上，墨子有句名言：“诸加费不加于民利者，圣王弗为。”这句话在《节用中》篇讲了三次。其本意在于劝诫当时的统治者节制物欲，为政清廉。节俭、清廉是中华民族自古称颂的传统美德。作为一种文化观念，它体现了人的真善美的道德情操；作为一种政治观念，则是人们衡量当政者的一个基本准则。虽然在不同的时代，清正、廉洁所包含的内容不同，但它所蕴含的基本道德价值为不同时代所认可，为不同阶层的仁人志士所追求。

墨子提出的节约消费，并不单指日常生活，而是以广阔的社会生活为内容。在经济生活中，如果个人消费过度，有可能会刺激供给，从而间接地刺激生产的增长，但会导致社会资源的浪费，引起社会消费风气的败坏。国家消费也应节俭，要有必要的储备以应付战乱、饥荒等天灾人祸，不能把社会生产的财富都消费掉。

墨子不但倡导“节用”，而且注重“强本”。所谓“强本”，就是指加强生产，发展经济。墨子把粮食看作国家之宝，认为不可不努力生产。为此，他主张让参加战争的农夫返归故里，从事耕种，不夺其力，勿夺其时。墨子强调社会消费必须建立在发展生产的基础上，要求消费水平必须与生产发展状况相适应。如果生产的人少，吃饭的人多，就不可能有丰裕的年景。因此，要保证和提高消费水平，就必须努力发展生产。墨子同时主张，人们的消费水平应随着生产的发展而不断提高。“故食必常饱，然后求美；衣必常暖，然后求丽；居必常安，然后求乐。”（刘向《说苑·反质》）这是说，生活诸方面应力求节俭，待生产发展、社会富裕之后，再逐步提高生活水平。只是因为统治阶级的奢侈淫靡，将社会财富消耗殆尽，人民连温饱问题都没能解决，所以根本就达不到提高生活消费水平的标准。

墨子提出“节用”主张的重要意义在于：揭示了统治者挥霍钱财的剥削本质；总结了历史的经验教训，把节用与奢侈提高到关系国家兴亡的高度——“俭节则昌，淫佚则亡”，促使统治者有鉴于此而能猛醒。今天看来，仍有深刻的现实意义。当今世界经济的发展是前所未有的，社会的富裕也是空前的，但地球只有一个，再多的资源也是有限的，总有用完的一天，所以必须节用。

六、节葬与移风易俗教育

节葬是节用的补充，就是丧葬要节俭。当时，社会上厚葬久丧已成常习，且不说从人死到安葬入土有一系列繁琐的仪式，就是在埋葬方面也以厚为贵。既要修筑高大的陵墓，又要把珠玉珍宝和众多的器物随葬，甚至还要用人殉葬。久丧是指亲属居丧致哀的时间要长久，其中最长的是三年，称为“三年之丧”，子女为父母居丧三年。他们在此期间，不仅要停止原来从事的工作，而且还要住在墓地旁的小屋里，睡在草垫上，头枕着土块；少吃饭，少穿衣。用这样的方式来表示自己痛不欲生的心情，直至把身体折磨得十分虚弱。

墨子认为厚葬久丧的做法是极其有害的，是不明智的，会导致“国家必贫，人民必寡，刑政必乱”（《节葬下》）的后果。为此，他针锋相对地提出“节葬短丧”的主张，即不管天子还是庶民，死后穿三件衣服，用三寸厚的桐木板棺材；棺材也不要深埋，只要下面不触及泉水，上面不至散发出气味即可；坟墓也不要太高，只要能辨认出它所在的位置即可。死者的亲属只需在送葬和返回时哭一下，返回之后，立即从事自己的工作。丧葬时间仅定为三天，用来处理善后事务。墨子认为这样做是“不失死生之利”，即对死者和活着的人都有好处。墨子这一移风易俗的主张，不仅在当时是难能可贵的，而且对现在仍有一定的指导意义。

自从新中国成立之后，党和政府对丧葬习俗进行了改革，废除了厚葬久丧的习俗，并改革土葬为火化。但是，这项改革也遇到了社会习惯、风俗的阻碍。近些年来，随着人民生活水平的不断提高，久丧虽不再有，但对丧事大操大办的还时有所闻。有些农村尽管生活还不富裕，但对于丧事舍得花钱，不惜用自己的血汗钱为死人采石备料，修砌坟墓。在办理丧事方面，有些干部大操大办，动用公车，借机收敛钱物，多有高达数十万元者。一般农民则因大办丧事而负债。亲人去世，为之办理丧事，这是天理人情。但人死后身体复归自然，而在世的亲人为之大操大办，建造豪华的墓地，耗费大量钱物，实在没有必要。在办丧事上摆阔，除了显示活人的体面之外，还能有什么作用？移风易俗，进行丧葬改革，墨子故里滕州近几年有了较大的突破。据调查，广大人民能接受节葬的思想，也不愿意大操大办，希望从俭办理。民政部门推行火化，但丧家大多数还要把骨灰盒埋在地里，要举行丧葬仪式，只有少数把骨灰盒寄存在殡仪馆。其主要原因是“入土为安”的传统观念和怎样祭祀亲人的现实问题还没有解决。三年前，上级批准可在龙山兴建公墓，引起各界人士的关注，有识之士把死后的亲人火化后安葬在公墓。其优越性主要有以下几方面：一是节约了耕地。原来火化后土葬，仍没解决侵占耕地的问题。公墓建在不能耕种的山坡上，便不会侵占耕地，一对夫妇合葬仅占地约 1 平方米。二是丧主植树纪念亲人，绿化了荒山，美化了环境。三是解决了在平原土葬平坟之后无法祭祀亲人的问题。在公墓可立碑纪念，随时扫墓献花，寄托对亲人的无限哀思。四是解决了传统的“入土为安”的观念问题。五是节约了大量的财物。原来有的农民在亲人火化之后，还要用棺木埋葬，造成了很大的浪费。六是公墓有专人管理，让死者安心，生者放心。从滕州的丧葬改革看，移风易俗难度很大，因为有的习俗已同社会的伦理道德观念融为一体，要想改变，很不容易。两千多年前墨子就大声疾呼“节葬”，两千年后的今天，我们仍要革除旧俗，提倡节葬，树立新风。

七、非命与尚力奋斗教育

“非命”，即反对有命的主张。墨子具有强烈的救世使命感，他从历史和现实的考察中得出这一结论。首先，墨子认为世上无“命”，从历史上纣王之时与汤武之时的比较可知，客观条件无一变化，差别只在于主观努力。同时，自古至今的人们亦未尝“见命之物，闻命之声”。其次，墨子认为“命”是由于“暴王作之，穷人术之”（《非命下》），完全是“暴王”和“不肖之民”对自己“听治不强”“从事不强”而落得悲惨结局的推诿，是自欺欺人之谈。

墨子在《非命》篇说：主张有命的人太多了，他们认为命里富则富，命里穷则穷；命里人口众多就众多，命里人口稀少就稀少；命里注定天下太平就太平，命里注定天下混乱就混乱；命里长寿则长寿，命里短命就短命。人即使力量强大，又有什么用呢？他们用这个理论对上游说王公大人，对下阻碍百姓生产。所以主张“有命”的人是不仁义的。因此，对主张“有命”的言论，不能不加以辨析。

命运到底是什么？人生的祸福、生死、吉凶、成败是否由命运安排注定？这是一个困扰世人的谜。古人有相信命运之说的，孔子曾经说：如果道将要行，那是命中注定的；如果道将要亡，那也是命中注定的。他还说：不知晓命，就不能成为君子。今天，仍有信命的，经常会见到算卦的、看相的，他们在闹市、僻巷、檐下、道旁，铺摊算命测字。这些与两千多年前墨子所反对的宿命论非常相似。墨子旗帜鲜明地反对“有命”论，认为“有命”论是败坏天下道义，这是使百姓忧伤的事。他以国计民生为着眼点，尖锐地抨击了“有命”之说，指出了它的欺骗性和危害性。然而，时代发展到现代文明社会，仍有那么多的人信命，这是令人担忧的。

墨子“非命”而“尚力”。“力”与“命”是两种相对立的观点：注重“力”者，对自我力量充满信心，认为事在人为，有志竟成，因而奋发进取；宿命论者则将一切归于命定，摒弃人力，以为人力无可奈何。墨子提倡“力”而排斥“命”，主张发挥人的主观能动性去创造一切的理论，至今仍有现实意义。

因此，研究墨子的《非命》，破除封建迷信，有利于今天的“四化”建设大业。要像墨子在《非命上》《非命下》中指出的那样，树立以下观念：“强必治，不强必乱；强必宁，不强必危。”“强必贵，不强必贱；强必荣，不强必辱。”“强必富，不强必贫；强必暖，不强必寒。”“执有命者之言，不可不非，此天下之大害也。”

墨子非常重视思想道德教育，曾作《修身》篇论述道德修养与实践的重要意义：“士虽有学，而行为本焉。”这句话的意思是：士人虽然有才识，但必须以德行为本。显然，在德与才之间，墨子强调要以德为本。在墨子看来，意志不坚强的人，智慧一定不高；说话不讲信用的人，行动一定不果敢；拥有财富而不肯分给别人的人，不值得和他交朋友；守道不坚定，阅历事物不广博，辨别是非不清的人，不值得和他交往。君子对于道德，必须身体力行，言行合一。那些以图利为重而忽视立名的人永远不可能成为天下的仁人贤士。墨子的这些思想，今天看来，仍具有十分重要的时代价值，值得我们学习借鉴，促使我们成为言行一致、道德高尚的人。

（本篇选自拙著《墨学与当代教育》，中国书店 1997 年版，有改动）

第二十一篇　墨子与职业教育

墨子不但是伟大的思想家、教育家、科学家、军事家、逻辑学家、社会活动家，而且是伟大的职业教育家，是职业教育的祖师。墨子有这么多“家”，是了不起的，我（即指笔者，下同）今天只讲“职业教育家”。

一、墨子是伟大的职业教育家

这个话题源于 10 年前，当时教育部职业教育与成人教育司王继平副司长一行到山东滕州寻墨，调研职业教育。

王继平副司长说：“今天第一次来滕州，主要有两个原因：一是进行调研学习。二是来寻找墨子。刚才李广星老师给我们介绍了一些情况，非常受教育，墨子兼爱的思想、非攻的思想等都有重要价值。他的兼爱思想，就是我们目前所讲的和谐社会。他的非攻思想和我们现在提出的和平主义是一致的。为什么外国人研究墨子思想是非常深入的，是因为还有他的职业教育思想，这些思想就是我们民族传统文化当中非常优秀的东西，确实是需要很好地发扬光大，不能再叫它湮没下去了。墨子思想里面有很多好东西需要进行研究。现在我们这些做具体事情的人、一线的工作者为什么得不到应有的尊重？大家都愿意去当官，当官就有那么好吗？如果一个民族，大家都愿意去当官，这个就很危险！

“有的人把历史已经证明儒家思想当中是错误的东西，是糟粕的东西，还要把它拿出来装饰一番，另外再写一番。写完了以后说，你看，还是我说得好吧。其实，他们都解错了。我来再解一下。比如，‘学而时习之，不亦乐乎’，他们说‘学而时习之’讲的肯定不是练习。有人解释成这是实践，说孔子就有实践思想，就重视职业教育。非要给你编一套，非要从这里找到职业教育的根源。这本来就不是一回事，非要把孔子的一些东西拿出来解释，非要给它套上。那篇文章还有一句‘学而优则仕’，他们说‘学而优则仕’不是说去做官，是说学习好了去干活、做事，说‘仕’是做事的‘事’，那就是没有说他是学而优去当官的，于是他（孔子）也是重视职业教育的。非要这样胡解。他只了解皮毛，他不知道那个时代社会有一个分工叫士、农、工、商，他不知道这个分工。孔子怎么没有说学而优则工，学而优则农，学而优则商，而是说学而优则仕？

“我认为有这样一种倾向：本来没有的东西非要给安到儒家的头上去，非要给它变出来。这个不是孔子的思想，但是并不是说我们传统文化当中没有这个思想。传统文化有这个思想，是在墨子那里。这次到滕州来就是这个目的，来这里了解我们职业教育的情况，然后来寻找墨子，来学习，来体会我们古人对这一教育的理解，从而也考虑我们下一步工作怎么做。今天我们在考虑我们的自信从哪里来，我们的自信不可能从美国来，我们的自信也不可能从欧洲来，我们的自信肯定要从我们的祖先那里来，所以要寻找祖先。搞墨子研究的，特别是墨子故里的人有这个使命，就是宣传墨子的职业教育思想。”

我为什么大段地引用王副司长的讲话？因为他的讲话很重要，我体会主要有以下几点：一是滕州寻墨，发现发掘墨子思想的时代价值。二是孔子讲“学而优则仕”，墨子讲学而优则事，“仕”与“事”本质上不同。三是重视实践，重视职业教育的根源是墨子，不是孔子。四是墨子的职业教育思想研究不够，我们发展职业教育的自信应从墨子那里找。

2008 年 7 月 22 日，我应约到教育部职业教育与成人教育司，王副司长热情地接待，给我留下了深刻的印象。我们畅谈墨子的职业教育思想，认为墨子是中国职业教育的祖师，弘扬墨子的职业教育思想有利于我国职业教育的发展。我送他《墨子名言》《墨学与当代教育》等自著的墨子研究著作，他把其专著《职业教育与成人教育研究》送给我，并推介有关研究墨子职业教育的文章，希望我能在这方面多出成果。当时我答应下来，后因多种原因，没能兑现。今天，机会来了。我参加贵院的校园文化建设活动，借此良机，献上我对墨子教育职业思想的感悟。今天，我的讲演既是对顺德职业技术学院的祝贺，也是对教育部王继平副司长所交的一份答卷。

王继平副司长现任教育部职业教育与成人教育司巡视员、中国职业技术教育学会常务副会长。他是一位学者型的领导，对墨子研究较深，对我国的职业教育与成人教育的发展贡献较大，我很尊重他。以上所讲，可以归纳为第一个课题：墨子是伟大的职业教育家,是中国职业教育的祖师。

二、墨子职业教育思想的现代价值

下面，我讲第二个课题：墨子是伟大的职业教育家。

2400 多年来，墨子的职业教育思想已经融入中华民族的血液里，经一代又一代的能工巧匠口教手传，成为各个行业的规范，成为职业教育的指导思想。因为时间有限，不能详细讲述，我结合当代职业教育存在的问题，浓缩为四句话：第一句是："不以规矩，不成方圆。"第二句是："手艺手不易。"第三句是："能丢了走，不能丢了手。"第四句是："三百六十行，行行出状元。"下面分别解释：

（一）不以规矩，不成方圆

这句话是说：不按照规矩办，就不能成方圆。即要懂规矩，讲规矩，守规矩。

孙中山先生非常崇拜墨子，1905 年 11 月 26 日，他在《民报》创刊号上，精心选择刊物的内容，把黄帝、华盛顿、卢梭、墨翟的图像及评价排列在刊物的前面，突出他们的伟大形象和思想。墨子像下边的文字是“世界第一平等博爱主义大家墨翟”。参见图21-1墨子像。

图21-1　墨子手持规矩

我发现，墨子像与黄帝、华盛顿、卢梭像有所不同，四个伟人像中唯有墨子手持器物。这个器物是什么？有何用意？令人费解。我查阅了有关资料，对墨子右手持的器物有两点感悟：

一是“实”，表示工具，意思是“规矩”。

图21-2　女娲执规，伏羲执矩

请看图21-2“女娲执规，伏羲执矩”。

规，古时写作“槼”。本义为画圆的器具，今指圆规。矩，画直角或方形的工具，今指矩尺（曲尺）。

在《墨子·法仪》篇，墨子曰：“天下从事者，不可以无法仪，无法仪而其事能成者无有也。虽至士之为将相者皆有法，虽至百工从事者亦皆有法。百工为方以矩，为圆以规，直以绳，衡以水，正以县。无巧工不巧工，皆以此五者为法。巧者能中之，不巧者虽不能中，放依以从事，犹逾已。故百工从事，皆有法所度。”

这段话大意是，墨子说：“天下所有做事的人，都不可以没有标准。没有标准而想把事情做好，那是没有的。即使像那些由士出身担任将相的人，也都有标准；就是从事于各种行业的人，也都有标准。不依规矩不能成就方圆。工匠们用矩画方形，用规画圆形，用墨斗画直线，用水平器测平面，用悬锤量偏正。无论是巧工还是非巧工，都用这五种标准施工。巧工能做得更好，不巧的虽然不能做得很好，但用这些标准仿照去做，总能超越原来的水平。所以从事各种行业，都有标准可以遵循。”

墨子在《墨子·法仪》中，用“规矩”作为例证来说明“法仪”的重要性。我认为墨子说的“天下从事者，不可以无法仪，无法仪而其事能成者无有也”，是颠扑不破的理论。

二是“虚”，其含义指“法仪”“法规”“法制”等，从而引申出“依法治国”。

规的本义是画圆的器具，今指圆规。规的引申义有规则、法则、章程、标准、法度等。《说文解字注》：“规，有法度也。从夫，从见，会意。”（汉许慎撰，清段玉裁注《说文解字注》）矩的本义是画直角或方形的工具，今指矩尺（曲尺）。矩的引申义有法则、规则、法度等。《论语·为政》：“七十而从心所欲，不逾矩。”规矩，本义指规和矩，是画方圆的工

具。其引申义是规则、法则、法度、法规等。《孟子·离娄上》：“不以规矩，不能成方圆。”这是规矩“虚”的含义。

墨子创立的墨家，其内部有着严格的“规矩”“法仪”，即“墨家之法”。《吕氏春秋·去私》篇有一个真实的案例：墨家巨子腹䵍的儿子杀了人，秦惠王特意赦免了他的儿子。腹䵍不同意。他回答说，墨家的法律规定：杀人者处死，伤人者受刑。这是天下的公理。因此，杀死了自己的儿子。（张玉春等译注《吕氏春秋译注》）表明墨家公正无私，执法必严。

墨子用“规矩”比喻“法仪”，进而说明“天下从事者，不可以无法仪，无法仪而其事能成者无有也”，墨子的“法仪”就是“墨家之法”。我感悟到：墨子右手所持规矩，一是“实”，表示工具，即“规矩”；二是“虚”，其含义指“法律”“法规”“法制”，进而引申出“依法治国”。

结合现代的职业教育，学生应该遵纪守法、尊敬师长，应该懂规矩、讲规矩、守规矩。这是我的感悟。

（二）手艺手不易

“手艺”是什么？手艺是用手工从事的技艺，工匠们靠着常年熟练的功夫，制作出各式各样的作品、器物、装饰品等。央视科教频道“探索·发现”栏目百集纪录片《手艺》认为：手艺，人类文明的重要载体，先人智慧的生动体现。工艺之美与人生经历的交织，古人智慧的奇巧与今人在繁华世界中的不断追寻。心手相连，每一门传统手工技艺的背后，都闪现着手工艺人的心血与智慧；每一个精美绝伦的瞬间，都凝聚着岁月与人生的坎坷沧桑。

“手不易”是“手艺不容易学到手、不容易学精”的意思，手艺达到高水平就更难。“手艺手不易”是几千年来的经验之谈，有很深刻的道理。我年轻时曾是一名“手艺人”，是一名木匠，经常听老人或老师傅说这句话，经过实践，对这句话有了较深刻的理解。“靠本事吃饭，量力求财”是手艺人的信念。

历史上，人们对手艺人高看一眼，称为“师傅”，这是对手艺人的尊称。民间有言：“口艺不如手艺，学会手艺就是一个‘饭门’，饿死口艺，饿不死手艺。”“口艺”是指说书唱戏的技能，能依靠它挣钱吃饭，这在缺衣少食的年代不少人以此为生。

对此，我深有体会。20 世纪六七十年代，生活困难，尤其是到春季，断粮的人家很多，有的被迫离家外出讨饭。我很幸运，没有出门讨饭，这要感谢“手艺”。因为我当时是一名手艺好的青年木匠，请我去做木工家具、房屋门窗梁架、生产工具的接连不断，从年头到年尾，从东家到西家，天天紧张而愉快地生活着。1972 年，因为手艺好、口碑好，我被东郭公社供销社录用，当时供销社共有 2 名木匠、2 名铁匠，在“前店后厂”做农具，支援农业生产。在此期间，我发明创造了手动制药片机，配合全国闻名的“东郭供销社红医柜”，方便人们用中草药治病。1974 年，我因表现好、贡献大、有发明创造而被推荐上学，我非常幸运地被推荐上了滕州师范学校，这是我人生的重大转变。这还要感谢“手艺”。

我的好手艺，得益于家传。我的父亲、祖父、曾祖父都是当地有名的木匠，我受老人的教育，从小就与木工结缘。中学毕业后无学可上，我面对生活的现实，走上了木工之路。我的梦想从上大学改为当一名“青年鲁班”，这既是现实生活所迫，也是受电影《青年鲁班》的影响，主人公李三辈的事迹深深打动了我，李三辈的《木工简易计算法》深深启发了我。为了梦想，当年填写入学志愿，我写的是山东工学院、山东建筑学院等理工科院校。现实生活又一次改变了我的梦想，把我的梦从“青年鲁班”之梦切换为“人民教师”之梦。若干年之后，当时知情的领导告诉我：根据你的特长，你当年先被录取到山东工学院，后来有个干部子弟把你顶替了，只好把你录入滕州师范学校。福兮？祸兮？人生就是如此，必须面对现实。人生难以预测，当年拜过鲁班像的青年木匠，没有成为鲁班的传承者，却成为墨子的信徒，潜心学习研究墨子30多年，为弘扬墨学做出了应有的贡献。

任继愈先生说，墨子与鲁班是师兄弟，都是滕州人。我赞成这种观点。我有幸参与研究弘扬墨子、鲁班精神的活动，感到十分高兴。今天与大家分享我的学艺体会，我仿佛又回到当年从事木工的现场。我想告诉青年同学们：学艺要多吃苦，多动脑筋多流汗水，干一行、爱一行、专一行、精一行，成为行家里手，成为行业的带头人。“手艺手不易”，这是千年古训，希望大家牢记。

（三）能丢了走，不能丢了手

“能丢了走，不能丢了手”这句话也是几千年的经验之谈。其意思是：对于某项工程，如果因为主观、客观条件不允许，那就选择放弃、不做，丢下就走，决不能勉强自己，做出质量差的工程，不能丢了“手艺”——影响自己的名声、信誉。

这句话从古至今，广为流传，如追根求源，就能追溯到墨子。《墨子·经上》：“信，言合于意也。”译成现代汉语就是：“信，就是说话符合心意。”《说文解字注》以“诚”说“信”，以“信”说“诚”，“诚信”为同义复词。“信”，从人从言，会意。所以有“人言为信”及“言必由衷”的说辞。

自古以来，“信”是据之以行动的德目，要人“心口如一”“言行一致”。墨子说：“言不信者行不果……行不信者名必耗。”（《墨子·修身》）墨子又说：“言必信。”（《墨子·兼爱下》）墨家重信守信，一诺千金。如墨家巨子中的孟胜、田襄子和腹䵍的言行事迹，可以说惊天动地、名垂青史。孟胜为墨家巨子，与楚阳城君关系密切，率弟子180余人为阳城君守土，并与他“毁璜以为符”，约定以符为令信。楚国发生内乱，阳城君逃走。孟胜弟子徐弱劝他离去，以免死难而绝墨家巨子之传。孟胜坚决不从，认为“受人之国，与人有符，今不见符”，若擅自离去，不是墨家的义举。为此，他“死之，所以行墨者之义”（《吕氏春秋·上德》）。孟胜把“义”看得高于一切，为了行义，可以献出宝贵的生命。于是，孟胜与弟子180余人为了实践墨家的道义、理想，为了维持墨家的地位、威信、影响，全部壮烈殉难。徐弱在孟胜的感召之下，“请先死以除路”（《吕氏春秋·上德》）。被孟胜派往宋国传巨子之位给田襄子的两个弟子，在完成使命以后，拒绝了田襄子的劝阻，坚决表示要和孟胜一起死难，并毫不犹豫地返回，毅然献出了宝贵的生命。这件事充分反映了墨家弟子那种无私无畏、勇于为义牺牲的献身精神。这种精神可以感天地、泣鬼神，永远为世人所敬仰，成为我们民族传统侠义的伟大精神。

“信”是职业道德的精髓。墨子非常重视“信”，《墨子》一书中出现了51次“信”。“能丢了走，不能丢了手”，就是对墨子“信”的通俗易懂的解释。

（四）三百六十行，行行出状元

“三百六十行，行行出状元”这句话的核心是要有“职业自信”。“三百六十行”是个概数，是概括各行各业，如《墨子》中的“百工”，也是概数，概括各行业。“行行出状元”是说行业之间没有贵贱高低之分，只要你肯努力奋斗，就有可能成为某个行业的状元，即拔尖人才、大国工匠。

有些学者说，墨子出身于工匠，是手工业者的杰出代表，代表了手工业阶层的利益。墨子很重视手工业生产，他在《墨子·节用中》说：“凡天下群百工，轮车鞼匏陶冶梓匠，使各从事其所能。”墨子要求木工、制车工、制陶工、冶金工等各种手工业工匠，强力“从事”，“修舟车”“为器皿”供给社会所需要的各种手工业产品。

墨子不仅亲自率领弟子参加各种社会劳动，教育弟子热爱劳动，树立劳动光荣的思想，而且注意从生产劳动中总结概括各种经验理论。比如从农业、手工业、城防工程的劳动技术中，总结出数学、力学、光学、机械工程学等理论。这些理论涉及面广，论述全面而具体，具有很强的实用性。例如，禽滑釐向墨子请教怎样帮助弱小国家守城，墨子向他传授各种守城之法。其中，《墨子·备梯》篇有这样的记载：禽滑釐请教墨子如果敌人堵塞了我方的护城河，架起云梯攻城，我方应当如何防守。墨子说：你是问对付云梯的办法吧？云梯是一种非常笨重的攻城器械，移动起来非常不方便。守城的一方可在城墙上筑起“行城”和“杂楼”，将自己环绕起来。行城与杂楼之间要保持一定的距离，并且在它们之间要用幕布遮起来。投掷机、冲撞及救援用的行栈、行城器械等军械的排列宽度，要与敌人士兵的进攻宽度相等。同时，还要派视力好的哨兵随时观察敌人的动静，一旦敌人发动进攻，哨兵就发出信号。于是，守城的士兵有的从两边向敌人射击，有的集中射击某一部分敌人，有的用投掷机向敌人投掷石块。这样，从城上雨点般倾泻下来的箭矢、砂石、火把以及滚烫的开水，足以把进攻之敌打退，敌人用云梯攻城之法就破了。墨子这些独具特色的积极防御的军事学说，如不源于亲自参加防御工程现场的指挥部署，是难以讲清其具体细节的。

劳动技术教育和其他各种教育有密切的联系。进行劳动技术教育，有利于促进人的体力、智力、品德和美感的发展，是全面发展教育不可缺少的重要组成部分。生产劳动是人类社会赖以生存和发展的基础。每一个有劳动能力的人，都应以自己的辛勤劳动为社会发展做出贡献。

墨子“强力从事”的劳动技术教育，受到社会各界的赞扬，《庄子·天下》篇称赞墨子“其生也勤，其死也薄”。我们今天的劳动技术教育如何？有多少青年学生愿意参加劳动技术训练？据有关调查，中小学生参加劳动的很少，劳动技术教育课开的也不多。在校大学生大都长期脱离劳动实践，再加上社会某些不良风气及西方某些腐化堕落思想的影响，部分大学生逐渐滋长了懒惰、贪欲、好逸恶劳的思想。有的学生鄙视体力劳动，有的甚至连自我服务性劳动也不愿意干。这种错误的思想倾向，如不采取措施加以清除，势必影响合格人才的培养。因此，要加强对大、中、小学生的劳动技术教育，帮助他们树立正确的劳动观念和劳动态度。我们也应当很好地借鉴墨子留传给后世的这一宝贵遗产，大力宣传：劳动光荣，劳动神圣！

三、弘扬工匠精神，铸就中国梦

我发现，很多人是木匠出身。比如党和国家领导人刘少奇、李先念、李瑞环、李长春，都干过木匠。在文化界有两位，一位是著名画家齐白石，是纯正的木匠出身；另一位是中国国家图书馆前馆长、著名学者任继愈，也是一名巧木匠。在外国，俄罗斯总统普京曾是一位木匠。美国前总统卡特，从小就喜欢木工活，学着自己动手做家具；当上总统后，每到一个国家访问，他都要到该国的家具厂参观，并且喜欢收集木工工具。他当年访问上海，就跑去参观家具厂，称赞那里的硬木家具“精雕细刻，漆面很厚，简直漂亮极了”。以上诸位有一个共同的特点，就是皆为木匠出身，都喜欢木工，都是从木匠到领袖、名人的杰出代表。

我还发现，2015 年央视新闻频道自“五一”始，推出了 8 集系列节目《大国工匠》，讲述了为长征火箭焊接发动机的国家高级技师高凤林等不同岗位的劳动者，用他们灵巧的双手，匠心筑梦的故事。这群不平凡劳动者的成功之路，不是进名牌大学，拿耀眼文凭，而是默默坚守，孜孜以求，在平凡的工作岗位上，追求职业技能的完美和极致，最终脱颖而出，跻身“国宝级”技工行列，成为各自领域不可或缺的人才。

科学家设计出宏伟蓝图，大国工匠把蓝图做成物品，制造出“两弹一星”、宇宙飞船、高速动车、探海“蛟龙”等世界尖端科技产品。没有两者完美的结合，就不能成功。

管延安以匠人之心追求技艺的极致，让海底隧道成为他实现梦想的平台。高凤林是“发动机焊接第一人”，很多企业以高薪聘请他，甚至有人开出几倍工资加两套北京住房的诱人条件，但他都不为所动。他为国奉献的精神，令我们感动。周东红 30 年来始终保持着成品率 100% 的记录，他加工的纸也成为韩美林、刘大为等著名画家及国家画院的专用画纸。胡双钱创造了打磨过的零件百分之百合格的惊人纪录。在中国新一代大飞机 C919 的首架样机上，有很多由胡双钱亲手打磨出来的全新零部件。孟剑锋的百万次精雕细琢，雕刻出令人叹为观止的“丝巾”。张冬伟焊接质量百分百合格，保证了产品外观的完美无缺。宁允展是 CRH380A 高速动车组的首席研磨师，是中国第一位从事高铁列车转向架“定位臂”研磨的工人，被同行称为“鼻祖”。顾秋亮能把中国载人潜水器组装的精密度达到“丝”级。

“宝剑锋从磨砺出。”在收看该系列节目时，我发现工匠们的文化水平不同，年龄有别，但都拥有一个共同的闪光点——热爱本职工作，敬业奉献。他们技艺精湛，有人能在牛皮纸一样薄的钢板上焊接而不出现一丝漏点，有人能把密封精度控制在头发丝的五十分之一，还有人的检测手感堪比 X 光般精准，令人叹服。他们所以能够匠心筑梦，凭的是传承和钻研，靠的是专注与磨砺。“大国工匠”的感人故事、生动实践表明，只有那些热爱本职工作、脚踏实地、勤勤恳恳、兢兢业业、尽职尽责、精益求精的人，才可能成就一番事业，才可望拓展人生价值。他们都是我们学习的榜样！

实干托举未来，“工匠精神”铸就“中国梦”。中国要从制造大国向制造强国迈进，离不开每一位技术工人的开拓与创新。实现中华民族的伟大复兴，实现“两个一百年”的奋斗目标，更离不开各行各业践行、发扬“工匠精神”的人。

习近平总书记指出：“一切劳动者，只要肯学肯干肯钻研，练就一身真本领，掌握一手好技术，就能立足岗位成长成才，就都能在劳动中发现广阔的天地，在劳动中体现价值、展现风采、感受快乐。”

李克强总理在 2017 年的政府工作报告中，重提“工匠精神”，呼吁“厚植工匠文化，恪尽职业操守，崇尚精益求精，培育众多中国工匠”。工匠精神是手艺人的安身之本，是企业的金色名片，更是国家实力的鲜明写照。

教育部部长陈宝生在 2017 年 3 月全国“两会”上，在回应教育热点问题时说，要通过修订职业教育法，引导整个社会转变观念，建立起职业教育和普通教育的“立交桥”，改变目前两者相分离的状况；要改变普通高校先录取、职业学校再录取的制度，让职业教育不再“低人一等”。陈部长讲得很好，我们希望这些能早日实现。

今天，我讲了三点：第一，墨子是伟大的职业教育家，是中国职业教育的祖师。第二，墨子职业教育思想的现代价值。第三，弘扬工匠精神，铸就中国梦。墨子的职业教育思想博大精深，今天以“问题”为导向，针对目前普遍存在的问题，如遵纪守法的规矩意识欠缺、技术上精益求精欠缺、做人做事诚信欠缺、职业自信欠缺、大国工匠意识欠缺等问题，针对性地讲了“不以规矩，不成方圆”“手艺手不易”“能丢了走，不能丢了手”“三百六十行，行行出状元”这四句古语名言，通俗地领悟墨子职业教育思想精髓，与大家共同分享。我们要增强规矩意识、精艺意识、诚信意识、自信意识、能工巧匠和大国工匠意识。不当之处，敬请批评指正。

（本篇是作者于 2017 年 4 月 15 日在广东顺德职业技术学院的演讲稿，刊于《职大学报》2018 年第 3 期，有改动）

第二十二篇　墨子游说与现代传播

“游说（shuì）”是古代宣传思想文化的用语，“传播”是现代宣传思想文化的用语。游说与传播名异而实同，游说与传播是源与流的关系。

春秋时期，孔子创立儒家，周游列国，游说诸侯，开创了游说的新纪元。战国时期，墨子创立墨家，周游列国，上说下教，开创了游说的新时代，引领了战国纵横家的游说活动，形成强大的游说之风。游士们奔走于各国，凭着能说善辩的口才劝说君主采纳他们的政治主张，形成了合纵连横的五彩缤纷的游说历史。

墨子的游说思想、活动丰富多彩，其游说目的是宣传“贵义”“兼爱”，游说的对象是王公大人与农工之人，游说的内容是墨家十大主张，游说的行为是强聒不舍，游说的结果是墨学成为显学，劝阻了强国攻打弱国。

一、游说的目的

墨子游说的目的是宣传“贵义”“兼爱”。他认为：“义，利也。”（《墨子·经上》，以下只出现篇名）义，就是利人利天下。“万事莫贵于义。”（《贵义》）“天下有义则生，无义则死；有义则富，无义则贫；有义则治，无义则乱。”（《天志上》）“义者，善政也。何以知义之为善政也？曰：天下有义则治，无义则乱，是以知义之为善政也。”（《天志中》）他同时提出“兼爱”，指出：“兼相爱，交相利。”（《天志上》）“若使天下兼相爱，国与国不相攻，家与家不相乱，盗贼无有，君臣父子皆能孝慈，若此则天下治。故圣人以治天下为事者，恶得不禁恶而劝爱？故天下兼相爱则治，交相恶则乱。”（《兼爱上》）“天下之人皆不相爱，强必执弱，富必侮贫，贵必敖贱，诈必欺愚。凡天下祸篡怨恨，其所以起者，以不相爱生也……天下之人皆相爱，强不执弱，众不劫寡，富不侮贫，贵不敖贱，诈不欺愚，凡天下祸篡怨恨，可使毋起者，以相爱生也……夫爱人者，人必从而爱之；利人者，人必从而利之；恶人者，人必从而恶之；害人者，人必从而害之。”（《兼爱中》）“爱人不外己，己在所爱之中。”（《大取》）“夫义，天下之大器也，何以视人必强为之？”（《公孟》）义，是天下最宝贵的，为什么要看别人如何呢？自己努力去做吧。

在《鲁问》篇里，墨子与吴虑围绕如何实行“义”进行辩论。“鲁之南鄙人有吴虑者，冬陶夏耕，自比于舜。子墨子闻而见之，吴虑谓子墨子：‘义耳义耳，焉用言之哉？’子墨子曰：‘子之所谓义者，亦有力以劳人，有财以分人乎？’吴虑曰：‘有。’子墨子曰：‘翟尝计之矣。翟虑耕而食天下之人矣，盛，然后当一农之耕，分诸天下，不能人得一升粟。籍而以为得一升

粟，其不能饱天下之饥者，既可睹矣。翟虑织而衣天下之人矣，盛，然后当一妇人之织，分诸天下，不能人得尺布。籍而以为得尺布，其不能暖天下之寒者，既可睹矣。翟虑被坚执锐救诸侯之患，盛，然后当一夫之战。一夫之战，其不御三军，既可睹矣。翟以为不若诵先王之道而求其说，通圣人之言而察其辞，上说王公大人，次匹夫徒步之士。王公大人用吾言，国必治；匹夫徒步之士用吾言，行必修。故翟以为虽不耕而食饥，不织而衣寒，功贤于耕而食之、织而衣之者也。故翟以为虽不耕织乎，而功贤于耕织也。'吴虑谓子墨子曰：'义耳义耳，焉用言之哉？'子墨子曰：'籍设而天下不知耕，教人耕与不教人耕而独耕者，其功孰多？'吴虑曰：'教人耕者其功多。'子墨子曰：'籍设而攻不义之国，鼓而使众进战，与不鼓而使众进战而独进战者，其功孰多？'吴虑曰：'鼓而进众者其功多。'子墨子曰：'天下匹夫徒步之士少知义，而教天下以义者功亦多，何故弗言也？若得鼓而进于义，则吾义岂不益进哉？'"

吴虑认为，对于"义"，只要自己认真去做就行了，不要反复向别人宣传，教育别人行义。墨子反对这种观点，认为"义"的核心是兼爱，主张天下的人要兼相爱、交相利。但社会现实是大国攻打小国，大家侵夺小家，强者劫弱，贵者傲贱，王公大人们并不欣赏墨家的"义"，其行为与"义"相悖。针对这种情况，墨子认为，自己不仅要带头行"义"，而且要带头宣传"义"，教育人们行"义"，要擂起"鼓"来，让人们朝着"义"的方向前进。只有大多数人知道义，愿意实行义，义才能真正实行，义才能发扬光大。墨子并不反对实践，也不反对吴虑的“冬陶夏耕”，墨子曾多次强调“从事”。吴虑自比尧舜，不同于一般士人平民，墨子主动找他面谈如何行义，旨在动员他参加义的宣传教育工作，让更多的人行义。靠一个人的努力耕织来解决天下人的温饱，不如动员天下人共同耕织解决温饱。墨子运用这样的对比告诉吴虑，宣传教育极为重要。一种正确的理论主张，一项具体的措施、政策，都需要宣传教育，只有宣传教育人们，才能动员组织人们。墨子重视宣传教育的理论是积极正确的。从墨子与吴虑的对话中，我们知道，墨子非常重视游说的作用与价值。

二、游说的对象

墨子游说的对象非常广泛，从王侯大夫到农与工肆之人，“上说下教”“遍从人而说之”。他在与吴虑辩论如何行义时说：“翟以为不若诵先王之道而求其说，通圣人之言而察其辞，上说王公大人，次匹夫徒步之士。王公大人用吾言，国必治；匹夫徒步之士用吾言，行必修。故翟以为虽不耕而食饥，不织而衣寒，功贤于耕而食之、织而衣之者也。故翟以为虽不耕织乎，而功贤于耕织也。”（《鲁问》）

“上说王公大人。”墨子从社会政治的高度着眼，认为“上说”诸侯、王公、大夫是必要的。因为“王公大人”掌握着统治大权，既可以办好事，也可以干坏事，对整个社会的发展起着别人无法替代的作用。他们个人的好恶影响着社会的发展，所以要对他们进行“上说”，说服教育他们尊天、事鬼、兼爱、非攻、

尚贤、尚同、非命、非乐、节用、节葬。只有对他们进行说教、劝告、教育，才能让他们懂得为民谋福的好处，促使他们“贵义”“兼爱”。

“下教农与工肆之人（即‘次匹夫徒步之士’）。”“下教”是向平民百姓进行教育，教育他们学习文化科学知识，提高生产劳动技术，增强社会公德意识，增强人的素质，加强防守力量，以改善人民的生活，提高人民的地位。这部分人是社会的创造者，占人类的绝大多数，因而要对他们进行游说，唤醒他们共同创造一个“兼相爱，交相利”的理想社会。这是墨子的高明伟大之处。即要唤起广大人民的觉悟，提高全社会人的素质，才能实现崇高的社会政治理想。墨子知道，任何事情要想成功，只靠个人的力量是不行的，要培养更多的人才共同去做，才有希望成功。因此，他除自己到各国游说之外，还派出许多弟子到各地分头讲学，宣传墨家的主张，扩大墨家的队伍，形成遍布社会各地的教育体系。另外，他还选拔一批才能出众的弟子，推荐他们到各国做官，通过这些人，向王公大人进行传教行义。墨子的游说是非常成功的；如不成功，也就不会在百家争鸣中成为两大显学之一。

墨子在“上说下教”的游说活动中，一贯坚持“有道相教”。他说：“不强说人，人莫之知也。”（《公孟》）他还以撞钟与国家的政事为例，在《公孟》篇中对公孟子说明主动施教的重要道理，坚决反对“弗问不言”“待问而后对”（《非儒下》）的被动施教；另在《非儒》篇中驳斥了儒家“击之则鸣，弗击不鸣”的施教原则，一再强调的就是“扣则鸣，不扣必鸣”。

墨子明确了游说的目的之后，还明确了如何游说。治徒娱、县子硕问墨子："为义孰为大务?"墨子说："譬若筑墙然，能筑者筑，能实壤者实壤，能欣者欣，然后墙成也。为义犹是也，能谈辩者谈辩，能说书者说书，能从事者从事，然后义事成也。"(《耕柱》)这段古文大意是：治徒娱、县子硕问墨子："行义最重要的事情是什么?"墨子说："好比筑墙一样，能筑的筑，能填土的填土，能测量的测量，然后墙就能筑成了。行义也是这样。能演讲论辩的就演讲论辩，能解说典籍的就解说典籍，能干实事的就干实事，然后义事就可以成功了。"

三、游说的内容

墨子游说的内容是兼爱、非攻、尚贤、尚同、节用、节葬、天志、明鬼、非乐、非命"十大主张"，简述如下：

"兼爱"。"兼爱"是墨子思想的核心，也是墨子代表性的观点。所谓"兼爱"就是"远施周偏"的爱，即不分等级、不分远近亲疏地爱一切人。"兼爱"说是对于儒家"仁爱"说的突破，突破了儒家"仁爱"的保守性和狭隘性，达到了前所未有的高度。孙中山先生因此称赞说：古时最讲"爱"字的，莫过于墨子。总之，"兼爱"是墨学的总纲，它既是社会的道德追求，又是政治目标，同时具有世界观的哲学意义，体现了墨子的崇高理想。

"非攻"。"非攻"即反对并制止侵略战争，是由"兼爱"衍生出来的。因为掠夺战争带给社会民生以无穷的灾难，造成土地荒废，尸骨遍野。为了制止不义之战，墨子不仅奔走呼吁，还与

弟子研制防御武器，多次成功地制止了大国侵略小国的不义之战，其中最为成功的有“止楚攻宋”、“阻齐伐鲁”、阻止鲁阳文君侵郑等。鲁迅先生曾以《非攻》为题写成著名的历史小说，赞扬墨子为中国的脊梁和传奇式的伟大英雄。当前，和平与发展是全人类所关心的两大主题，墨子的“非攻”对维护人类和平、保持社会稳定、建设幸福的生存环境有着十分重要的作用。

“尚贤”。“尚贤”就是不分贵贱地推荐、选拔、使用德才兼备的人。墨子认为国家的富或贫，人民的众或寡，行政的治或乱，都取决于是否有贤者在位。因此，他说：“义人在上，天下必治。”（《非命上》）“尚贤者，政之本也。”（《尚贤上》）墨子还认为“官无常贵，而民无终贱，有能则举之”。又说：“虽在农与工肆之人，有能则举之。”这样明确地提出平民有平等参与政治管理的权利，在我国历史上还属首次。墨子“尚贤使能”、任人唯贤的理论是进步的，对我们搞现代化建设特别有参考价值。因为搞现代化要靠知识、靠人才，当前更需要“尚贤使能”。所以说，墨子的用人之道对我们有极为重要的现实意义。

“尚同”。“尚同”就是“一同天下之义”，是墨子关于国家起源与政权职能的学说，也是“兼爱”得以实施的政治制度。墨子认为，应在民主的基础上，建立起有效的行政管理体制，并制定出统一的法规，形成统一的是非观念，以统一人们的思想和行动。这种行政管理体制和思想统一是社会存在和发展的基础，是造福于人类的。墨子注意到“尚同”如果离开“尚贤”这一前提，就会成为不问是非好恶的思想专制，只有确立“尚贤”这一前提，才可能使思想舆论统一到正确的方向上来，即统一到“中（符合）国家百姓之利”这一目标上来。“尚同”说的积极意义也在这里。

“节用”。“节用”的主旨是提倡节俭，反对奢侈。凡事应当节俭，这是墨子的一个基本观点。为此，墨子要求杜绝奢侈而厉行节约，在衣食住行各方面，效仿古代“圣王”的处世原则。墨子不但倡导“节用”，而且注重“强本”。所谓“强本”，就是指加强生产，发展经济。墨子提出“节用”主张的重要意义在于：第一，揭示了统治者挥霍钱财的剥削本质；第二，总结了历史的经验教训，把节用与奢侈提高到关系国家兴亡的高度——“俭节则昌，淫佚则亡”，促使统治者有鉴于此而能猛醒。今天看来，其仍有深刻的现实意义。

“节葬”。“节葬”就是丧葬要节俭，是节用的补充。墨子反对以人殉葬，体现了人道主义精神。他针对儒家的“厚葬久丧”，明确提出“节葬短丧”的主张，即不管天子还是庶民，死后最多穿三件衣服，用三寸厚的桐木板棺材；棺材也不要深埋，只要下面不触及泉水，上面不至散发出气味即可；坟墓也不要高，只要能辨认出它所在的位置即可。死者的亲属只须在送葬和返回时哭一下，返回之后，立即从事自己的工作。丧葬时间仅定为三天，用来处理善后事务。墨子认为这样做是“不失死生之利”，即对于死者和活着的人都有好处。墨子这一移风易俗的主张，不仅在当时是难能可贵的，而且对现在仍有一定的指导意义。

“天志”。“天志”就是天的意志，墨子认为天是有意志的最高主宰。墨子承认天是决定世间人事的最高主宰，而他所言的“天志”是属于一种超越思想。“天”被人格化为外在的最高神，人应当服从“天志”。“天志”是客观的绝对标准，而人是有限的，因此要“上同于天”。墨子把“心”作为认识的主体，而把“天”即自然界作为认识的对象，是一种十分先进的哲学思想。墨子以“天志”为“法仪”，这种法仪就是人类社会的共同公正法则，是天赋的、神圣的，是出于天志的大公无私、兼爱、兼利和光明普照。他的这种“天赋法仪”的思想与西方 17、18 世纪思想家所提出的“天赋人权”政治是一致的。它的中断应是中国历史上的一大憾事。

“明鬼”。“明鬼”是辨明鬼神的存在和他们所起的“赏贤罚暴”的作用。墨子引用很多的例子来证实鬼神确实存在，而且十分灵验，“明鬼”完全是针对当时的统治者和恶势力，警告他们要弃恶从善，才不致自取灭亡。墨子的“明鬼”是利用鬼神，借鬼神之威力来宣传、推行自己学说的一种手段，人们把它看作墨子的社会控制论。而有的研究者认为，墨子坚信鬼神，绝无假借之意，鬼神的意志与他的主张完全一致。

“非乐”。“非乐”也是“节用”思想的一个内容，反对奢靡的音乐活动，提倡节约人力、财力、物力。墨子认为眼前要解决的紧迫问题是减轻人民的困苦和制止侵略战争，而从事音乐活动不仅无助于此，而且不能使人勤勉于政务和生产，这就势必带来国家危乱乃至灭亡的后果。由此可知，“非乐”是遭受苦难民众的心愿和心声。当人民处于水深火热之中，哪有心思欣赏音乐？

结论是“为乐非也”，不可不禁止。墨子“非乐”并不反对音乐本身，他曾说过“居必常安，然后求乐”（《说苑·反质》）这样的话。可见，墨子之所以“非乐”，是因为看到人民的生活条件太差，在生活条件得到改善之后，他是不反对音乐活动的。

“非命”。“非命”即反对有命的主张，主张强力从事。墨子具有强烈的救世使命感，他从对历史和现实的考察中得出这一结论。墨子“非命”而“尚力”。“力”与“命”是两种相对立的观点：注重“力”者，对自我力量充满信心，认为事在人为，有志竟成，因而奋发进取；宿命论者则将一切归于命定，摒弃人力，以为人力无可奈何。墨子提倡“力”而排斥“命”，主张发挥人的主观能动性去创造一切的理论，至今仍有现实意义。墨子反对“天命”而肯定天与鬼神的意志，似乎自相矛盾。因为按照通常的看法，所谓的“命”仍是天与鬼神所定，墨子却能脱去俗见，认为本来无所谓“命”，如果一切都已命中注定，则天与鬼神便不能起到赏善罚暴的作用。

兼爱、非攻、尚贤、尚同、节用、节葬、天志、明鬼、非乐、非命这十大主张，是墨子的政治思想，也是墨子游说的主要内容。

四、游说的方法

墨子周游列国，游说诸侯大夫，讲究方式方法，针对不同的对象、不同的问题采取不同的方式方法。有的对症下药，以问题为导向；有的强教强说，扣则鸣，不扣必鸣；有的需用辩学，辩论是非。

（一）对症下药，问题导向

墨子率领魏越等弟子驾车下山，沿着古道向卫国行走。途中，魏越问墨子：“既得见四方之君，子则将先语？”墨子曰：“凡入国，必择务而从事焉。国家昏乱，则语之尚贤、尚同；国家贫，则语之节用、节葬；国家憙音湛湎，则语之非乐、非命；国家淫僻无礼，则语之尊天、事鬼；国家务夺侵凌，即语之兼爱、非攻。故曰：择务而从事焉。”（《鲁问》）这段话的大意是，魏越问墨子：“先生，我们周游列国，见到各地诸侯，说什么呢？”墨子微笑答道：“我认为，到了一个国家，要选择重要的事情进行劝导说教。假如一个国家昏乱，就告诉他们尚贤、尚同的道理；假如一个国家贫穷，就告诉他们要节用、节葬；假如一个国家喜好声乐、沉迷于酒，就告诉他们非乐、非命的好处；假如一个国家荒淫无道，不讲究礼节，就告诉他们尊天、事鬼；假如一个国家以欺侮、掠夺、侵略、凌辱别国为事，就告诉他们兼爱、非攻的道理。”

弦唐子又问：“请问先生，您为何到卫国游说讲学？”墨子微笑着说道：“卫国地处周王之东，位于中原大地，历史悠久，文化发达，名人辈出。但是内乱不断，狄人入侵，父子争位，父夺子媳，国君奢侈，民生艰难，所以游说卫国，劝说国君贵义兼爱。”

从此，墨子踏上了游说传道之路。根据现存史料得知，墨子曾北游鲁、齐，西游卫、郑，南游宋、蔡、楚、越等国，弘扬墨学，替天行道。

（二）“扣则鸣，不扣必鸣”

据《公孟》篇记载，儒家弟子公孟子曾与墨子辩论：“君子共己以待，问焉则言，不问焉则止。譬若钟然，扣则鸣，不扣则不鸣。”墨子批驳了他的这一观点，指出公孟子说的话有三种情况，但他只知其一罢了。如果王公大人在国家做出荒淫暴虐之事，君子前去劝谏，别人就会说他大不恭顺；通过左右近臣前去劝谏，别人就会说他私下议论。这是君子感到疑惑而不敢讲话的原因。如果王公大人执政，国家将要发生大难，就像连弩机即将发射一样紧迫，君子知道了就一定要进谏，像这种情况，有如钟虽不敲，也必定要发出声音来。如果王公大人做邪行不义之事，即使得到十分巧妙的兵书，可以在军队中施行，想要攻打无罪的国家，用来扩充领土，聚敛财物，出师也必然受到屈辱，对被攻打的国家不利，对自己的国家也不利，这是对双方都不利。像这种情况，有如钟虽不敲，也必定要发出声音来。墨子列举上述三种情况，得出的结论是：只要有利行义的事情，就要“不扣必鸣”。他不仅这样讲，而且亲自实践。如墨子止楚攻宋，就是“不扣必鸣”的理论与实践相结合的成功范例。

（三）创立辩学，舌战群儒

墨子在游说活动中，很重视辩论技艺，于是创立了辩学（逻辑学）。他是我国历史上的辩学始祖，辩学也成为人类三大逻辑学之一。墨子对弟子说：“辩学的目的是搞清楚是非的界限、国家治乱的规律、同异的所在、名实的道理、利害的分别和疑难的问题，归结起来就是要反映世界的本来面目。”

墨子创立了墨学和墨家，在社会上引人注目，备受欢迎，士、农、工、商等各界人士纷至沓来，求学问道，墨学也成为显学。但这也引起了儒家的不满和担忧，巫马子、公孟子、程子等儒家代表对墨家问难，对墨学展开批评。墨子沉着冷静，舌战群儒，双方展开了激烈的辩论，拉开了百家争鸣的大幕。

墨子多次与儒家弟子巫马子辩论。一天，儒家弟子巫马子对墨子说："你行义，没见有人帮助你，也没见鬼神赐福给你。但是你还在做，你是狂人吗？"墨子回答："假若你有两个家臣，一个表里不一，一个表里如一，你看重哪个？"巫马子说："我看中后者。"墨子说："既然这样，你也看重狂人了。"

儒家弟子公孟子多次与墨子辩论。一次，公孟子头戴礼帽，腰间插笏，穿着儒者服饰来见墨子，问服饰与行为有何联系。墨子说："从前齐桓公、晋文公、楚庄王、越王勾践四位国君，服饰好坏贵贱不同，但其作为是一样的。我认为有作为不在于服饰。"用事实折服了公孟子。

五、游说的成果

墨子能言善辩，其游说具有很强的说服力、感染力、凝聚力。再加上他大公无私的人格、兼爱非攻的思想，其游说活动取得了一系列丰硕的成果。

（一）批儒立墨，传道布教

《淮南子·要略》记载："墨子学儒者之业，受孔子之术，以为其礼烦扰而不说，厚葬靡财而贫民，服伤生而害事，故背周道而用夏政。”这段古文今意为：墨子学习儒家的学说，学习孔子的思想，认为儒家的礼节繁琐而不简易；丰厚的葬礼耗费了资财，而使百姓贫困；长久服丧，伤害生命而妨碍事务。因此舍弃周朝的法令而使用夏朝的法令。

墨子对程子（兼治儒墨）说：“儒家的学说，有四个方面足以亡天下。儒家认为上天不明察事理，认为鬼神没有灵验，惹得上天、鬼神不高兴，此两项足以亡天下。儒家提倡厚葬久丧，几层棺木，多制衣被，送葬如同搬家，守孝哭泣三年，把人折磨得要被搀扶着才能站起来，拄着拐杖才能走路，耳听不清，眼看不明，此一项就足以亡天下。儒家又认为有命运，贫富寿夭、治乱安危都由命中注定，不能减少也不能增加。在上位的王公大人照他们的话去做，必定不努力治政；在下位的百姓照他们的话去做，必定不努力生产，这一项也足以亡天下。”

墨子对儒家“亲亲有术，尊贤有等”“强执有命”“繁饰礼乐”等内容进行批驳，与儒学分道扬镳，提出自己的观点，创立了墨学。墨子学说包括自然科学与社会科学两个方面，在政治、经济、社会、宗教、文化、科技、教育、军事等方面都有独到的见解，内容非常丰富，成为当时的显学。

墨子创立墨学的目的是培养“爱利万民”的“兼士”或“贤士”，以救治战乱不断、民生苦难的世界。墨子创立的墨学在战国时期影响很大，韩非子把墨学与儒学并称为当时的“显学”，而孟子则忧虑地大声疾呼“天下之言，不归杨，则归墨”，可见其影响超过了儒学。

墨子在创立墨学的同时，还创建了墨家。墨子深刻体会到，救世行义光靠说教不行，还必须有坚强的实力为后盾才能成功。于是，他组织了有纲领、有组织、纪律严密的墨家团体。其纲领是实现义，其成员为墨者，其领袖被称为巨子。墨子要求成员以自苦为荣，不仅要有组织和专业技能，多数成员还要接受军事训练，并随时准备打仗，为实行义而献身。可以说，墨家学派是中国最早的民间武装团体，也是最早的游说组织。

（二）为和平游说，不战而屈人之兵

止楚攻宋。公元前 440 年，楚国准备攻打宋国，请鲁国著名的工匠鲁班制造攻城云梯等器械。墨子听到消息后非常着急，安排大弟子禽滑釐带领 300 名精壮弟子，帮助宋国守城；而他自己急急忙忙，日夜兼行，鞋破脚烂，10 天后到达楚国国都郢城。到郢城后，墨子先找到鲁班，力图说服他停止攻宋的准备工作。鲁班无奈，只好引荐墨子去见楚王。墨子见到楚王说：“现在有一个人，丢掉自己的彩饰马车，却想偷邻居的破车；丢掉自己的华丽衣裳，却想偷邻居的粗布衣。这是个什么人呢？”楚王不假思索地答道：“这个人一定有偷窃病吧！”墨子于是对楚王说：“楚国方圆五千里，土地富饶，物产丰富，而宋国疆域狭窄，资源贫瘠。两相对比，正如彩车与破车、锦绣与破衣。大王攻打宋国，还不正同有偷窃癖者一样？这样大王一定会丧失道义，并且一定会失败。”楚王理屈词穷，但借口鲁班已造好攻城器械，拒绝放弃攻宋的主张。墨子见此便对楚王说：“鲁班准备的攻城器械不是取胜的法宝。大王如果不信，我与他当面演习守与攻。”楚王答应后，墨子就用腰带模拟城墙，以木片代表各种器械，同鲁班反复演示各种攻守战阵。鲁班发起了九次进攻，结果九次被墨子击败。鲁班攻城器械用尽，墨子守城器械还有剩余。鲁班说："我知道怎么赢你，可我不讲。"墨子答道："我知道你的想法，我也不说。"楚王感到莫名其妙，问："你们说的是什么？"墨子义正辞严地说："鲁班以为杀了我，宋国就守不住。但我早已安排禽滑釐率领墨者，同宋国军民一起守城！即使杀了我，你也无法取胜！"楚王见取胜无望，只好放弃攻宋。墨子冒着生命危险，用正义和智慧劝阻了一场即将爆发的侵宋战争。这件大事在《墨子》《吕氏春秋》《淮南子》等书中都有记载，内容大同小异，充分反映了墨子高超的游说艺术和不怕牺牲、无私奉献的人格精神。

止齐攻鲁。《鲁问》篇记载：齐国将要攻打鲁国，墨子听到消息后急忙去劝阻。墨子对齐国大将项子牛说："攻打鲁国，是齐国的大错。以前吴王夫差先后攻打越国、楚国、齐国，均获得胜利。后来诸侯报仇，吴王大败而亡国。所以大国攻打小国，是互相残害，灾祸必定会及于本国。"项子牛遂罢兵。数年后，墨子听说齐国又想打鲁国，不顾高龄，亲自劝说齐太公田和。墨子先是以刀砍人、人头猝然落地算刀锋利作为比喻，进而问谁承担杀人的责任。齐太公说：杀人的责任不在于刀锋利，而在于执刀的人。墨子说："兼并弱小国家，屠杀无辜百姓，谁承担责任？"齐太公想了好久，说："我应当承担责任。"于是，齐太公决定不再攻鲁。

墨子不但止楚攻宋、止齐攻鲁，还成功游说鲁阳文君停止攻打郑国。这一系列“不战而屈人之兵”的典型案例，证明了墨子游说的成功。

（三）为了理想献书游说，成为古代游说的旗帜

献书楚王。在墨子止楚攻宋取得成功的第二年，恰值楚惠王当政50年，墨子为宣传“义”，专程到楚国献上自己的著作，游说楚惠王。楚惠王读了著作后，对墨子说：“您的大作很好。请您留在楚国，做我的顾问。每年俸禄100钟，委屈您这位贤人了。”墨子看出惠王不准备实行自己的学说，于是决意辞行回家。楚惠王派大臣穆贺为墨子送行。墨子利用这个机会，又对穆贺陈述自己的学说，但依然没有成功。鲁阳文君听说此事，认为不妥，于是对楚王说：“墨子是有名的北方贤圣人，您不给予礼遇，岂不是叫天下的士寒心吗?”楚惠王觉得鲁阳文君说得有理，许诺以方圆500里的土地封给墨子。楚惠王封地500里的厚禄，并没有动摇墨子坚持自己学说的决心，他毫不犹豫地拒绝了封地。他对鲁阳文君说：“贤人进讲，君王不听，就不接受赏赐。仁义学说不被采用，就不滞留于朝廷。现在我的思想主张未被采用，所以我决定回去。请您向楚王转达我的谢意。”

墨子为了政治理想而献书游说楚惠王，惠王因为自身的原因，虽然称赞墨子著作，但是并不采用墨家思想治国，而是以封地500里赐予墨子，以示尊重墨子。墨子辞封而归，表明自己的志向高远，决不贪图高官厚禄。

墨子的思想具有极其重要的价值，苗枫林概括为“三面旗帜”：第一,墨子是中国自古以来酷爱和平也是人类自古以来酷爱

和平的一面旗帜。第二，墨子是中国古典人道主义也是人类古典人道主义的一面旗帜。第三，墨子是中国古代劳动者智慧也是世界古代劳动者智慧的一面旗帜。他在天文学、光学、几何学、物理学、逻辑学、工程学等方面，都高于先秦诸子，在某些领域，堪称人类先驱。墨子作为一位百科全书式的学者，充分体现了劳动者的伟大智慧。笔者完全赞同苗先生对墨子“三面旗帜”的评论。为了突出墨子在“上说下教”“遍从人而说之”游说上的伟大贡献，笔者认为应该再增加一面旗帜，这就是：“墨子是中国古代游说也是世界古代游说的一面旗帜。”

六、墨子游说对现代传播的影响与启示

墨子的游说思想、活动丰富多彩，对于现代传播具有重要的影响和启示。

（一）不忘初衷，牢记自己的使命

墨子是中国古代游说的一面旗帜，是一位无私奉献的志愿者，也是一位伟大的宣传家。他游说的目的是“为义”，那么怎么“为义”？墨子认为是“兴天下之利，除天下之害”。他率领弟子们为实现这一崇高理想、伟大目的而游说。他和弟子们坚定不移、坚持不懈地游说，迎来了墨学的春天。

现代传播要宣传社会主义核心价值观，如“新闻联播”“焦点访谈”等栏目，传播正能量，为实现中国梦助力。以正确的舆论引导人，把正确的价值导向和道德要求融入经济、社会、文化等各领域的新闻报道中，融入娱乐、体育、影视等各类节目中。

现代传播者应该学习并借鉴墨子的游说思想目的，努力做到：不忘初心，牢记使命，传播正能量。

（二）上说下教，遍从人而说之

墨子在“上说下教”的游说活动中，坚持“有道相教”。他说：“不强说人，人莫之知也。”（《公孟》）他还以撞钟与国家的政事为喻，在《公孟》篇中对公孟子说明“不扣必鸣”的重要性，一再强调要“扣则鸣，不扣必鸣”。

墨子说的“上说下教”“遍从人而说之”，就是现代传播者讲的“全民受众”，不分职务高低和贫富差别。墨子说的“扣则鸣，不扣必鸣”，就是现代传播者讲的“强力传播”，听也说，不听也说。这两方面古今大意相同，都强调传播的作用与价值。因此，值得现代传播者学习借鉴。

（三）墨突不黔，游说四方

墨子反对恃强欺弱的战争，呼吁平等互爱，经常奔走于各个诸侯国，到处宣传他的“兼爱”“非攻”主张。由于他四处奔走游说，从来没有一个固定长居的住处，每至一地，烟囱尚未熏黑，又到别处去了。后用其事为典，有了“墨突不黔”这个成语，形容事情非常繁忙。

墨子为了贵义兼爱，墨突不黔，游说四方，不辞劳苦，披星戴月。这种精神行为，值得现代传播者学习。

（四）贵义兼爱，敢言善言

墨子贵义兼爱，敢言善言。他周游列国，游说诸侯大夫，讲究方式方法，针对不同的对象、不同的问题而采取不用的方式方法。有的对症下药，以问题为导向；有的主动游说，问则说，不问也说；有的需用辩学，辩论是非。这种敢言善言的游说精神，值得现代传播者学习。

（五）墨守成规，守住底线

墨守成规：墨守，指墨子善于防守、守城；成规，指成功防守的规则、方法。墨守成规的本义是墨子的弟子们根据墨子成功的守城规则，抵御楚国或其他国的进攻。这个成语的本义是褒义，褒扬墨子善于防守，形成了完备的防守规则、方法，后来演变为贬义，形容思想保守、不肯变通。在此，笔者用墨守成规的本义，墨子游说列国，遵守规矩，守住底线。这个底线是“为义”，即为百姓服务。这对现代传播者的启示是：传播应该墨守成规，守住底线，决不能随心所欲，必须自觉服从党的领导，遵纪守法，不能越规。

现代传播者要加强道德修养，强化道德自律，自觉履行社会责任。要把培育和弘扬社会主义核心价值观作为根本任务，坚持以人民为中心的创作导向，推出更多讴歌党、讴歌祖国，讴歌人民、讴歌英雄，讴歌劳动、讴歌奉献的精品力作，弘扬崇高的道德理想和道德追求。坚持把社会效益放在首位，倡导讲品位、讲格调、讲责任，抵制低俗、庸俗、媚俗，用健康向上的作品温润心灵，启迪心智，引领风尚。要加强对道德领域热点问题的引导，以事说理、以案明德，着力增强人们的法治意识、公共意识、规则意识、责任意识。要发挥舆论监督作用，对违反社会道德、背离公序良俗的言行和现象，及时进行批评、驳斥，激浊扬清、弘扬正气。要坚持以习近平新时代中国特色社会主义思想为指导，切实增强“四个意识”，坚定“四个自信”，做到“两个维护”，牢牢把握正确的政治方向、舆论导向和价值取向，始终将社会效益放在首位，全面落实意识形态工作责任制，严格遵守法律法规，为实现中国梦而传播正能量。

（本篇写于 2020 年 10 月）

第二十三篇　孙中山与墨子

这篇文章，笔者简要讲以下四点：第一，孙中山心中的墨子是“世界第一平等博爱主义大家”；第二，孙中山心中的墨子是古时最讲“爱”字的人；第三，孙中山与墨子可谓神交；第四，墨子兼爱思想的现代价值和意义。

一、墨子是“世界第一平等博爱主义大家”

关于这一点，要从笔者赴台湾参加哲学大会说起。1999 年 7 月 25 日至 29 日，笔者应大会议事组组长汪文圣先生、大会主席沈清松教授的邀请，赴台湾参加第十一届国际中国哲学会议，会议的主题是“跨世纪的中国哲学：总结与展望”。会议举办地点在台湾政治大学和南华大学。参加这次哲学研讨会议，笔者的感受很深，收获很大，会议主办方和台湾学界朋友的热情周到令笔者感动，与会专家学者的真知灼见也开拓了笔者的视野。除此之外，笔者还有一个意外的发现、重大的收获：参观孙中山纪念馆时，发现了《民报》第 1 号，即《民报》创刊号。

《民报》是中国同盟会的机关报，1905 年 11 月 26 日创刊于东京，是一个大型月刊，设有“论说”“时评”“谈丛”“选录”等栏目，每期 6 万至 8 万字。《民报》创刊号的出版时间用了 4 个年号，先后顺序是：中国开国纪元 4603 年，西历 1905 年，日本明治三十八年，清光绪三十一年。4 个年号很有意思，也很有意义。这是由当时的历史条件决定的。《民报》突出的是第一个年号，是黄帝纪年。

孙中山先生是中国同盟会的总理，非常关心重视《民报》的创刊。他主持确定重大选题，精心选择刊物的内容，把黄帝、华盛顿、卢梭、墨翟的图像及评价排列在刊物的前面，突出他们的伟大形象和思想。同时也向世人宣布：这 4 位古今中外伟人的思想，就是三民主义的根源。

孙中山先生亲自为《民报》撰写发刊词，第一次将同盟会的主张概括为民族主义、民权主义和民生主义。于是，“三民主义”就成了《民报》宣传的主要内容。

第一，宣传反对清朝封建专制和列强侵略的民族主义。值得指出的是，《民报》已经注意到把清朝的反动统治者同满族人民区别开来。

第二，宣传以建立共和政体为中心的民权主义。《民报》发表许多文章批判封建制度，鼓吹资产阶级的民主、自由、平等，强调“国民之权利”，号召人们起来推翻皇帝，废除君主专制制度，建立民主共和国。

第三，宣传以土地国有、平均地权为中心的民生主义。《民报》发表了不少文章，宣传土地国有和平均地权的必要性和可行性。这样就触及了资产阶级民主革命所要解决的根本问题——土地问题。

此外，《民报》还大力介绍世界各国的资产阶级革命运动和民族解放运动，介绍西方的新文化和新思潮，其中包括社会主义思潮和无政府主义思潮。

《民报》的出版，受到同盟会和同情革命的知识分子的热烈欢迎。它的创刊号再版 7 次，第 2、3 期各再版 5 次，仍然供不应求，最高发行量达到 17000 份。

笔者认为，《民报》创刊号还有更值得我们关注的内容：就是黄帝、华盛顿、卢梭、墨子四位古今中外伟人的图像及评价。

黄帝像上方的文字是“世界第一民族主义大伟人黄帝”，像下方的文字是“中国民族开国之始祖”。

黄帝约生于 4700 年前，根据《民报》创刊号上的纪年，今年（2016）是中国开国纪元 4714 年。黄帝诞辰是农历三月初三，俗语有“二月二，龙抬头；三月三，生轩辕”之说。他是中国远古时期部落联盟的首领，以姬为姓，有土德之瑞，尊称黄帝。据大量的历史记载和文物佐证，黄帝统一各落部，奠定中华，肇造文明，惜物爱民，被后人尊为中华民族人文始祖、“中国民族开国之始祖”。

华盛顿像下方的文字是“世界第一共和国建设者华盛顿”。

乔治·华盛顿（1732—1799），美国独立战争大陆军总司令。1787 年主持了立宪会议。会议制定了现在实施的美国宪法。1789

年，华盛顿经过选举团无异议支持而成为美国第一任总统（也是全世界第一位以“总统”为称号的国家元首），在接连两次选举中都获得了选举团无异议支持，一直担任总统到 1797 年。他在两届的任期中，设立了许多持续到今天的政策和传统。在两届任期结束后，他自愿放弃权力，不再谋求续任。华盛顿在美国独立战争和建国中贡献重大，被尊称为“美国国父”，又称“合众国之父”。学者们则将他列为美国历史上最伟大的总统。

卢梭像下方的文字是“世界第一民权主义大家卢梭”。

让-雅克 · 卢梭（1712—1778），法国 18 世纪伟大的启蒙思想家、哲学家、教育家、文学家，18 世纪法国大革命的思想先驱、杰出的民主政论家、浪漫主义文学流派的开创者和启蒙运动最卓越的代表人物之一。主要著作有《社会契约论》《爱弥儿》《忏悔录》等。卢梭认为，人类最初处于原始的“自然状态”，在这个时期内，不存在私有制和不平等，私有制使人与人之间产生不平等，国家是因订立契约而产生的，人民是制订契约的主体。由此，他提出“人民主权”的思想，认为国家主权不能分割，也不能转让，一切人权的表现和运用必须表现人民的意志，法律是“公意”，在法律面前人人平等，君主不能高于法律。

墨子像下方的文字是“世界第一平等博爱主义大家墨翟”。

墨子，姓墨名翟（前 480—前 390），春秋战国之际小邾国（今山东滕州）人。青少年时，墨子参加手工业生产劳动，是一名出色的能工巧匠；后来从事思想、政治等社会活动，成为我国历史上伟大的思想家、教育家、科学家、军事家、逻辑学家和社会活动家。他的思想博大精深，主要有兼爱、非攻、尚贤、尚同、节用、节葬、天志、明鬼、非乐、非命10个方面。他创立的墨家学派，在战国时期被称为显学；他与诸子百家共同谱写了中华民族文化的辉煌篇章，至今影响着海内外华夏儿女。墨子是我国古代伟大的平民圣人，被尊称为“科圣”。

笔者从以上4位古今中外的伟人名人评价中，有以下感悟：

首先，孙中山先生主办《民报》创刊号，把这4位伟人名人列为4个“世界第一”，他们各有特点：黄帝是“世界第一民族主义大伟人”。华盛顿是“世界第一共和国建设者”。卢梭是“世界第一民权主义大家”。墨子是“世界第一平等博爱主义大家”。

孙中山先生是中国近代伟大的革命家，他与中国同盟会的同志们把墨子与黄帝、华盛顿、卢梭并列为世界第一伟人，是对墨子最高的评价。

其次，中国古代诸子百家名人众多，例如老子、孔子、孟子、庄子、韩非子、杨子、许行等，孙中山先生与中国同盟会的同志们为什么没有选择老子、孔子等先贤圣人，却选中被遗忘在历史角落的平民圣人墨子，对墨子给予最高的评价和肯定？笔者认为，这里面定有深远的意义，值得大家深思细想。

再次，孙中山先生在《民报》发刊词中，第一次将中国同盟会的主张概括为民族主义、民权主义和民生主义。这是资产阶级民主革命的三大纲领，为当时政治革命的最高奋斗目标，成为当时进步的政治团体（包括文学团体）的旗帜。于是，“三民主义”就成了《民报》宣传的主要内容。墨子伟大的人格和崇高的兼爱思想赢得了孙中山先生的赞同，成为孙中山“三民主义”的重要源泉之一。

二、墨子是古时最讲“爱”字的人

1905 年 11 月，孙中山先生在《民报》创刊号上高度评价墨子是“世界第一平等博爱主义大家”。19 年后的 1924 年 3 月 2 日，孙中山在《民族主义》第六讲中说：古时最讲“爱”字的，莫过于墨子。墨子所讲的“兼爱”，与耶稣所讲的“博爱”是一样的。这是孙中山先生又一次对墨子做出的高度评价。在这短短的几十个字中，包含着深刻而高远的含义，即兼爱等同于博爱，墨子同耶稣一样伟大。这也是孙中山先生心中的墨子。

我们再细看这句话的语境：仁爱也是中国的好道德。古时最讲“爱”字的，莫过于墨子。墨子所讲的“兼爱”，与耶稣所讲的“博爱”是一样的。古时在政治一方面所讲爱的道理，有所谓“爱民如子”，有所谓“仁民爱物”，无论对于什么事都是用“爱”字去包括。

从上述话语中，我们又发现一个新的观点，即仁爱等同于兼爱等同于博爱，这很有新意。仔细研究会发现，仁爱、兼爱、博爱这三种“爱”既有相同点，又有不同点，也可以说是大同小异。那么，孙中山先生为何将仁爱、兼爱、博爱三者等同？笔者的理解是，孙中山先生强调的是“爱”字，而突出的是墨子的“兼爱”，进而肯定“古时最讲‘爱’字的，莫过于墨子”。这就是孙中山先生心中的墨子与兼爱。

诚如孙中山先生所言，墨子确是一个大爱无私的人，他的一生充满了传奇，他的兼爱不分亲疏远近，不讲贵贱贫富，不问大小强弱，因此赢得了有识之士、平民百姓、奴隶下人的拥戴赞扬，他所创立的墨学成为显学。他的大爱留在史册，根据现存的《墨子》53 篇统计，“爱”字出现 269 次，“兼爱”出现 17 次，“兼相爱”出现 15 次，“爱利”出现 23 次。由此可知：墨子的兼爱，既爱当世，又爱后世，传承至今，仍然具有重大的价值。

三、孙中山与墨子可谓神交

墨子是春秋战国之际伟大的思想家、教育家、科学家、军事家、逻辑学家和社会活动家，也是一位学贯文理、注重实践、百科全书式的平民圣人。

孙中山是清末民初伟大的中国革命先行者、中国同盟会总理、中国国民党总理，也是“三民主义”“五权分立”的提出者、制定中国宪法的首创人，还是推翻帝制、建立民国的首位临时大总统，被尊称为“中华民国国父”。

孙中山与墨子，一个是在封建社会结束之际，一个是在封建社会建立之初，虽然时间相隔 2300 多年，但是孙中山非常理解并崇拜墨子，他继承、吸收了墨子兼爱众生、兴利除害、法仪规矩、尚贤尚同、贵义重利、强本节用等优秀思想，创新发展为“三民主义”“五权分立”为核心的资产阶级思想文化。孙中山对于墨子可谓跨越千年的神交，下面简要讲四点：

（一）兼爱众生

“兼爱”是墨子思想的核心。所谓“兼爱”，就是“远施周偏”的爱，即不分等级、不分远近亲疏地爱天下众生。孙中山先生在《民族主义》第六讲中说：古时最讲“爱”字的，莫过于墨子。墨子所讲的“兼爱”，与耶稣所讲的“博爱”是一样的。孙中山先生经常利用休息时间，书写“自由”“平等”“博爱”的横幅，赠给同志，勉励自己，表明其心与墨子相通。

（二）尚贤使能

墨子主张“尚贤使能”，把“尚贤”看作是“为政之本”。那么，什么样的人才算是贤士呢？墨子认为必须是“厚乎德行，辩乎言谈，博乎道术者”，这样的人是“国家之珍，而社稷之佐也”(《墨子·尚贤上》,以下只出现篇名)。如何选贤？墨子主张：第一，摒弃“任人唯亲”，实行“任人唯贤”，“虽在农与工肆之人……有能则举之，无能则下之”。第二，“不党父兄，不偏贵富”，否认宗法制和世家大族做官的特权。第三，“官无常贵，而民无终贱”，对贵族世袭制度予以否定。

孙中山先生实践了墨子的“尚贤”思想。他就任中华民国临时大总统不久，广东都督陈炯明提出辞职，广东军政各界纷纷向孙中山发来多封电报，推荐他的哥哥孙眉为广东都督。孙眉是兴中会元老，倾其家产资助孙中山革命。但孙中山没有同意委任孙眉为广东都督。他给广东军政各界人士回信，说明不委任孙眉的理由，反对“任人唯亲”。他还给孙眉发电报，进行劝说：“弟以为政治非兄所熟习，兄质直过人，一入政界，将有相欺以其方者。

未登舞台，则众人属望，稍有失策，怨亦随生。为大局计，兄宜专就所长，专任一事，如安置民军、办理实业之类，而不必当此大任。”这充分体现了孙中山先生“尚贤使能”“天下为公”的思想本质。

（三）规矩与法规

笔者发现，墨子像与黄帝、华盛顿、卢梭像有所不同，4 位伟人像中，唯有墨子手持器物，参见本书第二十一篇墨子像。这个器物是什么？有何用意？令人费解。笔者查阅了有关资料，对墨子右手所持器物有两点感悟：

一是“实”，表示工具，即“规矩”。在“伏羲女娲”图中，伏羲执矩，女娲执规。（参见本书第二十一篇《墨子与职业教育》中图 21-2）

规是画圆的器具，今指圆规。矩是画直角或方形的工具，今指矩尺。（参见本书第二十一篇《墨子与职业教育》相关文字描述）

墨子说：“天下从事者，不可以无法仪，无法仪而其事能成者无有也。虽至士之为将相者皆有法，虽至百工从事者亦皆有法。百工为方以矩，为圆以规，直以绳，衡以水，正以县。无巧工不巧工，皆以此五者为法。巧者能中之，不巧者虽不能中，放依以从事，犹逾已。故百工从事，皆有法所度。”（《法仪》）

这段话大意是，墨子说：“天下所有做事的人，都不可以没有标准。没有标准而想把事情做好，那是没有的。即使像那些由士出身担任将相的人，也都有标准；就是从事于各种行业的人，也都有标准。不依规矩不能成就方圆。工匠们用矩画方形，用规画圆形，用墨斗画直线，用水平器测平面，用悬锤量偏正。无论是巧工还是非巧工，都用这五种标准施工。巧工能做得更好，不巧的虽然不能做得很好，但用这些标准仿照去做，总能超越原来的水平。所以从事各种行业，都有标准可以遵循。”

墨子在《法仪》中，用“规矩”作为例证来说明“法仪”的重要性。笔者认为墨子说的“天下从事者，不可以无法仪，无法仪而其事能成者无有也”，是颠扑不破的理论。

二是“虚”，其含义指“法仪”“法规”“法制”等，从而引申出“依法治国”。

规的本义是画圆的器具，今指圆规。规的引申义有规则、法则、章程、标准、法度等。《说文解字注》：“规，有法度也。从夫，从见，会意。”矩的本义是画直角或方形的工具，今指矩尺（曲尺）。矩的引申义有法则、规则、法度等。《论语 · 为政》：“七十而从心所欲，不逾矩。”规矩，本义指规和矩，两种画方圆的工具。其引申义是规则、法则、法度、法规等。《孟子 · 离娄上》：“不以规矩，不能成方圆。”这是规矩“虚”的含义。

墨子创立的墨家，其内部有着严格的“规矩”“法仪”，即“墨家之法”。《吕氏春秋 · 去私》篇有一个真实的案例：墨家巨子腹䵍的儿子杀了人，秦惠王特意赦免了他的儿子。腹䵍不同意。他回答说，墨家的法律规定：杀人者处死，伤人者受刑。这是天下的公理。因此，杀死了自己的儿子。这表明墨家公正无私，执法必严。

1906年12月2日，在日本东京召开《民报》创刊周年庆祝大会，孙中山先生作《三民主义与中国前途》之演说："我们革命的目的，是为众生谋幸福。……我们应要研究的，就是将来中华民国的宪法……英的宪法所谓三权分立，行政权、立法权、裁判权各不相统……兄弟的意思，将来中华民国的宪法是要创一种新主义，叫做'五权分立'。那五权除刚才所说三权之外，尚有两权。一是考选权。……必要设独立机关专掌考选权。……一为纠察权，专管监督弹劾的事。……五权分立，这不但是各国制度上所未有，便是学说上也不多见，可谓破天荒的政体。"

墨子用"规矩"比喻"法仪"，进而说明"天下从事者，不可以无法仪，无法仪而其事能成者无有也"，墨子的"法仪"就是"墨家之法"。孙中山先生创立的行政权、立法权、司法权、考选权、纠察权"五权分立"，就是他为中华民国制定的"规矩""法仪"，也就是中华民国宪法的主要内容。"五权分立，依法治国"就是孙中山先生的重要贡献。

（四）平民圣人与布衣总统

墨子被称为"平民圣人"，孙中山被誉为"布衣总统"，他们有着惊人的相似之处。例如"强本节用"，这是墨子的经济思想。"强本"就是要注重发展生产，促进经济繁荣，使人民丰衣足食。因此，生产第一的观点贯穿于墨子学说的始终。"节用"就是提倡勤俭节约，减少一切不必要的开支。从"节用"又派生出"节葬""非乐"等主张。在提倡节约的同时，墨子对统治者的奢侈行为进行了严厉的斥责。他从历史的经验教训中总结出“俭节则昌，淫佚则亡”的至理名言。

孙中山先生“布衣总统”的称谓，来源于中华民国临时大总统府军事秘书长耿伯钊。据说，记者采访耿伯钊时，他以“布衣总统”称谓孙中山，并讲了布衣总统的故事。这个故事起自孙中山的一张名片。清末名臣张之洞任湖广总督期间，推行新政，孙中山对他很崇拜，一次回国，途经武汉，特到总督衙门求见。孙中山掏出只印有姓名、籍贯的名片，在背面写上“学者孙文求见之洞兄”，递交门人。张之洞看见好生不悦，心想一介书生竟敢与一品大员称兄道弟，真不知天高地厚，于是不仅不见，还在名片背面写了几句话退回。孙中山一看，背面写着：“持三字帖，见一品官，儒生妄敢称兄弟。”血气方刚的孙中山来了个照“礼”回敬，在背面写上“行千里路，读万卷书，布衣亦可傲王侯”，再请门人送去。张之洞一见，大吃一惊，立即吩咐迎见孙中山，并以大礼相待。自从记者报道此事，“布衣总统”之名就传开了。

孙中山就任临时大总统以后，生活还是像过去一样简朴。在总统府内，一般人每餐菜金在 3 元左右，而孙中山把自己的菜金控制在 0.4 元左右。他不吸烟，不饮酒，不喝茶，每餐简单朴素。孙中山像墨子那样，勤俭节约，艰苦创业。

除以上四点外，孙中山先生还在许多方面与墨子的言行心思相通。例如：墨子遍读百国春秋，周游诸侯列国，上说下教，强聒而不舍，传播兼爱非攻等十大主张。而孙中山先生读万卷书，行万里路，周游世界各地，探索救国之道，演讲三民主义，募捐起义用款，历经无数生死考验，屡败屡战，百折不挠，终于取得辛亥革命的伟大胜利。又如：墨子的人生理想是“兴天下之利，除天下之害”，不是为了当官发财；他见义勇为，扶弱抗强，为救弱小的宋国，十天十夜，跋山涉水，裂裳裹足，不顾生死，奔赴楚国，面见楚王，唇枪舌剑，说服楚王停止攻宋。而孙中山先生也是如此。他推翻清廷，建立中华民国，不是为了自己升官发财；中华民国建立后，顾全大局，以期保护辛亥革命的胜利果实，并表示自己十年不参政，专门负责修建万里铁路，为富民强国做贡献。再如：孙中山先生在遗嘱中说：“余致力国民革命凡四十年，其目的在求中国之自由平等。”孙中山与20年前创办《民报》，称赞墨子是“世界第一平等博爱主义大家”时一样，心志未改，始终如一。

四、墨子兼爱思想的现代价值和意义

根据以上解读，我们知道墨子在孙中山先生心中的位置非常重要，孙中山先生心中的墨子是“世界第一平等博爱主义大家”，是“古时最讲‘爱’字的”人，而“墨子所讲的‘兼爱’，与耶稣所讲的‘博爱’是一样的”。孙中山先生与墨子可谓神交，因此，弘扬墨子的兼爱思想，就具有重要的现代价值和意义。

“兼爱”是墨子思想的核心，也是墨子的代表性观点。所谓“兼爱”就是“远施周偏”的爱，即不分等级、不分远近亲疏地爱一切人。墨子的“兼爱”思想，具有明显的进步意义。“兼爱”

是墨学的总纲，它既是社会的道德追求，同时具有世界观的哲学意义，体现了墨子的崇高理想。

如果用现代大家熟悉常用的词语对“兼爱”作高度概括，笔者认为也可以这样说：兼爱就是无私奉献，为人民服务；兼爱就是毫不利己，专门利人；兼爱就是我为人人，人人为我；兼爱就是互惠互利，合作双赢。

墨子兼爱的思想学说至今已有2400多年，经历了从显学到冷落、从冷落到兴盛的发展变化过程。这中间的原因很多，今天不作研讨。但有一点可以肯定，“兼爱”已经成为中华民族的文化基因，世代相传，发扬光大，从未间断。也就是说：中华民族自古以来就是勤劳善良、助人为乐、热爱祖国、热爱和平的民族。

兼爱的现代价值和意义主要有下列几点：

（一）兼爱利己

“兼爱”是爱别人也爱自己，自己也在所爱之中。走向兼爱，即乐在其中，能健康长寿。俗话说，为人不做亏心事，不怕半夜鬼敲门。老想着帮助他人，心底无私天地宽，自然吃饭香、睡觉甜，无忧无虑，健康长寿。

（二）兼爱利人

兼爱是奉献，去帮助需要帮助的人，做有利于他人的事。如20世纪60年代的雷锋，21世纪的“活雷锋”郭明义，还有很多“最美女教师”“最美的哥”，感动中国人物等，他们的事迹感天动地，催人泪下，都是“兼爱”思想实践的典范。

（三）兼爱利国、利天下

江泽民、胡锦涛在担任国家主席期间先后访问苏联、美国时，曾经引用墨子“强不执弱，富不侮贫”的名言，说明中华民族自古以来就兼爱他国，热爱和平，阐述我国平等互利、和平外交的原则立场。2013 年 10 月 2 日，习近平主席出访东盟国家，接受印度尼西亚和马来西亚媒体联合采访时说：“中华民族几千年来形成了兼爱非攻、亲仁善邻、以和为贵、和而不同的理念。中国奉行与邻为善、以邻为伴的周边外交方针，对亚洲繁荣稳定作出了重要贡献。”其中的“兼爱非攻”就是墨子的核心思想，也是墨学中的名言。

（四）兼爱利于两岸和平发展和中华民族的繁荣富强

2014 年 5 月 7 日上午，中共中央总书记习近平在人民大会堂会见亲民党主席宋楚瑜一行。习近平指出，和平发展是两岸同胞的共同追求，两岸共享其利、同受其惠。我们推动两岸关系和平发展的方针政策不会改变，促进两岸交流合作、互利共赢的务实举措不会放弃。此次会见中，习近平积极评价宋楚瑜和亲民党在推动两岸关系实现历史性转折中所发挥的重要作用。

2015 年 5 月 4 日上午，中共中央总书记习近平在北京会见中国国民党主席朱立伦率领的大陆访问团。习近平对朱立伦率团来大陆访问表示欢迎。习近平强调，深化两岸利益融合，共创两岸互利双赢，增进两岸同胞福祉，是推动两岸关系和平发展的宗旨。我们真诚希望，国共两党秉持民族大义，共同致力于实现中华民族伟大复兴，让中华民族巍然屹立于世界先进民族之林。

习近平总书记在会见亲民党主席宋楚瑜、国民党主席朱立伦时，都强调共创两岸互利双赢，这并非巧合。互利双赢与墨子的“兼相爱，交相利”的意义相同。墨子的“兼爱”有利于两岸关系的和平发展和中华民族的繁荣富强。

墨子兼爱的现代价值和意义并不止于上述四点，以兼爱为核心的思想对于建立和谐的人际关系，形成一个和谐、健康、有序的社会关系，有诸多启示。兼爱思想透过时代的迷雾与历史的长廊，在今天仍然显露出熠熠光彩和魅力，对促进两岸交流合作、互利共赢具有启发和推动作用，在历史与现实之间架起了沟通的桥梁。笔者相信，弘扬“兼爱”，走向“兼爱”，就能走向幸福美好的明天，就能实现我们的中国梦。

结　论

孙中山先生是一位历史伟人，他宣告了中国封建社会的结束，开创了一个新的纪元。毛泽东、邓小平、江泽民、胡锦涛、习近平都曾经给予孙中山先生高度评价，如“伟大的中国革命先行者”“一是领导辛亥革命，结束了中国两千多年的封建帝制；二是开创国共合作，导致了北伐战争的胜利”“一个世纪以来，中国人民在前进道路上经历了三次历史性的巨大变化，产生了三位站在时代前列的伟大人物：孙中山、毛泽东、邓小平”等。习近平在任中共中央总书记之后，曾数次引用孙中山“世界潮流，浩浩荡荡，顺之则昌，逆之则亡”这句话，来表述他的政治思想，内涵深刻，意义重大。

党和国家领导人对孙中山先生的高度评价，使我们很受启发。孙中山先生当年对墨子的认识与评价，今天仍然具有重要价值和意义。孙中山先生心中的墨子是“世界第一平等博爱主义大家”，是“古时最讲‘爱’字的”人，永远值得世人敬仰，值得世人学习，值得世人纪念，值得世人发扬。孙中山先生与墨子都有兼爱之心，都以“兴天下之利，除天下之害”为己任，都为天下人民的幸福而鞠躬尽瘁、死而后已。正如《孟子》所言：“墨子兼爱，摩顶放踵利天下，为之。”恰如《庄子》所说：“墨子真天下之好也，将求之不得也，虽枯槁不舍也，才士也夫！”亦如墨家自语：“天下无人，子墨子之言也犹在！”

（原载《职大学报》2016年第6期，有改动）

第二十四篇　走近墨子　走向兼爱

我（即指笔者，下同）今天讲的题目是“走近墨子　走向兼爱”。

孙中山先生说：古时最讲“爱”字的，莫过于墨子。墨子所讲的“兼爱”，与耶稣所讲的“博爱”是一样的。(参《民族主义》第六讲)他在《民报》创刊号（1905年于日本）上，把墨子与黄帝、华盛顿、卢梭并列为世界四大伟人，称赞墨翟是“世界第一平等博爱主义大家”。

一、什么是“兼爱”

首先解释“兼爱”这个词。“爱”字很好理解，大家都知道，就不讲了。重点讲“兼”字。“兼”是会意字，小篆的字形，从又（手），从秝（lì），字形好像一手持两棵庄稼。本义是一手执两禾，引申为同时进行几件事情或占有几样东西。

“兼爱”是墨子思想的核心，也是墨子代表性的观点。“兼爱”就是“远施周偏”的爱，即不分等级、不分远近亲疏地爱一切人。墨子的“兼爱”思想具有明显的进步意义，主要表现在以下几个方面：

第一，“兼爱”的根本出发点，是为了阻止“强必执弱，富必侮贫，贵必敖贱，诈必欺愚”（《墨子·兼爱中》，以下只出现篇名）的霸道行为，使穷苦人民和弱小的诸侯国家都能摆脱灭亡的命运。

第二，墨子倡说“兼爱”是着眼于实利，而不是停留在空泛的道德说教上。对穷苦人民“兼爱”，就要实现“饥者得食，寒者得衣，劳者得息，乱者得治”（《非命下》），就要做到“为万民兴利除害”（《尚同中》）。对弱小国家“兼爱”，就是竭力帮助它不受大国的侵略。墨子认为“爱”与“利”两者不可分离，爱而必利，不利无以见爱，号召人们“兼相爱，交相利”。

第三，“兼爱”是“爱人不外己，己在所爱之中”（《大取》）。也就是说：爱别人并不是不爱自己，自己也在所爱之中。

第四，“兼爱”说是对儒家“仁爱”说的突破。孔子的学说以仁爱为中心，强调“亲亲”（爱其亲人）为本。人有亲疏之别，因此爱也有厚薄之分。墨子把这些受制于宗族血缘和等级差别的“爱人”，变为无亲疏、无等级、无差别的完全平等的“兼爱”；更为重要的是，他把人民从原来作为被“爱”的陪衬角色确立为被“爱”的主体对象，甚至要君主也做到“爱民谨忠，利民谨厚”。这就突破了儒家“仁爱”的保守性和狭隘性，达到了前所未有的高度。孙中山先生因此称赞说：古时最讲“爱”字的，莫过于墨子。

第五，墨子主张的“兼爱”，是爱包括奴隶在内的人。比如《法仪》篇所说：“天下无大小国，皆天之邑也。人无幼长贵贱，皆天之臣也。”墨子认为无论大国小国，都是天之邑，应该平等相处，不应以大攻小；人民没有年龄大小和身份贵贱之分，都是天的臣民，应该人人平等，贵族不应欺凌平民、奴隶。为此，墨子公开为劳动人民尤其是奴隶呐喊，呼吁社会各界人士关爱他们，给奴隶以做人的权利，还他们的人身自由。在战国初期，墨子是第一个重视人权、提出解放奴隶的平民思想家，为奴隶制社会向封建制社会过渡做出了不朽的贡献。

墨子不仅倡导“兼爱”，而且身体力行地实践这一主张：努力做到“有力以助人，有财以分人，有道以教人”，尽力做有益于人民的事情。更可贵的是，他为了实现爱天下的崇高目标，甚至甘于舍己为人。总之，“兼爱”是墨学的总纲，它既是社会的道德追求，又是政治目标，同时具有世界观的哲学意义，体现了墨子的崇高理想。

中国社会科学院研究员、中国墨子学会副会长谭家健先生在《墨子研究》中认为，“兼”是对爱的方式、范围和程度的一种规定，说明如何去爱。主要有四条基本原则：第一，平等性原则，“兼爱”的根本意义就是平等之爱，不分所爱对象的社会等级，一律相爱。“使天下兼相爱，爱人若爱其身。”第二，普遍性原则，“兼爱”应该“远施周偏”，即不分远近、不受地域的限制。第三，相互性原则，从整体上讲，爱应该是相互的，而不应该是单方的。“夫爱人者，人必从而爱之；利人者，人必从而利之。”

第四，无私性原则，从个体上讲，爱应该是利他的、无私的，不包含着利己的动机。谭先生对墨子“兼爱”的解释，我完全赞成。

如果用现代大家熟悉常用的词语对“兼爱”作高度概括，我认为也可以这样说：兼爱就是无私奉献，为人民服务；兼爱就是毫不利己，专门利人；兼爱就是我为人人，人人为我；兼爱就是互惠互利，合作双赢。

二、墨子为什么提出“兼爱”

墨子为什么要提出“兼爱”？“兼爱”的对象是哪些人？这是由时代环境和墨子的人生哲学思想决定的。

墨子生活的战国初期，井田破坏，工商发展，诸侯争雄，战争不断，杀人殉葬，民不聊生，社会动荡不安，人民生命难保。面对这样的时局，墨子忧心忡忡，他分析，凡是天下的祸害怨恨、强欺弱、众劫寡、富侮贫、贵欺贱、诈凌愚，都是“以不相爱生也”(《兼爱中》)。

他说：“当察乱何自起？起不相爱。臣子之不孝君父，所谓乱也。子自爱，不爱父，故亏父而自利，弟自爱，不爱兄，故亏兄而自利；臣自爱，不爱君，故亏君而自利，此所谓乱也。虽父之不慈子，兄之不慈弟，君之不慈臣，此亦天下之所谓乱也。父自爱也，不爱子，故亏子而自利；兄自爱也，不爱弟，故亏弟而自利；君自爱也，不爱臣，故亏臣而自利。是何也？皆起不相爱。”(《兼爱上》)

找到了社会动荡不安、人民艰难困苦的原因，墨子开出了救世的良方——“兼爱”。他说：“视人之国若视其国，视人之家若视其家，视人之身若视其身。是故诸侯相爱则不野战，家主相爱则不相篡，人与人相爱则不相贼，君臣相爱则惠忠，父子相爱则慈孝，兄弟相爱则和调。天下之人皆相爱，强不执弱，众不劫寡，富不侮贫，贵不敖贱，诈不欺愚。凡天下祸篡怨恨，可使毋起者，以相爱生也，是以仁者誉之……兼相爱，交相利，此圣王之法，天下之治道也，不可不务为也。”（《兼爱中》）墨子设想，只要天下人与人互相关爱，就能天下太平，国泰民安。这是墨子理想的社会境界。

墨子高举“兼爱”的古典人道主义大旗，其目的意义就是救世、兴利、除害，以人为本，还人应有的权利，人人都应得到人间之爱。正如侯声在《博爱主义》一文中所说：“墨子之兼爱论，其要旨谓：天下之乱，乱于不相爱；天下之治，治于兼相爱。侯声曰：大哉博爱之道乎！其道行于社会则社会团结，行于种族则同族统一，行于国家则国力坚凝，行于世界则世界治平。”孙中山先生在《民族主义》第六讲中对墨子的兼爱给予高度的评价：古时最讲“爱”字的，莫过于墨子。墨子所讲的“兼爱”，与耶稣所讲的“博爱”是一样的。他还在《民报》创刊号上称赞墨子是“世界第一平等博爱主义大家”。

“兼爱”是墨子古典人道主义的核心，由此向外延伸，他提出了“非攻”“尚贤”“尚同”“节用”“节葬”“非命”“非乐”等一系列主张。

所谓“非攻”，即反对非正义的侵略和掠夺战争。所谓“尚贤”，就是打破宗法制度任人唯亲的原则，扩大选贤的范围，不分亲疏贵贱，“有能则举之，无能则下之”“官无常贵，而民无终贱”“虽在农与工肆之人，有能则举之”；还要求“举义不辟贫贱”“举义不避远”，十分重视“贱人”参政。所谓“尚同”，即同一天下之义（上下统一思想）、同一天下之情（下情上达）、同一天下之法（严明赏罚）。值得注意的是，墨子是在“尚贤”的前提下讲“尚同”的，重视个人的利益，更强调国家的利益，认为个人必须服从国家，国家必须爱护人民。所谓“节用”，就是提倡节俭，反对奢侈浪费；开源节流，增收节支，发展生产，增加粮食；提倡早婚多生，重视人口增加。所谓“节葬”，就是主张丧葬要节俭，揭露和谴责儒家的“厚葬久丧”，针锋相对地提出了“薄葬短丧”及其“葬埋之法”；同时，坚决反对杀害奴隶殉葬。墨子的节葬具有重大的现实意义。所谓“非乐”，就是反对统治阶级以“亏夺民衣食之财”为代价的音乐享受，这是墨子“非乐”的历史意义。所谓“非命”，即驳斥“有命”说，墨子用“三表”法则作为判断是非的标准，揭示“有命”说的危害，探索它产生的根源，提倡以人为本，依靠自身强力从事，发展生产，创造财富。上述墨子的主张体现了他以人为本的古典人道主义。

墨子有着强烈的救世意识，非常关心人民的生死贫富安危，他认为只要有利于救世和解除人民的疾苦，人就可以牺牲自己，“士损己而益所为也”，提倡大公无私和无私利人；提倡无私奉献和自我牺牲精神，并把禹、汤、文王作为无私奉献和自我牺牲精神的人格楷模。墨子言行一致，为利天下奔走呼喊，不畏艰难险阻，“摩顶放踵利天下，为之”（《孟子·尽心上》），“备世之急……枯槁不舍”（《庄子·天下》），展示其实践品格和无私奉献与自我牺牲的伟大精神。

综上所述，墨子认为：天下大乱，民不聊生，主要原因是“不兼爱”。拯救人类，争取和平，只有实行“兼爱”。墨子提出的“兼爱”，是救世的良药，在当时获得了广大民众的赞同。

三、兼爱的现代价值和意义

墨子兼爱的思想学说至今已有2400多年，经历了从显学到冷落、从冷落到兴盛的发展变化过程。这中间的原因很多，今天不作研讨。但有一点可以肯定，“兼爱”已经成为中华民族的文化基因，世代相传，发扬光大，从未间断。也就是说：中华民族自古以来就是勤劳善良、助人为乐、热爱祖国、热爱和平的民族。

“兼爱”作为一种理想目标完全是值得追求的，但需要克服人自身的很多局限，比如自私自利、重利轻义等思想。实践这样一种学说，有助于解决许多社会问题，以达到“强不执弱，众不劫寡，富不侮贫，贵不敖贱，诈不欺愚”的目标。

兼爱学说给人的最基本的启发是，人应该从只知道自爱而不知道相爱、只知道自利而不知道利人的偏狭中超脱出来，由此营造一个和谐的社会、温馨的群体以及令人备感舒适的人际关系。

兼爱的现代价值和意义主要有下列几点：

第一，兼爱利己。

“兼爱”是爱别人也爱自己，自己也在所爱之中。走向兼爱，即乐在其中，能健康长寿。俗话说，为人不做亏心事，不怕半夜鬼敲门。老想着帮助他人，心底无私天地宽，自然吃饭香、睡觉甜，无忧无虑，健康长寿。

第二，兼爱利人。

兼爱是奉献，是帮助需要帮助的人，肯定有利于他人。如20世纪60年代的雷锋，21世纪的“活雷锋”郭明义，还有很多“最美女教师”“最美的哥”，感动中国人物等，他们的事迹感天动地，催人泪下，都是“兼爱”思想实践的典范。

第三，兼爱利国、利天下。

江泽民、胡锦涛主席先后访问苏联、美国时，曾经引用墨子“强不执弱，富不侮贫”的名言，说明中华民族自古以来就兼爱他国，热爱和平，阐述了我国平等互利、和平外交的原则立场。这句名言取自《兼爱中》：“天下之人皆相爱，强不执弱，众不劫寡，富不侮贫，贵不敖贱，诈不欺愚。凡天下祸篡怨恨，可使毋起者，以相爱生也，是以仁者誉之。”其大意是：天下人兼相爱，强者不压制弱者，人多势众的不劫掠人少的，富人不欺侮穷人，高贵的不鄙视卑贱的人，奸诈狡猾的也不欺骗愚笨的。那么天下的灾祸、争夺、埋怨、仇恨都不可能发生，那都是因为兼相爱才有可能，所以仁人君子都十分赞美兼爱的美德。

弘扬墨子的兼爱思想，有利于中华民族的统一大业，有利于世界的和平与发展。

第四，李绍崑教授的兼爱实践。

李绍崑教授是当代著名的墨学专家、教育心理学家和社会活动家，也是中美精神心理研究所和武汉爱的教育咨询中心创办者。李教授博学多才，贯通中西，著作等身，贡献巨大，我们仅从墨学研究、兼爱实践方面概括如下：

其一，学术研究成果丰富。《墨子：伟大的教育家》是李教授的博士学位论文，具有独特的见解。率先论证了“墨子与孔子一样，也是伟大的教育家”，论文修改后，用英文、中文分别出版，深受墨学界赞赏。他的《墨学在日本》《墨学在欧美》等文章，第一次向中国学术界系统介绍了墨学在国外的研究概况，令人耳目一新，收获颇多。

其二，周游世界，宣传墨学。李绍崑教授长期在国外工作，充分利用出访之机，到世界各地宣传墨学，“上说下教”“遍从人而说之”“强聒而不舍”被誉为“传墨士”。

其三，乐于助人，无私奉献，架起中外墨学界友好的桥梁。改革开放以来，李绍崑教授多次邀请中国学者到美国讲学交流。我与清华大学钱逊教授、山东大学郑杰文教授于 1995 年 8 月应邀赴美参加学术会议，李先生与夫人张宝蕊博士热情接待，全程陪同。李教授还多次组织美国学者到中国参加墨学国际会议，如 1993 年 5 月率团到墨子故里山东滕州，参加墨子国际研究中心奠基仪式，为弘扬墨学、宣传兼爱做出了巨大的贡献。

2008 年 8 月 18 日，在李绍崑教授八十大寿之际，我与夫人专程到武汉祝贺，贺诗如下：

湘西李氏多俊杰，绍崑博士扬英名。
神哲儒墨心理学，中西文化交与融。
海峡两岸促统一，四海五洲唱和平。
上下求索八十载，众人祝贺老寿星。

今天，参加“爱的教育”第一届国际论坛，这是李先生“爱的召唤”。我愿献出爱心，走近墨子，走向兼爱。

第五，爱的奉献。

著名歌手韦唯演唱的《爱的奉献》，想必大家都不陌生。一句句优美的歌词既道出了我们共同的心声，又唱出了我们殷切的企盼。

爱是什么？爱就是对人或事物有很深厚的感情，包括喜欢、爱惜、爱护等情感。我们需要被爱，更需要去爱别人。目前，我们正在大力构建和谐社会，而和谐社会的创建和维护更需要爱。也许对于多数人来说，和谐是一个宏观抽象的概念，而爱是实实在在存在于我们周围，我们时刻都可以体会得到的。

其实，我们身边的爱无处不在：当你身处困境时，朋友的慷慨解囊和鼎力相助，是爱；当你迷失道路、徘徊不前时，一位好心人的指引，是爱。这些爱在我们身边萦绕，相信大家都能感受到。在爱的包围中生活，我们是幸福的，也是幸运的。在我们用心体会身边的人所给予爱的同时，我们应该做些什么呢？其实很简单，用我们的爱去回报他们。只要人人都献出一点爱，世界将不再冷漠，大地将不再荒芜，灵魂将不再迷失。

如果说我们是绿叶，社会就是大树，如果没有她的支撑和陪伴，我们会在孤独中凋零；如果说我们是树苗，社会就是大地，如果没有她的培养和哺育，我们将无法茁壮成长。我们需要社会的关爱，社会更需要我们的精心爱护。因此，构建和谐社会，既是发展的需要，更是来自大家心灵的呼唤。听，和谐的乐章已经奏起，正在世界的每个角落回响；看，爱的使者正在翩翩起舞，把爱的种子播撒到我们的心田。

我相信，走向“兼爱”，就能走向幸福美好的明天。让我们共同歌唱这首兼爱之歌，在爱的歌声中结束我的演讲。下面请播放原唱，让我们共同歌唱《爱的奉献》：

> 这是心的呼唤，这是爱的奉献，这是人间的春风，这是生命的源泉。再没有心的沙漠，再没有爱的荒原，死神也望而却步，幸福之花处处开遍。只要人人都献出一点爱，世界将变成美好的人间……

（本篇为李绍崑先生主办的武汉爱的教育国际研讨会论文，作者于2012年10月27日在大会宣读，后被收入会议文集，今有删改）

第二十五篇　墨家与农家

墨家与农家被史书列入先秦诸子百家中的前十家，在当时有较大的影响。笔者近期编辑《十家论农》，研究农家优秀的思想文化，发现墨家与农家的关系比较密切，但有的学者认为农家源于墨家，也有的学者认为农家出于道家。笔者对此不能赞同，现简要谈谈自己的意见。

著名学者钱穆先生在《先秦诸子系年考辨·许行考》中考证："《吕氏春秋·当染篇》云：'禽滑鳌学于墨子，许犯学于禽滑鳌，田系学于许犯，显荣于天下。'禽滑鳌，梁氏《人表考》谓即禽滑釐，而许犯田系无闻焉。今按：许犯即许行也。"上文中，钱穆先生把许行列为墨子的再传弟子，即第三代传人。

紧接上文，钱穆先生又考证："许行之至滕曰：'愿受一廛而为氓''其徒数十人，皆衣褐，捆屦织席以为食'，此墨子度身而衣，量腹而食，比于宾萌，未敢求仕之遗教也。许行之言曰：'滕有仓廪府库，是厉民而以自养也'，此墨子非礼毁乐之绪论也。并耕之说，盖自兼爱蜕变而来。则许行之为墨徒，信矣。”至此，钱先生确信许行是墨家之徒。换言之，农家源于墨家。

对于钱穆先生的这一考证，著名学者赵纪彬先生（笔名“纪玄冰”）在《许行思想批判》（见《文讯》1948 年第 9 卷第 4 期）一文中提出批评。概括来说，主要如下。

赵先生以为许行的思想也许是出于道家，至少也可以说不一定出于墨家。理由约可分为下列几点：

第一，所谓“其（许行）徒数十人，皆衣褐，捆屦织席以为食”，这种自食其力的劳动精神，非墨家所独有；春秋战国之际，随着礼崩乐坏的氏族衰微进程，一部分古代社会的氏族遗老，亦同样如此。尤应注意者，此等“辟世之士”多系楚产，道家的重要人物如老、庄、环渊等，多属楚籍，而许行亦当为“自楚之滕”的思想家，故亦可为其学出于道家之一证。

第二，许行以为“滕有仓廪府库，是厉民而以自养也”，不一定是祖述墨家非礼毁乐的绪论；道家依其“无以人灭天，无以故灭命”的反进化、反物质文明的寂静无为观点，对于以古代奴隶制生产方法为基础的整个古代制度文物，亦当常出以根本否定态度。此在《老》《庄》二书中，证据繁多，无待具引；特别应指出者，例如《老子》书所说“民之饥，以其上食税之多……民之难治，以其上之有为”云云，正与许行思想如出一辙。

第三，许行的“齐物”主张，据孟子驳难的口气来看，似乎与墨子的“僈差等”思想不同，而与庄子所说的“万物一齐，孰短孰长”（《庄子·秋水》）之义，骎骎相接。似此，许行的思想，实更接近于道家。章太炎只注意到“与民并耕”主义，而忽视了“从许子之道”以下一大段驳难的论证范围，遂谓庄子齐物“与许行齐物不同”，殊为疏失。

第四，儒墨两家的“先王观念”皆溯始于尧舜，而以禹稷为其耕稼或劳作的崇高代表，且均以“仁义”为道德的根本概念而极端地加以强调。在先秦诸子中，排击尧舜，唾弃“仁义”，而将“先王观念”扩展至于荒渺的远古，具体地提出“神农”者，始见于《庄子》书中，而渐成为道家的特色。今孟子关于许行，一则说“有为神农之言者”，再则说“非先王之道”。（赵岐注云：“许子托于太古，非先王尧舜之道，不务仁义。”）凡此诸端，亦可为许行属于道家之证。

第五，许行所发“愿受一廛而为氓”的请求，与墨子的“比于宾萌”及《尚贤》篇所强调的“四鄙之萌人”，诚如钱穆所考，具有渊源承接关系。但此只能证明许行受墨家影响，却不能据以断定许行必属于墨家学派。例如告子，《公孟》篇明载其与墨子语，但经郭沫若、王维诚两家考定以后，所谓告子属于道家之说，遂成公论。据此推理，则许行受墨家影响，则不害其仍属于道家学派。

前述五证，任举其一，固均不免于丐词之嫌；但合而论之，则仍可认为许行的思想主要系渊源于道家。

以上是赵纪彬先生的观点。他否定了钱穆先生“农家源于墨家”的考证，提出了“许行源于道家”的论点。对此，笔者不敢赞同，但因与本题无关，不予细论。

农家与墨家的关系如何？有何特点？我们且看著名学者蔡尚思先生的评论。

先看他对农家的评论。蔡尚思先生在《许行思想的新释》(见《文汇报》1947 年 3 月 22 日) 中指出："阶级最贱，地位最低，生活最苦，思想最左者，莫如农家。农家是真正代表农民阶级的思想家，这在周末诸子中，是找不出第二个人来的。农家最和儒法二家对立，其代表人物为许行和陈相。……其特点略如下述：

"（一）他们师生全是代表农民阶级，全是劳动者生产者，不但异于儒家孔子的'四体不勤，五谷不分'，也和道家老子的主张'终身不勤'相反。

"（二）他们能说能行，名副其实。

"（三）他们的影响颇大，连儒家的陈相，也'尽弃其学而学焉'。

"（四）他们抱着农本主义，以耕为重，以'自织'为会'害于耕'，所以'不自织'而'以粟易之'。

"（五）他们是主张原始共产社会的，所以崇拜太古的神农。

"（六）有'无政府主义'倾向的君民并耕说——他们既以身作则，自食其力，又主张君民并耕，去打破儒法诸家所主张的统治者和被统治者的阶级对立。其目的在于使整个社会所有的人，都成为劳动消费合一者，不复有如前此的上阶层包办消费而不必劳动，下阶层包办劳动而不得消费。这在'小国寡民'的古代，未尝不可行。如越王勾践，'非其身之所种则不食，非其夫人之所织则不衣，十年不收于国，民有三年之食'。既然自国王以下，都自食其力，政府便不必征收赋税，人民便可以富足，这正合许行所主张‘贤者与民并耕，饔飧而治’，而异于滕君的‘有仓廪府库，则是厉民而以自养也，恶得贤？’

“（七）有‘共产主义’作用的同量同价说——这点实是许行的中心思想，很有意义。最可惜的是，古今学者全未看出，近人至斥为不知经济学理，这真是最冤枉的一件事。”

再看蔡尚思先生对墨家的评论。他在《墨子的历史地位与当代价值》（见《文史哲》1991 年第 5 期）中指出：“墨学在中国思想文化史上的价值是超过任何一家一派的。如果不相信，我就试略举例证让大家来一看和予以科学的评价：

“（一）反宗法血缘关系的大公无私。这在中国思想史上只有墨子一家。他正和只论亲疏而不论是非的孔子相反，他主张亲疏人我不分的兼相爱交相利，这用今天的话来说，也就是主张只问有无道理的法治而反对只问有无关系的人治。这在社会主义的今天与共产主义的将来都是极有意义的……

“（二）强调人力否定宿命的绝对正确。墨子认为贵贱、贫富、智愚、强弱等等均决定于人为而不决定于命运。此与道家相反，与儒家也不同……

“（三）墨子强调人类必须加紧生产，努力工作，才能生存。这不仅在今天人口最多或较多的国家有意义，即在将来任何国家也都适用。

“（四）墨子强调节省不必要的消费。反对厚葬久丧，主张节用节私（反对多妻），这对公开宣传美衣美食，讲究生活与大办生日、婚事、丧事等等都穷奢极欲的一种风气，也是非常对症下药的。

“（五）墨子主张有力相劳、有财相分、有道相教，这也是他的兼爱交利主义的具体表现之一，有其积极作用的一面。

“（六）墨子强调实行，反对空谈。主张言行一致，反对儒家说的‘言不必信，行不必果’。这在今日和后世都是至理名言……

“（七）墨子独能以十日十夜，裂裳裹足从北方的鲁国跑到南方的楚都，这是何等的吃苦而伟大的精神，也同做了大夫以后出门就必须坐车而不走路的孔子相反，而同两万五千里长征与延安精神有点相近，不知现在不少人为什么硬要尊孔反墨？我真不解！

“（八）墨家的为人太多，自为太少，甚至只知损己杀己去利人利天下的伟大精神，比古今人所乐道的孟子理想的‘与众同乐’、范仲淹理想的‘先天下之忧而忧，后天下之乐而乐’，都高明得多，这才真正是‘为人民服务’而不是为自己服务，直到共产主义社会也还是适用的。”

上文中，蔡尚思先生否定了赵纪彬先生的“农家许行源于道家”的观点。笔者赞同蔡先生对农家与墨家的评价，从中感悟到以下几点：

第一，墨家与农家同源而异流，他们都崇拜神农、大禹等率领人民艰苦奋斗、自力更生、吃苦耐劳、勤俭节约的古代圣贤。

第二，墨家与农家都是当时农民和手工业者在思想上的代表，代表了基层广大劳动人民的利益。

第三，墨家与农家都追求社会安定，人人平等。

第四，墨家与农家都强调努力生产，创造财富。

第五，墨家与农家都主张勤俭节约，自力更生。

第六，墨子与许行是墨家与农家的杰出代表，他们为墨家与农家的发展做出了不朽的贡献。

当然，墨家与农家也有不同，主要有以下几点：

第一，墨家在政治、哲学、军事、科技、逻辑、教育等方面都有系统的思想理论，而农家稍逊一筹。

第二，墨家组织严密，有一套完整的机构、纪律、制度等，农家的组织较为松散。

第三，墨家贵义，农家重民食。墨家认为“万事莫贵于义”，把“义”放在首位。农家更重“民食”，《汉书·艺文志·诸子略》将农家列为九流之一，并称：“农家者流，盖出于农稷之官。播百谷，劝耕桑，以足衣食，故八政一曰食，二曰货。孔子曰‘所重民食’，此其所长也。”“所重民食”正是农家的特点。

农家的主要思想是“民以食为天”，这也是古今中外永恒的至理名言。笔者在编辑《十家论农》时，经常想到这句话，令人感慨万千。人生在世，什么最重要？首先是“吃饭”。俗话说“人是铁，饭是钢，一顿不吃饿得慌”。人能忍耐无衣、无房、无车的生活，但不能忍受饥饿无食的折磨，因为饥饿无食可以夺去人的生命。

蔡尚思先生在《许行思想的新释》中说：我少时听见一个故事,说在一个天灾人祸的年头，不分贫富，都要逃难。在贫农的家中，只有米而没有金，所以随身带了一瓮菜干；在富翁的眼中，认为金贵而米贱，所以随身带了一瓶金。两人同时逃入深山，贫农每天以数根菜干和水充饥，可以勉强生存下去；而富翁的金不能救急，不能使用。有一天，富翁因饿肚子饿得难受，便去哀求贫农道：“我用一些金同你换一根菜干，好不好?”贫农终不允。后来富翁饿死，而金为贫农所得。贫农菜干还未吃完，便带着金安然回家。就此以观，米确比金有用，而且贵气。蔡先生讲的这个故事，流传很广，版本很多，笔者在少年时也听老人讲过，故事情节稍有差异，但其核心思想及阐明的道理完全相同，即“粮比金贵”“民以食为天”!

因此，有必要把“衣、食、住、行”人类生存的四大要素，重新排序为“食、衣、住、行”。历史上，千百次的农民起义、工人罢工，很大一部分原因是缺粮少食，为了生存，揭竿而起。从政治家、经济学家到普通百姓，都知道“无粮不稳，无粮必乱”“民以食为天”的硬道理，都很关注农业粮食生产。

自从盘古开天地、三皇五帝到如今，人活着，每天都需要吃饭穿衣，这是人类最基本的生存需求。我国历代的贤人先哲们都非常重视粮食生产，非常关心农业发展，把粮食生产与发展农业放在首位。在诸子百家中，就重视农业粮食的生产而论，农家第一，墨家第二。

农家在汉初并未得到重视，因此司马谈《论六家要旨》中没有农家，但有墨家。这是不公平的。诸子百家中，农家起源最早，历史久远，因为漫长的原始社会都以农为主，没有商业等其他行业，人民所关注、所研究的中心是如何搞好农业生产、增加粮食，解决温饱生存。到了班固修《汉书》时，才将农家作为十家之一正式写入史书。按照《汉书·艺文志》的著录，农家共有“九家，百一十四篇”。其中，可确定为战国时期著作的有“《神农》二十篇，《野老》十七篇”，但都已失传。现能据以研究先秦农家的思想资料，是散见于《管子》《孟子》《吕氏春秋》等书中的一些记载。就从这些零散的资料来看，农家的思想也是丰富多彩的。

农家的领袖许行是代表当时农民的社会活动家，他向当时的统治阶级提出了农民的政治要求。他自称其主张为“神农之言”。所谓神农，其实就是指最初从事农业生产的人。神农是传说中农民的代表，也是农民的象征，他总结了以往农民长期的经验，使农业生产进入一个新阶段，使人类生活向前迈进了一大步，所以他的时代称为神农时代，他也被后人所崇拜，被敬为农业之祖。所以，许行一派的农家称自己的思想为“神农之言”或“神农之教”。许行想在奴隶社会进入封建社会的时期就消灭剥削，消灭阶级，消灭体力劳动和脑力劳动的对立，在当时是不可能实现的。但是它反映了农民向往一个没有剥削，人人劳动、自食其力的理想社会的要求和愿望，这在当时反奴隶制的斗争中是起了重大作用的。许行的思想代表我国古代农民阶级的要求和愿望，这在我国古代思想史上是很宝贵的。

墨子是我国古代伟大的思想家、教育家、科学家、军事家、逻辑学家和社会活动家。他的思想博大精深，主要有以下 10 个方面：一是兴利除害。“为万民兴利除害”是墨子的最高宗旨。二是兼爱互利。为了实现兴利除害的理想，墨子提出了“兼相爱，交相利”的主张。三是尚贤尚同。墨子主张“尚贤使能”，他把“尚贤”看作“为政之本”，认为国家混乱的原因是当权者“不能以尚贤事能为政”。墨子反对“任人唯亲”，主张“任人唯贤”。四是强本节用。这是墨子的经济主张。“强本”就是要注重发展生产，促进经济繁荣，使人民丰衣足食。在“强本”的同时，墨子又提出了“节用”“节葬”等主张。五是非攻善守。墨子深知战争给人民带来的灾难，于是勇敢地站出来大声疾呼，反对大国对小国的侵略战争。六是教育完备。墨子的教育思想体系较为完整，其教育目的是培养“爱利万民”的“兼士”或“贤士”。七是科学技术。墨子不仅是一位伟大的思想家，也是一位杰出的科学家。他在宇宙观、力学、数学、光学等方面的见解，与近代科学原理有很多相同之处。当代著名墨学专家杨向奎教授认为，一部《墨经》无论在自然科学的哪个方面都超过整个古希腊，至少应该等于古希腊。全国政协原副主席、国家科学技术委员会原主任宋健为墨子像题词：“唯物师祖，科圣墨翟。”八是三表法则。出于救世活动的需要，墨子在哲学上着重探讨了认识论问题，是中国哲学史上第一个提出人的认识或言论的正误需要有一个标准来判断的哲学家。他认为真理就是符合客观实际的认识，并由此制定出了检验真理的标准——“三表法则”。墨子是中国古代逻辑学的奠基者。九是非命尚力。墨子不赞成“命运”之说，是先秦思想家中第一个明确反对“命定论”的人。墨子虽然宣传“天志”和“明鬼”，但天、鬼之说是推行自己学说的一种手段。十是自苦为义。墨子认为“万事莫贵于义”，并“自苦为义”，反对唯利是图，见利忘义。他在义与利的问题上，主张义利统一。

墨子是我国古代伟大的平民圣人，他创立的墨家学派在战国时期被称为“显学”；他与儒家的辩论拉开了“百家争鸣”的帷幕；墨家与农家等诸子百家共同谱写了中华民族文化史上辉煌的篇章，至今影响着海内外中华儿女。近代以来，孙中山先生在清末创办《民报》时，把墨子与黄帝、华盛顿、卢梭并列为世界四大伟人，认为古时最讲“爱”字的，莫过于墨子。墨子所讲的“兼爱”，与耶稣所讲的“博爱”是一样的。毛泽东主席在延安时期对墨子有高度评价：“墨子是一个劳动者，他不做官，但他是比孔子高明的圣人。”江泽民总书记于 2002 年 5 月 28 日在两院院士代表大会上说：历史上,中华民族曾经创造了世界最先进的生产力和最辉煌的科技成就，并将这种领先地位一直保持到 15 世纪。早在 2300 多年前，我国古代思想家墨子的《墨经》中就包含了丰富的关于力学、光学、几何学、工程技术知识和现代物理学、数学的基本要素。胡锦涛总书记于 2005 年 2 月 19 日在省部级主要领导干部提高构建社会主义和谐社会能力专题研讨班上的讲话中说：孔子说过“和为贵”；墨子提出了“兼相爱”“爱无差等”的理想社会方案。在一定程度上反映了广大人民群众对美好生活的向往。古今中外许多名人都对墨子给予了客观公正的评价，充分肯定了墨子创立墨学的社会价值。

综上所述，笔者认为墨家与农家被史书列入诸子百家中的前十家，在当时都有较大的影响。农家既不源于墨家，也不出于道家。墨家与农家有相同或相似之处，墨家与农家同源而异流，大同而小异，友好而亲近，都是我国古代重要的大家，都创造了我国古代重要的优秀文化，应当弘扬光大其精华，为现实服务。

（本篇为作者于 2011 年在内蒙古包头举办的墨学国际研讨会上的论文，今有删改）

第二十六篇　墨家与道家

墨子名翟，既是古代伟大的思想家、教育家、科学家、军事家、逻辑学家和社会活动家，也是兼爱重义、尊天明鬼的墨家学派创始人。墨子创立的墨家，是一个政治主张明确、道德规范鲜明、组织严密、纪律严格的民间社会团体，其首领称为“巨子”。墨子创立的墨学，集中体现在《墨子》一书中。

西汉时，刘安主持编纂《淮南子》，总结了道家及诸子学说。墨家传人参与了《淮南子》的编纂，《淮南子》是墨家与道家融合的开始。东汉晚期，墨家传人以民间社团的面貌浮出世面，即为汉末于吉、张角创立的太平道。东晋时，葛洪创立道教神仙理论体系，推崇墨子，在《神仙传》中尊墨子为“地仙”。

墨家与道家有着不可分割的关系。墨子的兼爱、非攻、尚贤、尚同、节用、节葬等社会政治思想和“天志、明鬼”等思想，均被道家吸收并发展，形成道家思想义理的重要内容。道家的敬神祀鬼、贵生重术，在较大程度上吸取了墨家的思想。尤其是东汉的太平道和金代的真大道，继承墨家的思想最多，甚至可以说是墨家之遗绪，是墨家后人在汉末、金初创建的民间社会团体。太平道与真大道虽已消亡，但其经典与宗旨为后世道家所承袭，墨子创立的墨家学派及其思想，依然对道家有影响，受到道家的尊崇。道家借助墨学弘扬自己的思想义理，墨家传人在道家流派中传承墨学，墨学在道家流派中得以发展。

东汉后期，于吉编纂的《太平经》是道教重要的经典。本文通过《太平经》与《墨子》的对比，分析两者在社会政治思想、“天志、明鬼”思想以及“方技、巫祝”等方面的关系，研究两者的同异，就教于方家。

一、《太平经》继承《墨子》的社会政治思想

墨子的社会政治思想主要有尚贤、尚同、兼爱、非攻、节用、节葬、非乐、非命等，体现在《墨子》一书中。

《墨子》主张“尚贤”。“尚贤”就是尊重人才，选贤任能，有能则上，无能则下。“古者圣王之为政，列德而尚贤，虽在农与工肆之人，有能则举之，高予之爵，重予之禄，任之以事，断予之令，曰：爵位不高则民弗敬，蓄禄不厚则民不信，政令不断则民不畏。举三者授之贤者，非为贤赐也，欲其事之成。故当是时，以德就列，以官服事，以劳殿赏，量功而分禄。故官无常贵，而民无终贱，有能则举之，无能则下之，举公义，辟私怨，此若言之谓也。”“尚欲祖述尧、舜、禹、汤之道，将不可以不尚贤。夫尚贤者，政之本也。”（《墨子·尚贤上》）

《太平经》继承了墨子的“尚贤”思想。《太平经》说：“赐国家千金，不若与一要言可以治者也；与国家万双璧玉，不若进二大贤也。夫要言大贤珍道，乃能使帝王安枕而治，大乐而至太平……故古者圣贤帝王，未尝贫于财货也，乃常苦贫于士，愁大贤不至，人民不聚。”（卷四六）认为“贤士”比“积金玉璧奇伪物”贵重得多，“故古者大圣大贤将任人，必先试其所长，何所短，而后署其职事，因而任之”。（卷五四）

《墨子》主张“尚同”。即天下百姓皆上同于天子，全国政令统一，而天子又上同于天志。“明乎民之无正长以一同天下之义，而天下乱也，是故选择天下贤良、圣知、辩慧之人，立以为天子，使从事乎一同天下之义。天子既以立矣，以为唯其耳目之请，不能独一同天下之义，是故选择天下赞阅贤良、圣知、辩慧之人，置以为三公，与从事乎一同天下之义。天子、三公既已立矣，以为天下博大，山林远土之民不可得而一也，是故靡分天下，设以为万诸侯国君，使从事乎一同其国之义。国君既已立矣，又以为唯其耳目之请，不能一同其国之义，是故择其国之贤者，置以为左右将军大夫，以远至乎乡里之长，与从事乎一同其国之义。天子、诸侯之君，民之正长，既已定矣。天子为发政施教，曰：‘凡闻见善者，必以告其上；闻见不善者，亦必以告其上。上之所是，必亦是之；上之所非，必亦非之。已有善，傍荐之；上有过，规谏之。尚同义其上，而毋有下比之心。’”（《墨子·尚同中》）

《太平经》继承了墨子的“尚同”思想。《太平经》认为古

代圣贤旦夕垂拱，“未尝敢失天心”；“天地之性，下亦革谏其上，上亦革谏其下，各有所长短，因以相补，然后天道凡万事，各得其所”；“相谏及下，极小微，则不失道，得天心。故天生凡事，使其时有变革，悉皆以谏正人君，以明至德之符，不可大不慎也”；“臣昧君盲，奸邪横行；臣喑（yīn）君聋，天下不通；善与恶不分别，天灾合同，六极战乱，天下并凶，可不慎乎哉”。（卷四三）强调上下互相规谏，这是天的意志，是“尚同”的必然途径。

《墨子》提倡“兼爱”。“圣人以治天下为事者也，必知乱之所自起，焉能治之；不知乱之所自起，则不能治……当察乱何自起？起不相爱。臣子之不孝君父，所谓乱也。子自爱，不爱父，故亏父而自利；弟自爱，不爱兄，故亏兄而自利；臣自爱，不爱君，故亏君而自利，此所谓乱也。虽父之不慈子，兄之不慈弟，君之不慈臣，此亦天下之所谓乱也。父自爱也，不爱子，故亏子而自利；兄自爱也，不爱弟，故亏弟而自利；君自爱也，不爱臣，故亏臣而自利。是何也？皆起不相爱。虽至天下之为盗贼者亦然，盗爱其室，不爱其异室，故窃异室以利其室；贼爱其身，不爱人，故贼人以利其身。此何也？皆起不相爱。虽至大夫之相乱家、诸侯之相攻国者，亦然。大夫各爱其家，不爱异家，故乱异家以利其家；诸侯各爱其国，不爱异国，故攻异国以利其国。天下之乱物具此而已矣。察此何自起？皆起不相爱。……若使天下兼相爱，国与国不相攻，家与家不相乱，盗贼无有，君臣父子皆能孝慈，若此则天下治。故圣人以治天下为事者，恶得不禁恶而劝爱？故天下兼相爱则治，交相恶则乱。”（《墨子·兼爱上》）“有力相营，有道相教，有财相分。”（《墨子·天志中》）墨子认为，兼相爱、交相利应当互相帮助、互相爱护。

《太平经》继承了《墨子》的“兼爱”思想。《太平经》说：“人民相爱，万物各得其所，自有天法常格在不匿。”（卷五六）“考天地阴阳万物，上下相爱相治，立功成名，使心治一家，使人不复相憎恶，常乐合心同志……古者圣帝明王，重大臣，爱处士，利人民，不害伤；臣亦忠信不欺君，故理若神。故贤父常思安其子，子常思安乐其父，二人并力同心，家无不成者。”（卷五六）“故能爱利，口不妄言，则道可得也。”“是故天之为象法也，乃尊无上，反卑无下，大无外，反小无内，包养万二千物，善恶大小皆利佑之，授以元气而生之，终之不害伤也。故能为天，最称神也，最名无上之君也。”（卷九八）“诸神相爱，有知相教，有奇文异策相与见，空缺相荐相保，有小有异言相谏正，有珍奇相遗。”（卷一〇六）《太平经》认为兼相爱、交相利是天的意志和法则，与墨子思想相同。

《墨子》主张“非攻”。墨子曰：“当若繁为攻伐，此实天下之巨害也。今欲为仁义，求为上士，尚欲中圣王之道，下欲中国家百姓之利，故当若非攻之为说，而将不可不察者此也。”（《墨子·非攻下》）

《太平经》继承了《墨子》的“非攻”思想。《太平经》说：“大恶有四，兵、病、水、火。”（卷一）主张尚德，反对战争。

《墨子》主张“节用”“节葬”。“圣王为政，其发令兴事，使民用财也，无不加用而为者，是故用财不费，民德不劳，其兴利多矣。其为衣裘何？以为冬以圉寒，夏以圉暑。”“去无用之费，圣王之道，天下之大利也。”（《墨子·节用上》）“故古圣王制为葬埋之法，曰：棺三寸,足以朽体；衣衾三领，足以覆恶。以及其葬也，下毋及泉，上毋通臭，垄若参耕之亩，则止矣。死者既以葬矣，生者必无久哭，而疾而从事，人为其所能，以交相利也。此圣王之法也。”（《墨子·节葬下》）

《太平经》继承了墨子的“节用”“节葬”思想。《太平经》说：“生人，阳也。死人，阴也。事阴不得过阳。”（卷三六）“上古之人理丧，但心至而已，送终不过生时，人心纯朴，少疾病。中古理丧渐失法度，流就浮华，竭资财为送终之具，而盛于祭祀，而鬼神益盛，民多疾疫，鬼物为祟，不可止。下古更炽祀他鬼而兴阴，事鬼神而害生民，臣秉君权，女子专家，兵革暴起，奸邪成党，谄谀日兴，政令日废，君道不行，此皆兴阴过阳，天道所恶。”（《太平经钞·丙》）此外，还反对建造丘陵般的大坟墓，“今天下大屋丘陵冢……良土深凿之，投瓦石坚木于中为地壮，地内独病之”（《卷四五》）。

《墨子》主张增加人口。“昔者圣王为法，曰：丈夫年二十，毋敢不处家；女子年十五，毋敢不事人。”（《墨子·节用上》）

《太平经》继承了墨子“增加人口”的思想。“夫男者乃承天统，女者承地统，今乃断绝地统，令使不得复相传生，其后多出绝灭无后世，其罪何重也。”（《卷三五》）反对贱杀妇女，主张男女齐心协力，从事生产劳动，繁衍种族，增加人口。

总之，《太平经》中的尚贤尚同、兼爱非攻、节用节葬等思想都较为明显，鲜明地反映出《太平经》的社会政治思想在很大程度上源于《墨子》。

二、《太平经》继承《墨子》的“天志、明鬼”思想

《墨子》的重要思想之一是“天志”。墨子曰：“我有天志，譬若轮人之有规，匠人之有矩。轮匠执其规矩，以度天下之方圜。曰：‘中者是也，不中者非也。’”（《墨子·天志上》）“观其行，顺天之意，谓之善意行；反天之意，谓之不善意行。观其言谈，顺天之意，谓之善言谈；反天之意，谓之不善其谈。观其刑政，顺天之意，谓之善刑政；反天之意，谓之不善刑政。故置此以为法，立此以为仪，将以量度天下之王公大人、卿大夫之仁与不仁，譬之犹分黑白也。”（《墨子·天志中》）“昔三代圣王，禹、汤、文、武，此顺天意而得赏也；昔三代之暴王，桀、纣、幽、厉，此反天意而得罚者也。”“上尊天，中事鬼神，下爱人。故天意曰：‘此之我所爱，兼而爱之；我所利，兼而利之。爱人者此为博焉，利人者此为厚焉。’”（《墨子·天志上》）墨子认为“天”是有意志、有欲念、人格化的宇宙主宰者，“天”的意志是评判人世善恶是非的标准。

《太平经》继承了《墨子》的“天志”思想。《太平经》说：“天无私佑，佑之有信。”“天之照人，与镜无异。”（卷一八）“得天意，所上当多善……故是‘天’洞明照心之镜

也。”“思称天心，乃无一相欺者也。”（卷四八）“其为人君者乐思太平，得天之心，其功倍也……治不合天心，不得天意，为无功于天上。”（卷四〇）“然，行守本，法天者，是其始也。”（卷四二）“天乃为人垂象作法，为帝王立教令，可仪以治，万不失一也。”“天法神哉神哉！是故夫古者神人真人大圣所以能深制法度，为帝王作规矩者，皆见天文之要。”（卷四四）“圣人制法，皆象天之心意也。”（卷四八）“夫为善者，乃事合天心。”（卷四九）“天之授事，各有法律。”（卷五五）“天者，至道之真也，不欺人也，万物所当亲爱，其用心意，当积诚且信，但常欲利不害，不负一物，故为天也。”（卷五六）“行善正，则得天心而生，行恶，失天心，则凶死。”（卷九一）《太平经》认为“天”是宇宙最高贵的主宰、人格化的“天君”，世人都应崇拜“天君”，顺“天心”“天意”“天道”，遵从“天法”“天仪”“天德”“天统”“天性”“天爱”，慑于“天畏”“天力”，与《墨子》的“天志”相同。

《墨子》的另一重要思想是“明鬼”。其《明鬼下》篇记载：“若以众之所同见，与众之所同闻，则若昔者杜伯是也。周宣王杀其臣杜伯而不辜，杜伯曰：‘吾君杀我而不辜，若以死者为无知则止矣；若死而有知，不出三年，必使吾君知之。’其三年，周宣王合诸侯而田于圃，田车数百乘，从数千，人满野。日中，杜伯乘白马素车，朱衣冠，执朱弓，挟朱矢，追周宣王，射之车上，中心折脊，殪（yì）车中，伏弢而死。当是之时，周人从者莫不见，远者莫不闻，著在周之《春秋》。……以若书之说观之，则鬼神之有，岂可疑哉？……故鬼神之明，不可为幽间广泽、山林深谷，鬼神之明必知之。鬼神之罚，不可为富贵众强、勇力强武、坚甲利兵，鬼神之罚必胜之。……古之今之为鬼，非他也，有天鬼，亦有山水鬼神者，亦有人死而为鬼者。……今天下之王公大人士君子，中实将欲求兴天下之利，除天下之害，当若鬼神之有也，将不可不尊明也，圣王之道也。”

《太平经》继承了《墨子》的“明鬼”思想。《太平经》说：“其恶不止，便见鬼门。”“而反为恶，故使主恶之鬼久随之不解。”“与鬼同伍，何得活乎？”（卷一一〇）“天知其恶，故使凶神精鬼物待之。”“天责人过，鬼神为使，不如天教，辄见殃咎。”（卷一一二）“死为鬼，饿乞求食，无有止时，是恶行所致。”（卷一一四）“天地之性，精气鬼神行治人学人教人。”“咎在常阴念善恶，鬼神因而趋善恶”。（卷一三七）“君子制尸不制鬼。”（卷一五四）由此可知，《太平经》多有谈鬼说神之内容，实是承继了《墨子》的“明鬼”思想。

三、《太平经》继承《墨子》的“方技、巫祝”

《墨子》的《墨经》中包含了丰富的有关宇宙观、认识论、心理学、数学、物理学、力学、光学、几何学、工程技术的知识，充分体现了我国古代先秦时期的科技成果。墨子曾是一名杰出的工匠，其弟子有的是手工业劳动者，他们都是古代科技文明的创造者，十分重视方技。《墨子》中的《迎敌祠》等篇，含有“巫祝”成分。方技与巫祝等内容在《太平经》中也都有所体现。

《墨子》在论述道理时常用技术用语作比喻，如：“我有天志，譬若轮人之有规，匠人之有矩。轮匠执其规矩，以度天下之方圜。曰：‘中者是也，不中者非也。’”（《墨子·天志上》）“绳直权重相若，则正矣。”（《墨子·经说下》）

《太平经》评判是非也是如此论述：“为善不敢失绳缠，不敢自欺。”（卷一八）“因自以绳正，故万不失一者。”（卷四三）“为帝王作规矩者，皆见天文之要。”（卷四四）“吾之道法，乃出以规阳，入以规阴；出以规行，入以规神；出以规众书，入以规众图。”（卷七〇）“不离绳墨，而得其实者。”（卷七〇）“步即相随若规矩也。”（卷九六）“周者反始环无端。”（卷七三）“天数本起于一，十而终。”（卷九三）如此等等。

《墨子》中有巫医之术。比如：“譬若医之药人之有病者然。今有医于此，和合其祝药之于天下之有病者而药之。”（《墨子·非攻中》）“祝”指“祝由”，古代医师，病者对天祝告其请祷之由，饮符水以疗病，故名“祝”。

《太平经》中多处谈到巫医之术。比如：“如一卜卦工师中知之，除一祸祟之病；大医长于药方者，复除一病；刺工长刺经脉者，复除一病；或有复长于灸者，复除一病；或复有长于劾者，复除一病；或有长于祀者，复除一病；或有长于使神自导视鬼，复除一病。”“比如刀兵弓弩之矢毒著人身矣，所著疾痛不可忍，其大暴剧者，嘘不及噏（xī），倚不及立，身为暴狂。”（卷七二）“或欲为吏，及所医巫工师，各令得成，道皆有成，以给民可用。”（卷一一四）

《墨子》注重修身养性之道。比如：“分议者延延，而支苟者諮諮（è è），焉可以长生保国？”（《墨子·亲士》）“无欲恶之为益损也，说在宜。”（《墨子·经下》）“伤生损寿，说在少连（适），是谁爱也？尝多粟，或者欲不有能伤也，若酒之于人也。”（《墨子·经说下》）墨子认为修身养性之道，在于适度。墨子反对嗜酒，“斗者之敝也以饮酒，若以日中，是不可智也”（《墨子·经说下》）。他认为战斗之士及集市之中皆不宜饮酒，饮酒有害，容易误事。

《太平经》吸收《墨子》的修身养性之道，强调自养适度，而且主张禁酒。“人欲去凶而远害，得长寿者，本当保知自爱自好自亲，以此自养，乃可无凶害也。身得长保，饮食以时调之，不多不少，是其自爱自养也。”（卷一〇二）“天下兴作善酒以相饮，市道尤极。”“凡人一饮酒令醉，狂脉便作，买卖失职，更相斗死。”“推酒之害万端，不可胜记。”（卷五六）《墨子》与《太平经》两者说法相同。

《墨子》中记载了坛祭、巫卜、望气、厌胜等方术。“敌以东方来，迎之东坛，坛高八尺，堂密八。年八十者八人，主祭青旗，青神长八尺者八，弩八，八发而止，将服必青，其牲以鸡。敌以南方来，迎之南坛，坛高七尺，堂密七。年七十者七人，主祭赤旗，赤神长七尺者七，弩七，七发而止，将服必赤，其牲以狗。

敌以西方来，迎之西坛，坛高九尺，堂密九。年九十者九人，主祭白旗，素神长九尺者九，弩九，九发而止，将服必白，其牲以羊。敌以北方来，迎之北坛，坛高六尺，堂密六。年六十者六人，主祭黑旗，黑神长六尺者六，弩六，六发而止，将服必黑，其牲以彘。从外宅诸名大祠，灵巫或祷焉，给祷牲。凡望气，有大将气，有小将气，有往气，有来气，有败气。能得明此者，可知成败、吉凶。举巫、医、卜有所长，具药，宫之，善为舍。巫必近公社，必敬神之。巫、卜以请守，守独智巫、卜望气之请而已。……祝、史乃告于四望、山川、社稷，先于戎，乃退。公素服誓于太庙，曰：‘其人为不道,不修义详，唯乃是王。曰：“予必怀亡尔社稷，灭尔百姓。”二参（sān，通“叁”）子尚夜自厦，以勤寡人，和心比力兼左右，各死而守。’既誓，公乃退食。舍于中太庙之右，祝、史舍于社。百官具御，乃斗，鼓于门，右置旂，左置旌于隅，练名，射参发，告胜，五兵咸备。乃下，出挨，升望我郊。乃命鼓，俄升，役司马射自门右，蓬矢射之，茅参发，弓弩继之，校自门左，先以挥，木石继之。祝、史、宗人告社，覆之以甑（zèng）。”（《墨子·迎敌祠》）

《太平经》继承了《墨子》的方术。其在《墨子》所讲的四方（东、南、西、北）、四行（木、火、金、水）、四色（青、赤、白、黑）、四神之外，更增加“中央”“土”“黄”之神，共为五帝，称为太平之神，画像祭祀。“皆戴冠帻乘马，马亦随其五行色具。为其先画像于一面者，长二丈，五素上疏画五五二十五骑，善为之。东方之骑神持矛，南方之骑神持戟，西方之骑神持弓弩斧，北方之骑神持镶楯刀，中央之骑神持剑鼓。”（卷七二）“春也，青帝神气太平；夏也，赤帝神气太平；六月也，黄帝神气太平；秋也，白帝神气太平；冬也，黑帝神气太平。”（卷九三）《太平经》中也讲到巫卜、望气之术：“古者圣人问事，初一卜占者，其吉凶是也。守其本也，乃天神下告之也。再卜占者，地神出告之也。三卜占者，人神出告之也。”（卷四〇）“为神所护视，恐有毁缺，日夜占之。”（卷一一〇）“帝王行道德兴盛，日大明，少道德少明……众贤行道德，星历大耀，少道德少耀。四根俱行道德，天下安宁，瑞应出，大光远。遥观天象，风雨时善，夷狄归心。”“日与夜迭上观候天气盛衰，三光之得失，乐得天敕戒以自安也。”（卷七三）“望气”亦称“占候”，即观察星辰云气变化以言吉凶的方术。

综上所述，《墨子》中的社会政治思想、“天志、明鬼”思想、“方技、巫祝”等对《太平经》影响很大，《太平经》承袭了《墨子》的这些思想及方术。著名学者王明认为：《太平经》是《墨子》思想的流变。章太炎认为：黄巾道士缘起于墨家。这些观点都非常中肯而且很有见地。不过，《太平经》与《墨子》并不完全一致，如《太平经》崇儒，而《墨子》非儒；《太平经》主张常乐，而《墨子》非乐；等等。这主要是道家吸收墨家中合乎其神仙信仰的资料，不宗于一家之言，因此有所取舍。

道家没有门户之见，广收诸子百家，包括外来的佛教。道教大型丛书《道藏》收入《墨子》。《墨子》依赖《道藏》得以保存传世，我们根据《墨子》才能研究墨子与墨家思想，这是道家学派对中华传统文化的巨大贡献。研究道家与墨学的关系，弘扬道、墨精华，仍有现实意义。

（本篇为作者于2007年10月参加“老子与洛阳”国际学术研讨会之会议论文，后被收入研讨会文集）

第二十七篇 《墨子兵书》概论

一、兵书情结

笔者与兵书的情结既久又深。从小学、中学、大学到现在，从《岳飞传》到《孙子兵法》再到《墨子兵书》。

笔者上小学时，最喜爱连环画《岳飞传》，最崇拜岳飞。他饱读兵书，苦练武功，是文武双全的抗金英雄。岳母在他背上所刺“尽忠报国”四个字，深深刻在笔者心中，笔者也种下了尽忠报国的种子，梦想将来参军入伍，报效国家。

笔者上初中时，赶上“文化大革命”，学校停课，学生放假。1968 年春节前夕，笔者从同学邢昌友家看到郭化若编译的《今译新编孙子兵法》，如获至宝，爱不释手，借回家中认真阅读。笔者边读边抄，于 1 月 23 日抄写完全书，对内容进一步加深了理解，许多名言名段都会背诵，对孙子及其兵法佩服得五体投地。抄读《今译新编孙子兵法》是秘密进行的，抄完之后，笔者将其藏在农村老家堂屋东北角的墙洞内。墙洞是建房时搭架子的横木洞，15 厘米见方，距地面约 3 米。笔者把手抄本《今译新编孙子兵法》包好，放进洞内，然后用泥土封口，抹平，与墙壁一致，看不出破绽。25 年后，笔者回到老家，找到藏书的小洞，小心翼翼地扒开墙壁，取出手抄本《今译新编孙子兵法》，既惊喜又心疼：惊喜此书基本完好，纸张虽变黄，但笔迹仍清晰；心疼被老鼠咬嚼的部分，令笔者欲哭无泪。这是笔者 15 岁时抄写的第一部兵书，就像树的年轮，具有一定的意义。回城之后，笔者请人装裱珍藏。后来笔者从旧书市场买到原版的《今译新编孙子兵法》，与自己的手抄本《今译新编孙子兵法》藏于一匣，其中的兵书情结只有笔者知道。

1983 年 9 月，笔者到山东大学历史系进修，有幸得到张知寒教授的教诲。笔者曾向张先生请教今后前进的方向，他指点迷津："发挥你的长处，学成之后回家乡修县志吧。现在全国开始修志，这是名山事业。"笔者说："这不大可能。因为我是教师，领导会让我改行吗？"张先生又说："那就研究墨子吧。童书业先生说墨子是咱滕县人。《墨子》这本书很难读懂，目前研究的人少，是冷门。"笔者表示试一试。之后，笔者到图书馆借了一本岑仲勉的《墨子城守各篇简注》，认真阅读并做了读书笔记，认为墨子是我国古代伟大的军事家。后因笔者计划在两年内学完大学本科的课程，时间太紧，遂中断了对墨子的研究。但冥冥之中，笔者的"兵书情结"为以后编译《墨子兵书》埋下了伏笔。

1984 年 5 月，笔者受命主持编修《滕县志》，根据张知寒教授和有关专家考证，墨子故里在滕州，笔者在县志中为墨子立传。

1990 年 12 月，滕州市委、市政府与山东大学联合成立了墨子研究中心，笔者任墨子研究中心办公室主任，从此与墨子研究结下了不解之缘。

1999 年 8 月，在第四届墨学国际研讨会期间，王玉玺先生建议 2001 年 8 月在北京召开第五届墨学国际研讨会。中国墨子学会、山东大学、滕州市墨子研究中心与国防大学联合，把会议的主题确定为研究墨子的军事思想与世界和平；同时提出了编辑、书写《墨子兵书》的想法，得到了任继愈教授等专家学者的支持。王玉玺先生命笔者编辑原文并翻译，他用隶、楷书写原文。笔者与国防大学科研部于泽民教授商议，书名为《墨子兵书》，内容包括战略、战术、城市防御等。

墨子是战国前期伟大的思想家、教育家、军事家，他的军事思想保存在《墨子》一书中。《墨子》原有 71 篇，其中自《备城门》以下 20 篇专门讲城邑防御、武器制造，约占全书的七分之二；后因历代散佚，现尚存 53 篇，自《备城门》以下 11 篇均为军事专论。除此之外，还有《七患》《非攻》《天志》《鲁问》《公输》5 篇，主要阐述墨子的战争观、战略思想。再加上《兼爱》《尚贤》《辞过》《贵义》《耕柱》《非儒》等篇中的有关军事片段，《墨子》军事方面的内容大约占全书的三分之一以上。西汉刘歆整理先秦典籍，把《墨子》收入《七略・兵书略》“兵技巧”类；清朝学者在《四库全书总目提要》中说“(《墨子》)第五十二篇以下，皆兵家言，其文古奥”；当代著名学者岑仲勉先生在抗日战争时期就把《墨子・备城门》以下 11 篇单独编辑注释成书；《中国兵书名著译注》把上述 11 篇选入“城守类”。上述事实足以说明，“墨子兵书”之说是被公认的，是客观存在的。

新编《墨子兵书》主要依据吴毓江《墨子校注》（西南师范大学出版社 1992 年版）。吴毓江（1898—1977），号墨生，别号墨村，西南师范大学历史系教授。吴毓江“搜集廿年，漫游万里”，广罗异本，详加校订，订正毕沅《墨子》校刻本、孙诒让《墨子间诂》千余字。因此，新编《墨子兵书》采用吴先生的《墨子校注》为底本。

新编《墨子兵书》共计收录 16 篇，编排顺序依《墨子》原著篇目先后而定，始于《七患》，终于《杂守》。其中《非攻》《公输》2 篇及《备城门》以下 11 篇全文录入，《七患》《天志下》《鲁问》3 篇录其中有关军事的章节。这 16 篇全面反映了墨子的军事思想与战争观，体现了墨子守城战中的军事辩证法思想与各种城邑防卫战法。其中，《七患》至《公输》5 篇，主要是墨子的战争观与战略思想；《备城门》以下 11 篇，主要是墨子的城邑防御战术与军队装备兵器制造等内容。为了方便广大读者阅读、研究和收藏，原文由王玉玺先生精心用隶、楷两体书写，笔者在每篇原文之前加内容提要，每段原文之后作译述。

这就是笔者与兵书既久又深的情结。

二、战争观与战略思想篇

《七患》至《公输》5 篇，主要是墨子的战争观与战略思想。各篇主要内容如下：

（一）《七患》

《七患》列举了造成国家危亡的 7 种祸患，指出统治阶级搜刮民财、浪费民力、荒淫无度、不重视国防是七患的主要原因，进而从战略的高度论述了只有加强国防、外交、选贤任能、增产节用，才是防止七患的根本办法。这里节选了其中有关军事方面的内容。墨子说：国家有 7 种祸患。这 7 种祸患是什么呢？城郭和护城河不足以防守，却大修宫殿，这是第一种祸患；敌军压境而邻国不相救，这是第二种祸患；滥用民力尽做无用之事，耗尽国库民财招待宾客、赏赐无能之人，这是第三种祸患；为政者只顾保官，游说者只爱结交，国君制定严法惩治大臣，大臣畏君不敢进谏，这是第四种祸患；国君自认为圣明而不勤政，自认为国家安定强大而无防备，四周邻国图谋进攻而不知道，这是第五种祸患；国君信用的人不忠不贤，忠贤之人却得不到国君的信用，这是第六种祸患；国家贮藏的家畜和粮食不够食用，大臣不足以为国君所用，赏赐不能使人高兴，惩罚不能使人畏惧，这是第七种祸患。国家存在七患，必然导致亡国；城内存在七患，敌军攻城必破。七患在哪个国家存在，哪个国家必定遭殃。五谷是人民赖以生存的东西，也是国君的给养。所以人民没有五谷，国君也就没有给养；人民没有吃的，国君也就不能使用他们。因此粮食不能不抓紧生产，田地不可不努力耕种，财物不可不节约使用。粮食是国家的宝贝，武器是国家的爪牙，城郭是国家防御的屏障，这三者都是国家必须具备的。粮食是圣人认为最宝贵的东西，所以《周书》说：国无三年的粮食，其国就不是这国人所有；家无三年的粮食，其子就不是这家的儿子。这是说，粮食是国家最根本的储备。

（二）《非攻》

《非攻》是墨子思想的重要组成部分，也是墨子军事思想的核心。“非”是非议、谴责、反对；“攻”是进攻、攻击，指非正义的侵略战争。“非攻”，就是反对侵略战争。墨子把战争分为两类：一类称为“诛”，是正义的战争；一类称为“攻”，是非正义的战争。他认为大禹讨伐有苗、商汤讨伐夏桀、周武王讨伐殷纣王等讨伐暴虐君王的战争，是为民兴利除害，因而称之为“诛”，其为正义的战争，应大力支持。他认为大国攻打小国，强国欺凌弱国，是非正义的侵略战争，其结果是亡民伤财，天下大乱，因而称之为“攻”，应当坚决谴责、反对。墨家除了宣传“非攻”之外，还组建军事武装，为反对并制止侵略战争、保卫弱小国家而英勇抗争。通过“非攻”而争取和平，是墨家为之奋斗的目标。

《非攻》分上、中、下三篇，这三篇中心内容一致，但举例不同，繁简有别，可能是墨家三派弟子根据墨子的讲话记录整理而成的。上篇以生动的比喻说明非攻的理由。中篇反复举例论证攻战的害处，批驳攻战者的错误观点，说明为了民众与国家的利益，必须非攻。下篇从理论与实践两方面指出攻伐别国的害处，进一步批驳为侵略战争辩解的谬论，告诫王公大人不要发动侵略战争。墨子说：古代的王公大人都想得到而不愿失去，都想安定而不愿危乱，所以面对侵略战争不能不反对。如果杀死一人被认为不义，必定有一条死罪；那么杀死十人为十倍不义，必定有十条死罪；杀死百人为百倍不义，必定有百条死罪。对此，天下的君子都知道并且谴责他，认为他不义。现在最大的不义是攻打别人的国家，却不知道谴责，反而去赞誉，称之为义，还要把称赞的话记录下来传留后世。假如他们知道那是不义，又怎么解释把不义的事记录下来传给后代呢？现在看到小的错事，就知道加以谴责；但像攻打别国那样大的坏事，不知道谴责，反而跟着赞誉，称之为义。这能说是懂得义与不义的区别吗？因此我知道天下的君子把义与不义的界限搞混乱了。墨子说：古人曾说，君子不以水为镜而是以人为镜。以水为镜，只见面容；以人为镜，则知晓吉凶。今主张以攻战夺取利益者，何不以智伯失败的事为借鉴呢？此类的作为不是吉而是凶，是完全可以预见的。墨子说：现在天下的王公大人、贤士君子，如果内心确实想要兴天下之利，除天下之害，但又频繁地求助于攻战，这实际是天下最大的祸害了。如果真有意行仁义之事，成为上等贤士，对上要符合圣王之道，对下要符合国家百姓之利，对于“非攻”的主张，就不可不审察，其原因就在于此。

（三）《天志》

《天志》分上、中、下三篇，是墨子学说的重要组成部分，本书仅选《天志下》篇关于军事方面的内容。墨子面对当时诸侯纷争、战祸迭起、民不聊生的社会现实，提出“天志”说，确定上天是至高无上的权威，以约束世人的行为，以期建立和平共处的社会。墨子的“天志”说反映了广大人民要求和平、平等及反对残暴统治的愿望，实则是墨子之志。墨子说：顺从天的意志，叫作“兼”；违反天的意志，叫作“别”。以“兼”为道，就是义政；以“别”为道，就是力政。所以墨子置立天志，作为仪法，就好像车轮师傅有圆规，木匠师傅有方尺。以天志为仪法，就是在先王的书籍《诗经》中的《大雅》里也是这样说的：天帝告诉文王，我怀想有光明德行的人，他不大显露声色，不崇尚侈大与变革，不逞能弄巧自作聪明，而是顺从天帝的法则。这是告诫周文王要以天志作为仪法，去顺从天帝的法则行事。而今天下的士大夫君子们，内心确实想行仁义，当上士，对上要符合圣王之道，对下要符合国家人民的利益，那么对于天志，就不可不详察呀。天的意志，就是“义”的原则。

（四）《鲁问》

《鲁问》记述墨子与鲁君、齐太公、鲁阳文君、墨家弟子等人的对话，主要内容以“义”为核心，阐述“非攻”“兼爱”等主张。本篇精选其中关于军事方面的内容，如鲁君问政如何自卫，反对齐国攻打鲁国，劝阻鲁阳文君攻郑，认为“大国之攻小国也，是交相贼也，过必反于国”，对进攻国家和被攻打的国家都无好结果。针对当时的社会现实，墨子提出游说诸侯“必择务而从事”的原则，即选择最重要的事情，用“兼爱”“非攻”等政治主张加以劝导。所选片段由几个小故事组成，情节生动有趣，人物惟妙惟肖，论辩发人深思，论理非常深刻：玩火者必自焚，侵略者既害人又害己，没有好下场。如鲁国国君问墨子说：我担心齐国进攻我国，可以解救吗？墨子回答说：可以。从前三代的圣王禹、汤、文王、武王，都是只有百里领地的诸侯，他们爱忠厚，行仁义，取得了天下；暴王桀、纣、幽王、厉王，他们不爱忠厚，行暴政，失掉了天下。我希望主君对上尊崇天、敬事鬼神，对下爱护和造福人民，预备丰厚的礼品，用谦卑的外交辞令，赶快对相邻的诸侯国施礼结交，并动员全国人民团结起来对付齐国，那么灾祸是可以解救的。如不这样，就确实没有其他办法了。墨子将要周游列国，弟子魏越问道：先生见到四方的君主，您先讲什么呢？墨子回答说：凡到一个国家，必定选择最紧迫的事去做。如果国家混乱，就要对他们讲“尚贤”“尚同”的道理；如果国家贫穷，就要对他们讲“节用”“节葬”的道理；如果国家沉迷于乐、舞、饮酒，就要对他们讲“非乐”“非命”的道理；如果国家淫乱无礼，就要对他们讲“尊天”“事鬼”的道理；如果国家欺侮、掠夺、侵略、凌辱别国，就要对他们讲“兼爱”“非攻”的道理。所以说，要选择最紧迫的事去做。

（五）《公输》

《公输》记述了墨子止楚攻宋的光辉业绩，表现出墨子反对攻伐、扶助弱小、见义勇为的思想。墨子不畏艰辛，摩顶放踵，跋山涉水，行十日十夜，到达楚国，先以理说服公输般、楚王，从道义上指出他们的不义，迫使公输般“服”，楚王称“善”，接着与公输般实战模拟，挫败公输般。此前，墨子还帮助宋国做好充分的防御准备。墨子从根本上打消了楚国攻宋的欲望，终于制止了楚王的侵略行径。此篇情节曲折生动，语言质朴，具有严密的逻辑性，善于运用形象的比喻和对比说明事理，表现了墨子高超的辩论技巧、舍生忘死维护正义的品格和卓越的军事才能。墨子见到楚王，拿三件事来作比较，他对楚王说：大王如要去攻打宋国，就跟这个患有盗窃病的人同属一种类型。楚王说：说得好啊！虽说如此，但公输般已为我造好了云梯，我定要去攻打宋国。墨子于是又与公输般进行实战模拟。墨子解下衣带，围成一座城墙，用小竹简片作为防守的器械，公输般九次用不同的器械攻城，墨子九次挫败了他的进攻。公输般攻城的器械用尽了，墨子守御的手段却还有余。公输般屈服，却说：我知道用什么办法对付你了，但我不说。墨子也说：我也知道你用什么办法来对付我，我也不说。楚王问其缘故，墨子说：公输子的意思不过是想杀掉我，杀了我，宋国就没有谁能守城了，可以攻下了。但是我的学生禽滑釐等 300 人，已经拿着我的防御器械，正在宋国城上等待反击楚军进犯呢！即使杀了我，守御之人也是不会绝的。楚王说道：好！我不攻打宋国了。

三、城邑防御战术以及军队装备兵器制造篇

《备城门》以下 11 篇，主要是墨子的城邑防御战术与军队装备兵器制造等内容。各篇主要内容如下：

（一）《备城门》

《备城门》是墨子关于城邑防御战术的主要篇章之一，墨子详细讲解了敌人进攻城门时我方如何防御的战术，从人员的组织、防御器械的配置到各种防御器械的规格尺寸，都作了具体的说明。

本篇以墨子回答弟子提问的方式，阐明了墨子城门备战的各种方式与相应的人员组织和战具的配置，从城池的建制、战术的运用到各种战具的规格尺寸等都作了详细的介绍。如为防敌人用火箭射烧城门，墨子提出在城门上凿孔置门丁（以防火箭附着），门上涂以厚泥，准备好盛水的麻斗、革盆，泼水以灭火。守备人数“五十步丈夫十人，丁女二十人……城下楼卒，率一步一人，二十步二十人，城小大以此率之”，人员的组织“城上十人一什长，属一吏士，一帛尉”。至于守城设施械具，有楼、堞、暗沟、闺门、隧道及弩、椎、梃、藉车、沈机等，而且每种战具都规定了尺寸，甚至生活必需品如井、灶、米、薪等的供给也全都作了考虑。总之，《备城门》既体现了墨子“兼爱”“非攻”的思想，同时又表现了墨子备战御敌、克敌制胜的胆略与才智。在两千多年前，在兼并战争十分激烈的战国时代，墨子既反对非正义的战争，同时又指出加强自身防御能力的重要性，这一光辉的军事思想至今仍有其现实意义。

（二）《备高临》

《备高临》是墨子研究城邑防御战术的篇章之一，主要阐述了如何对付敌人采用居高临下攻城方法的战术。墨子提出了两种防御办法：一是以高制高，在城墙上修筑土台，居高临下防御进攻；二是在城上装置连弩车，用密集的箭射杀敌人。此外，墨子还详细讲解了弩车的制作、各部件的尺寸及其功用。

（三）《备梯》

《备梯》是墨子研究城邑防御战术的篇章之一，主要论述如何对付敌人用云梯攻城的战术技术。墨子介绍了各种战具的具体使用，如建“行城”和“杂楼”，修藩篱，用技机、冲撞车，持剑器，悬火把等，特别强调既要沉着镇定，“以静为故”，又要“从之以急”，兵贵神速，箭矢、砂石、开水等多管齐用，势如雨下，稳、准、狠打击来犯之敌。同时指出，对于敌人展开的攻势，要以对等的力量进行防卫，不给敌人以可乘之机。同时指出只有具备正确的指导，才能有效地运用各种防御战术。

（四）《备水》

《备水》是墨子研究城邑防守战术的篇章之一，主要记述如何防备敌人以水攻城的战术技术。如果城内地势比城外低，则容易积水。当敌人采用筑堤引水灌城的方式进攻时，墨子提出：一是在城内开渠泄水；二是“决外堤”，即利用晚上，在城上射机的协助下，令士卒衣甲戴盔出城，持锄挖堤，用船冲撞堤坝，以破敌人水淹之围。

（五）《备突》

《备突》是墨子研究城邑防守战术的篇章之一。突，指突门，是《备城门》提到的第八种攻城法。本篇的要点是在突门内置窑灶、柴艾、橐，用木头捆住车轮悬于突门上。敌人攻入突门，即放下车轮阻塞通道，同时点燃灶火，用橐吹烟熏之，以击退来犯之敌。

（六）《备穴》

《备穴》是墨子研究城邑防御战术的篇章之一。穴攻，就是攻方通过坑道作业摧毁守方城墙以利进攻的战术。备穴，首先要查出敌人穴攻的方向。方法是：先在城上建高楼以观之，在城下凿井置罂以听之，然后直对敌穴方向掘穴迎敌。墨子具体介绍了穴的掘法及其设置，所掘之穴隐伏曲折，穴中有穴，环索牵引，神出鬼没，使敌人摸不清方向，便于从不同角度打击敌人。另可用烟熏之法制敌。在穴中置备窑灶、橐、窦、燃烧物，发现敌人即施放浓烟熏敌。同时要预防与敌人在穴中相遇，要准备好连版、颉皋、轒辒、铁钩钜等工具以阻敌前进，还要配备作战用的短矛、短戟、短弩、斧子等武器，随时准备与敌人短兵相接。墨子还提出，在穴中与敌相遇，要采用诱敌深入的战术，以便更好地歼灭来犯的敌人。篇中的“罂听”是用声呐原理探测敌人挖地道的方法。《备穴》篇是生动形象的“地道战”的战术讲解。墨子可以说是我国最早的地道战专家。

（七）《备蛾傅》

《备蛾傅》是墨子研究城邑防御战术的篇章之一。蛾傅即蚁傅（附），指敌人如蚂蚁般涌来，密集冲锋，奋力爬城。此篇主要记述如何对付敌人凭借人多势众，驱赶士兵像蚂蚁般强行爬城进攻的防守战术。其主要方法是居高临下，使用火捽（又叫传汤）、烧荅等方法，杀伤爬城之敌。本篇后半部分与《备梯》篇后半部分雷同，可能是错简所致。

（八）《迎敌祠》

《迎敌祠》是墨子研究城邑防御战术的篇章之一，主要讲解迎敌之前的各种祭祀规则。除祭神之外，内容比较庞杂，较重要的内容有战前的誓师、战时稳定民心的措施、城防设施和军队部

署，以及城外坚壁清野的原则。本篇记述战前祭神之法、望气之法、守城之法、誓师之法，从中可以窥见古代军中的各种仪式。敌人要攻城，我方即祷告神明，举行祈胜之礼，视敌人来向筑坛献牲，并令巫祝、卜者望气观象，预知成败吉凶，再召集各种专长之人以备急用。战前，国君率百官及军将到祖庙前誓师，誓师仪式隆重庄严，表达同仇敌忾的决心。此篇有部分内容言守城之法，所叙与迎敌祠无关，系错简所致。

（九）《旗帜》

《旗帜》是墨子研究城邑防御战术的篇章之一，主要说明守城是如何以旗为标识，发出信号，进行上下联络指挥的。针对不同的情形用不同的旗标，各级将领的旗帜大小不同、颜色不同，各类人员都以旗徽为标识，将领在城楼上以举旗击鼓为号令，指挥防御。做到军纪严明，号令通达，才能克敌制胜。本篇除论述旗帜之外，还有其他内容，如器材的积贮、符信的查验等，都与旗帜无关，系错简所致。

（十）《号令》

《号令》是墨子研究城邑防守方法的重要篇章之一。本篇论述如何因地制宜进行备战，说明严明军纪、执行命令是取得胜利的根本保证。强调克敌制胜首先要参照当地地理条件及人事情况，制定出应敌措施，然后分别介绍如何实行战时紧急状态：城上守备，分岗设防，军法从事；城内划片管辖，实行连保，层层负责；严格出入制度，提高警惕，加强保卫，制定防奸、除奸措施，对通敌投敌者严惩不贷；重视情报信息，加强巡逻侦察，立标记、举烽火、击战鼓，常备不懈；坚壁清野，防火防盗，征粮购物，战备充足；密切军民关系、上下关系，安抚百姓，优待烈属，协调人心；军规军令张榜公布，立功受奖，违令严惩，赏惩分明，上下齐心。墨子大到城守防务，小到行为规范，无不考虑周全，章法分明。由此看出，墨子不仅是军事理论家，而且是一位身体力行、具有丰富实践经验的军事指挥家。

（十一）《杂守》

《杂守》是墨子研究城邑防守战术的篇章之一。内容多与前几篇重复，故名曰“杂守”。其中，论述如何节约和储备粮食以利坚守，如何在护城河中插埋竹签以阻挡敌人等，是对前几篇的补充。本篇主要说明之前所述各种具体防守战术之外的其他方法和注意事项：面对敌人的进攻，首先要树立信心、振奋精神、义无反顾；其次要沉着冷静、兵贵神速；再次要选拔勇士、奖惩分明。这些都是墨子军事思想的精华，具有深刻的现实意义。

四、题名序言与出版发行

（一）题名序言

《墨子兵书》编译期间，笔者随山东省人大常委会副主任、中国书法家协会常务理事王玉玺先生，去北京师范大学拜访著名学者、中国书法家协会主席启功先生，请他为新编《墨子兵书》题名。启功先生和蔼可亲，立即应允，挥毫题写了“墨子兵书”四字，以示支持墨子研究。我们表示衷心感谢。

《墨子兵书》编译完成之后，时任中国人民解放军副总参谋长李景上将，请求时任中央军事委员会副主席、国务委员、国防部长迟浩田上将为新编《墨子兵书》作序。笔者准备好作序需要的资料，随着李景上将来到中央军委办公大楼，把资料送到迟浩田副主席办公室。时隔不久，李景上将收到迟浩田副主席亲自签名的《墨子兵书》“序言”，并转交给笔者。“序言”全文如下：

> 中国兵书历史悠久，卷帙浩繁，内容丰富，影响深远。自春秋战国开始，兵家兴起，自成一体，游说诸侯，著书立说，兵书大量涌现，到现在大约有二千种以上，仅存留到今天的就有四五百种之多。在这座伟大的文化宝库中，《墨子》是一颗灿烂的明珠。
>
> 墨子不仅是伟大的思想家、教育家、科学家和社会活动家，而且是一位伟大的军事家。毛泽东主席曾高度评价“墨子是一个劳动者，他不做官，但他是比孔子高明的圣人”“是古代辩证唯物论大家”。《墨子》一书内容博大精深，其中约三分之一反映了墨子的战争观、军事防御思想以及他在防御工程和防御武器等方面的杰出贡献。它与主要研究军事进攻规律的《孙子兵法》，恰好成为古代军事史上的“双子星座”，二者相辅相成，互为补充，是同样重要的军事经典。
>
> 在中国几千年的历史中，爱和平，重防御，求统一，促进民族团结，共御外侮，始终是中国国防观念的主题。中国的国防政策渊源于这种优秀的历史文化传统。江泽民总书记一九九一年五月十五日在莫斯科访问时发表重要讲话，引用

墨子“强不执弱，富不侮贫”的名言，阐述我党我国处理国际关系的原则立场，在世界各地引起了很好的反响。墨学是我国优秀传统文化的重要组成部分，研究墨子的军事思想，古为今用，有利于提高全民的国防意识，加强国防现代化建设；对于反对霸权主义、强权政治，反对侵略战争，促进祖国统一与世界和平，具有重要的现实主义和深远的历史意义。

弘扬墨子的军事思想，当前应做好普及工作。《墨子》一书十万余言，文字古奥难读，除专家学者外，一般官兵和群众难于通读弄懂。为此，王玉玺同志和墨子故里滕州市研究中心的同志，根据有关专家的意见，将现存《墨子》五十三篇，精选《墨子》中“七患”、“非攻”、“天志”、“鲁问”、“公输”和“备城门”以下十一篇关于军事方面的主要篇章，共二万余字，编成《墨子兵书》。新编《墨子兵书》由王玉玺同志精心用隶、楷两体书写，每段原文后附上译述，大大方便了广大读者，是一部有价值的军事科普读物。

我与王玉玺同志结识多年，深知他在省级领导岗位上工作繁忙，但仍坚持挤时间临池习书和研究墨学，并兼任中国墨子学会名誉会长、中国书法家协会理事、山东省书法家协会名誉主席，为弘扬墨学和发展书法事业做出了无私的奉献。他最近书写的《墨子兵书》，是继《王玉玺书法选》《王玉玺书七体千字文》《墨子名言》之后的又一部书法艺术与墨子研究的力作，具有较高的阅读欣赏价值。《墨子兵书》的出版发行，将为二〇〇一年在北京召开的第五届墨学国际研讨会献上一份厚礼。喜读新作，可喜可贺。是为序。

迟浩田　二〇〇〇年四月二十六日

迟浩田副主席在“序言”中对《墨子兵书》给予充分的肯定和高度的评价，指出编辑、译述、书写、研究《墨子兵书》的重要价值和现实意义。

启功先生题写书名、迟浩田副主席亲笔作序，是新编《墨子兵书》的点睛之笔，为新编《墨子兵书》增光添彩。(见图27-1)

图27-1　启功题写书名的《墨子兵书》

（二）出版发行

《墨子兵书》全面反映了墨子的军事思想与战争观，体现了墨子守城实践中的辩证思想与各种城邑防卫战法，是一部独具特色的军事防御专著，与主要研究进攻规律的《孙子兵法》互相补充，交映生辉，都是中华民族优秀军事文化瑰宝。该书是我国历史上第一部集编、书、译于一体的墨子兵书，填补了中国古代军事研究和墨学研究的一项空白，具有较大的现实意义。

2000 年 12 月，新编《墨子兵书》由国防大学出版社出版，杭州富阳古籍印刷厂采用宣纸精心印刷，精装，一函四册。

2001 年 2 月 26 日，新编《墨子兵书》被载入“大世界基尼斯之最”，由上海大世界基尼斯总部颁发荣誉证书。（见图 27-2）

图 27-2 《墨子兵书》及其“大世界基尼斯之最”证书

2001年8月16日，新编《墨子兵书》作为第五届墨学国际研讨会的重要礼品书，赠给领导、专家学者等与会全体人员，受到大家的充分肯定和高度赞赏。在以“墨子的军事思想与当代世界和平”为主题的第五届墨学国际研讨会召开之际，《墨子兵书》的出版是献给大会的一份厚礼，受到各级党政领导、国内外专家学者的好评。

结　语

先秦兵家研究战争各有其不同的角度和侧重点。《汉书·艺文志》把当时的兵家分为四大类，即兵权谋、兵形势、兵阴阳、兵技巧，并将墨家归入“兵技巧”类，这无疑反映出《墨子》的一大特点，但还远不能反映该书的全部军事价值。其实，《墨子》一书的政略、战略理论同样光彩夺目，历来被尊为防御理论的鼻祖。进攻与防御是军事学的一对基本矛盾，有进攻就有防御，有进攻理论就有防御理论。在古代军事理论成熟的春秋战国时代，不仅产生了像《孙子兵法》那样精辟全面的军事理论专著。而且还产生了像《墨子》这样独具特色的防御专著。它们互相补充，交映生辉，同是中华民族优秀军事文化瑰宝。《墨子兵书》是我国历史上第一部集编辑、书法、译述为一体的兵书，也是第一部书法艺术与墨学研究相结合的上乘之作，具有较高的阅读、研究、欣赏、收藏价值。

（本篇内容原载《墨子兵书》，国防大学出版社2000年版，今有增改）

第二十八篇　《墨子大全》概述

一、《墨子大全》“编后记”

经过6年艰苦紧张的工作，《墨子大全》终于付印，将于中华人民共和国成立55周年出版发行，向国庆献礼。成书在即，思前想后，感慨万千，概述其中的要点。

（一）倡议与决策

早在10年前，山东大学历史系教授、墨学专家张知寒先生就有编辑出版一套大型墨子研究丛书的想法。1997年8月，第三届墨学国际研讨会在济南泉城宾馆结束之后，我（即指笔者，下同）陪张知寒先生在山东大学校园散步，他又说起此事：“广星，我们要编辑墨子研究的大型丛书，名字可叫“墨子大全”，要超过台湾出版的《墨子集成》。”我说：“这是好事，是个大工程，但是困难很多，没有出版印刷经费、缺少有关的版本等。您老先治好病，然后再考虑此事。”他抬头凝视星空，语重心长地说：“我的身体不行了，此事寄希望于你了。”那几年，张先生先后患肠癌、肺癌、肝癌，已与病魔战斗了5年，斗志虽然顽强，但是身体虚弱。一年后，他带着许多遗愿离开了。

1999年8月，第四届墨学国际研讨会在滕州召开。会议结束之后，我向山东省人民政府原副省长、山东省人民代表大会常委会副主任、中国墨子学会名誉会长王玉玺先生（大家习惯称他为“王省长”，下面简称“王省长”）汇报墨子研究工作十年规划，其中有编辑出版《墨子大全》一项。王省长说：“张知寒教授是推动墨学兴盛的奠基人，功不可没。他生前倡议编辑《墨子大全》的意见很好，很有意义，值得干。这个项目很大，你先拿个方案，搞个预算，咱再商量。”之后，我向枣庄学院原校长、中国墨子学会副会长兼秘书长王裕安先生汇报此事，讨论了有关问题，决定抓住机遇，克服困难，办好此事。

2000年4月6日，我到王省长家中，向他汇报了《墨子大全》的编辑方案：第一，全书的规模：计划收集从战国至今300多种墨子研究论著，每套编辑成100册，印刷1000套，大32开本，精装。第二，全书的资金：需要出版社编辑费、制版费、印刷费、编务费等，预算200万元人民币。第三，出版的方式：面向山东和全国影响大的出版社书面招标，好中选优；我们与出版社合作出版，图书出版后交给中国墨子学会、滕州市墨子研究中心。第四，编辑出版的时间：从2000年开始，到2004年完成，在第六届墨学国际研讨会上举行首发式。第五，编委会的组成：原则是精干务实，避免走编辑某名人大全所走的弯路，请费孝通、宋健、任继愈等中央领导和专家为顾问、主编，您决策，我落实，赞助单位主要领导人担任编委会副主任，国内外有关专家为编委委员。王省长同意这个方案，说：我看这个方案切实可行。出版经费我来帮助解决，我与天同证券有限责任公司（时为山东证券公司，后改名，以下称“天同证券公司”）董事长段虎同志讲了此事，他表示同意支持。你写个报告，我转交给他们公司研究之后决定。

2000年5月9日，王省长在珍珠泉宾馆邀请天同证券公司董事长段虎及有关领导，商谈《墨子大全》的出版之事。他讲了出版《墨子大全》的意义，希望天同证券公司独家赞助。我送给段虎董事长两套墨子研究资料，谈了编辑出版此书的目的、作用、价值，以及所需经费、合作方式等有关问题。段虎董事长表示：王省长是德高望重的老领导，他抓的都是大事、好事，都是对社会、对党和人民有益的事。墨子是科圣，故里在山东滕州，弘扬墨学意义重大、义不容辞，有利于山东两个文明建设，也有利于我公司的发展与提高，我们研究决定大力支持，资助出版《墨子大全》。王省长对他们表示赞扬与感谢。会后，段董事长安排我与天同证券公司研究中心主任孙德杰博士（现为天同证券公司首席经济学家）联系。从此，我与孙德杰博士经常通电话，经过三个多月的协商，终于达成协议。2000年8月30日，段虎董事长和我在联合出版《墨子大全》的合作协议上签字。协议的签订，使《墨子大全》的编辑工作进入快车道。

2000年10月29日，《墨子大全》编委会在中国国家图书馆召开，中国国家图书馆馆长、中国墨子学会名誉会长、著名哲学家任继愈先生主持会议，部分编委会委员王裕安（枣庄学院原校长、研究员）、朱传棨（武汉大学教授）、孙中原（中国人民大学教授）、姜宝昌（山东大学教授）、秦彦士（四川师范大学教授）、张志清（中国国家图书馆善本部主任）等出席会议，我汇报了《墨子大全》编辑出版方案，并谈了出版招标的情况。经过认真讨论，会议通过了该方案，确定与北京图书馆出版社合作出版。会后，我向王省长汇报了会议情况，并向因事没有到会的编委通报，征求他们的意见，大家都表示赞成。

2001 年 6 月 8 日，我与北京图书馆出版社签订资助出版合同。在十几家参与竞标的出版社中，为何选定北京图书馆出版社？其理由如下：第一，北京图书馆出版社隶属于中国国家图书馆，是国家级出版古籍文献的专业出版社，下设古籍影印编辑室，符合《墨子大全》影印出版的要求。第二，任继愈先生是中国国家图书馆馆长，又兼《墨子大全》主编，便于合作。第三，北京图书馆出版社古籍影印编辑室团结能干、求真务实，编辑出版了许多中央领导出国礼品用书，社会各界人士评价很高；尤其是殷梦霞主任（时任）、贾贵荣主任（现任）、王冠副编审具有丰富的文史编辑经验、强烈的敬业精神、严谨的工作作风、认真的治学态度；而贾贵荣主任又是山东大学王先进教授、张知寒教授的研究生，专治古籍书目版本，热爱墨学事业；她们作为《墨子大全》的责任编辑，应属最佳人选。

（二）目录与编选

《墨子大全》编辑出版经费、出版社落实之后，编选《墨子大全·目录》（以下简称“目录”）便是首要的任务。目录是全书之纲，纲举才能目张，关系到全书的数量与质量。从 2000 年 2 月我编选出目录第一稿，到最后定稿，小的修改不计其数，大的修改已是第十八稿。

我最初拟定的目录，下限截止到 2000 年，所收书目共计 347 种。这些目录资料主要来源于中国国家图书馆、北京师范大学图书馆、北京大学图书馆、上海图书馆、南京图书馆、山东省图书馆、山东大学图书馆、曲阜师范大学图书馆、滕州市图书馆等馆藏的目录，此外还参考了孙诒让《墨子间诂》、吴毓江《墨子校注》、栾调甫《墨子研究论文集》、张知寒《墨子研究论丛》、谭家健《墨子研究》、严灵峰《墨子集成》与《墨子知见书目》、史墨卿《中国历代墨子论文索引》、李贤中《近五十年台湾墨学研究相关著作》、李绍崑《墨子：伟大的教育家》等有关著作中的书目简介。

目录征求意见稿送给各位编委审阅，他们在目录上增删修改，然后退还给我。2001 年 11 月 16 日，我把编委的修改意见汇集一册，形成第三稿，寄给各位编委征求意见。第三稿以时间为序编排，其中古代（战国至清末）书目 84 种，近代（民国时期）书目 121 种，当代（新中国成立至今）书目 153 种，共计 358 种，比初稿增加了 11 种。

寄给各位编委之后，我曾与一位学者交谈，他建议按书的内容分类，然后再以时为序，便于查阅。我与贾贵荣主任商量之后，决定尝试一下。我们按照《墨子》版本、译注、综合研究等内容分类，第一类，《墨子》及其校注，共计 96 种；第二类，《墨子》译释论述，共计 221 种；第三类，墨子综合研究，共计 41 种。通过分类发现，有的版本介于两类之间，有的含有几方面的内容，有的难以归类。因此，我与贾贵荣主任商量，不再先分大类，仍旧以时为序，一个作者不同时期的墨学研究著作排在一起，遂形成目录第四稿。

2001 年 12 月，我再次汇集各位委员反馈的目录修改意见，先后改出目录第五稿、第六稿。第六稿目录比第三稿减少书目 26 种，共计 332 种，其中古代 59 种，近代 108 种，当代 165 种。书目减少了同一种书多种不同的版本。如《墨子》，明清以来，不同时期各种版本较多，我们选择其中价值较高的几种。目录初步确定之后，我与编辑部的同志协商，决定分三批编辑印刷。

第一批编印古代部分 20 册。这部分目录第六稿为书目 59 种，第七稿改为 45 种，经过数次修改，第八稿确定为 35 种。

第二批编印近代部分 30 册。这部分目录第九稿为书目 108 种，第十稿改为 83 种，经过数次修改，第十一稿确定为 79 种。

第三批编印当代部分 50 册。这部分目录第十二稿为书目 165 种，第十三稿改为 97 种，经过第十四、十五、十六、十七稿的不断修改完善，到第十八稿确定为 96 种。

综合古代、近代、当代部分的目录，共计书目 208 种。此外，再加上第 99 册《古代名人评注墨子选集》的 25 种、第 100 册《现代名人评论墨子选集》的 26 种，全书总计为书目 261 种。

（三）版本与出版

目录确定之后，就是搜集书籍，挑选版本。按照时代划分，我把这些版本分为战国至明代版本、清代版本、民国版本、新中国版本。

关于《墨子》的版本，追根求源，最早应是竹简本或帛书。如1957—1958年河南信阳长台关1号战国中期的楚墓出土了两批竹简，据著名学者李学勤先生考证，其中有《墨子》佚篇。再如1972年在山东临沂银雀山汉墓中出土的4000多枚竹简，其中就有《墨子》。据罗福颐《临沂汉简概述》说："虽然只有一枚残简与《墨子·号令篇》相合，但其他尚有四十余简文辞多与墨子谈攻守者相似。"关于帛书《墨子》，尚未发现。

由《墨子》竹简的发现，可以推想战国至秦汉时期墨学作为显学的巨大声势及影响。西汉著名的历史文献学家刘向、刘歆父子曾整理过竹简本《墨子》，《汉书·艺文志》著录的《墨子》71篇就是刘向、刘歆父子整理过的竹简本，这也是后世历代《墨子》的祖本。

晚于简帛本的《墨子》应是抄写在纸上的版本，这要在中国发明造纸之后的汉代才能出现。刻本印刷或活字印刷的《墨子》则更晚，这要在唐、宋时期才能出现。上述《墨子》的版本已经看不到了。据吴毓江先生《墨子旧本经眼录》中记载：卷子本《墨子》尚存数篇，为唐时传本，藏于日本宫内厅，是现存《墨子》旧本中最早的版本。明正德俞弁抄《墨子》三卷本，应该是据宋本抄录，与日本宫内厅所藏之卷子本多相吻合，具有很多可贵之处。明吴匏庵手抄《墨子》，是很有名的手抄本。

明之前的《墨子》刻本大都失传，目前我们能见到的最早的版本是明正统十年（1445）《道藏》刻本《墨子》，系明内府刻万历二十六年（1598）《道藏》印本，全书装式为梵夹，13 册，53 篇，内有著名学者傅山校，卢文弨校并批注，为区别原文，校、批用红色。此版本原为北京白云观所有，后由中国国家图书馆收藏。今天，我们要感谢《道藏》的刊刻者们，没有他们的努力，也许《墨子》早已消失。

在明正统十年《道藏》本《墨子》之后，明代出现了一大批《墨子》刻本，这些版本各具特色，具有较高的学术价值。如国图善本：明嘉靖三十一年芝城铜活字蓝印本，十五卷本；明嘉靖三十二年唐尧臣刻本；明嘉靖江藩刻本；黄丕烈跋明抄本；明郎兆玉评刻本等。其中，郎兆玉评《墨子》刻本不仅选李贽“手录批校”，而且“汇释先辈名公评定者，参与己意”，是明代墨学研究者的评论精华汇编。这一时期的《墨子》刻本，除十五卷本之外，还有一卷、三卷、四卷、六卷本。

清代《墨子》的版本较多。前期的版本主要有康熙年间马骕的《墨子与墨者》、傅山的《墨子大取篇释》，雍正年间陈梦雷等人的《墨子汇考》，乾隆年间汪中校陆稳刻本《墨子》、毕沅校注《墨子》等。其中，毕沅校注刻本影响最大，不断再版，《墨子大全》选其最早的版本及日本的版本，共 2 种。清后期的版本主要有张惠言撰《墨子经说解》、俞樾撰《墨子平议》、王念孙撰《墨子杂志》、孙诒让撰《墨子间诂》等。其中，孙诒让的《墨子间诂》是墨子研究集大成之书，自光绪二十一年（1895）聚珍木活字本出版之后很受欢迎，光绪三十三年（1907）修订再版，民国至今又多次再版。为便于比较研究，选择清、民国、新中国等不同时期的 4 种版本，编入《墨子大全》。这是唯一的同一本书 4 种不同的版本。

《墨子大全》收录明、清的《墨子》版本 35 种，其中明代 15 种，清代 20 种。这些大都是名校本、名刻本，其中善本约占二分之一，主要特点有三：其一，荟萃各种名家批校本，黄丕烈、卢文弨、傅山、许宗彦诸文献大家之手泽展卷可观。其二，囊括明代茅坤、郎兆玉，清代王念孙、毕沅、孙诒让、曹耀湘等墨学大家之研究专著，承载古代墨学研究发展的最高成果。其三，版本珍稀，明刻本、明清抄本及手稿本近 20 种，占全编的三分之二。总之，这部分是研究墨子、继承墨学文化遗产、光大墨子精神的文献基石。

20 世纪初期，中西交汇，古今融合，诞生了一批融会诸子、学贯东西的大家，墨学也完成了历史上继清中叶之后的第二次兴盛。几十年间，名家辈出，名著迭兴，出版了近百种论著，极大丰富了墨学研究的宝库。然而连年战争，加上民国时期的印刷技术和纸墨质量相对低次，故流传下来的墨学书籍不仅稀见，而且书品欠佳，有些已经失传，有些成为孤本，有些手稿尚未印刷。《墨子大全》共收录民国版本的《墨子》研究著作 79 种，包括梁启超、伍非百、吴毓江、张纯一、栾调甫、叶瀚等著名学者编撰的墨学研究专著，其内容主要有关于《墨子》校释、考注、疏证、笺诂、通解、拾补、引得；关于墨子生卒、籍贯、游历、讲学、著述等历史的考察和研究；关于墨经、墨辩乃至整个墨子学科的讨论、探源、阐述、发微等研究性专著。其中，叶瀚的墨子著作稿本 9 种，编为 3 册，首次出版发行。这些版本承上启下，具有重要的价值。

新中国成立之后，由于种种原因，《墨子》研究成果不多，在 1949 年后的 17 年内，总共出版了 7 种专著。“文化大革命” 10 年，学术研究被迫中断，墨学也不例外。改革开放的前 10 年，共出版墨学论著 7 种。1988 年至今，墨学研究得以兴盛，研究成果不断涌现。据不完全统计，共编辑出版各类文集、专著 100 多种，论文 1000 多篇。其中，《墨子名言》《墨子兵书》《王玉玺八体书古今名人评墨子》等著作，为传统的宣纸印刷，缎面函套，精装大 16 开本，受到各界好评。此外，中国台湾、香港、澳门等地的墨子研究也取得了丰硕的成果，出版了几十种墨子研究著作。总之，《墨子大全》共收新中国成立以来《墨子》研究的版本 96 种，体现出六大特点：一是墨学的当代价值与现实意义，二是《墨经》与逻辑学，三是墨子故里研究，四是墨子军事思想研究，五是用书法艺术弘扬墨子，六是海外墨学研究；三大进步：一是由铅字排版发展到电子排版，二是印刷用纸、技术、质量有了明显提高，三是装帧设计逐渐与国际接轨，具有鲜明的时代特点。

《墨子大全》版本确定之后，进入出版印刷的程序。我与殷梦霞、贾贵荣主任多次研究，从总体规划、装帧设计到影印制版、选纸用料、印刷装订，都精益求精。第一，全书总体规划 100 册，第 1 册有序言、凡例、总目录，每册有本册的目录，以时间为序，便于查阅；第 100 册附“编后记”，概述成书历程与得失；全书总计 60000 码，每册平均 600 码，共用纸 80 多吨，可见工程浩大。第二，全书为大 32 开精装本，外包封主体颜色由出土的战国古墓竹简本《墨子》（黑色）与《道藏》本《墨子》（浅黄色）组成，绘制凤凰图案，书名分别印于封面、封底、书脊，便于竖排或横排及阅读；每册内每种书名页均有凤凰插图，比较醒目；每册标统一的页码，便于查找。第三，全书由编辑室复印或拍照后整理分册，送北京、河北两家印刷厂，采用先进设备影印制版，完整地保存了版本的原貌，有利于学者研究。第四，全书采用 70 克优质双胶纸，其他印刷材料也是好中选优。第五，全书印刷装订非常认真，发现错误，及时纠正，确保质量。全书从 2002 年开始制版，按照古代、近代、当代的顺序印刷，将于今年（即 2004 年）9 月胜利竣工。如此浩大的工程，在墨学史上尚属首次。

（四）意义与感谢

墨子是我国古代伟大的思想家、教育家、科学家、逻辑学家、军事家和社会活动家，也是一位学贯文理、注重实践、百科全书式的平民圣人。墨子所创立的墨学是中华民族优秀传统文化的重要组成部分，弘扬墨学，有利于中华民族振兴、祖国统一、世界和平与发展。弘扬墨学，当前应当做好《墨子大全》的编辑出版工作。《墨子》及研究《墨子》的专著和论文，散存于各国各地图书馆及私人家中，有的早已成为孤本、善本，给墨学研究者造成很大的不便。编辑出版《墨子大全》，既是一项重大的文化工程，也是一件功德无量的善事；既搜集、整理、抢救了墨学文化，又能为墨学研究者提供方便，填补了墨学史上的一项空白。它的编辑出版，具有重大的现实意义和深远的历史意义。

《墨子大全》的编辑出版，得到了各级党政领导、企事业单位领导的大力支持。中央、山东省、枣庄市、滕州市等各级各部门的有关领导非常关心墨子的研究事业，支持《墨子大全》的编辑出版。尤其是王省长决策编辑出版《墨子大全》，协调解决编辑出版经费，帮助解决困难，做出了突出的贡献。段虎董事长是当代著名企业家，他独具慧眼，与公司领导班子研究决定，为弘扬先进文化、振兴墨学，捐资赞助出版《墨子大全》，确保了出版经费，做出了很大的贡献。任继愈馆长不顾高龄，在百忙中主持编务会议，审定凡例、目录，批示有关部门给予支持，确保了《墨子大全》的学术价值与出版质量。

《墨子大全》的编辑出版，得到了社会各界有识之士的大力支持。海内外有关专家学者及其亲属、有关出版社，慷慨转让有关著作的权益，给予了无私的帮助；北京图书馆出版社古籍影印编辑室殷梦霞、贾贵荣女士精心设计，认真编辑，严把校对、印刷、装订关，确保了《墨子大全》的进度与质量；中国国家图书馆善本部主任张志清先生、李小文女士，上海图书馆采编中心副主任黄显功先生、上海图书馆书店业务主管严小琳女士，提供各种优惠的条件，帮助挑选有关的善本、稿本，为我们借阅有关的书籍给予了无私的支援；各位编委委员做了大量工作，尤其是王裕安、孙中原、谭家健、李贤中等编委，帮助审定书目，借阅资料，联系入选版本的作者及出版社，争取他们的支持等，贡献更为突出。没有他们的支持帮助，《墨子大全》难以成功。

在此，我向所有关心支持帮助《墨子大全》编辑出版的人士表示衷心感谢！

《墨子大全》虽已出版，但也存在遗憾：《墨子大全》离“全”还有差距。其原因是时间紧、任务重、经验不足、经费紧张，有的善本在国外，有的版本找不到，有的版本作者同意但出版社不同意而不能用，有的版本属文艺作品没能收入，《墨子》及相关研究的外语版本没有列入计划。

《墨子大全》的出版发行是天时、地利、人和的结晶，是当代墨子研究的重大成果，将益于当代，惠及千秋。同时，也是对墨学专家张知寒先生最好的纪念。

回顾六年的历程，我的心情非常激动。六年来，我从黄河上下到大江南北，访名师，寻古本，奔波于全国高校、图书馆之间；竭尽全力搜集各种版本，综合协调各种意见关系，努力争取各界人士支持，千方百计落实出版资金。两千个日日夜夜，我深感责任重大，不敢掉以轻心，精心组织，苦心经营，天人相助，终于成功。其中的酸甜苦辣，只有心知。我希望将来能够补其不足，编辑出版大型丛书《墨藏》。

二、《墨子大全》首发式

第六届墨学国际研讨会暨《墨子大全》首发式于 2004 年 12

月27日在北京人民大会堂隆重举行。本届研讨会由中国墨子学会、中国工程院、山东大学、枣庄学院、中共滕州市委、滕州市人民政府联合举办。全国人大常委会副委员长何鲁丽，全国政协副主席郝建秀，全国政协原副主席、中国工程院原院长宋健，全国政协原常委、中国人民解放军原副总参谋长、中国墨子学会名誉会长李景上将，全国政协原常委、中央对台办原主任、中国墨子学会顾问杨斯德，中国国家图书馆馆长、中国墨子学会名誉会长任继愈，山东省人大常委会副主任曹学诚，山东省人大常委会原副主任、中国墨子学会名誉会长王玉玺，中央文史馆馆员、著名书法家杨萱庭，中国工程院原秘书长、联合国亚太农业工程与机械中心副主任常平，山东大学党委副书记赵明顺，枣庄市委书记马金忠，枣庄市委副书记、市长刘玉祥，中国人民解放军总参二部高级工程师、著名航天军事专家孙锦云，枣庄学院常务副院长胡小林，滕州市委副书记、市长、中国墨子学会副会长杜永光，山东省社科联原书记、中国墨子学会顾问林兆义等国家、省、枣庄市、滕州市有关领导人，中国和俄罗斯、韩国、日本、美国、马来西亚等国家的专家学者、文化界知名人士，各级电视台、报社等新闻媒体人员300余人参加了开幕式和首发式。

大会开幕式和《墨子大全》首发式在人民大会堂举行，全国人大常委会副委员长何鲁丽、全国政协副主席郝建秀出席开幕式并为《墨子大全》首发式揭幕。

开幕式上，山东省人大常委会原副主任、中国墨子学会名誉会长王玉玺向《墨子大全》资助单位——天同证券公司董事长段虎先生颁发了证书和纪念杯。我介绍了《墨子大全》成书经过与内容简介（详见本篇第一部分）。与会领导、专家学者、新闻工作者对《墨子大全》的出版发行表示热烈祝贺，并给予高度评价，认为这是“墨学研究成果的集大成”“墨学复兴的里程碑”，具有非常重大的学术价值。

三、《墨子大全》专家点评

（一）《墨子大全》汇集古今墨学资料于一编，为研究者铺路搭桥

中国国家图书馆馆长、著名学者、《墨子大全》主编之一任继愈教授说：春秋战国时期，齐鲁大地出现了三位圣人，他们是武圣孙武、文圣孔丘、科圣墨翟。墨学不容于朝廷，《墨子》一书完全靠它自身的价值，得以照原貌保留下来。直到清代，学术界有少数学人试图进行诠释。新中国成立后，学术界恢复正常发展。关于墨子的研究也得到了新生机，取得的新成果之一就是明确了墨子的出生地就是滕州市。已故张知寒教授倡议编辑一套《墨子大全》，汇集古今有关墨学的资料于一编。这个倡议得到社会学术界热烈的响应。经过编者、出版者、赞助者的共同努力，丛书终于面世。此书如实反映了墨学在我国二千多年来的实况：明代以前，多为不同版本的《墨子》原著，明清开始涉及《墨子》章句的诠释。“五四”以后逐步开展墨学全面研究。《墨子》涉及光学、力学、声学、数学，以及古代战争攻防战术的组织、工程设施等诸多领域，我们在前人孙诒让等墨学专家成就的基础

上，继续向纵深发展，开始有所创获。如果这一套丛书给研究者起了一点铺路的作用，作为编者已感到十分满足。我们相信墨学研究繁荣的时代必将出现。

（二）墨学研究成果的集大成——《墨子大全》

中国社会科学院文学研究所研究员、中国墨子学会副会长谭家健先生说：为弘扬中华传统文化,推动墨学研究，中国墨子学会决定编辑出版巨型丛书《墨子大全》，邀请全国数十位墨学专家组成编委会，由任继愈、李广星先生任主编，花费数年之功力，斥资数百万之巨，终于完成。于 2004 年 9 月由北京图书馆出版社出版。全书共 100 册、261 种。其中，清末以前出版著作 35 种，1911—1949 年的著作 79 种，1950—2003 年的著作 96 种（包括台湾、香港等地出版的著作在内）。编排次序大致依版本年代为先后，作者相同者则相对集中为一册。版式大方，色泽美观，一律精装。诚乃皇皇巨著，蔚为大观。其中包括了明清以来历代墨学研究专家学者的成果，如王念孙、毕沅、孙诒让、梁启超、曹耀湘、谭戒甫等，种类包含评论、注释、校勘、评点、今译和索引。不少是名家的校本，如明江藩校本、茅坤校本、徐鸿宝校本、冯梦祯辑本、郎兆玉抄本，清傅山校本、黄丕烈校本、许宗彦校本、《四库全书》抄本等。从版本看，有明版《道藏》本、明芝城铜活字蓝印本、明嘉靖唐尧臣刻本等，皆属稀世珍本，还有不少清刻本和日本刻本，皆来之不易。编者在全国各地多方寻访，反复遴选、比较，精心编排，付出了巨大的劳动。可以说，基本上汇集了历代墨学的主要资料（不包括单篇文章），是世人研究墨学、继承古代文化遗产的珍贵文献，对我国古籍整理工作有重大贡献。

（三）墨学兴盛的里程碑——《墨子大全》的重大学术价值

中国人民大学哲学教授、博士生导师、中国墨子学会副会长孙中原先生说：《墨子大全》是近现代墨学兴盛的里程碑，有重大学术价值。诗以咏之：

墨家学术无价宝，子书林立数佼佼。
大家荟萃竞放彩，全书飞架古今桥！
墨学繁兴里程碑，学术价值比山高。
前贤铺就康庄路，进步后贤创新高！

全诗句首 8 个字“墨子大全墨学前进”，寓意《墨子大全》是墨学前进、发展、兴盛的里程碑。墨家学术富含独特的逻辑科学传统、深刻的和平发展观、普遍的人文情怀关切、爱民亲民思想，是“权为民所用、情为民所系、利为民所谋”的思想源泉，是繁盛如林的诸子百家的佼佼者，传统文化的无价之宝，人类知识恒久弥新的珍贵遗产，世界科技史上永放光辉的精品。《墨子大全》荟萃古今中外优秀墨学论著（版本）数百种，使墨学大家、鸿篇巨制荟萃一堂，竞放光彩；为古今中外学术交流架起桥梁；是海内外墨学研究史上首创，近现代墨学研究繁荣兴盛的里程碑、指路标和象征，墨学研究进一步繁兴的时代呼唤、预期和契机；其学术价值、意义、作用、功能的较高深刻、长久普遍，犹如山海大地、江河水流。《墨子大全》为墨学研究荟萃海量古今中外文献，树立观点方法启迪借鉴；为进步后贤墨学研发铺就奔驰康庄路，架设创新腾飞桥。亟盼后生学子创新高！推出新成果！敢攀新巅峰！

(四) 墨学兴盛在滕州——祝贺《墨子大全》出版

美国爱丁堡大学资深教授、中国墨子学会顾问李绍崑先生说：10年前，我应邀访问了滕州的国际墨学中心。参观了各项设施之后，又应李广星主任的要求，我题赠了“墨学复兴在滕州”7个大字。10年后，李主任又以电话告知，目前他们已完成了100册的《墨子大全》，并且即将发行问世。消息传来，不胜欣喜，遥祝这部空前的巨著发行成功，纸贵洛阳！50年来，本人从事墨学的研究，一直感到搜集资料的困难，而今有此普及本的《墨子大全》，只要你有心研读这部包括了人生科学、社会科学和军事科学的百科全书，你就能随手可得，也随心所欲了。已故辅仁大学的于斌校长说：墨子是个知物（科学）、知人（哲学）和知天（神学）的大学问家。遥祝当代的老、中、青的中国学者都能人手一部《墨子大全》，而步武墨子的后尘，为中国的现代化而研究墨学！

（本篇系作者根据《墨子大全》“编后记”、首发式和相关专家点评编写，有改动）

第二十九篇　平民圣人墨子

鲁班与墨子同辈同时，同是能工巧匠，在后人的心目中留下了不同的形象。鲁班成为后代工匠共同尊奉的祖师爷，墨子是中国的科学圣人（任继愈语），也是思想家、教育家、科学家、军事家和社会活动家，墨家学派的创始人。孙中山先生高度评价墨子是古时最讲“爱”字的人，把墨子与黄帝、华盛顿、卢梭并列为世界四大伟人。毛泽东主席高度评价“墨子是一个劳动者，他不做官，但他是比孔子高明的圣人”，是“古代辩证唯物论大家”。(《毛泽东评点古今人物》)

墨子名翟（dí），生于周敬王四十年（前 480），是目夷氏的后裔。据《史记·殷本纪》记载：“契为子姓，其后分封，以国为姓，有……目夷氏。”目夷氏原是商王朝建立的同姓方国，位于山东滕州东南部。入周之后，目夷国先后为宋、郳、鲁、齐等国的附庸。随着历史的变迁，目夷氏从贵族降为平民（目夷即墨夷，后省为墨姓）。据《琅嬛记》与滕州民间传说，墨子出生前，其母梦见日中赤乌飞入室中，光辉照耀，目不能视，惊觉生子，遂名之。乌即翟，所生的孩子因而取名墨翟。“子”是后人对墨翟的尊称。滕州木石镇木石村有目夷亭，村西为狐骀（即目夷）山、目夷河，村东是落凤山，传说墨子出生时，凤凰落于此山，故而得名。

墨子的家乡是古代文化科技的先进地区，父亲是能工巧匠，母亲非常贤惠。先进文化环境的影响和良好的家庭教育，加上勤奋、纯朴与灵敏，墨子很快学会了制陶、冶金等手工工艺。同时，他拜师求教，学习文化科学知识，逐渐成长为既有理论知识又有实践经验的杰出人才。墨子的木工技术很高，可与鲁班媲美，能在很短的时间内削成一块三寸的木头，做成车闸。墨子从生产和生活实践中总结出力学原理，并作出“力，刑（形）之所以奋也”的力学定义和弹性力学、杠杆平衡原理、滑轮受力、斜面受力、物体平衡受力等方面的定义。他利用杠杆原理研制成桔槔，用于提水。他还制造了辘轳、滑车和车梯等，用于生产和军事，受到人们的称赞。经过学习与实践，墨子提出：“天下从事者，不可以无法仪。”不同的手工业工匠各有特殊的技巧，但都要遵守共同的标准、法则。制方要用矩尺，制圆要用圆规，取直要绷紧墨线，取平要用水平仪，取垂直要用悬锤。这五种标准是各类工匠遵从的普遍法则。

墨子对光学很有研究，涉及物影生成、小孔成像（影）、光线反射、平面镜成像、凹面镜成像、凸面镜成像等许多方面，几乎包容了光学的各个领域。其中，对于光的直线传播、光的反射和若干物影成像，墨子进行了精彩的描述。有一次，墨子进行光学试验，他在堂屋朝阳的墙上开了一个小孔，让一个人对着小孔站在屋外。在阳光照射下，屋内相对的墙上出现了倒立的人影。墨子通过小孔成像的光学试验，阐述了光的直线传播原理：光从上、下直射，人的头部与足部成影在下边和上边，构成倒影。这成为后代摄影技术的先声。

墨子不仅重视实践，而且重视理论。他好学深思，苦读博览，最初学习古代传统文化和当时有影响的儒学，曾跟周官史角的传人学习周礼，“修先圣之术，通六艺之论”，遍读百国春秋。墨子平日言谈、讲学、辩论，经常引用《诗》、《书》和周、鲁、燕、宋、齐等国的史书，对中国传统文化典籍非常精通。他在学儒的同时，发现了儒家的缺点，“以为其礼烦扰而不说，厚葬靡财而贫民，久服伤生而害事，故背周道而用夏政”。孔子推崇周公，墨子效法夏禹。他称颂夏禹亲自拿着木锨疏通江河，治理洪水，奔波劳累得腿肚子上没有肉，小腿上没有毛，是为天下利益艰苦奋斗的圣人。他对儒家“亲亲有术，尊贤有等”“强执有命”“繁饰礼乐”等内容进行批驳，与儒学分道扬镳，提出自己的观点，创立了墨学。墨学主要有兼爱、非攻、尚贤、尚同、节用、节葬、非乐、非命、天志、明鬼十大政治思想主张。

墨子思想里最核心的东西是“兼爱”。所谓“兼爱”，就是尽爱世上之人。墨子认为，“爱”是无差等、无厚薄的，提倡人与人之间平等的爱，比起儒家的“爱有差等”，应更具有进步意义。他主张的“非攻”，与“兼爱”完全一致，极力反对掠夺战争，认为掠夺战争是一种极不正义的犯罪行为。他在治理国家方面，提出了很多进步的主张。在政治上，他主张“尚贤使能”，注重选拔使用人才；主张不分贫富、贵贱、远迩、亲疏，做到“官无常贵，而民无终贱”，只要是贤能的人，就要提拔重用，让他们当官。他针对统治阶级肆无忌惮地挥霍浪费和放纵私欲，提出“节用”“节葬”“非乐”的主张。他“非乐”反对的是颓废淫荡的靡靡之音，并不反对音乐本身。他主张“节用”“节葬”，是合情合理的，符合人民的愿望，也是很有胆识的，在今天依然有现实意义。他不赞成“命运”之说，是先秦思想家中第一个明确反对“命定论”的人。他把“天”和“命”区分开，相信“天”而不相信“命”。他把本来只是一片苍茫的天说得有意志、有感情，把一切自然发生的现象看成是上天爱人的表现，其目的是给“兼爱”思想确立至高无上的权威。此外，在自然科学、文化教育、逻辑学、军事防守、工程技术等方面，墨子都有杰出的贡献。尤其在宇宙观、力学、数学、光学等方面的见解，与近代科学原理相比，有惊人的相同之处。

墨子多次与儒家弟子辩论。有一天，巫马子对墨子说：“你行义，没见有人帮助你，也没见鬼神赐福给你。但是你还在做，你是狂人吗？”墨子回答：“假若你有两个家臣，一个表里不一，一个表里如一，你看重哪个？”巫马子说：“我看重后者。”墨子说：“既然这样，你也是看重狂人的。”有一次，公孟子头戴礼帽，腰间插笏，穿着儒者服饰来见墨子，问服饰与行为有何联系。墨子说：“从前齐桓公、晋文公、楚庄王、越王勾践四位国君，服饰好坏贵贱不同，但作为一样。我认为有无作为不在于服饰。”

墨子用事实折服了公孟子。墨子对程子说，儒家学说有四个方面足以丧亡天下。程子说，墨子诋毁儒家。墨子说，此为告闻，绝非诋毁。数日后，墨子又与程子辩论，称赞孔子。程子问："您一向攻击儒家，为什么又称赞孔子？"墨子答道："孔子也有合理而不可改变的地方，应予区别对待。"墨子坚持对事不对人，真正做到了"不以言废人"。

鲁国南部有一个名人叫吴虑，冬天制陶，夏天耕作，自比尧舜。墨子听说后就去见他。吴虑对墨子说："义，贵在切实可行，何必空言！"墨子说："你亲自陶稼，分之于民，获利太小。我认为不如诵读与研究先王的学说，通晓与考察圣人的言辞，在上劝说王公大人，在下劝说平民百姓。王公大人采用了我的学说，国家一定能得到治理；平民百姓采用了我的学说，品行必有修养。所以我认为，即使不耕作、不纺织，而功劳胜过耕作与纺织。我到各国宣传义，可以救天下，获利巨大，怎能不去宣传呢？"

墨子以"兴天下之利，除天下之害"为己任，到处奔走，宣传行义。经过实践，他深感靠一个人的力量是不够的，必须有更多的人为此献身。约在30岁时，他创办了一所设有文、理、军、工等科的综合性"平民学校"，培养了大批人才。史称"弟子弥丰，充满天下"，其学说成为"言盈天下"的显学。墨子知道，仅靠说教不行，还必须有坚强的实力作为后盾才能成功。于是，他组建了有纲领、有组织、纪律严密的墨家团体，其领袖为巨子。墨子要求成员身穿粗布衣，以自苦为荣；不仅要有知识和专业技能，多数成员还要接受军事训练，并随时准备打仗，为兴利除害献身。墨家学派是中国最早的民间武装团体。

墨子除聚徒讲学、组织团体之外，还周游列国。弟子魏越说："先生见到各国之君说什么呢?"墨子答道："每到一国，必须选择那些急需的事先讲。国家混乱则语之尚贤、尚同，国家贫穷则语之节用、节葬，国家喜好声乐、沉迷于酒色则语之非乐、非命，国家淫僻无礼则语之尊天、事鬼，国家抢夺侵凌则语之兼爱、非攻。"他四处奔走，"上说诸侯，下说列士""强聒而不舍""遍从人而说之"，席不暇暖，摩顶放踵，东北游齐，西游卫、郑，南游宋、蔡、楚、越等国。

有一次，墨子率弟子到卫国游说，车中载籍甚多，他的弟子弦唐子感到奇怪，问墨子带书何用。墨子说："过去周公每天早上要读典籍百卷，晚上还要接见70个贤士，所以他知识渊博，政绩显著。我上没有治理国家的责任，下没有耕种土地的任务，怎么敢不读书呢?"墨子到卫国后，对公良桓子说："卫是小国，处在齐、晋两国之间，就像穷家处在富家之间一样。穷家如学富家那样花费，那么穷家很快就会破败。现在您的家族，好车好马数百，穿文绣的妇人数百。如国家有难，用这些妇人抵抗，还是用士人?"公良桓子不知所云。墨子又说："如把这些钱财用来养士，可养千余人。一旦遇到危难，士可保护您的安全。"公良桓子点头称是。

墨子离开卫国后到齐国游说。不久，他派管黔子到卫国推荐弟子高石子从政。卫君给予高石子优厚的俸禄，给予他卿的爵位。

高石子三次朝见卫君，每次都详细讲述墨子的治国方略，卫君只是点头称好，却不采纳实行。因此，高石子辞官回去，向墨子汇报说："以前先生讲过，天下无道，仁义之士不该处在厚禄之位。现在卫君无道，我不愿在那里贪图俸禄和爵位。"墨子听了很高兴，把禽滑釐召来说道："你听听高石子的话吧！背义而向往俸禄的人很多，拒绝俸禄而向往义的人很少。高石子就是为义背禄之人。"

墨子在齐国见到老朋友非常高兴。老朋友说："现在天下没有人行义，你何必独自吃苦行义，不如就此停止。"墨子说："有个人生养了十个儿子，只有一个耕种，其他九个闲着，这一个耕种的不能不更加努力啊。为什么呢？因为吃饭的人多而耕种的人少。现在天下没有人行义，您应该勉励我行义，为什么还劝阻我？"有一天，墨子对弟子讲解义与利的关系。他说："义，利也。""万事莫贵于义。"为义就是要"兴天下之利，除天下之害"，把"国家百姓人民之利"作为衡量价值高低的标准。要"兼相爱，交相利"，做到"兼而爱之，从而利之"。他用利来规定义的内涵，把仁、义和爱的道德观念同利益、功利直接联系起来，表现了义利统一和重视功利的思想。

墨子反对命运之说。有一次，他离家往北到齐国去，途中遇到日者（即占卜者）。日者看了看墨子说："历史上的今天，黄帝在北方杀死了黑龙。你的脸色黑，不宜向北去。"墨子不听，继续向北走，到淄水边因风浪大没能渡河又返回来。日者说："我对你说过不能向北走。"墨子说："人的脸色有黑有白，

假如按照你的办法，人们就不能往来。这是困惑人心，你的言论不能用。”

齐国将要攻打鲁国，墨子听到消息后急忙劝阻。墨子对齐国大将项子牛说：“攻打鲁国，是齐国的大错。以前吴王夫差先后攻打越国、楚国、齐国，都获得胜利。后来诸侯报仇，吴王大败。所以大国攻打小国，是互相残害，灾祸必定反及于本国。”项子牛遂罢兵。此事之后，墨子让弟子胜绰去项子牛那里做官，以便于行义。后来，项子牛三次入侵鲁国，胜绰三次都跟去了。墨子听到这件事非常生气，派高孙子请项子牛辞退胜绰。高孙子转告墨子的话说：“我派胜绰，将以他阻止骄气，纠正邪僻。现在胜绰得了厚禄，却欺骗您，三次跟随侵鲁。胜绰明知故犯，把俸禄看得比仁义还重。”

墨子为了兴利除害，实践其政治主张，推荐耕柱子到楚国做官。不久，有几个弟子去探访耕柱子。耕柱子请他们吃饭，招待并不丰盛。这几个人回来告诉墨子，说耕柱子在楚国没有什么用处，还不如叫他回来。墨子答道：“这还未可知。”没有多久，耕柱子送给墨子二百金，说：“弟子不敢贪图财利违章犯法，这二百金请先生安排使用。”这件事说明墨家以公为家，大公无私，不积私产。

公元前 440 年，楚国准备攻打宋国，请著名工匠鲁班制造攻城的云梯等器械。墨子正在家乡讲学，听到消息后非常着急。他一面安排大弟子禽滑釐带领 300 名精壮弟子，帮助宋国守城；一面亲自出马劝阻楚王罢兵。墨子急急忙忙，日夜兼行，鞋破脚烂，毫不在意，十天十夜后到达楚的国都郢（当时郢在今湖北宜城，非江陵）。到郢都后，墨子先找到鲁班，说服他停止制造攻宋的武器，鲁班引荐墨子见楚王。墨子说："现在有一个人，丢掉自己的彩饰马车，却想偷邻居的破车子；丢掉自己的华丽衣裳，却想偷邻居的粗布衣，这是个什么人呢？"楚王不假思索地答道："这个人一定有偷窃病吧！"墨子趁机对楚王说："楚国方圆五千里，土地富饶，物产丰富，而宋国疆域狭窄，资源贫困。两相对比，正如彩车与破车、锦绣与破衣。大王攻打宋国，这不正如偷窃癖者一样？如攻宋，大王一定会丧失道义，并且一定会失败。"楚王理屈词穷，但借鲁班已造好攻城器械为由，拒绝放弃攻宋的决定。墨子又对楚王说："鲁班制造的攻城器械也不是取胜的法宝。大王如果不信，就让我与他当面演习一下攻与守的战阵，看我知何破解它！"楚王答应后，墨子就用腰带模拟城墙，以木片表示各种器械，同鲁班演习各种攻守战阵。鲁班组织了九次进攻，结果九次被墨子击破。鲁班攻城器械用尽，墨子守城器械还有剩余。鲁班认输后故意说："我知道怎么赢你，可我不说。"墨子答道："我知道你如何赢我，我也不说。"楚王莫名其妙，问："你们说的是什么？"墨子义正辞严地说："他以为杀了我，宋国就守不住，但是，我早已布置好，我的大弟子禽滑釐能代替我用墨家制造的器械指挥守城，同宋国军民一起严阵以待！即使杀了我，你也无法取胜！"这番话彻底打消了楚王攻宋的念头，楚王知道取胜无望，被迫放弃了攻打宋国的计划。墨子完成止楚攻宋的壮举后，返回鲁国。途经宋国时，天下大雨，城门紧闭。墨子想到闾中（里巷大门内）避雨，守门者竟不让墨子进去。墨子不愿邀誉于世人，所以也不想说明真情，遂径直离去。

在墨子止楚攻宋取得成功的第二年，恰值楚惠王当政50年，墨子为宣传其政治理想，专程到楚国献上自己的著作。楚惠王读此著作后，对墨子说：“您的大作很好。请您留在楚国，做我的顾问。每年俸禄一百钟，委屈您这位贤圣人了。”墨子看出惠王不准备实行自己的学说，于是决意辞行回家。临行之前，墨子想再见一次惠王，惠王说自己老了，派大臣穆贺为墨子送行。墨子利用这个机会，又向穆贺陈述自己的学说，但没成功。鲁阳文君听说此事，认为不妥，对楚王说：“墨子是有名的北方贤圣人，您不给予礼遇，岂不是叫天下士人寒心吗？”楚王觉得鲁阳文君说得有理，许诺把方圆五百里的土地封给墨子。楚惠王封地五百里的厚禄，没有动摇墨子坚持自己学说的决心，他毫不犹豫地拒绝封地。他对鲁阳文君说：“我听说贤人进谏，君王不听，不接受赏赐；仁义学说不被采用，不滞留于朝廷。现在我的学说未被应用，所以我决定回鲁国去。请你向楚王转达我的谢意。”

与拒楚分封相似，墨子还推辞了越王的分封。有一次，墨子派弟子公尚过前往越国做官。公尚过向越王介绍墨子，越王很高兴，对公尚过说：“先生如能请墨子到越国教导我，我愿意分出过去吴国的地方五百里封给墨子。”公尚过答应了。于是越王给公尚过套了50辆车，到鲁国迎接墨子。公尚过见到墨子，说明越王的意图。墨子问：“你看越王能听我的话吗？”公尚过说：“恐怕不一定。”墨子说：“如果越王能听我的话，用我的道理，我只要有饭吃、有衣穿，跟其他大臣一样待遇就行，何必要分封的特殊待遇呢？越王不听我的话，而只要我接受分封，这不是让我出卖义吗？同样出卖义，在中原国家好了，何必跑到越国？”于是，拒绝了越国的分封。

鲁阳文君非常钦佩墨子的道德学问，经常请墨子到其封地讲学。墨子曾对鲁阳文君讲，世俗的君子知道小事却不知道大事。他们也曾讨论风俗与仁义的关系，讨论何为忠臣。鲁阳文君认为，忠臣应该绝对服从，国君叫怎样就怎样。墨子指出：你说的忠臣不过是个影子而已。所谓忠臣，应能正国君的偏邪，崇尚同一，实行兼爱，不结党营私等。鲁阳文君准备攻打郑国，墨子听到消息后立即劝阻。鲁阳文君说：“先生为什么阻止我进攻郑国呢？我这是顺应上天的意志。”墨子说：“郑国人残杀其君主，上天已经给了惩罚，使它三年不顺利。而你又要进攻郑国，说是顺天之意。这好比邻人惩罚他的坏儿子，你也举棍跟着打，说是顺其父之意。这不是十分荒谬吗？”鲁阳文君遂停止侵郑。

楚、越两国经常在长江上进行船战，越国凭着水势，屡次打败楚国。鲁班南游到楚之后，帮助制造了船战用的钩、拒等先进武器，楚国因此战胜了越国。鲁班向墨子夸赞钩、拒。墨子说：“我义的钩、拒，胜过你船战的钩、拒。讲义可以互爱互利，讲战造成互相残杀。”鲁班对墨子说：“我没有见你之前，想得到宋国。自从见你之后，给我宋国，假如是不义的，我就不会接受。”墨子说：“你这样讲，是我把宋国送给你了；你努力维护义，我将送给你天下。”

鲁国国君请教墨子："我害怕齐国攻打鲁国，可以解救吗？"墨子答道："可以。我希望您对上尊天敬事鬼神，对下爱护百姓；准备丰厚的皮毛、钱币，辞令要谦恭，赶快礼交四邻的诸侯，驱使全国的人民，抵御齐国的侵略。这样，祸患就可以解救。不这样，就无其他办法了。"鲁君对墨子说："我有两个儿子，一个爱好学习，一个喜欢将财物分给人家，谁可以为太子？"墨子答道："这还不能知道。他俩也许是为赏赐和名誉而这样做的。钓鱼的人躬着身子，并不是对鱼表示恭敬。我希望主君能以志功为辨，把他们的动机和效果结合起来进行考察，然后决定谁为太子。"

墨子与宋国之君同宗，由平民成为"北方贤圣人"后，各国诸侯对墨子评价很高，纷纷请他为官，以博取爱士的美名。宋昭公时，派人请墨子到宋国参政。墨子欣然前往，希望能在宋国实践自己的学说。宋昭公认为墨子的学说很有道理，就拜墨子为宋大夫，让他参与管理朝政。宋昭公末年，戴欢为宋大宰，司城子罕专政。二人争权夺利，互相残杀，子罕击败戴欢后，又驱逐宋昭公，篡夺了政权。墨子仗义直言，极力以兼爱劝阻，竟被囚禁。墨子被囚禁之后，引起各界人士的反对。墨家弟子义愤填膺，积极营救墨子，采取各种措施：一是当面论理，要求放人。二是广造舆论，争取各方支持。三是组织武装力量，万不得已时采取相应措施。与此同时，各国纷纷派人劝说释放墨子。迫于内外压力，子罕不得已放了墨子。

墨子听说齐国又想打鲁国，不顾高龄，亲自去齐劝说齐太公田和。墨子先是以刀砍人而人头猝然落地算刀锋利作为比喻，进而问谁承担杀人责任。齐太公说，杀人的责任不在刀锋利，而在于执刀的人。墨子说："兼并倾覆弱小的国家，屠杀无辜百姓，谁应该承担这无道不义的责任呢？"齐太公想了好久，不得不承认："我应当承担责任。"

墨子在几十年的教学、游说活动中，很重视辩论和言辞交际。他对弟子说："辩学的目的是搞清是非的界限、国家治乱的规律、同异的所在、名实的道理、利害的分别和疑难的问题，归结起来就是要反映世界的本来面目。"他创立了名、辩、类、故、法等逻辑范畴及主要论式，其辩学成为人类三大逻辑学中最早的一个。

墨子反对侵略战争，但主张积极防御，讲求战争器械与技术的运用，论兵法攻守都很精到。他的大弟子禽滑釐曾经多次向墨子请教防御之道。墨子说："你问哪种防御方式？"禽滑釐回答说："现在攻城常用的进攻方法有临、钩、冲、梯、堙、水、穴、突、空洞、蚁傅、轒辒、轩车 12 种，请问先生应该怎样防守。"墨子回答了如何防守 12 种进攻之后又说："城墙厚而高，壕沟深而宽，修好望敌之楼，防守器械齐备，粮食材草充足，防守人员精干，官民和睦，全民皆兵，国君讲信义，大臣争立功，赏罚严明。具备这些条件，城就可以守住。"禽滑釐听后起身拜了两次，说："先生讲得很好，请先生讲讲战争防御问题。"墨子说："我一贯反对侵略战争，支持被侵略国家抵抗自卫。关于防御，最重要的是战前做好物质和精神两方面的准备。我在《备城门》《备高临》《备梯》《备水》《备突》《备蛾傅》《迎敌祠》《旗帜》《号令》《杂守》等篇中讲得比较具体，有战役指挥、战前动员、全民参战、兵器机械、粮食柴草、兵役制度、军事训练、组织纪律、赏罚奖惩等内容，你可以学习研究。”墨子的军事学说以守为主，而《孙子兵法》以攻为主，二者都是我国兵书的经典。中共中央政治局原常委、中央军委原副主席刘华清上将称墨子是伟大的军事家。

墨子晚年回到家乡不久，即与家人一起去祭祀祖先。他先到殷微子墓前，又到目夷墓前祭祀。墨子肃立墓前，追思先祖治国有方，使宋国得显于诸侯的丰功伟绩；敬仰目夷的让国之风，只为义而不慕荣利的高尚人格。墨子祭祖之后，又与几位弟子漫游染山。他看到染丝的情景感慨万千，叹息道：“白丝染于青色的染料就变成青色，染于黄色的染料就变成黄色。染料一变，被染的丝的颜色随即改变。”他又从染丝讲到环境对人的影响，指出每个人不论职务高低，都必须慎重选择与自己相处的人，任人唯贤，尚贤使能。

年事已高的墨子，已无力再出游各国行义。他回忆数十年来为了宣传自己的主张，创办私学、招收弟子、组织团体、研制器械、周游列国、制止战争等一系列重大的活动，既问心无愧，又忧虑重重。为了让后来者继续实践墨学、兼爱天下，他与弟子整理其言行，编写出《墨子》一书。墨子创立的墨学，当时被世人称为显学。《墨子》71 篇，是墨子一生言行的忠实写照，内容丰富深邃，博大精深，其中有智德并修、兼爱救世的思想，创造发明、逻辑论辩的倡导，知行并用、利人牺牲的见解，刻苦实践、强力而为、自苦为极的主张，尚贤尚同、民主政治的作风，生产节约、消费分配的理论，防御非攻、抵抗侵略的实践等，是一部百科全书式的不朽之作，因此被人称为人类文化的瑰宝。

周安王十二年（前390），墨子带着他所描绘的社会蓝图，离开了这个战乱动荡的人世。据传，弟子们遵照墨子生前节葬的主张，将他的遗体从简安葬于大山的苍松翠柏之中。他的陪葬品极其简单，最有价值的是一部《墨子》的手稿。墨子死后，其弟子分为三大学派，为弘扬墨学而继续努力。

墨子生前对为之奋斗终生的事业、自己的学说非常自信。而历史发展到今天，也充分证明了墨子的论断很有道理。就像夜明珠，墨学在近百年来获得新生，重放异彩。为弘扬墨学，振兴中华，纪念科圣墨翟，中共滕州市委、滕州市人民政府在火车站广场塑立了12米高的大型墨子铜像，并兴建了墨子研究中心和墨子纪念馆。

（本篇选自拙著《滕州史话》，中华书局1992年版，有改动）

第三十篇　墨子的人生观

今天，我（即指笔者，下同）应王洪鹏先生之邀，参加“朱载堉科学艺术成就展开幕式”，并与各位老师、同学座谈，心情很高兴。特别是见到老朋友刘树勇教授，感到格外亲切。我与刘树勇教授相识十几年，缘于墨子，我们是墨者之间的君子之交。我多次邀请刘教授参加墨学国际研讨会，他先后于 2006 年 12 月、2009 年 4 月邀请我去首都师范大学给他的学生讲墨子。我感谢刘教授对我的信任与鼓励！我与王洪鹏是老乡，都是墨子故里的墨学传人，志同道合，情深意长。他请我来，我很高兴，参加他主办的展览，既有学习，也有祝贺。昨天，他要我在开幕式之前与大家讲讲墨子，我推辞，他说首都师范大学白欣教授带研究生参加，我只有遵命，讲的题目是：墨子的人生观。

一、讲这个题目的起因

2018 年 5 月 4 日，我收听收看了央视直播的习近平总书记在纪念马克思诞辰 200 周年大会上的重要讲话，很受教育和启发。

其中有一句话令我难忘：“早在中学时代，他就树立了为人类幸福而工作的志向。”“为人类幸福而工作”，这句话通俗易懂，含义深刻，触动了我久久思考的几个问题：墨子为什么提出兼爱？兼爱能实现吗？墨子的精神和理想是真的吗？通过学习习总书记的这个讲话，我豁然开朗，找到了答案。今天，与大家分享我的学习体会。

马克思的志向是“为人类幸福而工作”，墨子的人生观是“兴天下之利，除天下之害”，他们的心是相通的，目的是一致的。“为人类”就是“为天下”，“谋幸福”就是“兴利除害”。

墨子号量子卫星首席科学家潘建伟院士曾说：“墨子第一次用科学方法，解释了光沿直线传播，这在光学中是一条非常重要的原理，启发了量子通信。”他的话，我完全赞同。也感谢他和他的团队，因量子卫星而让墨子名震全球，这个影响力太大了，从宣传墨子、弘扬墨学的角度看，不知要超过我们多少次研讨会、多少篇论文。

潘院士在2018年5月26日《朗读者》节目中朗读爱因斯坦的《我的世界观》片段：“我们每个人在这个世界上都只作一个短暂的逗留，目的何在，只要从日常生活中就可以明白：人是为别人而生存的——首先是为那样一些人，他们的喜悦和健康关系着我们自己的全部幸福；然后是为许多我们所不认识的人，他们的命运通过同情的纽带同我们密切结合在一起。”“人是为别人而生存的”，也就是为别人而活，这是一种负责任的生活状态，也是一种无私尽责奉献的人生观。

他的朗读让我兴奋，豁然开朗：天下竟然有这样相似的人生观！“兴天下之利，除天下之害”在一定程度上就是“为人类幸福而工作”“人是为别人而生存的”。从古到今，从中到外，墨子、马克思、爱因斯坦等名人哲者，都有崇高而伟大的人生观。

二、墨子人生观的来源

首先，家教与家风。祖先友爱让国，是家风与家教。

周武王去世后，年幼的儿子成王继位，弟弟周公姬旦受命摄政，管叔、蔡叔怀疑周公篡夺王位，武庚趁机与管叔、蔡叔密谋，联合东方旧属起兵反对周公。周公秉承成王的命令率军东征，历时三年，诛杀武庚，杀死管叔，流放蔡叔，命令微子启代替武庚，做商王的后嗣，事奉祖先的祭祀，分封于宋地（今河南商丘南）建国，爵位为公，国号为宋。宋微子启是宋国的第一位国君。宋微子启又名宋微子、微子、子启，“微”是商王分封他的地名，“宋”是周公封他的国名，“子”是他的姓，“启”是他的名，人们习惯上以封地命名，因此称他“微子启”“宋微子”。宋微子启仁爱贤良，代替武庚祭祀祖先，受到商朝遗民的拥戴。子启去世后，其弟宋微仲衍继位。仲衍去世，其子宋公稽继位。从此之后，国君都在宋微仲衍这支传承。宋国君主的传承，以父死子继为主，兄终弟及较少。宋微子启让国与弟的故事千古流传。

春秋初年，宋国仍奉行着兄终弟及的传位制度。公元前729年，宋宣公卒，不叫太子继位，却让其弟继位，是为宋穆公。宋穆公去世后，不立其子公子冯，以忠于兄宋宣公所托为由，坚持立兄子与夷。于是公子冯流亡郑国，公子与夷立为国君，是为宋殇公。这一时期，兄弟让国，传承大爱。

宋殇公继位后，大司马孔父嘉受穆公和所托，辅佐殇公，与另一大臣华父督共同执政。两人皆为公族大夫。华父督为宋戴公之孙，而孔父嘉则为弗父何之后。华父督对孔父嘉地位高于自己很不满，而且华父督对孔父嘉之妻垂涎不已。于是，华父督散布谣言，说大司马将要再次对郑用兵。国内因此发生骚乱，华父督趁机袭杀孔父嘉，夺走孔父嘉之妻。孔父嘉之子木金父则逃难到鲁国，从此孔氏成为鲁国人。宋殇公听说华父督杀死自己的亲信孔父嘉，于是驱战车欲杀华父督。华父督见国君发难，遂趁机一举杀掉了宋殇公，接着从郑国迎立公子冯即位，公子冯是为宋庄公。这一时期，宋国宫廷争权夺利互相残杀，是因为“爱己不爱人”所致，为后代留下了反面教材。

目夷是子姓宋氏第 17 代，也是宋桓公的庶长子、宋襄公的庶兄，姓子，名目夷，字子鱼，官职左师（即左相），后曾兼任司马，又称公子目夷或司马子鱼，是墨子的 7 世祖。

目夷献言。目夷自幼聪明，深得父辈喜爱。宋湣公（目夷的伯父）九年（前 683），宋国发生水灾，鲁国派大夫臧文仲去慰问。湣公责备自己说：“因为我不能事奉鬼神，政治不修明，所以发生水灾。”臧文仲赞赏这句话，而这句话是公子目夷献给湣公的。

目夷辞位。目夷与兹甫是同父异母的兄弟。目夷是庶出，虽是哥哥但没能立为宋国太子；兹甫是嫡出，虽是弟弟却被立为太子。目夷德才兼备，贤能智慧；兹甫志大才疏，仁爱迂腐。他们两人关系密切，都讲仁爱义气。宋桓公三十年（前 652）冬，桓公身患重病，为死后君位继承人的事情犹豫不决：论德才贤能，兹甫不如目夷；按宗法礼制，目夷不如兹甫。为此，宋桓公征求他们的意见。太子兹甫说："目夷年长而又仁爱，父君还是立他为国君吧。"目夷辞让说："能够以国家相让的人，还有比这更仁厚的吗？儿臣不如太子兹甫啊。再说也不符合立嫡子为君的礼制。"次年（前 651）春，宋桓公去世，太子兹甫继位，即宋襄公。襄公知道公子目夷仁厚，请他担任左师主持政务。目夷、兹甫兄弟让国的故事至今流传。

目夷救宋。齐桓公死后，宋襄公自视爵位高，便想取代桓公的霸主地位。趁齐国内乱，他派兵帮助齐太子昭当上了齐国的国君。这一下他自认为宋国真的强大了，一心想效仿齐桓公当霸主。目夷劝阻说："小国争着主持盟会，是祸患哪！"宋襄公不听，想借楚、齐等国之力而成霸业。宋襄公十二年（前 639）春，襄公会齐、楚于鹿上（今在安徽阜阳南，一说在今山东曹县东北），相约秋七月在宋国的盂地（yú，今河南睢县西北）会盟诸侯。盂地会盟期到，左师目夷建议宋襄公带些军队赴盟，不要对楚国掉以轻心。宋襄公不听，说："子鱼太多心了，我以忠信待人，人岂能欺我？"为表示讲"信义"，他不带军队。不仅如此，他怕目夷在他走后暗地派兵前往护驾，便带着目夷同去赴会。目夷说："臣也放心不下，可以同去。"于是君臣同至盂地，楚、陈、蔡、许、曹、郑六国国君如期而至。当宋襄公以盟主口气对诸侯强调要天下共享太平之福时，楚成王挺身向前，说：“你讲得很好，但不知今日是谁主盟?”宋襄公说：“有功论功，无功论爵，这有什么说的!”楚成王的从者在旁大喊：“今日这事，只要问问各位诸侯，是为楚来的，还是为宋来的?”陈、蔡各国早已畏服于楚，都说奉楚命而来。楚成王哈哈大笑说：“宋君还有什么可说!”楚成王从者此时脱去礼服，内穿重铠，取出腰间插的小红旗向坛下一挥，楚成王带来的众人都脱衣露甲，手执利器，蜂拥而上，俘虏了宋襄公。宋襄公见目夷紧随在旁，低声说：“悔不听子言，以至如此，速归守国，勿以寡人为念!”目夷料想跟随无益，于是趁乱逃回。楚成王向诸侯宣布了宋襄公的六大罪状，让已吓得魂不附体的各国诸侯在盂地稍候，等他挟襄公伐宋而归。

公子目夷从盂地逃回宋国都城，立即与大夫公孙固商议。公孙固说：“国不可一日无君，公子必须暂摄君位，然后号令全城军民防御。”目夷说：“楚成王劫持我君以伐宋，胁迫宋国投降。眼下只有如此，才能救宋和国君。”公孙固说：“此言甚当。”于是面对群臣宣布：“我君未必能归，我等宜推戴公子目夷，以主国事。”群臣都知道目夷贤能，完全拥护。公子目夷告于太庙，摄政护国，三军用命，全城做好了抗楚的准备。楚军本来视宋襄公为“奇货”，想以此压服宋国投降。但宋国又立了新君，视宋襄公为可有可无。这使楚成王大为扫兴，不得不降低要价，变要挟为商量，问倘若送还襄公，宋国拿什么酬谢楚国。楚成王得到的答复是：“原来的国君被你们俘虏，这已经有辱我们的国家，你们放他回来，他也不能当国君了。放不放他，你们楚国看着办吧。若要攻城，我们已经做好准备。”一心想拿宋襄公要挟宋国的楚成王，看到宋襄公已分文不值，气急败坏，下令攻城。结果连攻三日，攻不下来。楚成王无奈，兵退亳都，宋都睢阳之围遂解。宋国免除了灭国之灾，这一切都是目夷精心筹划的。楚成王为了保全面子，以向鲁国献攻宋的俘获为名，请鲁僖公来会谈。鲁僖公害怕楚成王加兵于鲁国，只好前来。这时，陈、蔡、郑、许、曹五位诸侯也从盂地来到亳都。郑文公提出尊楚成王为盟主，别人都不敢说话，只有鲁僖公说：“只要放了宋襄公，我就唯命是听。”楚成王要的就是这句话，他马上顺水推舟地说：“各位诸侯推举我为盟主，我哪能违背。”于是便放了宋襄公，登坛主盟。

公子目夷听说宋襄公被释放，立即派人把襄公接回宋国，仍让襄公当宋国的国君，自己重居臣位。他说，他之所以摄国君之位，只不过是为襄公守国而已。目夷与公孙固迎接宋襄公重登君位。

事实证明，楚军包围宋都时宋国对襄公的“放弃”，恰恰是为了真正的保护；倘若当时宋国手忙脚乱，急于要求放回襄公，楚国肯定越发视宋襄公为“奇货”，要价会更高。当宋襄公身陷囹圄、国势危难之际，目夷毅然挑起卫国救君的重任。他以出色的才智和勇敢，粉碎了楚国吞并宋国的阴谋，充分显示了目夷之“能”。当宋襄公被释放之后，目夷又请他复登君位，则表现了目夷之“贤”。在勾心斗角、争名夺利的阶级社会里，公子目夷能集“能”“贤”于一身，排危解难，顾全大局，舍己为君，实在难能可贵。《东周列国志》有诗称赞目夷：

金注何如瓦注奇？新君能解旧君围。
为君守位仍推位，千古贤名诵目夷。

宋襄公十四年（前637）夏，襄公因在泓水之战受伤，病发去世。临终告诫太子王臣说：“我不听左师目夷之言，以至于遭此大祸！你继位后要以国事委托他，请他辅政。”太子王臣再拜受命。王臣继位，即宋成公。左师目夷受命辅政，政局稳定。宋成公十七年（前620）夏四月，成公去世。成公的弟弟子御杀害太子和司马公孙固，自立为宋君。数月后，宋国人合力杀死国君子御，拥立成公的少子杵臼为国君，即宋昭公（史称宋前昭公杵臼，与宋后昭公子特区别）。

目夷在宋成公去世后，不愿卷入宫廷斗争之中，即以年老告退，带领少子及家族成员，离开宋国都城前往目夷国故地。

其次，历史与现实。

周朝史官史角的后人应邀到鲁国，后被留在鲁国，墨子向他求学。墨子读百国春秋，从历史中吸取精华，历史知识是墨子思想的来源之一。现实社会的战争不断，民不聊生，生活艰难。如何解救社会大众，这是墨子着力关注的大事。

最后，大禹与晏子。

《庄子·天下》篇说：墨子不以奢侈教后世，不靡费万物，不炫耀礼法，用规矩勉励自己，以求备于当世的急需。古代的道术有属于这方面的，墨翟、禽滑釐听到这种风尚就很喜欢。但他们实行得太过分，节俭得也太过分。他们提倡“非乐”，主张

“节用”；生时不作乐，死后不服饰。墨子主张兼爱交利而反对战争，教人不恨怒；他又好学博闻，不求立异，也不与先王相同，毁弃古代的礼乐。

墨子独自主张生时不歌乐，死后无服饰，只用三寸厚的桐木棺而没有外椁，以此作为标准。以此来教导人，恐怕不是爱人之道；用这个标准来要求自己，也实在是不爱自己。虽然这样，但是并不影响墨子的学说。然而，该歌唱时反对歌唱，该哭泣时反对哭泣，该奏乐时反对奏乐，这样合乎人之常情吗？他生时辛勤劳苦，死后简单薄葬，他的学说太苛刻了；使人忧苦，使人悲愁，他的主张难以实行，恐怕不能成为圣人之道，违反了天下人的心愿，天下人不堪忍受。墨子虽然自己能够担当做到，奈何天下的人不能履行！背离了天下的人，也就远离了王道。

墨子称道说：“从前禹治理堵塞的洪水，疏导江河而沟通四夷九州，大川三百，支流三千，小河无数。禹亲自持筐操铲，带领人们疏通天下的河川，治理水患；辛苦劳累得腿肚子没有肉，小腿的毛被磨光，暴雨淋身，大风梳发，终于安置了天下。禹是大圣人，而为了天下操劳还如此劳苦。”所以使后代的墨者多用粗布做衣裳，穿着木屐草鞋，日夜不息，以自苦为原则，并说：“不能这样，就不是禹的道，不足以称为墨者。”

墨翟的用意是很好的，他的做法却太过分。这会使后世的墨者必定要劳苦到自己腿肚子上没有肉、小腿上没有毛，以此互相竞逐罢了。这是扰乱天下的罪多，治理天下的功少。虽然如此，墨子还是天下最美善的人，这样的人实在是求不可得。

他纵使弄得形容枯槁也不放弃自己的主张，真是救世才能之士啊！

关于庄子对墨子的评论，台湾著名学者陈鼓应教授说：“（庄子）叙述墨子提倡平等之爱，勤俭力行、利他精神，反对战争，反对王室的乐，反对贵贱上下等级的礼，以及提出薄葬的主张。赞墨子为救世能士，批评墨子学说太过严苛，难以实行。墨子的非乐、反厚葬，都是针对当时贵族奢侈靡费民财而发的，这里的批评，未能体会墨子的原义。”

齐国的晏婴是一代名相，他以节用闻名于世，墨子的节用思想源于晏子。

三、墨子的人生之梦

墨子的人生之梦是大同社会。墨子的人生目标是什么？就是“兴天下之利，除天下之害”。墨子的梦想是什么？就是实现“大同社会”。持大同思想源于墨子之说主要有四家：一是宋朝吕祖谦《与朱侍讲元晦》：“盖不独亲其亲、子其子，而以尧舜禹汤为小康，其真是老聃、墨氏之论。”二是近代梁漱溟《礼运大同说之可疑》：“《礼运》大同一篇话看着刺眼，觉得大不对……所有孔子的话，我们都可以贯串为一线，只有这里就冲突了。”认为《礼运》大同说与墨子同。三是方授楚在《墨学源流》中专章论证“《礼运》大同之义源于墨家说”。四是《光明日报》2015年1月9日刊载庞朴的文章《平天下与全球化》：“早些年就有人说过，主张大同的《礼运》篇是墨家作品，因为它‘尚同’。”怎样达到人生目标、实现梦想？墨子认为："万事莫贵于义。"以义为利，义利统一，"行义"就是兴利除害，"兼爱"就能实现大同。

墨子把"为天下兴利除害"视为己任，视为"大义"。"万事莫贵于义"，指的是"为天下兴利除害"。

墨子思想的核心是"兼爱"，以"兼爱"为核心扩展出"非攻""尚贤""尚同""天志""明鬼""节用""节葬""非乐""非命"。墨子的十大主张是行义的纲领。

墨子试图替天行道，贵义兼爱，兴利除害，追逐大同社会之梦。这就是我理解的墨子的人生观。

（本篇为作者于2018年5月30日在中国科技馆的讲稿，有改动）

第三十一篇　墨子名言选译

《墨子》内容博大精深，文字古奥，大众不易通读。为了方便大众阅读，笔者从《墨子》中选择贴近现实生活、对当代有一定借鉴意义的名言警句，分类编辑成“墨子名言选译”。

墨子名言选译浓缩了墨学精华，言简意赅，通俗易懂，方便阅读，给人以智慧和力量，对于墨学普及宣传，可以收到事半功倍的效果。

墨子名言选译共分十部分：主旨、兼爱、非攻、尚贤、尚同、节用、贵义、修身、治国、哲理。

一、主旨

【原文】兴天下之利，除天下之害。(《兼爱下》)

【译文】兴干天下的利益，除去天下的祸害。

【原文】兼爱。(《兼爱上》)

【译文】不分等级、不分远近、不分亲疏地去爱天下所有的人。

【原文】非攻。(《非攻上》)

【译文】反对侵略战争，维护人类和平。

【原文】尚贤。(《尚贤上》)

【译文】不分贵贱地推荐、选拔、使用德才兼备的人。

【原文】尚同。(《尚同上》)

【译文】政令、思想、言语、行动等要与圣王的意志相同。

【原文】节用。(《节用上》)

【译文】反对奢侈浪费，主张勤俭节约。

【原文】节葬。(《节葬上》)

【译文】反对厚葬久丧，主张薄葬短丧。

【原文】非乐。(《非乐上》)

【译文】反对奢靡的音乐活动，提倡节约人财物力。

【原文】非命。(《非命上》)

【译文】反对命运之说，主张强力从事。

【原文】天志。(《天志上》)

【译文】天是有意志的最高主宰，天的意志是兴利除害。

【原文】明鬼。(《明鬼上》)

【译文】辩明鬼神的存在，鬼神能扬善惩恶。

二、兼爱

【原文】兼相爱，交相利。(《天志上》)

【译文】既爱自己也爱别人，与人交往要彼此有利。

【原文】若使天下兼相爱，国与国不相攻，家与家不相乱，盗贼无有，君臣父子皆能孝慈，若此则天下治。故圣人以治天下为事者，恶得不禁恶而劝爱？故天下兼相爱则治，交相恶则乱。(《兼爱上》)

【译文】假如天下的人都彼此相爱，国与国不互相攻打，家与家不互相争夺，没有盗贼，君臣父子都孝顺慈爱，这样天下就太平了。圣人既然以治理天下为己任，怎么能不禁止人们互相仇恨而不劝导人们彼此相爱呢？所以，天下人能彼此相爱才会太平，互相仇恨就会混乱。

【原文】天下之人皆不相爱，强必执弱，富必侮贫，贵必敖贱，诈必欺愚。凡天下祸篡怨恨，其所以起者，以不相爱生也。(《兼爱中》)

【译文】天下的人都不相爱，那么强大的一定会压迫弱小的，富有的一定会欺侮贫穷的，显贵的一定会轻视低贱的，诡诈的一定会欺骗愚笨的。天下一切祸乱、抢夺、仇恨等之所以会发生，都是由于互不相爱引起的。

【原文】天下之人皆相爱，强不执弱，众不劫寡，富不侮贫，贵不敖贱，诈不欺愚。凡天下祸篡怨恨，可使毋起者，以相爱生也。(《兼爱中》)

【译文】天下的人都相爱，强大的就不会压迫弱小的，人多的就不会抢劫人少的，富有的就不会欺侮贫穷的，显贵的就不会轻视低贱的，诡诈的就不会欺骗愚笨的。天下一切祸乱、抢夺、仇恨等之所以都不发生，就是由于互相爱的关系。

【原文】夫爱人者，人必从而爱之；利人者，人必从而利

之；恶人者，人必从而恶之；害人者，人必从而害之。（《兼爱中》）

【译文】爱别人的人，别人也必然爱他；利于别人的人，别人也必然利于他；憎恶别人的人，别人也必然憎恶他；残害别人的人，别人也必然残害他。

【原文】无言而不雠，无德而不报，投我以桃，报之以李。即此言爱人者必见爱也，而恶人者必见恶也。（《兼爱下》）

【译文】没有什么话不答应，没有什么恩德不报答；你把桃子投给我，我用李子回报你。这就是说爱人的人必定被人爱，而憎恶人的人必定被人憎恶。

【原文】爱人不外己，己在所爱之中。（《大取》）

【译文】爱别人并不是不爱自己，自己也在所爱之中。

【原文】爱人非为誉也，其类在逆旅。（《大取》）

【译文】爱人不是为个人沽名钓誉，就像旅舍接待过客行人一样，是为了与人方便。

【原文】爱众众世与爱寡世相若，兼爱之，有相若。爱尚世与爱后世，一若今之世人也。（《大取》）

【译文】爱世间众人和爱世间少数人相同，兼相爱就是这样。爱上世之人和爱后世之人，都像爱今世之人一样。

【原文】天欲人相爱相利，而不欲人相恶相贼也。（《法仪》）

【译文】上天希望人们互相爱护和互惠互利，而不希望人们互相厌恶和互相残害。

三、非攻

【原文】今小为非，则知而非之；大为非攻国，则不知非，从而誉之，谓之义。此可谓知义与不义之辩乎？（《非攻上》）

【译文】现在有人犯了小过错，人们知道了就非难他；对于犯了像攻打别国那样的大错误，却不知道非难他，还加以赞颂，称之为义。这能说是懂得义和不义的区别吗？

【原文】杀一人谓之不义，必有一死罪矣。若以此说往，杀十人十重不义，必有十死罪矣；杀百人百重不义，必有百死罪矣。当此，天下之君子皆知而非之，谓之不义。今至大为不义攻国，则弗知非，从而誉之，谓之义；情不知其不义也。(《非攻中》)

【译文】杀死一个人，说他是不义，必定有一条死罪。照这样的说法，杀死十个人，就是做了十件不义的事，必定有十条死罪；杀死一百个人，就是做了一百件不义的事，必定有一百条死罪。对此，天下的君子都知道应该反对，称之为不义。今有无端攻打别国那样大的不义，却不知道反对，还跟着赞美他，称之为义，这实在是不知道这种事是不义啊。

【原文】计其所自胜，无所可用也；计其所得，反不如所丧者之多。(《非攻中》)

【译文】计算一下从进攻中得到的胜利品，没有什么可用的；计算所得到的东西，反而不如损失的多。

【原文】今以攻战为利，则盖尝鉴之于智伯之事乎？此其为不吉而凶，既可得而知矣。(《非攻中》)

【译文】现在以为攻打别的国家有利可图，那么何不以智伯之事为借鉴呢？智伯所作所为不是吉而是凶，现都已知道了。

【原文】故大国之攻小国也，是交相贼也，过必反于国。(《鲁问》)

【译文】所以大国攻打小国，是互相残害，其严重后果必定会影响到大国。

【原文】今大国之攻小国也，攻者，农夫不得耕，妇人不得织，以守为事。攻人者，亦农夫不得耕，妇人不得织，以攻为事。故大国之攻小国也，譬犹童子之为马也。(《耕柱》)

【译文】现在大国攻打小国，被攻打的小国，农夫不能耕种，妇女不能纺织，都把防御作为大事。进攻的大国，农夫也不能耕种，妇女也不能纺织，都把进攻作为大事。所以大国攻打小国，就像小孩子的骑马游戏一样可笑。

【原文】大不攻小也，强不侮弱也，众不贼寡也，诈不欺愚也，贵不傲贱也，富不骄贫也，壮不夺老也。是以天下之庶国，莫以水火毒药兵刃以相害也。(《天志下》)

【译文】大的不攻打小的，强者不欺凌弱者，势众的不伤害力单的，狡诈的不欺骗愚笨的，高贵的不傲视卑贱的，富有的不鄙视贫穷的，年轻的不侵犯年老的。这样，天下的众多国家，就没有用水火、毒药、兵器来互相杀害的。

【原文】备者国之重也。食者国之宝也，兵者国之爪也，城者所以自守也，此三者国之具也。(《七患》)

【译文】防备是国家最重要的大事。粮食是国家的宝物，军队是国家的卫士，城郭是守卫国家的屏障，这三者是国家必须具备的。

【原文】古有亓术者，内不亲民，外不约治，以少间众，以弱轻强，身死国亡，为天下笑。(《备梯》)

【译文】古代有个所谓懂得守城之法的人，对内不亲近百姓，对外不缔结和约，兵少却疏远兵多的国家，力量弱小却轻视强大的国家，结果身死国亡，被天下人耻笑。

【原文】库无备兵，虽有义，不能征无义。(《七患》)

【译文】武器库中没有充足的兵器，即使有正义之师，也不能征讨不义之国。

【原文】唇亡则齿寒。(《非攻中》)

【译文】嘴唇如果没有了，牙齿就会感到寒冷。

四、尚贤

【原文】夫尚贤者，政之本也。(《尚贤上》)

【译文】尊重贤才，是治政的根本。

【原文】贤良之士，厚乎德行，辩乎言谈，博乎道术者。(《尚贤上》)

【译文】贤良的人，德行高尚，能言善辩，学术广博。

【原文】得士则谋不困，体不劳，名立而功成，美章而恶不

生，则由得士也。(《尚贤上》)

【译文】得到贤士的辅佐，国君谋事就不困难，身体也不会劳累，功成名就，美名传扬而丑恶杜绝，这都是因为得到贤士的缘故。

【原文】得意贤士不可不举，不得意贤士不可不举。尚欲祖述尧舜禹汤之道，将不可以不尚贤。(《尚贤上》)

【译文】君主得志时，不可以不起用贤士；不得志时，更不可不起用贤士。倘若要遵循尧、舜、禹、汤的政道，那就不能不尊重贤士。

【原文】国有贤良之士众，则国家之治厚。贤良之士寡，则国家之治薄。故大人之务，将在于众贤而已。(《尚贤上》)

【译文】一个国家拥有的贤良之士众多，那治理国家的力量就雄厚；贤良之士少，那治理国家的力量就薄弱。所以，执政者的首要任务，就在于聚集众多的贤良之士而已。

【原文】故古者圣王之为政，列德而尚贤。虽在农与工肆之人，有能则举之，高予之爵，重予之禄，任之以事，断予之令，曰：爵位不高则民弗敬，蓄禄不厚则民不信，政令不断则民不畏，举三者授之贤者，非为贤赐也，欲其事之成。(《尚贤上》)

【译文】所以古代圣王施政，总是任德尚贤。即使是农民或工匠、商人，只要有才能就选拔，给他很高的爵位，给他很厚的俸禄，委以重任，授予决断之权。也就是说：爵位不高，百姓就不会敬重；俸禄不厚，百姓就不会信任；政令不能决断，百姓就不会畏惧。把这三者授予贤人，不是为了赏赐贤人，而是想让他把政事办好。

【原文】以德就列，以官服事，以劳殿赏，量功而分禄。故官无常贵，而民无终贱，有能则举之，无能则下之。举公义，辟私怨，此若言之谓也。(《尚贤上》)

【译文】要以品德安排官位，要以官职大小授予相应的权力，要按付出的劳动定其奖赏，要按功劳大小分发俸禄。所以官吏没有永远富贵的，贫民百姓也不是终身卑贱的。有才能的就选拔，没有才能的就撤掉。选拔大家公认有“义”的人，消除私怨成见，就是说的这个道理。

【原文】夫不能治千人者，使处乎万人之官，则此官什倍也。夫治之法，将日至者也，日以治之。日不什修，知以治之，知不什益，而予官什倍，则此治一而弃其九矣。(《尚贤中》)

【译文】不能统治一千人的人，却让他去做一万人的长官，那这官职是他才能的十倍了。治政的原则是，每天出现的事每天都要处理完。一天的时间不能延长十倍，他的才智也不会增加十倍，而现在授予了十倍于他才智的官职，那么他只能治理其中的一份而放弃其他九份了。

【原文】入国而不存其士，则亡国矣。见贤而不急，则缓其君矣。非贤无急，非士无与虑国，缓贤忘士而能以其国存者，未曾有也。(《亲士》)

【译文】到一个国家从政却不关心那里的贤士，那就会亡国。发现贤士而不马上任用，就是对国君的怠慢。不是贤才，就不能解救急难；不是有知识的人，就不能为国操劳。怠慢贤士，忘记有知识的人，而能使国家长治久安的还不曾有过。

【原文】臣下重其爵位而不言，近臣则喑，远臣则吟，怨结于民心。谄谀在侧，善议障塞，则国危矣。桀纣不以其无天下之士邪？杀其身而丧天下。故曰：归国宝不若献贤而进士。（《亲士》）

【译文】大臣们如果只看重自己的官位而不直言进谏，近臣沉默不语，远臣仅知嗟叹，长此下去，怨恨郁结在人民心中。拍马奉承的人围在国君身边，好的主张被阻塞传不到国君耳中，那样国家就危险了。夏桀、商纣不就是因为失去了天下之士，才身遭杀戮失去江山的吗？所以说：馈赠国宝，不如举荐贤士，引进人才。

【原文】不胜其任而处其位，非此位之人也。不胜其爵而处其禄，非此禄之主也。良弓难张，然可以及高入深；良马难乘，然可以任重致远；良才难令，然可以致君见尊。（《亲士》）

【译文】不能胜任其事而居其位，他就是不应该占据这个位子的人。不能胜任那个官爵而享受那个官爵的俸禄，他就是不配享受这种俸禄的人。良弓难以拉开，但它能够射到高、深处；好马难以驾驭，但它能够负重行远；杰出的人才难以指挥，但他能辅佐国君使之受到尊敬。

【原文】古之圣王治天下也，其所差论以自左右羽翼者，皆良，外为之人助之视听者众，故与人谋事先人得之，与人举事先人成之，光誉令闻先人发之。唯信身而从事，故利若此。（《尚同下》）

【译文】古代圣王治理天下，他选择的左右辅助办事的人都是贤人，在外面帮助他观察和打探情况的人很多。因此，与别人计划事情，能在他人之前想出办法；与别人办理事情，能在他人之前成功；美好的荣誉和名声，在他人之前传播。只有亲自了解和掌握实情而从事，才有上面的利益。

五、尚同

【原文】尚同，为政之本而治要也。（《尚同下》）

【译文】政令、思想、言论、行为等统一于君王，是施政的根本和治理的关键。

【原文】天下之百姓皆上同于天子。（《尚同上》）

【译文】天下的老百姓都应该统一于天子。

【原文】上之所是必皆是之，所非必皆非之。（《尚同上》）

【译文】上级认为是对的，下级都必须认为是对的；上级认为是错的，下级都必须认为是错的。

【原文】察天下之所以治者，何也？天子唯能壹同天下之义，是以天下治也。（《尚同上》）

【译文】考察天下之所以安定的原因，是什么呢？就是由于天子能够统一天下百姓的意愿，所以天下才安定。

【原文】古者民始生，未有刑政之时，盖其语人异义。是以一人则一义，二人则二义，十人则十义，其人兹众，其所谓义者亦兹众。是以人是其义，以非人之义，故交相非也。（《尚同上》）

【译文】古代人类刚产生，还没有行政治理的时候，所说的道理各不相同。所以一个人就有一种道理，两个人就有两种道理，十个人就有十种道理。人越多，他们所说的道理也就越多。每人都肯定自己的道理，否定别人的道理，因此就互相非难排斥攻击。

【原文】上有过则规谏之，下有善则傍荐之。(《尚同上》)

【译文】上司有过错就劝谏他，百姓中有好人好事就推荐表彰他们。

【原文】古者圣王为五刑，请以治其民。譬若丝缕之有纪，罔罟之有纲，所连收天下之百姓不尚同其上者也。(《尚同上》)

【译文】古代圣王制定五刑之法，就是为了用来治理他的人民。这好比丝线有绳头、渔网有拉绳一样，都是用来约束天下百姓的，因为这些百姓不同一于上级的意愿。

【原文】古者圣王，唯而审以尚同以为正长，是故上下情请为通。上有隐事遗利，下得而利之，下有蓄怨积害，上得而除之。(《尚同中》)

【译文】古代的圣王，能审慎地用尚同的人为行政长官，因此上下之情就能畅达沟通。上面有隐微的事和被遗忘的利益，下面知道了能及时提醒他，使之得利。下面有蓄积的怨言祸害，上面知道了就会去消除它。

【原文】故当尚同之为说也，尚用之天子，可以治天下矣；中用之诸侯，可而治其国矣；小用之家君，可而治其家矣。是故

大用之治天下不窕，小用之治一国一家而不横者，若道之谓也。(《尚同下》)

【译文】所以尚同作为一种主张，上面天子用它，可以治理天下；中间诸侯用它，可以治理他的国家；从小处说一家之主用它，可以治理他的家庭。所以，从大处用它，治理天下不会亏缺；从小处用它，治理一国一家而不会充塞阻碍，说的就是尚同这一主张。

【原文】凡使民尚同者，爱民不疾，民无可使。曰：必疾爱而使之，致信而持之，富贵以道其前，明罚以率其后。为政若此，唯欲毋与我同，将不可得也。(《尚同下》)

【译文】用尚同主张使令百姓的人，如果爱民不深，民就不能使令。所以说：必须切实爱民才能使令他们，要对他们信诚才能拥有他们，用立功可以富贵在前面引导他们，以犯罪定要惩罚在后面警告他们。能这样施政，即使想要人民不与我同一，也将是不可能的。

六、节用

【原文】圣人为政一国，一国可倍也。大之为政天下，天下可倍也。其倍之，非外取地也，因其国家去其无用之费，足以倍之。(《节用上》)

【译文】圣人治理一个国家，这个国家的财利可增加一倍；圣人治理天下，天下的财利可增加一倍。他能使财利倍增的原因，并不是向外夺取土地，而是根据实际情况，省去那些不必要的开销，就足以使财利加倍增长 。

【原文】用财不费，民德不劳，其兴利多矣。(《节用上》)

【译文】使用钱财不浪费，老百姓没有劳顿之苦，获得的利益就多了。

【原文】去无用之费，圣王之道，天下之大利也。（《节用上》)

【译文】去掉无用的耗费，这是圣王之道，是天下的大利。

【原文】诸加费不加于民利者，圣王弗为。(《节用中》)

【译文】增加诸多的费用而对人民没有利益的事情，古代圣王是不做的。

【原文】细计厚葬，为多埋赋之财者也；计久丧，为久禁从事者也。(《节葬下》)

【译文】仔细地计算一下厚葬，其实就是把很多财物埋掉；仔细地计算一下久丧，其实就是长期禁止人们从事本业。

【原文】今唯无以厚葬久丧者为政，国家必贫，人民必寡，刑政必乱。(《节葬下》)

【译文】现在只要用主张厚葬久丧的人当政，国家必然贫穷，人丁必然稀少，政治必然混乱。

【原文】死则既以葬矣，生者必无久哭，而疾而从事，人为其所能，以交相利也。(《节葬下》)

【译文】死者既然埋葬，生者不要久哭，而是赶快做事情，各人尽自己的能力，达到互惠互利。

【原文】此为辍民之事，靡民之财，不可胜计也。（《节葬下》)

【译文】厚葬久丧是荒废人民生产之事，浪费人民的财物，其损失是无法统计的 。

【原文】衣食者人之生利也，然且犹尚有节。葬埋者人之死利也，夫何独无节于此乎？(《节葬下》)

【译文】吃饭穿衣是生者的利益，尚且需要有节制；葬埋是死者的利益，为什么独独不加以节制呢？

【原文】子墨子之所以非乐者，非以大钟、鸣鼓、琴瑟、竽笙之声以为不乐也，非以刻镂华文章之色以为不美也，非以犓豢煎炙之味以为不甘也，非以高台厚榭邃野之居以为不安也。虽身知其安也，口知其甘也，目知其美也，耳知其乐也，然上考之不中圣王之事，下度之不中万民之利。(《非乐上》)

【译文】墨子之所以反对音乐，并不是认为大钟、响鼓、琴瑟、竽笙的声音不悦耳动听，并不是认为雕刻装饰图案的色彩不华丽，并不是认为禽畜的肉烹调出来的味道不甜美，并不是认为高高的楼台、亭榭和深室大院不舒适。虽然身体感到安逸 ，口中辨出美味，眼睛看到美色，耳朵聆听妙音，但是，上考察古代的事迹，它们不合圣王行事的原则，下考察当今的民情，它们不符合百姓的利益。

【原文】俭节则昌，淫佚则亡。(《辞过》)

【译文】节俭就会昌盛，淫逸就会灭亡。

【原文】其民俭而易治，其君用财节而易赡也。府库实满，足以待不然。兵革不顿，士民不劳，足以征不服，故霸王之业可行于天下矣。(《辞过》)

【译文】人民节俭就容易治理，君王节俭用财就容易富足。官府的仓库充实，就足以应付不测的变故；兵器甲胄不坏，军队和人民不劳困，就足以征伐不肯臣服的诸侯。所以霸王之业就可行于天下了。

【原文】凡五谷者，民之所仰也，君之所以为养也。故民无仰则君无养，民无食则不可事，故食不可不务也，地不可不力也，用不可不节也。(《七患》)

【译文】五谷是百姓所赖以生存的，也是君王用以作为给养的。所以百姓失去五谷，君王也就没有给养；百姓没有吃的，君王也就无法役使他们。因此，粮食不能不努力生产，土地不能不努力耕种，财物不能不尽量节省。

【原文】财不足则反之时，食不足则反之用。(《七患》)

【译文】财物不足，就反省生产是否抓住了农时；粮食不足，就反省使用是否节俭。

【原文】为者疾，食者众，则岁无丰。(《七患》)

【译文】从事生产的人少，而吃饭的人很多，那就不会有丰足的年景。

【原文】贫家而学富家之衣食多用，则速亡必矣。(《贵义》)

【译文】贫困之家如果仿效富裕之家那样穿衣、吃饭和花费，那么一定会很快破败。

【原文】故先民以时生财，固本而用财，则财足。(《七患》)

【译文】所以古代贤人按农时生产财富，巩固了经济根本之后再节约开支，财物就丰足。

七、贵义

【原文】万事莫贵于义。(《贵义》)

【译文】万事没有比义更为重要的了。

【原文】天下有义则生，无义则死；有义则富，无义则贫；有义则治，无义则乱。(《天志上》)

【译文】天下合乎道义才能生存，不合乎道义就会灭亡；合乎道义才能富裕 ，不合乎道义就会穷困；合乎道义才能大治，不合乎道义就会混乱。

【原文】为义孰为大务？……譬若筑墙然，能筑者筑，能实壤者实壤，能欣者欣，然后墙成也。为义犹是也，能谈辩者谈辩，能说书者说书，能从事者从事，然后义事成也。(《耕柱》)

【译文】行义最重要的事情是什么？……好比筑墙一样，能筑的筑，能填土的填土，能测量的测量，然后墙就能筑成了。行义也是这样。能演讲论辩的就演讲论辩，能解说典籍的就解说典籍，能干实事的就干实事，然后义事就可以成功了。

【原文】所谓贵良宝者，为其可以利也。而和氏之璧、隋侯之珠、三棘六异不可以利人，是非天下之良宝也。今用义为政于国家，人民必众，刑政必治，社稷必安，所为贵良宝者可以利民也。而义可以利人，故曰：义天下之良宝也。(《耕柱》)

【译文】所谓贵为良宝者，是因为它可以给人们带来利益。而和氏璧、隋侯珠、九鼎不能给人以利益，就不是天下的良宝。

现在用义来施政，人口必定增多，刑政必定得到治理，国家必定安稳。所谓值得珍重的良宝，是因为它能利民，而义可以利民，所以说：义是天下的良宝。

【原文】义可厚，厚之；义可薄，薄之。谓伦列。(《大取》)

【译文】义可以厚爱的就厚爱，义应该薄待的就薄待。这就合乎义的要求。

【原文】夫义，天下之大器也，何以视人？必强为之。(《公孟》)

【译文】义，是天下最宝贵的，为什么要看别人如何呢？自己努力去做吧。

【原文】故所为功，利于人谓之巧，不利于人谓之拙。(《鲁问》)

【译文】所制作的器物，对人有用的就称为巧，对人没用的就称为拙。

【原文】义者，善政也。何以知义之为善政也？曰：天下有义则治，无义则乱，是以知义之为善政也。(《天志中》)

【译文】义，就是善政。怎么知道义就是善政呢？答曰：天下有义就可以太平，无义就会混乱，所以知道义就是善政。

【原文】义，利也。(《经上》)

【译文】义，就是利人利天下。

【原文】利，所得而喜也。(《经上》)

【译文】利，是人们得到就会喜悦的好事。

【原文】义，志以天下为芬，而能能利之，不必用。(《经说上》)

【译文】义，就是立志以天下事作为自己分内的事，而又能很好地有利于天下，不必考虑是不是被重用。

八、修身

【原文】君子战虽有陈而勇为本焉，丧虽有礼而哀为本焉，士虽有学而行为本焉。(《修身》)

【译文】君子作战虽然讲阵法，但勇敢是其根本；办丧事虽然讲礼仪，但哀伤是其根本；士虽然有学问，但品行是其根本。

【原文】志不强者智不达，言不信者行不果。(《修身》)

【译文】意志不坚强的人，他的才智不会通达；说话不讲信用的人，他的行为不会有结果。

【原文】原浊者流不清，行不信者名必耗。(《修身》)

【译文】源头混浊的江河，水流一定不会清澈；行为不诚实的人，名声一定会败坏。

【原文】谮慝之言，无入之耳；批扞之声，无出之口；杀伤人之孩，无存之心。虽有诋讦之民，无所依矣。(《修身》)

【译文】恶语谗言，不去听它；攻击别人的言论，不去说它；损害别人的念头，不存心中。这样即使还有诽谤别人的人，他们也将无所依存了。

【原文】君子之道也，贫则见廉，富则见义，生则见爱，死则见哀。四行者不可虚假，反之身者也。(《修身》)

【译文】君子做人的原则是：贫困之时显出廉洁自爱，富贵之时显出疏财仗义，对于生者表现出慈爱，对于死者表现出哀痛。这四个方面是不能假装的，要经常反躬自问。

【原文】名不可简而成也，誉不可巧而立也，君子以身戴行者也。(《修身》)

【译文】名声不会轻易就获得，荣誉不能以巧诈的办法求得，君子是用身体载道而行的。

【原文】事无终始，无务多业，举物而暗，无务博闻。(《修身》)

【译文】做一件事还不能善始善终，就不要招揽许多事来做；举出一件事物还不能弄明白，就不要探究许多事物。

【原文】据财不能以分人者，不足与友。守道不笃、遍物不博、辩是非不察者，不足与游。(《修身》)

【译文】拥有钱财而不能分给别人的人，不值得与他做朋友。守道不专一、阅历不广博、是非不明辨的人，不值得与他一道切磋交流。

【原文】染于苍则苍，染于黄则黄，所入者变，其色亦变。五入必而已，则为五色矣。故染不可不慎也。(《所染》)

【译文】洁白的丝放入青色染料中就变成青色，放入黄色染料中就变成黄色，染料变了，丝的颜色也随之变化。将丝五次放入不同的染料中，就会染出五种不同的颜色。所以说对于染不可不慎重啊。

【原文】言必信，行必果。使言行之合犹合符节也，无言而不行也。(《兼爱下》)

【译文】言论必须实行，行为必须有结果。如果言论与行为相符，就像符节契合一样，那就没有什么言论不能实行的了。

【原文】嘿则思，言则诲，动则事，使三者代御必为圣人。(《贵义》)

【译文】沉默时就深思，讲出的话能教育人，行动时能办成事。如果这三者交互使用，就一定能成为圣人。

【原文】君子不镜于水而镜于人，镜于水见面之容，镜于人则知吉与凶。(《非攻中》)

【译文】君子不以水作为镜子，而是以人作为镜子。以水为镜，只能见到自己的面容；而以人为镜，那就可以知道是吉还是凶。

【原文】太盛难守也。(《亲士》)

【译文】事物到达极盛状态，就难以持续下去。

【原文】必去喜，去怒，去乐，去悲，去爱，而用仁义。手、足、口、鼻、耳，从事于义，必为圣人。(《贵义》)

【译文】一定要去掉喜，去掉怒，去掉乐，去掉悲，去掉爱，而用仁义行事。手、脚、口、鼻、耳，都用来从事于义，这样一定会成为圣人。

【原文】夫妇节而天地和，风雨节而五谷孰，衣服节而肌肤和。(《辞过》)

【译文】夫妻之间有节制，天地阴阳之气就会和顺；风雨协调有节，五谷就能成熟；穿衣注意调节冷暖，身体就会舒适。

【原文】为贤之道将奈何？曰：有力者疾以助人，有财者勉

以分人，有道者劝以教人。(《尚贤下》)

【译文】那贤人之道又是怎样的呢？就是：有力气的就迅速去帮助他人，有财产的就努力去分给他人，有学问修养的就用以劝导教育他人。

九、治国

【原文】夫安危治乱，存乎上之为政也。(《非命下》)

【译文】天下安危治乱的关键，在于统治者的政治纲领与任用贤士。

【原文】义人在上，天下必治。(《非命上》)

【译文】有义之人在上位，天下必定大治。

【原文】国家治则刑法正，官府实则万民富。(《尚贤中》)

【译文】国家政治清明，法律就会公正；官府充实，万民就会富足。

【原文】圣人以治天下为事者也，必知乱之所自起，焉能治之。不知乱之所自起，则不能治。(《兼爱上》)

【译文】圣人以治理天下作为己任的，必须要知道天下混乱的起因，才能治理天下；如果不知道混乱是怎么引起的，就不能治理。

【原文】上之为政，得下之情则治，不得下之情则乱。(《尚同下》)

【译文】居上位的人施政，能得知下面的实情就能天下大治，不能得知下面的实情就会混乱。

【原文】政者，口言之，身必行之。(《公孟》)

【译文】执政者，嘴里说了，还必须亲身去做。

【原文】君必有弗弗之臣，上必有詻詻（è è）之下。(《亲士》)

【译文】君王必须有敢于讲实话、纠正自己错误的贤臣，主上必须有敢于直言争辩的贤士。

【原文】圣王为政，其发令、兴事、使民、用财也，无不加用而为者。是故用财不费，民德不劳，其兴利多矣。(《节用上》)

【译文】圣王施政，他发布命令，兴办事业，使用民力，使用钱财，无不是有益于实用才去做的。所以使用的钱财不浪费，人民不受劳顿，这样带来的利益就很多了。

【原文】古之圣王，举孝子而劝之事亲，尊贤良而劝之为善，发宪布令以教诲，明赏罚以劝沮。若此，则乱者可使治，而危者可使安矣。(《非命中》)

【译文】古时的圣王，荐举孝子是为了勉励人们侍奉父母，尊重贤良是为了劝导人们做好事，颁布法律政令是用来教育人民，明确奖赏惩罚是用来劝善阻恶。若这样，那么混乱就可以得到治理，危乱就可以转为平安了。

【原文】古者明王圣人，所以王天下、正诸侯者，彼其爱民谨忠，利民谨厚，忠信相连，又示之以利，是以终身不餍（yàn），殁世而不卷。(《节用中》)

【译文】古代的明王圣人之所以能够称王天下、匡正诸侯，是因为他们确实爱护百姓，使百姓获利厚重，忠信相连，又示利让百姓知道，所以百姓终身不感到厌恶，至死也不会感到倦怠。

【原文】若以翟之所谓忠臣者，上有过则微之以谏，己有善则访之上，而无敢以告。外匡其邪，而入其善，尚同而无下比，是以美善在上，而怨仇在下，安乐在上，而忧戚在臣。(《鲁问》)

【译文】若依我墨翟的看法，所谓忠臣应该是：国君有过失，就找机会劝谏；自己有好的见解，就与国君商议，而不敢拿来告知外人。纠正国君的错误，将良策献上，与国君保持一致而不在下面自结帮派。因此美善之名归于国君，而怨仇由臣下担当；安乐归于国君 ，而忧患由臣下担当。

【原文】虽有贤君，不爱无功之臣。(《亲士》)

【译文】虽有贤明的君主，也不爱无功绩的臣子。

【原文】凡入国，必择务而从事焉。国家昏乱，则语之尚贤、尚同。国家贫，则语之节用、节葬。国家憙（xǐ）音湛湎（zhàn miǎn，指沉迷），则语之非乐、非命。国家淫僻无礼，则语之尊天、事鬼。国家务夺侵凌，即语之兼爱、非攻。故曰：择务而从事焉。(《鲁问》)

【译文】凡到一个国家，必选择最重要的事去做。如果国家混乱，就对他们讲尚贤、尚同的道理；国家贫穷，就对他们讲节用、节葬的道理；国家沉迷于音乐和美酒之中，就对他们讲非乐、非命的道理；国家淫乱无礼，就对他们讲尊天、敬鬼的道理；国家侵略掠夺，就对他们讲兼爱、非攻的道理。所以说：要选择紧要的事去做。

【原文】国有七患。七患者何？城郭沟池不可守而治宫室，一患也。边国至境，四邻莫救，二患也。先尽民力无用之功，赏赐无能之人，民力尽于无用，财宝虚于待客，三患也。仕者持禄，游者爱佼，君修法讨臣，臣慑而不敢拂，四患也。君自以为圣智而不问事，自以为安强而无守备，四邻谋之不知戒，五患也。所信者不忠，所忠者不信，六患也。畜种菽粟不足以食之，大臣不足以事之，赏赐不能喜，诛罚不能威，七患也。以七患居国，必无社稷；以七患守城，敌至国倾。七患之所当，国必有殃。(《七患》)

【译文】国家有七种祸患。这七种祸患是什么呢？都邑的内城、外城和护城河都不足以守御，却去大修宫殿，这是一患。敌国大军压境，四周邻国都不肯救援，这是二患。耗尽民力用于无用之事，赏赐无能的人，民力在无用之事上耗尽，财宝在款待宾客中用光，这是三患。当官的只求保住禄位，游学的只顾交友，国君为惩罚臣下而制定法令，臣下畏惧而不敢辅佐国君，这是四患。国君自以为神圣聪明而不问政事，自以为国家安定强盛而不重守备，四周邻国在图谋侵犯而不知道警戒，这是五患。所信任的人不忠诚，忠诚的人却不被信任，这是六患。贮存和种植的粮食不够吃，大臣不能胜任其职事，赏赐不能令人高兴，惩罚不能使人惧怕，这是七患。带着这七患治国，必然亡国；带着这七患守城，敌军一到国必覆灭。这七种祸患所在之处，国家一定会遭殃。

【原文】民有三患，饥者不得食，寒者不得衣，劳者不得息。三者，民之巨患也。(《非乐上》)

【译文】老百姓有三种忧患，即饥饿的人不能得到食物，挨冻的人不能得到衣服，劳累的人不能得到休息。这三者，是百姓最大的忧患。

【原文】仁之事者，必务求兴天下之利，除天下之害，将以为法乎天下。利人乎即为，不利人乎即止。且夫仁者之为天下度也，非为其目之所美，耳之所乐，口之所甘，身体之所安，以此亏夺民衣食之财，仁者弗为也。(《非乐上》)

【译文】仁人做事，必定要为天下人谋求福利，为天下人除去祸害，以此作为天下人的典范。对人有利就去做，对人不利就停止。而且，仁人为天下考虑，不是为了他眼睛看得舒适，耳朵听得愉悦，嘴里尝得甘美，身体觉得舒适。像这样损害百姓衣食财用的行为，仁人是不会做的。

【原文】故仓无备粟，不可以待凶饥。库无备兵，虽有义不能征无义。城郭不备全，不可以自守。心无备虑，不可以应卒。(《七患》)

【译文】所以说，粮仓里没有储备的粮食，就不能抵御饥荒之年；府库里没有储备的兵器，持有正义也无法去征讨不义；城池修筑得不完善，就不能自卫；思想上没有周密的设想，就不能应对突发的事变。

【原文】善为政者，远者近之而旧者新之。(《耕柱》)

【译文】善于施政的人，能够亲近疏远的人，能够革新旧的事物。

【原文】子不能治子之身，恶能治国政？子姑亡，子之身乱之矣。(《公孟》)

【译文】你不能管好你自身，怎么能治理好国政呢？你姑且不要说了，你应该先防范自身的错误和混乱。

十、哲理

【原文】天下从事者，不可以无法仪，无法仪而其事能成者无有也。(《法仪》)

【译文】天下做任何事情的人，都不可以没有法规。没有法规而想把事情做成功，是没有的。

【原文】有本之者，有原之者，有用之者。于何本之？上本之于古者圣王之事；于何原之？下原察百姓耳目之实；于何用之？废以为刑政，观其中国家百姓人民之利。此所谓言有三表也。(《非命上》)

【译文】要推究来历本始，要详察事实原委，要考验实践运用。从哪里推究来历本始呢？上要追溯古代圣王的往事。从哪里详察事实原委呢？下要详察百姓耳闻目见的实情。从哪里考验实践运用呢？把言论变成治理刑法政事的措施，看一看是否合乎国家和人民的利益。这就是所谓立论的三种标准。

【原文】君子力事日强，愿欲日逾，设壮日盛。(《修身》)

【译文】君子勉力于事业而日益强劲，志向日益远大，品行修养也日益提高、完善。

【原文】强必治，不强必乱；强必宁，不强必危。（《非命下》）

【译文】努力勤政，国家必定会得到治理；不努力勤政，国家必定会混乱。努力勤政，国家必定会安定；不努力勤政，国家必定会有危险。

【原文】强必富，不强必贫；强必饱，不强必饥。（《非命下》）

【译文】努力劳动，必定会富裕；不努力劳动，必定会贫穷。努力劳动，必定能饱食；不努力劳动，必定要挨饿。

【原文】列士桀大夫声闻不废，流传至今而天下皆曰其力也，必不能曰我见命焉。(《非命中》)

【译文】这些名士和杰出的大夫能名声长存，流传至今，天下人都说这是由于他们自己努力的结果，必定不会说是由他们的命运所决定的。

【原文】用执有命者之言，则上不听治，下不从事。上不听治则刑政乱，下不从事则财用不足。(《非命上》)

【译文】如果采用了主张有命论人的意见，那么，在上位的人就不能好好地听讼治政，在下位的人就不能好好地从事各项生产。在上位的人不好好地听讼治政，那么法律政事就会混乱；在下位的人不好好地从事各项生产，那么国家的财物和费用就会不足。

【原文】故命上不利于天，中不利于鬼，下不利于人，而强执此者，此特凶言之所自生，而暴人之道也。(《非命上》)

【译文】所以说命运论是对上不利于上天，对中不利于鬼神，对下不利于人民。可是还有人硬要坚持这个说法，这就是邪说产生的根源，就是暴人的道理了。

【原文】教人学而执有命，是犹命人葆而去亓冠也。(《公孟》)

【译文】教人去学习却又坚持有命的观点，这如同叫人包头戴帽，却又要去掉他头上的帽子一样，自相矛盾啊。

【原文】言足以迁行者，常之；不足以迁行者，勿常。不足以迁行而常之，是荡口也。(《贵义》)

【译文】说话足以改变人的行为，那就要经常讲；而不足以改正人的行为，就不要经常讲。言论不足以改正人的行为而又经常去讲，这是徒费口舌。

【原文】太上无败，其次败而有以成，此之谓用民。(《亲士》)

【译文】最上是不遭到失败，其次是虽有失败但最终能获得成功，这就叫作善于用人。

【原文】行不在服。(《公孟》)

【译文】有作为不在于他的服饰怎样。

【原文】名不徒生，而誉不自长。功成名遂，名誉不可虚假，反之身者也。(《修身》)

【译文】美名不会无故而生，荣誉不会自己增长。功业告成而后名声也就有了，名誉是不能凭空假借的，只能靠反躬修养自身才能获得。

【原文】夫知者，必量亓力所能至，而从事焉。(《公孟》)

【译文】聪明的人一定会估计自己的力量能够达到，然后才去做。

【原文】翟以为不若诵先王之道，而求其说，通圣人之言，而察其辞，上说王公大人，次匹夫徒步之士。王公大人用吾言，国必治；匹夫徒步之士用吾言，行必修。(《鲁问》)

【译文】我以为不如诵习先王之道，探求其学说，通晓圣人的言论，考察圣人的言辞。这样才能对上游说王公大人，对下劝说士人百姓。王公大人采用我的意见，国家就能得到治理；百姓采用我的意见，品行必定得到修养。

【原文】吾言足用矣，舍言革思者，是犹舍获而攈粟也。以其言非吾言者，是犹以卵投石也。尽天下之卵，其石犹是也，不可毁也。(《贵义》)

【译文】我的话足够用了，放弃我的学说并改变我的思想，这就好像放弃了收割而去拾谷粒一样。拿别人的言论来反对我的学说，这好比拿蛋来击石头，将天下所有的蛋都打破了，石头还是原样，是不会被打坏的。

(本篇原载《墨子名言》，今有增改)

第三十二篇　古今名人评墨子

墨子是个什么样的人？许多人不大了解。笔者从众多的古今名人中精选了150位对墨子的评价，这些古今名人的评价，简明扼要，画龙点睛，为被冷落两千多年的墨子鸣不平、鼓与呼，彰显了墨子人格，弘扬了墨学精华。读了名人对墨子的评论，就知道墨子是个平凡而伟大的圣人。

古今名人评墨子分为三大部分：第一部分是党和国家领导人评墨子，第二部分是中国名人暨专家学者评墨子，第三部分是外国专家学者评墨子。具体如下：

一、党和国家领导人评墨子

1. 孙中山（1866—1925）：世界第一平等博爱主义大家墨翟。（摘自《民报》创刊号）古时最讲“爱”字的，莫过于墨子。墨子所讲的“兼爱”，与耶稣所讲的“博爱”是一样的。（摘编自《民族主义》第六讲）

2. 毛泽东（1893—1976）：墨子是一个劳动者，他不做官，

但他是比孔子高明的圣人。墨子是古代辩证唯物论大家。（摘编自《毛泽东评点古今人物》）

3. 江泽民（1926— ）：早在2300多年前，我国古代思想家墨子的《墨经》中就包含了丰富的关于力学、光学、几何学、工程技术知识和现代物理学、数学的基本要素。几千年来，中华民族以自己的伟大创造精神和伟大创造成果，为人类文明进步作出了不可磨灭的贡献。（摘编自“2002年5月28日在中国科学院第十一次院士大会和中国工程院第六次院士大会上的重要讲话”）

4. 胡锦涛（1942— ）：我国历史上就产生过不少有关社会和谐的思想。比如，孔子说过“和为贵”；墨子提出了“兼相爱”“爱无差等”的理想社会方案。这些思想虽然带有不同时代和提出者阶级地位的烙印，但都在一定程度上反映了广大人民群众对美好生活的向往。（摘编自“2005年2月19日在中央党校省部级主要领导干部提高构建社会主义和谐社会能力专题研讨班开班式上的讲话”）

5. 习近平（1953— ）：荐纳人才强调尚贤事能，也就是“唯才是举”“任人唯贤”。荐纳人才最忌“任人唯亲”、论资排辈和囿于地域之见。《墨子·尚贤》中主张举才不党父兄，不偏富贵，不嬖颜色，其论述都极有见地。要多做少说，或只做不说。古人说，品行要从自己的行动中表现出来，名声则需要别人认可才能树立。“慧者心辨而不繁说，多力而不伐功，此以名誉扬天下。”做了一些贡献，有了一些成绩就夸夸其谈的人，得不到好名声。（摘编自《摆脱贫困》，福建人民出版社1992年版）我们党历来高度重视选贤任能，始终把选人用人作为关系党和人民事业的关键性、根本性问题来抓。治国之要，首在用人。也就是古人说的“尚贤者，政之本也”。(摘编自“2013 年 6 月 28 日在全国组织工作会议上的讲话”）中华民族几千年来形成了兼爱非攻、亲仁善邻、以和为贵、和而不同的理念。中国奉行与邻为善、以邻为伴的周边外交方针，对亚洲繁荣稳定作出了重要贡献。（摘编自“2013 年 10 月 2 日接受印度尼西亚和马来西亚媒体联合采访”）山东是齐鲁文化发祥地，是孔孟故乡，也是墨子、孙子、荀子等古代思想家的故里，在弘扬中华民族传统美德方面资源丰富。(摘编自“2013 年 11 月 24—28 日在山东考察工作结束时的讲话”)中华民族历来爱好和平，和平、和睦、和谐的追求深深植根于中华民族的精神世界之中。中国自古就倡导“强不执弱，富不侮贫”，深刻总结了“国虽大，好战必亡”的箴言。中华民族主张的“天下大同”和印度人民追求的“世界一家”、中华民族推崇的“兼爱”和印度人民倡导的“不害”是相通的，我们都把“和”视作天下之大道，希望万国安宁、和谐共处。（摘编自“2014 年 9 月 18 日在印度新德里作《携手追寻民族复兴之梦》的演讲”）“天下兼相爱则治，交相恶则乱。”完善全球互联网治理体系，维护网络空间秩序，必须坚持同舟共济、互信互利的理念，摈弃零和博弈、赢者通吃的旧观念。（摘编自“2015 年 12 月 16 日在第二届世界互联网大会开幕式上的讲话”）中国人讲究“义利相兼，以义为先”。（摘自“2015 年 12 月 4 日在中非合作论坛约翰内斯堡峰会开幕式上的致辞”）中国古人说：“口言之，身必行之。”实现亚太更大发展，需要每个成员脚踏实地拿出行动。（摘自“2017 年 11 月 10 日在亚太经合组织工商领导人峰会上的主旨演讲”）在几千年历史长河中，中国人民始终辛勤劳作、发明创造，我国产生了老子、孔子、庄子、孟子、墨子、孙子、韩非子等闻名于世的伟大思想巨匠。（摘自“2018 年 3 月 20 日在第十三届全国人民代表大会第一次会议上的重要讲话”）《墨经》中写道，“力，形之所以奋也”，就是说动力是使物体运动的原因。（摘自“2018 年 5 月 28 日在中国科学院第十九次院士大会、中国工程院第十四次院士大会上的重要讲话”）我国历朝历代都重视官吏选拔和管理，中国历史上凡是有作为的政治家都懂得，“为政之要，惟在得人”“育材造士，为国之本”的道理，在吏治方面留下了很多思想和做法，其中不乏真知灼见。比如，《墨子》中说“国有贤良之士众，则国家之治厚；贤良之士寡，则国家之治薄”。（摘编自“2018 年 11 月 26 日在十九届中央政治局第十次集体学习时的重要讲话”）

6. 张澜（1872—1955）：数年来喜读《墨子》，深悉墨子的思想行为，全以义为主。他那义的内容，就是兼相爱交相利。第一，墨子之为义。就是要发展人类的博爱心理，而使世界得到持久和平。第二，义之实为兼爱交利。利必切于天下万民之所需，惟能兼利天下，使皆得其所需，所谓兼爱乃是真爱，乃为天下之大利。第三，不义之害，莫大于国家务夺侵凌，故必非攻。战则害人，以战而求致和平，则和平愈见其渺茫；义则爱利人，以义而求致和平，则天下万国之和平可能实现，而战争将永久消灭。兼爱则必非攻，此墨子之所以“教天下以义”也。第四，兼爱交利之经济实现条件。墨子之所谓爱，是以实利为标准。要使天下之万民先做到人给家足，则不可不强本节用，正足以说明墨子兼爱交利的新社会经济政策之要旨。第五，兼爱交利之政治实现条件。墨子之尚贤，盖不为封建社会中富贵贫贱亲疏远近的差等所拘限，而是以平等视人；尤特别注意从事生产，而又历来遭受压迫的工农劳动大众。墨子的尚同一义政治，是要革除亏人自利、怨恶争夺的旧社会，改造成为兼爱交利、民主和平的新社会，是整个的计划，也是特殊的主张。第六，墨子为中国古代一伟大理想家。墨子所言之义，就是兼相爱交相利。惟是墨子所言兼爱交利、尚同一义，在二千数百年前，乃有此伟大理想，实不可及。墨子当时颇致慨于“上弗以为政，士不以为行”，不能达其目的。其实当人类社会发展史之一科学未曾出现时，社会必循夫生产力之增高，而渐次以进之义未明，一切有伟大理想的人，均不免于是空想，此固不独墨子为然，后之人正不必以此致其不满，而当钦敬吾先民所抱理想之伟大，尤当学习其忠于自己理想，而力行不怠之精神，用以创造吾人未来之共产社会也。（摘编自《墨子贵义》）

7. 陈独秀（1879—1942）：假若墨学不绝，汉以来的历史绝不会如此。（摘自“1993 年 7 月 21 日台湾《联合报》引”）

8. 李大钊（1889—1927）：西方的经济思想，其要点在于应欲与从欲，在于适用与足用；东方的经济思想，其要点在于无欲与寡欲，在于节用与俭用。这亦似是因为受了自然环境的影响才有这样的不同。墨子的经济学说：“非无足财也，我无足心也。”

(《墨子·亲士篇》)“圣人为政［一国］，一国可倍也。……其倍之，非外取地也。因其国家，去其无用之费，足以倍之。”《墨子·节用上篇》)(案：《墨子·节葬》《节用》《非乐》等篇，均以节用去奢为主旨）(摘编自《李大钊全集》)

9. 郭沫若（1892—1978)：墨子在孔子稍后，作为反对命题而出现。他们在基本立场上就有不同，因而在思想上也差不多立在完全相反的地位。(摘自《十批判书·孔墨的批判》)

10. 蔡和森（1895—1931)：墨子的理论与马列主义近似。(摘自“1993 年 7 月 21 日台湾《联合报》引”)

11. 周谷城（1898—1996)：墨子主张兼爱，反对战争。本着上述精神，要为人民谋福利，于是乃毅然主张兼爱，反对战争。(摘自《中国通史》上卷)

12. 楚图南（1899—1994)：兼爱尚同贵义非攻，挽救时运千古警钟。(摘自《墨子国际研究中心名家题辞》)

13. 费孝通（1910—2005)：当今世界纷争不息，重温墨家“兼爱”与“非攻”之说，实有现实意义。［摘自《墨子研究论丛》(三)］

14. 张爱萍（1910—2003)：扶弱助贫，兼爱非攻，和平共处，世界大同。(摘自《墨子国际研究中心名家题辞》)

15. 刘华清（1916—2011)：伟大的军事家墨子。(摘自《墨子国际研究中心名家题辞》)

16. 胡绳（1918—2000)：墨家学说是中国古代优秀文化遗产的一个重要部分。(摘自《墨子国际研究中心名家题辞》)

17. 布赫（1926—2017）：弘墨学，兴中华。（摘自《墨子国际研究中心名家题辞》）

18. 迟浩田（1929— ）：墨子不仅是伟大的思想家、教育家、科学家和社会活动家，而且是一位伟大的军事家。（摘自《墨子兵书·序》）

19. 姜春云（1930—2021）：弘扬墨学，振兴中华。（摘自《墨子国际研究中心名家题辞》）

20. 宋健（1931— ）：唯物师祖，科圣墨翟。（摘自《墨子国际研究中心名家题辞》）

21. 何鲁丽（1934—2022）：研究墨学，古为今用。（摘自《墨子国际研究中心名家题辞》）

22. 吴官正（1938— ）：墨子是我国古代伟大的思想家、教育家、科学家、军事家和社会活动家，也是一位学贯文理、注重实践、百科全书式的平民圣人。墨学是中华民族优秀传统文化的重要组成部分，研究墨学，古为今用，对于加强社会主义精神文明建设，促进祖国统一，维护世界和平，具有重要的现实意义和深远的历史意义。先秦时期，儒、墨并称“显学”；汉至清初，儒彰墨隐；鸦片战争之后，墨学得以复兴；新中国成立后，特别是改革开放以来，墨学研究有了新的进展。（摘自《墨子名言·序》）

二、中国名人暨专家学者评墨子

23. 鲁阳文君（与墨子同时，生卒不详）：墨子，北方贤圣人。（摘自《渚宫旧事》卷二）

24. 尸佼（约前 390—约前 330）：墨子贵兼，孔子贵公，皇子贵衷，田子贵均，列子贵虚，料子贵别囿。其学之相非也，数世矣而已，皆弇于私也。（摘自《尸子 · 广泽》）

25. 孟子（约前 372—前 289）：墨子兼爱，摩顶放踵利天下，为之。（摘自《孟子 · 尽心上》）

26. 庄子（约前 369—前 286）：墨子真天下之好也，将求之不得也，虽枯槁不舍也，才士也夫！（摘自《庄子 · 天下》）

27. 荀子（约前 313—前 238）：墨子之言昭昭然为天下忧不足。（摘自《荀子 · 富国》）

28. 韩非子（约前 280—前 233）：世之显学，儒墨也。儒之所至，孔丘也；墨之所至，墨翟也。（摘自《韩非子 · 显学》）

29. 吕不韦（？—前 235）：孔、墨，布衣之士也，万乘之主、千乘之君不能与之争士也。（摘自《吕氏春秋 · 不侵》）

30. 陆贾（汉初，生卒不详）：墨子之门多勇士。（摘自《新语 · 思务》）

31. 刘安（前 179—前 122）：孔丘、墨翟，无地而为君，无官而为长，天下丈夫女子，莫不延颈举踵而愿安利之者。（摘自《淮南子 · 道应训》）墨子服役者百八十人，皆可使赴火蹈刃，死不还踵，化之所致也。（摘自《淮南子 · 泰族训》）

32. 司马谈（？—前 110）：强本节用，则人给家足之道也。此墨子之所长，虽百家弗能废也。（摘自《史记 · 太史公自序》）

33. 司马迁（约前 145 或前 135—？）：墨翟，宋之大夫，善守御，为节用。（摘自《史记 · 孟子荀卿列传》）

34. 王充（27—约97）：圣贤之业，皆以薄葬省用为务；然而世尚厚葬，有奢泰之失者，儒家论不明，墨家议之非故也。（摘自《论衡·薄葬篇》）

35. 班固（32—92）：墨家者流，盖出于清庙之守，茅屋采椽是以贵俭，养三老五更是以兼爱，选士大射是以上贤，宗祀严父是以右鬼，顺四时而行是以非命，以孝视天下是以上同，此其所长也。（摘自《汉书·艺文志》）

36. 曹操（155—220）：侈恶之大，俭为共德。许由推让，岂有讼曲？兼爱尚同，疏者为戚。（摘自《度关山》）

37. 鲁胜（西晋学者，生卒不详）：墨子著书，作《辩经》以立名本。惠施、公孙龙祖述其学，以正别名显于世。（摘自《晋书·隐逸传》）

38. 陶渊明（365或372或376—427）：不累于俗，不饰于物，不尊于名，不忮于众，此宋钘、尹文之墨。裘褐为衣，跂蹻为服，日夜不休，以自苦为极者，相里勤、五侯子之墨。俱称经而背谲不同，相谓别墨以坚白，此苦获、已齿、邓陵子之墨。（摘自《群辅录》）

39. 刘勰（约465—约532）：诸子者，入道见志之书。太上立德，其次立言。墨翟执俭确之教。墨翟、随巢，意显而语质；身与时舛，志共道申。标心于万古之上，而送怀于千载之下，金石靡矣，声其销乎！（摘编自《文心雕龙》）

40. 魏徵（580—643）：墨子治要中有所染、法仪、七患、辞过、尚贤、非命、贵义篇。（摘编自《群书治要》）

41. 长孙无忌（? —659）：墨者，强本节用之术也。上述尧舜夏禹之行，茅茨不翦，粝粱之食，桐棺三寸，贵俭兼爱，严父上德，以孝示天下，右鬼神而非命。（摘自《隋书·经籍志》）

42. 韩愈（768—824）：孔子必用墨子，墨子必用孔子，不相用，不足为孔墨。（摘自《韩昌黎文集·读墨子》）

43. 欧阳修（1007—1072）：墨家者流，其言贵俭、兼爱、尊贤、右鬼、非命、上同，此墨家之所行也。（摘自《崇文总目叙释》）

44. 王安石（1021—1086）：墨子之道，摩顶放踵，以利天下。（摘自《王安石全集》）

45. 马端临（约 1254—1323）：杨朱墨翟之言，未尝不本仁祖义，尚贤尊德。（摘自《文献通考》）

46. 宋濂（1310—1381）：墨者，强本节用之术也。墨子甚俭者乎，菲饮食，恶衣服，谓大禹之薄以自奉也。（摘编自《宋学士全集》）

47. 李贽（1527—1602）：古之圣人，言必可用，用必其言。虽所言不同，然未尝有欲用而不如其言者。予读墨子，谬为批选，而意其言之可用者如此。虽然，予又何敢言之；言之，杂其罪大矣。（摘编自《墨子批选·叙》）

48. 毕沅（1730—1797）：凡入国，必择务而从事焉。国家昏乱，则语之尚贤、尚同；国家贫，则语之节用、节葬；国家憙音湛湎，则语之非乐、非命；国家淫僻无礼，则语之尊天、事鬼；国家务夺侵凌，则语之兼爱、非攻。是亦通达经权，不可訾议。（摘自《墨子注·叙》）

49. 汪中（1744—1794）：荀之礼论、乐论，为王者治定功成盛德之事，而墨之节葬、非乐，所以救衰世之敝，其意相反而相成也。（摘自《墨子·序》）

50. 曾国藩（1811—1872）：大禹之周乘四载，过门不入，墨子之摩顶放踵以利天下，皆极俭以奉身，而极勤以救民。故荀子好称大禹、墨翟之行，以其勤劳也。（摘自《曾国藩家书》）

51. 俞樾（1821—1907）：墨子惟兼爱是以尚同，惟尚同是以非攻，惟非攻是以讲求备御之法。（摘自《墨子间诂·俞序》）

52. 孙诒让（1848—1908）：墨子之生盖稍后于七十子，身丁战国之初，感悕于犷暴淫侈之政，故其言谆复深切，务陈古以剀今。此其与儒家四术六艺必不合者耳。（摘编自《墨子间诂·自序》）

53. 康有为（1858—1927）：孔、墨徒属充满天下，不可数计，故万乘之主莫能与之争。以国主不能与争，其盛大流行可想。（摘自《康有为集》）

54. 夏曾佑（1863—1924）：（墨子）其学与老子、孔子同出于周之史官，而其说与孔子相反。惟修身、亲士，为宗教所不可无，不能不与孔子同。其他则孔子亲亲，墨子尚贤；孔子差等，墨子兼爱。（摘自《中国古代史·墨子之道》）

55. 谭嗣同（1865—1898）：盖即墨之两派，以近合孔、耶，远探佛法，亦云汰矣。吾自少至壮，遍遭纲伦之厄，涵泳其苦，殆非生人所能任受，濒死累矣，而卒不死。由是益轻其生命，以为块然躯壳，除利人之外，复何足惜。深念高望，私怀墨子摩顶

放踵之志矣。(摘自《谭嗣同全集·仁学自叙》)

56. 蔡元培（1868—1940）：墨学中断使中国科学不得发达。(摘自《蔡元培学术论著》)

57. 章太炎（1869—1936）：墨子之道德，非孔老所敢窥视。(摘自《章太炎全集》)

58. 张纯一（1871—1955）：墨道之大，一兼无外。泯楚越之畛域，尽心力以利爱；钧天地之有，夷生人之等。诚神州文化之秘藏，世界大同之扃镝也。(摘自《墨子集解·叙》)

59. 梁启超（1873—1929）：吾尝谛观思惟，则墨学精神，深入人心，至今不坠，因以形成吾民族特性之一者，盖有之矣。墨教之根本义，在肯牺牲自己。(摘自《梁启超全集》)

60. 蒋维乔（1873—1958）：墨家之学，融古今世界于一兼，由是树起兼爱之说……其道之广大精微，与释迦之无缘大慈符合；而舍身救世之精神，尤非他家所及。(摘编自《墨子集解·蒋叙》)

61. 胡韫玉（1878—1947）：余尝读墨子全书而绎其义，确然知墨子志切救世而有其术也。(摘自《墨子学说·绪论》)

62. 王桐龄（1878—1953）：概而言之，孔孟为圣贤中之学者，墨子为圣贤中之英雄。孔孟学说多因袭，墨子学说多创造。孔孟学说多平凡，墨子学说多奇特。孔孟学说多中庸，墨子学说多怪僻。孔孟学说寻常人物皆能奉行，墨子学说非有精心、毅力、热血、至诚、肯牺牲个人以顾全社会者不能实践也。孔孟为圣贤中之官僚派，墨子为圣贤中之豪杰派。孔孟学说宜于君主国体，墨子学说宜于共和国体。孔孟学说宜于专制政体，墨子学说宜于立宪政体。孔孟学说宜于阶级制度，墨子学说宜于平等制度。使孔孟而得位行道，则制礼、作乐，粉饰升平，其修身、齐家、治国、平天下主义，行仁政主义，将一一见诸实行，理想之唐虞郅治，成为事实。使墨子而得位行道，则选贤与能，天下为公，其兼爱主义、实利主义、万民平等主义、君主民选主义，将一一见诸实行。（摘编自《儒墨之异同》）

63. 鲁迅（1881—1936）：孔子之徒为儒，墨子之徒为侠。“儒者，柔也”，当然不会危险的。惟侠老实，所以墨者的末流，至于以“死”为终极的目的。（摘自《鲁迅全集》）

64. 刘师培（1884—1919）：墨家立说，亦主大同。《尚同》三篇，非即内外相通之义乎！《尚贤》三篇，非即上下相通之义乎！《兼爱》三篇，非即人我相通之义乎！（摘自《刘师培学术论著》）

65. 岑仲勉（1886—1961）：《墨子》这几篇书，我以为在军事学中，应该与《孙子兵法》同当作重要资料，两者不可偏废的。（摘自《墨子城守各篇简注・自序》）

66. 谭戒甫（1887—1974）：《墨子》书中《经》《说》《大小取》六篇，门类很多，如辩学、哲学，如光学、力学，如数理学、几何学，如经济学、政法学，如教育学、伦理学等等，包括无遗。和现代科学精神相悬契的，在我国，此书当首屈一指；在世界古代，像这样的作品也并不多见。这真是我们祖国的瑰宝，我们民族的光辉。（摘自《墨辩发微・序》）

67. 杜国庠（1889—1961）：先秦诸子，只有墨子是革命的。(摘自《中国哲学》第 8 辑)

68. 栾调甫（1889—1972）：惟墨子主兼爱则杀身以利天下，出言谈则持辩以立三表。事伟理圆，足与相当。此其由微而得以大显于世者。(摘自《墨子研究论文集》)

69. 伍非百（1890—1965）：今考《礼运》大同说，与他儒家言不甚合，而与《墨子》书不但意义多符，即文句亦无甚远。天下为公，则尚同也。选贤与能，则尚贤也。讲信修睦，则非攻也。不独亲其亲，不独子其子，则兼爱也。货恶其弃于地，力恶其不出于身，则节用、非命也。使老有所终，壮有所用，幼有所长，矜寡孤独废疾者皆有所养，则“老而无妻子者，有所侍养以终其寿，幼弱孤童之无父母者，有所放依以长其身”之意也。货不必藏于己，力不必为己，则“余力相劳，余财相分，良道相教”之义也；诈谋闭而不用，盗贼窃切乱不作，亦“盗贼无有”“谁窃”“谁乱”之语也。综观全文，约百余字大抵摭拾《墨子》之文而成。其为墨家思想，甚为显著。(摘自《墨子大义述》)

70. 陈柱（1890—1944）：墨子上览儒者之弊，下承老子之激，作为非儒、非乐、节葬、尚同以矫之。(摘自《墨学十论》)

71. 胡适（1891—1962）：《墨子》的《经上下》《经说上下》《大取》《小取》六篇，从鲁胜以后，几乎无人研究。到了近几十年之中，有些人懂得几何算学了，方才知道那几篇里有几何算学的道理。后来有些人懂得光学力学了，方才知道那几篇里又有光学力学的道理。到了今日，这几篇二千年没人过问的书，竟成中

国古代的第一部奇书了。（摘编自《中国哲学史大纲》）

72. 李石岑（1892—1934）：墨子的最大不可及处，便是摆脱一切享乐思想，亲自去做“中圣王之事”“中万民之利”的工作，而且从“腓无胈，胫无毛”做起，这是何等实践的精神！（摘自《中国哲学十讲》）

73. 顾颉刚（1893—1980）：他有坚定的主义，有具体的政治主张。他的第一个主张是“尚贤”，他说：“虽在农与工肆之人，有能则举之，故官无常贵而民无终贱。”他的第二个主张是“尚同”，他说：“选择天下贤良圣知辨慧之人，立以为天子；选择天下赞阅贤良圣知辨慧之人，置以为三公。”（摘编自《古史辨自序》）

74. 范文澜（1893—1969）：墨子的学说，流行在庶民群中。因为庶民要求得政治上的地位是困难的，所以墨子创立了带宗教色彩的政治性团体。墨家的团体有许多特点，表现出原始的组织性。刻苦生活，听从巨子，舍命行道，严守家法，实行教义，分财互助。墨家可说是古代劳苦群众最早的政治结社。（摘编自张新国主编《中国通史》）

75. 谢湘（1894—1975）：墨子在先秦诸子中，名头相当大，真可说是提起了妇孺皆知，尤其是下层社会。（摘编自《墨子学说研究》）

76. 冯友兰（1895—1990）：墨子创立的学派名为墨家。在古代，墨子与孔子享有同等的盛名，墨学的影响也不亚于孔学。（摘自《中国哲学简史》）

77. 钱穆（1895—1990）：除却墨子那种坚苦卓绝笃实光辉的人格，墨学是享不到人们的欢迎的。我们一定要认识人世间这一种的矛盾性，才能欣赏墨子的哲学；才能欣赏墨子的为人；才能知道墨学在当时怎样地鼓动人们的心坎，招惹人们的热慕。孔子只是一个调和，墨子只是一个矛盾。让他们不信服墨子的说话，却不得不来崇拜墨子的人格。（摘编自《墨子　惠施公孙龙》）

78. 方授楚（1898—1956）：墨子之学说，固陈义圆满，而其人格之伟大崇高及所以救世之急者，不独在二千年之中国史中，无其俦匹，即求之世界史中，亦不一二觏也！（摘编自《墨学源流》）

79. 翦伯赞（1898—1968）：墨子主张和平、节约、兼爱、互利，他主张活人刻苦，主张死人薄葬。“有余力相劳，有余财以相分。”从这些主张中，就反映出当时农民反对封建秩序中之等级身份制和宗法伦理制度之否定的意识。……墨翟一派的理论，不久便成为广大农民之信仰。（摘编自《先秦史》）

80. 吴毓江（1898—1977）：墨学纲领曰爱与智。发于政事，亦不过宏其爱智之用而已。（摘自《墨子校注》）

81. 吕振羽（1900—1980）：墨子的思想，给中国民族留下了唯物主义、社会主义和民主主义思想的传统，值得批判地继承。（摘自《中国政治思想史》）

82. 高亨（1900—1986）：墨经的内容是相当丰富的，反映出我们祖先当晚周时代，在几个方面的光辉创造。这是祖国文化遗产中很珍贵的一种史料。（摘编自《墨经校诠・自序》）

83. 王焕镳（1900—1982）：墨子的学说思想是有利于社会民生的，有利于封建制度的稳定和发展的，在很大程度上是反映了广大人民的愿望的。（摘自《墨子校释》）

84. 詹剑峰（1902—1982）：我们认为“墨子作辩经以立名本”，即是奠定了中国形式逻辑的基础。（摘自《墨家的形式逻辑》）

85. 侯外庐（1903—1987）：墨子的非命论与尚贤的人类观点、兼爱的社会观点，都是光辉的学说，而非命论因了没有理想主义的掺杂，更为名贵。（摘自《中国思想通史》）

86. 严灵峰（1903—1999）：墨学尚功用，重兼利，为先秦诸子之特色，殊有深入研究之重大意义。（摘编自《墨子集成》）

87. 温公颐（1904—1996）：《墨经》是我国古代文化的瑰宝，是中国逻辑史的最精彩的一页，它可以和西方的亚里士多德逻辑与印度因明相媲美。（摘自《墨经校注·今译·研究——墨经逻辑学·序》）

88. 蔡尚思（1905—2008）：墨子是代表广大人民权益的圣人。墨子是古代思想史上最进步而有价值的平民派思想家，在中国如此，在世界也如此。（摘自《墨子国际研究中心名家题辞》）

89. 臧克家（1905—2004）：研究墨学，弘扬墨学。（摘自《墨子国际研究中心名家题辞》）

90. 李渔叔（1905—1972）：《墨子》中除兼爱非攻等主要学说外，比较重要的还有两部分：第一是墨经，包涵着许多关于科学上的问题，如数学、光学、力学、天文学等。其次是墨家的论理学，即从前所称的“墨辩”，它是印度因明三段论的先驱，西方穆勒名学的前奏，二十世纪逻辑的滥觞，它在那一个时代，就懂得如何立辞，如何归类，如何推理，这些艰深奥博的理论，亦甚能吸引许多学人，发生兴趣，相继钻研。（摘自《墨子今注今译》）

91. 匡亚明（1906—1996）：儒家孔子与墨子在春秋战国时期是平列的，共成为“显学”。墨子是真正站在劳动人民、贫苦人民方面的。[摘编自《墨子研究论丛》（一）]

92. 钱临照（1906—1999）：晋代的鲁胜是第一个注墨经的，他主张墨经四篇都是墨翟写的。墨经中就有关于名学、形学、光学、力学等的定义和定律。形学和力学的文字，墨经上虽不少，但不能说是最好的一部分，最好的一部分，还要数到记载关于光学知识的八条文字。这八条光学文字虽为经下八十余条中的一小部分，但八条文字的本身是经过作者缜密的考虑，把它们排成一个很合乎科学意义的次序，这决不是偶然的事。这样有条理的、完整的记载，文虽前后仅八条，寥寥数百字，确乎可称二千多年前世界上的伟大光学著作。墨经在世界自然科学古籍中，应有它光荣的地位。（摘编自《论墨经中关于形学、力学和光学的知识》）

93. 魏传统（1908—1996）：墨家兼爱利苍生，富不侮贫世代钦。邃密群科为造福，强无执弱正乾坤。（摘自《墨子国际研究中心名家题辞》）

94. 沈有鼎（1908—1989）：《墨经》的逻辑学总结了古代中国人民在生产斗争和阶级斗争中创造出来的科学，把这科学所使用的一些方法提高到自觉的水平，并回过来推动科学的发展，使科学能更好地指导生产斗争，同时在人民的阶级斗争中起一定的作用。其成就不在古代希腊、印度逻辑学之下。墨辩的逻辑学是中国学术史中光辉灿烂的一页。（摘编自《墨经的逻辑学》）

95. 张岱年（1909—2004）：墨子的崇高精神永放光辉。（摘自《墨子国际研究中心名家题辞》）墨学在中国学术史上具有重要地位，对于逻辑学物理学做出了重要贡献，墨家的兼爱无私的精神更足以振奋人心、净化世风。惜乎汉代以后墨学中绝，这是中国文化史上的一大损失。如果墨学流传不绝，中国科学史必有更加辉煌的成就。［摘自《墨子研究论丛》（三）］

96. 白寿彝（1909—2000）：墨子比孔子的社会政治思想激进。他揭露了战国初年的社会矛盾和贵族政治、生活的丑恶、腐朽。他凭借“先王”来增强他抨击贵族社会的力量，增强他改革理想的权威性。墨子社会政治的中心思想是：“欲求兴天下之利，除天下之害。”（摘自《中国通史》）

97. 杨向奎（1910—2000）：墨经天下宝。（摘自《墨子国际研究中心名家题辞》）一部《墨经》无论在自然科学哪方面，都超过整个希腊，至少等于整个希腊。［摘自《墨子研究论丛》（一）］

98. 姚雪垠（1910—1999）：古代劳动人民中的伟大哲人。（摘自《墨子国际研究中心名家题辞》）

99. 钱锺书（1910—1998）：庄固推关尹、老聃者，而豁达大度，能见异量之美，故未尝非“邹鲁之士”，称墨子曰“才士”。（摘自《管锥编》）

100. 季羡林（1911—2009）：墨子在人类文明史上，代表了一个时代的高度。他的兼爱、非攻、尚贤、尚同、非命、节用、节葬等思想具有重要的时代价值。他在哲学、教育、科学、逻辑、军事防御工程等许多领域，都有杰出的贡献。他关心社会发展，关心人民疾苦，热爱和平，反对侵略战争，是一位伟大的平民圣人。（摘编自“1992 年 6 月 7 日季羡林与张知寒、李广星的谈话记录”）

101. 启功（1912—2005）：孔子墨子同是伟大的人物，墨子摩顶放踵利天下为之，弘扬墨学很有意义。（摘编自“2001 年 9 月启功与王玉玺、李广星的谈话记录”）

102. 杨宽（1914—2005）：墨子认为百工从事必用规矩，治天下和治大国必须依照“法仪”。（摘自《战国史》）

103. 颜道岸（1914—1999）：墨子是中国最早的科学家，墨子在自然科学方面的成就是伟大的，是我们民族的骄傲，是世界的瑰宝。（摘自《谈墨子在科学上的杰出贡献》）

104. 梁斌（1914—1996）：科学之圣。（摘自《墨子国际研究中心名家题辞》）

105. 任继愈（1916—2009）：墨子是我国一位伟大的哲学家，在春秋时期曾与老子、孔子并称，到秦始皇统一的前夕，儒墨两家还一直保持着当时“显学”的地位。（摘自《墨子》）墨子是滕州人，墨子学说已超出山东一省、中国一国的界限，已成为全人类共同的精神财富。[摘自《墨子研究论丛》（五）]

106. 陈大络（1917—2021）：兼相为爱，天下兴，以交互于利，人间善之。（摘自《墨子国际研究中心名家题辞》）

107. 南怀瑾（1918—2012）：在诸子百家中，墨子主张贤人的政治，“尚贤”“尚同”是他主要的思想。(摘自《历史的经验》)

108. 肖萐父（1924—2008）：墨翟在哲学上的主要贡献集中表现在认识论方面。在先秦哲学家中，他是第一个运用经验论反对先验论的哲学家。(摘自《中国哲学史纲要》)

109. 陈孟麟（1924— ）：他们（墨家后学）总结了墨子以来论辩中的逻辑思维以及自然科学的研究成果，“作辩经以立名本”，写出了中国逻辑史上辉煌的一章。(摘自《墨辩逻辑学》)

110. 王学仲（1925—2013）：儒道释耶能并传，六经无墨是非颠。发明开创超前哲，寰宇应输科圣先。(摘自《墨子国际研究中心名家题辞》)

111. 朱绍侯（1926—2022）：墨子在认识论方面，提出了判断是非真假标准的三表法。三表法的出发点是唯物主义的，主张根据前人的间接经验、群众的直接经验和实际效果来判断是非，在认识发展史上是一个很大的进步。(摘编自《中国古代史》)

112. 乔羽（1927—2022）：大哉墨子，兼爱非攻。天地和谐，物我相通。(摘自《墨子国际研究中心名家题辞》)

113. 韦政通（1927—2018）：墨子能在中国文化中取得一重要的地位，不在哲学家这一角色，更不在宗教家这一角色，而在他的反侵略、反战争，热情救世、力行不懈的牺牲精神。他的思想是因受到这一精神的支持，才被重视。他的人格，不仅能感召一世，且足以震动万代，这就是墨子的真正伟大处。(摘自《先秦七大哲学家》)

114. 张知寒（1928—1998）：墨子出身于平民，一生没有脱离生产劳动。为了天下劳苦大众的利益呕心沥血，广招门徒，施教四方，突不暇黔，席不暇暖，积极推行“兼爱”“非攻”而“赴汤蹈刃”“摩顶放踵利天下，为之”。为此，奉献了他光辉的一生，赢得了人们的高度赞扬，被誉为“平民圣人，中华典范”。墨子创立的墨学，以“兼爱”“非攻”为核心，以“兴万民之利，除万民之害”为目的，以刑政治、万民和、国家富、财用足、百姓皆得暖衣饱食、便宁无忧的大同社会为最高理想，以止战息兵、既述又作为手段的一种综合性学说。墨子的这个学说，包含有社会科学与自然科学两个方面的许多领域，如哲学、宗教、伦理、教育、天文、数学、物理、应用科技、军工技术、军事、政治、经济等，都是墨学的重要组成部分。特别值得提出的是，墨学里含有的民主与法制思想、逻辑原理、人道主义与科学精神，都是我国古代文化中的瑰宝。（摘编自《读墨余论》）

115. 朱传棨（1928— ）：墨子是我国历史上卓越的思想家、“平民圣人”和著名社会改革家。其尚贤尚同是进步的社会政治理论和政治革新主张，其兼相爱、交相利是进步的社会政治学和社会伦理学，其天为法则、相爱相利是法与道德相辅相需的法治思想，其非攻非乐、节用节葬是和平安定和廉洁从政的政治主张。纵观墨子学说，从当时的历史政治形势出发，为了平民百姓的切身利益和社会经济的进步和发展，提出了一套系统的政治理论思想和政治革新的主张，不仅在历史上具有不可磨灭的进步性，而且对当今的社会经济发展

和进步，也具有极为重要的意义。［摘编自《墨子研究论丛》（三）］

116. 史墨卿（1930— ）：我国古圣先哲中，在春秋时期，孔子可以说是集十大家于一身的至圣；在战国之世，墨子则可以说是集十大家于一身的大哲。因此，在秦汉之际，墨家学说与儒家相提，墨子人格与孔子并论。二千多年来，虽然儒家为中华文化中心之所在，然而，墨子在中华文化上之贡献，亦有其不可磨灭的业力。（摘编自《墨学探微》）

117. 蔡仁厚（1930—2019）：墨子人格的伟大，历来无异辞。（摘自《墨家哲学 · 自序》）

118. 戚文（1931—2016）：古代的春秋战国之际，中国出现了一位伟大的思想家墨子。墨子不仅用自己对战争苦难的沉痛控诉来反对给人民造成苦难的战争，而且身体力行地积极参加反战活动。墨子还是古代一位杰出的思辨哲学家，墨子在哲学思辨方面达到的成就，不仅在当时中国，就是在当时的世界范围都是非常杰出的。墨子和他开创的墨子学派在战国时代，是风行一时的著名学派。我们基本上同意鲁迅、毛泽东对墨子的评估，认为墨子是中国人的“脊梁”，是比孔圣人还杰出的大思想家。（摘编自《墨子十讲》）

119. 张尚德（1932— ）：墨子哲学的中心：爱。（摘自《中国人是真的》）

120. 杨俊光（1932— ）：墨子改革现实、尚贤使能、重视生产、强调节俭、讲求实效的治国方略，在后世以至今天，都发生过也还可以继续发生进步的作用；维护和平、反对侵略的“非攻”也仍然是今天国际关系的一个准则。他的道德思想充满劳动的气息，本人的人格，大公无私、言行一致、劳身苦心、牺牲自我、强力从事、热诚救世、见义勇为的崇高精神，至今还闪耀着不朽的光芒。他的哲学思想和教育思想亦推动了人类认识的前进和教育事业的发展，面向实际、强调实行的认识路线以及对教育事业的充分重视和从事教育工作的高度责任感，今天还不减其积极的意义。所有这些，都足以代表中华民族的优秀传统和劳动人民的伟大品格。(摘编自《墨子新论》)

121. 周富美（1936— ）：在先秦诸子中，没有一个能像墨子那样站在民众的立场发言，并且那样热心谋求民众的幸福，那样注重实践的效果的。他的宗旨在于求“兴天下之利，除天下之害”。他一生为求天下和平、百姓公利而努力。（摘编自《墨子：救世的苦行者》)

122. 谭家健（1936— ）：“兼爱”说是墨子思想的核心和精华，是墨家学派区别于先秦其他学派的根本标志。在中华民族理论思维发展的长河中，“兼爱”说以其独特的成就，闪烁着不朽的光辉，至今仍然具有现实意义和研究价值。（摘编自《墨子研究》)

123. 崔清田（1936— ）：墨子立学之始，就确定了救世的宗旨。墨子把自己的救世思想概括为义。墨子为民行义以救世的精神，不是只尚空谈的“荡口”，而是实实在在的追求。（摘编自《显学重光：近现代的先秦墨家研究》)

124. 水渭松（1937— ）：墨子学说的核心是“兼爱”。站在平民立场上的墨子，为了维护人民与弱小国家的生存要求而呼喊抗争，于是提出“节用”“节葬”“非乐”的主张，尤其是反对侵略的“非攻”的主张。他提出了实现贤人政治，并使天下归于一统的“尚贤”“尚同”的主张。为了使自己的主张能引起人们的普遍重视，自己的社会理想能够实现，他一方面借助于上帝鬼神的威慑力量，提出了“天志”“明鬼”说；另一方面，又强调自强不息的奋斗精神，于是提出了“非命”说。于此可见，组成墨子学说主干的“十论”不是相互割裂、杂乱无序的，而是一个既有核心又互相关联的体系。（摘编自《墨子导读》）

125. 孙中原（1938— ）：墨子是中国古代伟大的思想家、科学家、教育家、军事家和社会活动家。由他创始的墨家学派代代相传，从公元前 5 世纪到公元前 3 世纪，在中国兴盛了数百年之久。从战国到秦汉，墨子跟孔子齐名，墨家与儒家并显，学者常以孔墨对举、儒墨并称。（摘编自《墨学通论》）

126. 王裕安（1939—2007）：墨子是我国古代伟大的思想家、教育家、科学家和社会活动家，也是伟大的政治家和军事家。墨子所创立的学派，在当时和儒家学派并称为“显学”。墨子的高明之处，除了他提出了一整套有利于平民的政治主张之外，在哲学思想、自然科学以及逻辑学方面，有着其他思想家所不曾达到的高度。整个墨学，博大精深，以至成为古代东方文明的象征。（摘编自《墨子科技真言》）

127. 孙开泰（1940— ）：“三表法”是墨子在人类认识发展

史上的一个重大贡献。这是他认识客观事物的方法和判断是非的标准。(摘编自《先秦诸子精神》)

128. 姜宝昌（1940— ）：墨翟是墨家学派的创始人和首代巨子。墨翟及其门弟子的社会政治与伦理思想、科技发明与创见以及军事防御理论与实践，在战国时期颇为世人所称道，其社会影响与以孔丘为领军人的儒家不相上下。(摘自《墨经训释》)

129. 王赞源（1940—2011）：墨子的兼爱是从心灵改革出发，以实力做后盾的和平主义。兼爱可以转化为经济思想。兼爱反对武装侵略，也反对经济掠夺，提倡济弱扶贫，使世界经济均衡发展。因此，兼爱可以促进人类和平共荣，也维护时代的生存空间。我们应宣扬兼爱精神，实践兼爱政策。[摘编自《墨子研究论丛》（六）]

130. 齐瑞端（1942— ）：墨学是中华民族最有价值的百科全书。我结合切身践行墨学的经验，主张借助、光大，并创造地转化墨子的精神，即要求企业决策者们，弘扬墨子的“兼爱”精神，即以人为本、爱人利民的精神，即墨学中求真务实、革新创造的科学精神，是完善企业管理和推动企业发展的原动力。(摘编自《职大学报》2014年第6期)

131. 余秋雨（1946— ）：作为遥远的后人，我们可以对儒、墨之间的争论作几句简单评述。在爱的问题上，儒家比较实际，利用了人人都有的私心，层层扩大，向外类推，因此也较为可行；墨家比较理想，认为在爱的问题上不能玩弄自私的儒术，但他们的“兼爱”难于实行。如果要问我倾向何方，我会毫不犹豫地回答：墨家。虽然难于实行，却为天下提出了一种纯粹的爱的理想。

这种理想就像天际的光照，虽不可触及，却让人明亮。（摘自《黑色的光亮》）

132. 黄世瑞（1948— ）：墨子开创的墨家，一度轰轰烈烈，盛极一时，在中国历史上演出了威武雄壮的一幕。（摘自《墨学思想新探》）

133. 秦彦士（1950— ）：墨子与亚里士多德都是东西方杰出的百科全书式的学者，而且他们的学说都是建立在对前人思想的批判基础上的。（摘自《墨子新论——一个独特的文化学派》）

134. 陈克守（1950— ）：墨子是我国古代伟大的思想家、教育家、科学家和社会活动家，也是伟大的政治家和军事家。（摘自《科技之父——墨子》）

135. 李贤中（1957— ）：1993 年 8 月 28 日至 9 月 4 日，在芝加哥举行的世界宗教会议上，发表了“全球伦理宣言”，开始了一个推展“全球伦理”的运动。我们认为墨家“兼爱”的伦理思想，可将其视域扩展于全球伦理更细致的许多层面，而当代全球伦理之内涵，也可参酌墨学“兼爱”伦理思想的理论建构，予以充实完善。（摘编自《墨学理论与方法》）

136. 杨武金（1964— ）：墨子是一位伟大的思想家，提倡兼爱非攻，反对不义之战。墨子同时也是一位伟大的科学家。墨子主张和鼓励“从事”，擅长科学技术的应用，对科学理论进行了一定的研究和总结。墨子及其后学所著《墨经》，是一部包含了几何学、光学、力学、心理学、逻辑学等诸多学科内容的“百科全书”。（摘编自《职大学报》）

137. 钱文忠（1966— ）：墨子是公子目夷之后，目夷的后人就居住在今天山东滕州的木石镇。墨子是先秦时期与孔子齐名的一位大思想家，他反对战国时期强国吞并弱国的兼并战争，并发明了一整套守城的工具和方法。墨守成规，正是当时的人民对于墨子守城有术的称赞。墨子不仅是一位杰出的思想家，而且是一位卓越的科学家，同时他还创立了一个非常特殊的学派组织——墨家，这在中国历史上是绝无仅有的。(摘编自《班墨传奇》)

三、外国专家学者评墨子

138. 李云九（韩国）：墨子的经济思想只把“勤劳”“交利”“节俭”三个原则看作是人类向往福利的“富”与“众”的捷径。[摘自《墨子研究论丛》(四)]

139. 朴文铉（韩国）：墨家具有丰富的科学精神，在中国科学史上占着很大的影响。墨家的始祖是墨翟，他出身于工匠，能造出车轮等。他有科学技术能力及理论等。中国古代的光学思想，在世界物理学历史上占有重要的位置，光学之中最基本的原理是光的直射，墨家经过繁多的实验，发现了光的直射的原理。墨家注重军事武器的储备、发明和应用。墨家的科学技术对于为了防止侵略战争的军事武器上有很大的成果。[摘编自《墨子研究论丛》(四)]

140. 郑仁在（韩国）：墨子的“非攻兼爱”思想不但是为了防止个人之间的斗争，而且为了阻止国际间的战争。墨子不但是人类历史上最早的和平理论提出者，而且是最早的实现和平的实践家。今天的人类仍然在战争的威胁之下，尤其是在可怕的核战的恐怖之下，我们很有意义重新认识墨子的和平哲学的宝贵价值。[摘编自《墨子研究论丛》（二）]

141. 渡边卓（日本）：墨子是活跃于公元前5世纪后期即战国初期独特的思想家，在中国三千年悠久的历史上也是绝无前例的。（摘编自《墨子解说——关于中国文化史上的墨子及墨家的意义》）

142. 冈本光生（日本）："强本节用"是墨家思想的特色。研究墨家的经济思想，即要注重研究它关于生产财物、分配财物、消费财物的思想和内容。研究墨家的经济思想有很大的现实意义。[摘编自《墨子研究论丛》（五）]

143. 乌里扬诺夫（俄罗斯）：公元前5世纪，中国战国时期产生了一位伟大的学者——墨子。墨子主张"兼爱"与"非攻"。苏联科学界对墨子为古代中国科学思想发展所做的贡献，给予了极高的评价。俄罗斯的学者们深入研究了墨子的遗产，认为他不仅属于中国，也属于全世界。墨学是人类思想宝库中一个重要的组成部分。[摘编自《墨子研究论丛》（七）]

144. 林徐典（新加坡）：墨学是先秦时期的显学之一，和儒学居于对立的地位，在学术疆场上，分庭抗衡，势均力敌。（摘编自《墨子研究·序》）

145. 拉多萨夫（原南斯拉夫）：对墨子来说天的意志就表现在它能赏善罚恶。天或者天意是墨子治天下活动的一个法则。这个概念重要的内容有三：一是爱，二是行义，三是天德。[摘编自《墨子研究论丛》（二）]

146. 阿诺尔德·汤因比（英国，1889—1975）：墨子关于舍去利己、树立爱他的兼爱学说，是反对侵略战争的理论先导，也应该谴责大国侵害小国，大量屠杀以及破坏经济的行为。这种理论是极为近代化的。只是墨子主张的兼爱，过去只是指中国，而现在应作为世界性的理论去理解。（摘编自《展望21世纪：汤因比与池田大作对话录》）

147. 李约瑟（英国，1900—1995）：墨子早在公元前4世纪就宣传兼爱学说，受到了人们一致的推崇。（摘自《中国科学技术史》第2卷《科学思想史》）

148. 李绍崑（美国，1928—2014）：墨子是伟大的宗教教育家、伟大的科学教育家、伟大的社会科学教育家和中国的革命教育家。（摘编自《墨子：伟大的教育家》）

149. 成中英（美国，1935— ）：现代管理最大的功能就是发展科技，创造新产品，提高生产力，在这方面，中国的墨家思想提供了一个完整的哲学基础。（摘自《C理论：中国管理哲学》）

150. 张宝蕊（美国，1955— ）：在墨子的眼中，男人与女人是同等重要的，是毋庸置疑的。（摘编自《墨子的妇女观》）

（本篇原载《王玉玺八体书古今名人评墨子》，有增删）

第三十三篇　我心目中的墨子

1981年秋，天高云淡，菊花盛开，我（即指笔者，下同）在山东大学图书馆借到岑仲勉所著《墨子城守各篇简注》，开始研究墨子。从此，我与墨子结下了不解之缘。

1984年夏，云淡风轻，荷花争艳，我奉命主编《滕县志》，根据山东大学历史系张知寒教授的建议，拟为墨子在新编《滕县志》中立传。1988年夏，方家莅滕，评审志稿，一致同意张知寒教授的考论：墨子是滕州人，墨子故里在滕州，应在新编《滕县志》中为墨子立传。

1990年末，滕州市委、市政府与山东大学联合成立墨子研究中心，我任办公室主任，主持墨子研究工作，直到2007年5月退休。退休之后，我专心撰写《墨子传》和《墨子论》，经过15年的努力，待到今年菊花节，此书将出版发行。

40年的时间，在历史的长河中只是弹指一挥间，但在个人的生命中并不算短，算是人生的一半左右。40年来研究墨子，经常有人问我：墨子是什么人？哪里人？研究他有什么用？

面对这些疑问，我写下个人的感悟：我心目中的墨子。

墨子是个什么样的人？我的答案是：第一，墨子是平民圣人；第二，墨子是中华典范；第三，墨子是虽然死了但还活着的人；第四，墨子是滕州人；第五，研究墨子，功在当代，利在千秋。

一、墨子是平民圣人

我在2000年编辑《王玉玺八体书古今名人评墨子》的时候，感觉对墨子进行综合性评价、用一个词组高度概括难度较大。例如，孔子被尊为文圣，孙子被尊为武圣，诸葛亮被尊为智圣，王羲之被尊为书圣，但墨子用一个词很难概括。主要原因是墨子的思想成就是多方面的，他是我国古代伟大的思想家、教育家、科学家、军事家、逻辑学家、建筑学家和社会活动家，也是一位学贯文理、注重实践、百科全书式的平民圣贤。因此，古今中外名人从不同的角度评论墨子，就有不同的结论。比如：

鲁阳文君与墨子是同时代的人，他是楚国重要的大臣，封地鲁阳，他对楚惠王说："墨子，北方贤圣人。"（《渚宫旧事》卷二）

庄子是道家创始人之一，与老子并称为"老庄"，约墨子去世21年后出生，对墨子、墨学、墨家比较了解，他的评价中肯、到位，可谓是墨子的知音。他说："墨子真天下之好也，将求之不得也，虽枯槁不舍也，才士也夫！"（《庄子·天下》）

韩非子是法家的代表人物，他说："世之显学，儒墨也。儒之所至，孔丘也；墨之所至，墨翟也。"（《韩非子·显学》）

吕不韦是战国末年政治家、思想家，组织天下名士编撰《吕氏春秋》，对孔子、墨子的评论极高："孔、墨，布衣之士也，万乘之主、千乘之君不能与之争士也。"（《吕氏春秋·不侵》）

刘安被封淮南，史称淮南王，组织名士编撰《淮南子》，对孔子、墨子给予高度评价："孔丘、墨翟，无地而为君，无官而为长，天下丈夫女子，莫不延颈举踵而愿安利之者。"（《淮南子·道应训》）

孙中山：世界第一平等博爱主义大家墨翟。（《民报》创刊号）

毛泽东：墨子是一个劳动者，他不做官，但他是比孔子高明的圣人。墨子是古代辩证唯物论大家。（《毛泽东评点古今人物》）

刘华清：伟大的军事家墨子。（《墨子国际研究中心名家题辞》）

迟浩田：墨子不仅是伟大的思想家、教育家、科学家和社会活动家，而且是一位伟大的军事家。（《墨子兵书·序》）

宋健：唯物师祖，科圣墨翟。（《墨子国际研究中心名家题辞》）

蔡尚思：墨子是代表广大人民权益的圣人。墨子是古代思想史上最进步而有价值的平民派思想家，在中国如此，在世界也如此。（《墨子国际研究中心名家题辞》）

季羡林：墨子在人类文明史上，代表了一个时代的高度。他的兼爱、非攻、尚贤、尚同、非命、节用、节葬等思想具有重要的时代价值。他在哲学、教育、科学、逻辑、军事防御工程等许多领域，都有杰出的贡献。他关心社会发展，关心人民疾苦，热爱和平，反对侵略战争，是一位伟大的平民圣人。（1992 年 6 月 7 日，季羡林与张知寒、李广星谈话记录）

张知寒：墨子出身于平民，一生没有脱离生产劳动。为了天下劳苦大众的利益呕心沥血，广招门徒，施教四方，突不暇黔，席不暇暖，积极推行“兼爱”“非攻”而“赴汤蹈刃”“摩顶放踵利天下，为之”。为此，奉献了他光辉的一生，赢得了人们的高度赞扬，被誉为“平民圣人，中华典范”。（《读墨余论》）

李绍崑：墨子是伟大的宗教教育家、科学教育家、社会科学教育家、革命教育家。（《墨子：伟大的教育家》）

综上所述，古今名人给予墨子许多桂冠：贤圣人，天下才士，无冕之王（即无地而为君、无官而为长），世界第一平等博爱主义大家，比孔子高明的圣人，伟大的军事家，伟大的思想家、教育家、科学家和社会活动家，伟大的宗教教育家、科学教育家、社会科学教育家、革命教育家，唯物师祖，科圣，平民圣人，中华典范，伟大的平民圣人，等等。这些评论，我都赞同，但我更喜欢用“平民圣人”来概括墨子。

二、墨子是中华典范

我在撰写《墨子传》《墨子论》的过程中，经常思考“平民圣人墨子”伟大在哪些方面？他为什么要这样做？

首先，我从《王玉玺八体书古今名人评墨子》中寻找答案：

孟子被尊为亚圣，仅次于至圣孔子，他约生于墨子去世之后

18年，曾经学习墨学，对墨子与墨学非常了解，后来因为思想观点不同，反墨入儒（张知寒语），高举批墨卫儒的大旗。虽然激烈批评墨学，孟子却对墨子的人格非常敬佩："墨子兼爱，摩顶放踵利天下，为之。"（《孟子·尽心上》）

庄子是道家创始人之一，与老子并称为"老庄"，是我国著名的思想家，约墨子去世21年后出生，对墨子、墨学、墨家比较了解，他的评价中肯、到位，可谓是墨子的知音。他说："墨子称道曰：昔禹之湮洪水，决江河而通四夷九州也，名川三百，支川三千，小者无数。禹亲自操橐耜（tuó sì）而九杂天下之川；腓（féi）无胈（bá），胫（jìng）无毛，沐甚雨，栉疾风，置万国。禹大圣也，而形劳天下也如此。使后世之墨者，多以裘褐为衣，以跂蹻为服，日夜不休，以自苦为极，曰：不能如此，非禹之道也，不足谓墨。……墨翟、禽滑釐之意则是，其行则非也。将使后世之墨者，必以自苦腓无胈、胫无毛，相进而已矣。乱之上也，治之下也。"

司马谈：强本节用，则人给家足之道也。此墨子之所长，虽百家弗能废也。（《史记·太史公自序》）

曾国藩：大禹之周乘四载，过门不入，墨子之摩顶放踵以利天下，皆极俭以奉身，而极勤以救民。故荀子好称大禹、墨翟之行，以其勤劳也。（《曾国藩家书》）

孙中山：古时最讲"爱"字的，莫过于墨子。墨子所讲的"兼爱"，与耶稣所讲的"博爱"是一样的。（《民族主义》第六讲）

章太炎：墨子之道德，非孔老所敢窥视。(《章太炎全集》)

蔡元培：墨学中断使中国科学不得发达。(《蔡元培学术论著》)

杨向奎：一部《墨经》无论在自然科学哪方面，都超过整个希腊，至少等于整个希腊。[《墨子研究论丛》(一)]

其次，我从“老三篇”中寻找答案：

20 世纪六七十年代，全国人民大部分会背诵毛泽东主席的《为人民服务》《纪念白求恩》《愚公移山》。这三篇文章合称“老三篇”。当时我也熟读会背，但理解得不够深刻。最近重读“老三篇”，联系墨子思考，有了新的认识。

《为人民服务》(《毛泽东选集》第三卷)是毛泽东主席于 1944 年 9 月 8 日为纪念张思德同志的重要讲话。张思德，四川仪陇人，中共中央警备团战士。他在 1933 年参加红军，经历长征，负过伤，是一个忠实为人民服务的共产党员。1944 年 9 月 5 日，在陕北安塞山中烧炭时，因炭窑塌方而牺牲。“张思德同志是为人民利益而死的，他的死是比泰山还要重的。”“我们的共产党和共产党所领导的八路军、新四军，是革命的队伍。我们这个队伍完全是为着解放人民的，是彻底地为人民的利益工作的。”完全彻底“为人民服务”，是共产党的宗旨。

《纪念白求恩》(《毛泽东选集》第二卷)是毛泽东主席于 1939 年 12 月 21 日为纪念白求恩同志的重要讲话。白求恩即诺尔曼·白求恩 (1890—1939)。“(他)是加拿大共产党员，五十多岁了，为了帮助中国的抗日战争，受加拿大共产党和美国共产党的派遣，不远万里，来到中国。去年春上到延安，后来到五台山工作，不幸以身殉职。一个外国人，毫无利己的动机，把中国人民的解放事业当作他自己的事业，这是什么精神？这是国际主义的精神，这是共产主义的精神，每一个中国共产党员都要学习这种精神。”“白求恩同志毫不利己专门利人的精神，表现在他对工作的极端的负责任，对同志对人民的极端的热忱。……每一个共产党员，一定要学习白求恩同志的这种真正共产主义者的精神。”“现在大家纪念他，可见他的精神感人之深。我们大家要学习他毫无自私自利之心的精神。从这点出发，就可以变为大有利于人民的人。一个人能力有大小，但只要有这点精神，就是一个高尚的人，一个纯粹的人，一个有道德的人，一个脱离了低级趣味的人，一个有益于人民的人。”

《愚公移山》(《毛泽东选集》第三卷) 是毛泽东主席于 1945 年 6 月 11 日在中国共产党第七次全国代表大会上的闭幕词。他用“愚公移山”的寓言故事鼓励全党和全国人民建立起一个信心，即革命一定要胜利。“首先要使先锋队觉悟，下定决心，不怕牺牲，排除万难，去争取胜利。但这还不够，还必须使全国广大人民群众觉悟，甘心情愿和我们一起奋斗，去争取胜利。”

我从“老三篇”中感悟到：两千多年前的墨子就有“为人民服务”的宗旨，即“兼爱众生”“兴天下之利，除天下之害”；墨子就是“一个高尚的人，一个纯粹的人，一个有道德的人，一个脱离了低级趣味的人，一个有益于人民的人”；墨子就有坚定不移的信心和决心：下定决心，不怕牺牲，排除万难，去争取胜利。

综上所述，我认为墨子是“中华典范”，主要表现在以下15方面：(1)墨子兼爱众生利他行事；(2)墨子爱好和平反对战争；(3)墨子尚贤尚同尊天明鬼；(4)墨子节用节葬非乐非命；(5)墨子道德高尚有益于人；(6)墨子毫不利己专门利人；(7)墨子自苦为极为民奋斗；(8)墨子一不怕苦二不怕死；(9)墨子言行一致不务虚名；(10)墨子勇于探索热爱科技；(11)墨子倡扬节俭自强不息；(12)墨子坚持原则百折不挠；(13)墨子不畏强暴见义勇为；(14)墨子兴利除害替天行义；(15)墨子理想远大梦想大同。

三、墨子是虽然死了但还活着的人

人是要有精神和理想的，墨子的精神和理想是真的吗？多年来我一直在思考。

2018年5月4日，我收听收看了央视直播的习近平总书记在纪念马克思诞辰200周年大会上的重要讲话，很受教育和启发。其中有一句话称赞马克思，令我难忘：“早在中学时代，他就树立了为人类幸福而工作的志向。”“为人类幸福而工作”，这句话通俗易懂，含义深刻，触动了我久久思考的几个问题：墨子为什么提出兼爱？兼爱能实现吗？墨子的精神与理想是真的吗？通过学习习总书记的这个讲话，我豁然开朗，找到了答案。

马克思的志向是“为人类幸福而工作”，墨子的人生观是“兴天下之利，除天下之害”，他们的心是相通的，目的是一致的。“为人类”就是“为天下”，“谋幸福”就是“兴利除害”。

墨子号量子卫星首席科学家潘建伟院士曾说："墨子第一次用科学方法，解释了光沿直线传播，这在光学中是一条非常重要的原理，启发了量子通信。"他的话，我完全赞同。也感谢他和他的团队，因量子卫星而让墨子名震全球，这个影响力太大了，从宣传墨子、弘扬墨学的角度看，不知要超过我们多少次研讨会、多少篇论文。

潘院士在 2018 年 5 月 26 日《朗读者》节目中朗读爱因斯坦的《我的世界观》片段："我们每个人在这个世界上都只作一个短暂的逗留，目的何在，只要从日常生活中就可以明白：人是为别人而生存的——首先是为那样一些人，他们的喜悦和健康关系着我们自己的全部幸福；然后是为许多我们所不认识的人，他们的命运通过同情的纽带同我们密切结合在一起。""人是为别人而生存的"，也就是为别人而活，这是一种负责任的生活状态，也是一种无私尽责奉献的人生观。

他的朗读令我兴奋，豁然开朗：天下竟然有这样相似的人生观！"兴天下之利，除天下之害"等同于"为人类幸福而工作"，等同于"人是为别人而生存的"。从古到今，从中到外，墨子、马克思、爱因斯坦等名人哲者，都有崇高而伟大的人生观。

墨子虽然在公元前 390 年（周安王十二年）去世了，长眠于大山书冢，但是他永远活在人世间。

早在东晋时期，葛洪（约 281—341，字稚川，号抱朴子）就在《神仙传》中把墨子封为"地仙"。地仙是道教认为住在人间的仙人，也称为遍知真人，长生不老，与天地共存。据说，西汉

武帝曾派使臣杨违带着丰厚的礼品，请墨子出世入仕，但墨子不肯，意欲云游五岳，行遍天下。墨子成为地仙，就应长生不老了。所以，墨子永远活着，活在人民的心中。这是人民美好的愿望，也是对墨子永远的纪念。

近在 1949 年，著名诗人臧克家为纪念鲁迅逝世 13 周年而创作的《有的人》，影响深远，感人肺腑。全诗如下：

有的人活着，他已经死了；
有的人死了，他还活着。
有的人骑在人民头上："呵，我多伟大！"
有的人俯下身子给人民当牛马。
有的人把名字刻入石头，想"不朽"；
有的人情愿作野草，等着地下的火烧。
有的人他活着别人就不能活；
有的人他活着为了多数人更好地活。
骑在人民头上的，人民把他摔垮；
给人民作牛马的，人民永远记住他！
把名字刻入石头的，名字比尸首烂得更早；
只要春风吹到的地方，到处是青青的野草。
他活着别人就不能活的人，他的下场可以看到；
他活着为了多数人更好地活着的人，群众把他抬举得很高，很高。

诗人以高度浓缩概括的诗句，总结了两种人、两种人生选择和两种人生归宿，讴歌了鲁迅先生“甘为孺子牛”的一生，抒发了对那些为人民而活的人的由衷赞美之情。通篇使用对比，在相互对照中将现实世界中两种截然不同的生命方式及其历史结果予以艺术呈现。

《有的人》以通俗易懂、容量极大、哲理性极强的诗句，把人生的伟大与丑恶论述得淋漓尽致、入木三分；全诗又是那么潇潇洒洒，句句都镌刻在人们心间，以强大的哲理力量道出了人生真谛。

鲁迅先生对于墨子及其崇拜的大禹，情有独钟，在《非攻》《理水》等小说中，把墨子、大禹描写成“中国的脊梁”，向他们致以最崇高的敬意。正如他于 1934 年在一篇驳论文里说的：“我们从古以来，就有埋头苦干的人，有拼命硬干的人，有为民请命的人，有舍身求法的人……这就是中国的脊梁。”在这里，我愿借花献佛，谨借臧克家先生纪念鲁迅先生的这首名诗《有的人》，敬献给伟大而平凡的平民圣人、中华典范墨子！墨子与鲁迅都是虽然死了但还活着的人！

墨子虽然死了，但是他的思想精神永垂不朽。他生前曾经自信地说：“吾言足用矣，舍言革思者，是犹舍获而攈粟也。以其言非吾言者，是犹以卵投石也。尽天下之卵，其石犹是也，不可毁也。”（《墨子·贵义》）这段话大意是：我的话足够用了，放弃我的学说并改变我的思想，这就好像放弃了收割而去拾谷粒一样。拿别人的言论来反对我的学说，这好比拿蛋来击石头，将天下所有的蛋都打破了，石头还是原样，是不会被打坏的。历史果真如此，流传至今的《墨子》是中华传统文化的优秀遗产，墨子的精髓已经融入中华民族的基因，世代相传。

从1981年秋初识《墨子》，至今已有40年，我始终不忘初心，弘扬墨学，为墨子立传。今天写出《墨子传》《墨子论》，我心目中的墨子越来越清晰，越来越伟大：墨子是平民圣人、中华典范，墨子是虽然死了但还活着的伟人。墨子故里在滕州，墨子就是滕州人。研究墨子功在当代、利在千秋，具有重要的现实价值和深远的历史意义。

（本篇写于2021年1月，今有改动）

第三十四篇　墨学兴盛在滕州

美籍华人著名墨学专家、资深教授李绍崑博士，近几年三次来到墨子故里——山东滕州，进行学术交流考察，之后得出结论：“墨学复兴在滕州！”并欣然命笔，题写了这 7 个字。之后我们又将其刻于墨子国际研究中心碑廊。（见图 34-1）

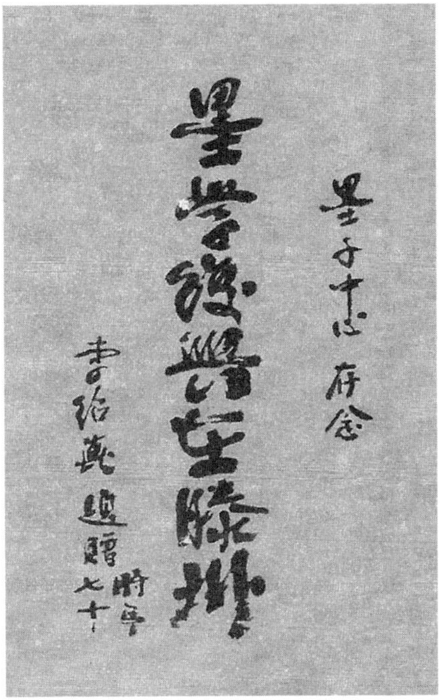

图 34-1　李绍崑先生题词“墨学复兴在滕州”

李教授学贯中西，足迹遍布五洲四海，研究墨学 40 余年，得出“墨学复兴在滕州”的结论并非偶然，亦非一时冲动，而是多次考察深思熟虑的结果，完全符合实际情况。

欲知此事详情，还要从 10 年前说起。

一、张知寒教授三倡墨学　林兆义书记一锤定音

1988 年 6 月中旬，骄阳似火，王学仲艺术馆的会议室内，来自全国各地的专家学者，正在热烈评议新编的《滕县志》书稿（滕县于 1988 年 3 月改为滕州市，因县志下限至 1987 年底，故仍名《滕县志》）。山东大学历史系教授张知寒先生慷慨激昂地说："新编《滕县志》很有价值，我同意以上各位专家学者的发言。需要补充的是应为墨子立传。"他从墨子的身世、思想学术渊源、风俗民情、遗址遗迹、出土文物和前辈专家论证等方面，说明墨子故里就在滕州木石一带。他的发言得到与会专家学者和省市领导的赞同。会议之后，我（时任滕州史志办公室主任兼《滕县志》主编）按照专家、领导的意见，把有关墨子是滕州人的部分资料编入《滕县志》，为墨子这位历史游子"安家落户"。

1989 年 5 月，张知寒教授又回到故乡滕州，同滕州市委书记徐广景、市长王裕安商量开展墨子研究、弘扬民族文化、促进滕州经济发展等大事。徐书记、王市长表示大力支持开展墨子研究，并安排市委宣传部副部长孟昭泰与我（时任市政府办公室副主任兼市史志办公室主任）负责筹备成立研究机构。后因市委、市政府换届，徐书记、王市长调离滕州等多种原因而中止。

1990 年 10 月，张知寒教授给滕州市人大常委会主任郭良志先生写信，询问墨子研究之事，郭主任把信转给了枣庄市委常委、滕州市委书记林兆义先生。林书记从信中看到了一位离休教授弘

扬中华优秀传统文化、献身家乡建设的精神，看到了墨子研究的伟大意义，决定邀请张知寒教授来滕共商墨学再兴大计。

11 月 19 日，张教授应邀再次来到滕州，滕州市委书记林兆义、市人大常委会主任郭良志、市长张昭、市政协主席朱锡光等领导与张知寒教授进行了亲切会谈。决定由朱锡光主席牵头，我具体筹办，有关部门积极配合办好此事。11 月 30 日，朱锡光主席受林兆义书记的委托，带领我和有关部门负责人去山东大学协商联合研究墨学之事。山东大学党委书记陈之安、副校长乔幼梅等领导、专家大力支持墨子研究，愿意与滕州共同弘扬墨学。双方商定，于 12 月底在滕州成立山东大学、滕州市墨子研究中心，筹备工作由张知寒教授、朱锡光主席和我负责办理。

12 月 29 日下午 3 时，晴空万里，阳光煦暖。滕州机关招待所南一楼会议室内，山东大学和滕州的党政领导、专家学者近百人欢聚一堂，共议墨子研究中心成立之事。会议由张昭市长主持，张知寒教授汇报了墨子研究中心的筹备情况，郭良志主任宣读了滕州市委和山东大学党委关于成立山东大学、滕州市墨子研究中心的决定。任命陈之安为主任，林兆义、乔幼梅（女）、祝明、张知寒、郭良志、张昭、朱锡光、崔静珠为副主任，秘书长由张知寒兼任，我与有关同志兼任副秘书长。这是两千多年来首次成立的墨学研究机构，在墨学史上具有划时代的意义。山东大学党委书记陈之安、滕州市委书记林兆义向墨子研究中心的成员颁发证书并分别作了重要讲话。刘敦愿教授即席发言，倡议为墨子塑像。朱锡光主席提出了近期墨子研究中心的任务。

这是墨学史上一次十分重要的会议，具有深远的历史意义。按照会议的决定，首届墨子学术研讨会暨山东墨子学会成立大会于 1991 年 6 月在滕州召开，会务由张知寒教授、朱锡光主席和我负责筹办。经过半年的紧张筹备，会议于 6 月 4 日至 6 日在滕州召开，应邀出席大会的有来自全国 28 个省、市、自治区的 40 多所高等院校及科研单位的 120 多名专家学者，其中著名专家学者有匡亚明、任继愈、张岱年、杨向奎、颜道岸、张政烺、王先进、张季平、刘敦愿、漆侠、田昌五等先生。山东省委常委、宣传部长苗枫林在开幕式上作了重要讲话，他说：“我受山东省委、省政府的委托，出席这次会议，并对与会的专家、学者表示诚挚的欢迎！第一次墨子学术研讨会，有这么多学者出席，堪称盛会。通过墨子学术研讨会，把冷落了两千年的墨学发掘工作做好，把历史的遗缺在我们的时代补救起来，向前人证明，也向后人证明，我们做了应该做的事情。”

会议期间，与会学者遵照“百花齐放，百家争鸣”的方针，围绕墨子的里籍和时代、墨学的思想体系、墨家的历史地位及研究墨学的现实意义等问题，进行了民主、热烈、和谐的学术交流与研讨。与会学者通过实地考察论证，认为墨子故里就在今天的滕州，这是研究墨学也是我们这次会议的重大收获。会议还选举成立了历史上第一个墨学民间学术团体组织——山东墨子学会。会后，国内外近百家报纸、杂志、电台、电视台报导了这次学术会议的盛况，并给予很高的评价。

根据与会专家和领导的建议，为了进一步加强对墨学研究工作的组织领导，滕州市委、市政府研究决定，成立“滕州市墨子研究中心办公室”，为局级事业单位，隶属市政府办公室管理，由我兼办公室主任，并以滕政发〔1991〕137号和滕政任〔1991〕16号文件公布。墨子研究中心办公室的设立，在墨学史上也是一件大事，办公室作为研究中心的办事机构，具体承担、办理各方面的工作。办公室成立之后承办的第一件大事是筹办首届墨学国际研讨会，会务仍由张教授、朱主席和我负责筹办。

二、兴墨学举办国际会议　建中心服务世界学者

按照有关规定，报请国家教委批准，山东大学、滕州市于1992年10月举办首届墨学国际研讨会。

10月6日至10日，首届墨学国际研讨会、科技经贸洽谈会暨墨子科技艺术节（即“两会一节”）在墨子故里滕州隆重举行。应邀参加这次盛会的有中央，山东省、浙江省，枣庄市和滕州市的领导及国内外著名专家学者200多人。

“两会一节”开幕式由滕州市市长张昭主持，枣庄市委常委、滕州市委书记林兆义致开幕词，外宾代表瑞士学者梅伟德先生致贺词。40多个方队彩车和文艺队伍表演了精彩的具有地方特色、时代特色的节目，外宾纷纷走下观礼台，与民间表演队共同联欢，把开幕式推向高潮。表演结束后，全国人大常委会副委员长、著名社会学家费孝通先生和山东省人大常委会副主任苗枫林先生到滕州火车站广场为刚落成的墨

子铜像（高12米）揭幕，全场数万人热烈鼓掌祝贺。

会议采取大会发言、评论与分组发言讨论相结合的方式进行，与会学者围绕墨学的历史地位和当代价值、墨家学说与东方传统伦理道德关系、墨经所涉及的范畴以及墨学研究的方法等四个方面展开学术交流。国内外专家学者心情舒畅，各抒已见，讨论热烈，切磋论辩，充分体现了百家争鸣的学术传统。会议共收到墨学研究论文97篇、专著7部，与去年的墨子研讨会相比，质量有了很大提高。

会议期间，在山东墨子学会的基础上成立了中国墨子学会，推举费孝通副委员长为中国墨子学会首席名誉会长，陈之安先生为会长，林兆义先生为第一副会长，乔幼梅、郭良志、张昭、朱锡光、董兴河、祝明、张知寒、王裕安等先生为副会长，张知寒教授兼秘书长、学会法人代表，我与有关同志任副秘书长。我们还组织参观考察了墨子故里、滕文公台、曲阜三孔等，观赏了金秋灯节，欣赏了大型柳琴戏《墨子救宋》。通过以上活动及学术研讨，中外学者一至认为滕州历史悠久、文化发达、地灵人杰，墨子故里就在滕州，并为有幸参加两千多年以来第一次墨学国际研讨会而高兴。

这次会议结束之后，滕州市委、市政府根据有关领导、专家的建议，研究决定兴建墨子国际研究中心（又名墨子纪念馆）。

1993年5月31日，滕州市委、市政府举行隆重的墨子国际研究中心奠基仪式，李绍崑先生率美国学术代表团参加了这一盛典。林兆义书记在奠基仪式上说："我们兴建墨子国际研究中心的主要目的：一是为国内外墨学专家和爱好者提供研究墨子的基地。中国有句古语‘皮之不存，毛将焉附’，没有研究基地和资料，就很难进行深入持久的研究。由于历史的原因，有关墨子研究的图书数据散见于世界各地，给墨学研究者带来很大的不便。墨子国际研究中心的兴建就是为国内外墨学研究者创建稳固的根据地，我们将尽最大的力量搜集国内外关于墨子研究的图书报刊资料，办成墨学研究的资料中心，为墨学研究者提供良好的服务。二是对青少年进行中华民族传统文化教育。墨子的思想博大精深，主要有兴利除害、兼爱互利、尚贤尚同、强本节用、非攻善守、有教无类、科学技术、三表法则、非命尚力、自苦为义十个方面，是对青少年进行热爱科技、热爱家乡、热爱祖国教育的重要场所。三是成为宣传墨子和滕州对外开放的重要窗口。四是为后人留下珍贵的文化财富，成为永远纪念科圣墨子的馆所。总之，墨子国际研究中心的兴建，有利于墨子研究的深入开展，有利于弘扬中华民族优秀传统文化，有利于中国特色的社会主义物质文明和精神文明建设，有利于祖国统一、世界和平与国际文化交流，对扬我国风、振兴滕州将会产生积极作用，具有重大的现实意义和深远的历史意义。”

三、兼相爱行义得道多助　多功能中心千秋基业

墨子国际研究中心是滕州的一项重大文化建设工程，列入了市政府 14 件大事之一。为了确保工程进度与质量，保证 1994 年 7

月竣工并交付使用，市委、市政府决定成立工程领导小组，市政协主席朱锡光为顾问，市委副书记高守太任组长，副市长赵西侠、王广山任副组长，有关单位主要负责人为成员，下设办公室，我兼办公室主任，作为法人代表，主持全面工作。在林兆义书记的高度重视和大力支持下，市直有关部门和城关镇滕东办事处通力协作，在财力、人力、物力上予以支持，给予优惠政策，能减免的费用尽量减免，能做贡献的尽力做贡献。

除此之外，社会各界人士和国外知名人士也给予大力支持和赞助。如刘华清上将为墨子国际研究中心的题词为“伟大的军事家墨子”“墨子纪念馆”，姜春云先生的题词是“弘扬墨学，振兴中华”，费孝通先生为“中国墨子学会”题名，宋健先生的题词是“唯物师祖，科圣墨翟”，匡亚明先生为“山东大学、滕州市墨子研究中心”题名，杨向奎先生的题词是“墨子诞生地”，任继愈先生为“墨子故里”和“目夷亭”题名，蔡尚思先生的题词是“墨子是古代思想史上最进步而有价值的平民派思想家，在中国如此，在世界也如此”。楚图南、彭冲、胡绳、张岱年、张爱萍、臧克家、杨斯德、李景、周克玉、贾亦斌、王学仲、姚雪垠、魏传统、武中奇、方纪、孙伯翔、路达、宗惟成、梁斌、马世晓、史墨卿（中国台湾）、陈大络（中国台湾）、李绍崑（美国）、李家源（韩国）、崔正秀（韩国）等600多位国内外著名人士挥笔为墨子研究中心题词。任继愈、杨向奎、姜宝昌、李绍崑（美国）、王赞源（中国台湾）、史墨卿（中国台湾）、张廷荣（中国台湾）、陈维德（中国台湾）、冯成荣（中国台湾）、李云九（韩国)、本田耕堂（日本)、成中英（美国）等近百名专家学者向墨子研究中心捐赠书刊资料。美籍华人马万里先生闻讯电汇 1000 美元，对家乡的这项文化建设表示支持；滕州退休教师黄众章先生从退休养老金中捐献 1000 元，表示对墨学研究的支持；山东省建筑设计研究院高级设计师褚璞教授为中心设计了建设蓝图，做出了无私的奉献。这都极大地鼓舞了我们，使我们增加了信心和力量，加快了施工进度，经过一年夜以继日的努力，于 1994 年 6 月完成了主体工程，实现了市委、市政府“一流的设计，一流的建筑，一流的质量”的要求。

墨子国际研究中心建筑设计新颖，风格独特，既有民族传统特色，又有鲜明的时代气息，融古典园林与现代设施于一身，集办公、收藏、展览、会议、旅游于一体，成为滕州建筑史上的一颗明珠。研究中心坐落在环境优美的滕州城区荆河西畔，前有龙泉塔，南面是府前东路，后依王学仲艺术馆，西临塔寺路，交通十分方便。中心占地面积 1.02 万平方米，其中建筑面积 4100 平方米，总投资 400 万元。

墨子国际研究中心的主要建筑有 10 部分：(1) 墨子生平事迹展厅，建筑面积 300 平方米，在展厅内有大型创作壁画《墨子圣迹图》，分为墨子诞生、虚心求学、能工巧匠、授徒讲学、鲁君问政、越王封地、周游列国、阻齐侵鲁、止楚攻宋、著书立说、魂归故里等 62 幅大型连环壁画。(2) 墨子科技军事成果展厅，建筑面积 300 平方米，用模型、图片、文字、实物等，反映出墨子科技、军事方面的伟大成就。(3) 墨子研究成果展厅，建筑面积

300 平方米，利用图片、文字、音像和图书资料等，展示国内外墨子研究的基本情况，重点突出近期的研究动态与成果。(4) 国际学术研究大会堂，建筑面积 650 平方米，能容纳 200 多人，可举办学术研讨大型会议、讲演、展览等活动，是现代化、多功能的会议、展览中心。(5) 图书资料楼，建筑面积 600 平方米，内设藏书室、阅览室等。(6) 墨子书店，建筑面积 200 平方米，销售墨学研究论著、普及读物等，以便于扩大墨子的影响。(7) 碑廊，建筑面积 850 平方米，碑廊内有 10 万字的《墨子》全书，这是世界有史以来第一部石版《墨子》；此外，还邀请国内外知名人士、专家学者、著名书画家为弘扬墨学题词，约计共立各种不同形状的碑刻 1000 块，成为我国石刻的一绝。(8) 目夷亭，建筑面积 30 平方米，作为古目夷的纪念亭，纪念墨子的先祖。(9) 墨子像，高约 4 米，再现墨子讲学的风采。(10) 办公室、接待室、贵宾休息室和小型会议室，建筑面积 780 平方米。墨子研究中心、中国墨子学会和山东墨子基金会三位一体，在此联合办公、接待，可同时接待 20 多位国内外专家学者在此食宿、考察、研究、开展各种学术活动。

墨子国际研究中心（墨子纪念馆）是世界上第一个也是目前唯一的多功能、现代化的研究墨学基地，它的建成使墨学研究有了坚实稳定的大本营，必将为弘扬墨学、振兴中华做出重大的贡献，必将随着历史的发展而不断扩大，其贡献将永远载入史册而光照千秋。

四、新成果办会出书基金　兴墨学天时地利人和

墨子国际研究中心落成之后，我们这几年又办了以下几件大事：(1)创立山东墨子基金会。1995年8月，经山东省教委、省人民银行、省民政厅批准并注册登记，成立了山东墨子基金会，选举朱锡光先生为会长，张知寒先生任常务副会长，陈之安、郭良志、乔幼梅、王裕安等先生任副会长，我任秘书长。截至目前，国内外捐赠基金达23万元。(2)修建了墨子故里纪念馆、墨子故里碑、落凤山墨子泉等名胜景观。(3)筹办了第二届、第三届墨学国际研讨会，获得圆满成功，受到国内外专家学者的好评。(4)编辑出版《墨子研究论丛》、《墨子里籍考论》、《墨学研究》、“墨学与当今世界”丛书等共16册著作，约计300万字，协助出版了《墨经数理研究》等墨学著作8部，还协助编排上演了大型古装戏《墨子救宋》。(5)征集资料。几年来，我们共征集国内外知名人士为墨子研究题词600多幅，任继愈、杨向奎、李绍崑、王赞源、史墨卿、李云九等先生共为研究中心捐赠书刊3000多册。(6)接待参观考察。自墨子国际研究中心对外开放后，两年来已接待国内外各界人士50000多人。

通过8年的艰苦工作与一系列学术活动的开展，奠定了墨学研究的坚实基础，推动了墨学研究的深入开展，加强了国内外的文化交流，促进了精神文明建设，受到了各级领导和国内外各界人士的赞扬。

为什么沉寂了两千年的墨学又在滕州大地上兴盛？概括起来，主要有以下三点：(1) 上顺天时。当今世界的主题是和平与发展，墨子是人类自古以来酷爱和平的一面旗帜，他以“非攻”的学说反对侵略战争，以“兼爱”的主张为和平奔走。他的这些思想有利于世界和平发展，有利于国际文化的交流与合作，因而受到国内外专家学者的重视与支持。时代需要墨学，墨学适应时代，这是天时。(2) 下占地利。墨子里籍是一大悬案，张知寒教授在前人研究的基础上，进一步论证墨子故里就在滕州，得到了中外专家的赞同。滕州历史悠久，文化发达，经济繁荣，交通方便，有能力、有条件也有义务把墨子研究这件大事、好事办好，这是地利。(3) 中有人和。墨学研究首先得益于中外专家学者的大力支持，著名专家蔡尚思、匡亚明、胡绳、张岱年、任继愈、杨向奎、杨宽、颜道岸、张知寒、李绍崑、史墨卿、张尚德、王赞源、李云九等先生给予了巨大的帮助。尤其是张知寒先生更令人敬佩，他不顾高龄，不怕身患肠癌、肺癌、肝癌，依然忘我地为弘扬墨学而奋斗，受到各界人士的赞扬。蔡尚思先生去年 7 月题词：“张知寒同志富有墨子精神，值得人们学习。”杨向奎先生去年 6 月题诗：“先秦墨子显学传，两汉以后不新鲜。而今墨学重奋起，赖有教授张知寒！”其次是各级领导的重视支持，刘华清、姜春云、费孝通、宋健、吴官正、杨斯德、李景、李继耐、韩喜凯、苗枫林、王玉玺、陈之安、林兆义、乔幼梅、曾繁仁、冯宜明、王裕安、郭良志、朱锡光等中央和山东省、山东大学、枣庄市、枣庄师专以及滕州市的各级领导都给予大力支持。特别是林兆义书记，在滕州任职期间，高瞻远瞩，正确决策，兴建墨子国际研究中心，振兴墨学研究事业；朱锡光主席精心策划，组织协调各方面的关系，为弘扬墨学做了大量艰苦细致的工作；王裕安校长在任滕州市长期间就已开始安排人员筹备墨子研究，调任枣庄师专校长后仍致力于弘扬墨学，在全国高校率先成立了墨子研究所，进行了卓有成效的工作。再次是社会各界人士的大力支持，纷纷捐款捐书，如马万里、黄众章、王赞源、褚璞等许多先生都为墨学兴盛做出了无私的奉献，这是人和。

综上所述，墨学研究复兴于滕州并非偶然，是天时、地利、人和的必然结果，墨子与墨学已有两千多年的历史，但真正由政府主持、民间学术团体配合有组织地进行研究，才有 8 年的时间。目前虽有良好的开端、坚实的基础、突破性的进展、丰硕的成果，但今后还有不少困难，还需要各级领导、国内外各界人士的重视、关心、支持。我们有信心和决心，把墨子故里滕州建设成名副其实的墨子国际研究中心。我们热烈欢迎国内外专家学者、各界人士到墨子国际研究中心参观、考察、研究、交流。

（原载台湾《中国国学》1998 年第 26 期，有改动）

后　记

1990年12月，我奉滕州市委、市政府之命主持滕州市墨子研究中心的工作，专门负责研究墨学。从此之后，我与墨学结下不解之缘。我深深地体会到：修志难，搞墨学研究更难。修志，从中央到地方，各级都有机构人员；搞墨学研究，上不着天、下不接地，依靠谁？修志有着悠久的历史，而墨学研究中断了两千余年，又有多少人能理解支持？幸赖上占天时、中有人和、下得地利，墨学才能在滕州兴盛。

美籍华人著名墨学专家、资深教授李绍崑博士，1994年以来多次到墨子故里——山东滕州，进行学术交流考察，之后得出结论："墨学复兴在滕州！"并欣然命笔，题写了这7个字。之后，我们又将其刻于墨子国际研究中心碑廊。李教授学贯中西，足迹遍布五洲四海，研究墨学40余年，得出"墨学复兴在滕州"的结论并非偶然，亦非一时冲动，而是多次考察深思熟虑的结果，完全符合实际情况。

为什么沉寂了两千多年的墨学又在20世纪90年代的滕州兴

盛？概括起来，主要有以下三点：天时、地利、人和。

（1）上顺天时。改革开放以来，中国政通人和。当今世界的主题是和平与发展，而墨子是人类自古以来酷爱和平的一面旗帜，他以“非攻”的学说反对侵略战争，以“兼爱”的主张为和平奔走。弘扬墨子思想，有利于实现中国梦，有利于世界和平发展，有利于国际文化的交流与合作，因而受到国内外专家学者的重视与支持。时代需要墨学，墨学适逢盛世。这是天时。

（2）下占地利。墨子里籍是一大悬案，张知寒教授在前人研究的基础上，进一步论证墨子故里就在滕州，得到了中外专家的赞同。滕州市委、市政府抓住机遇，科学决策，联合山东大学，成立山东大学、滕州市墨子研究中心和中国墨子学会，共同弘扬墨学。这是地利。

（3）中有人和。山东大学、滕州市墨子研究中心和中国墨子学会发展墨学，繁荣墨学，为实现现代化服务，得到了各级领导、国内外专家学者、社会各界人士的大力支持。这是人和。

回顾墨学兴盛的历程，我感慨万千：兴盛墨学的开创者、著名学者、老专家们大都作古，但历史不会忘记那些为兴盛墨学做出贡献的先哲们，他们永远活在人民心中！

我是墨学兴盛的亲历者，亲身经历了兴盛墨学的全过程，饱尝了其中的酸甜苦辣。2007 年退休之后，我不忘初心，继续弘扬墨学，为墨子树碑立传，撰写《墨子传论》，前《传》后《论》。第四稿征求领导和专家的意见，他们建议一分为二，改为《墨子传》和《墨子论》。这样做，主要考虑两书的读者不同，爱好不

一，分开出版，能更加方便读者各取所需。《墨子传》和《墨子论》是姊妹篇：《墨子传》重点是讲好墨子故事，塑造墨子形象；《墨子论》主要论述墨子思想，研究墨学历史。《传》和《论》各有重点，异中有同，同中有异，互相补充。

《墨子论》共收录34篇文章，其中绝大部分是已经发表的论文，少部分是近期写的，基本反映了我对墨子、墨家、墨学研究的心得体会，大体可分为以下几个部分：

（1）墨子考论。本书的前6篇是关于墨子姓氏、里籍、生卒和墨家兴亡、《墨子》其书、墨学兴衰的考论。这部分文章写于20世纪90年代，收入本书后又进行了修改。其中，《墨家兴亡考论》增加了近现代3名墨者汪中、谢湘、张知寒的简介；《墨子生卒考论》增加了“墨子纪念日”等内容。

（2）墨子的思想论述。主要论述墨子的政治思想、哲学思想、人本思想、教育思想、科技思想、经济思想、外交思想、法治思想、管理思想、建筑思想、大同思想、辩学思想，共计12篇，大都是墨学研讨会的论文。

（3）墨学的现代价值及其意义。主要论述墨子对学校教育的启示、对社会教育的启示、墨子与职业教育、墨子游说与现代传播、孙中山与墨子、走进墨子走向兼爱等，重点阐述墨子研究的现代价值及其意义。

（4）墨子研究综合论述。主要包括墨家与农家、墨学与道家、《墨子兵书》概论、《墨子大全》概述、平民圣人墨子、墨子的人生观、墨子名言选译、古今名人评墨子、我心目中的墨子、墨学兴盛在滕州等，这是我多年来研究墨子的成果之一。

《墨子论》就是“论墨子”。墨子“兼爱”“非攻”的和平思想，“尚贤”“尚同”的政治思想，“节用”“节葬”的经济思想，“上说下教”“遍从人而说之”的教育思想，“兴天下之利，除天下之害”的社会担当意识，“万事莫贵于义”“以义正人治国”的“贵义”精神，“木鸢飞天”“小孔成像”的发明创新思想，“扶危济困”的公德意识，“公而忘私”的价值理念，“一不怕苦，二不怕死”的牺牲精神，“墨突不黔”“摩顶放踵利天下，为之”的奋斗精神，“墨守成规”的积极防御思想，“以人为本”的治国理念，“天下为公”的社会理想等，都是中华民族的优秀思想。

《墨子论》是我研究墨子 30 多年的心得体会。定稿之后，我请中国人民大学教授、博士生导师，中国墨子学会顾问孙中原先生写序，他慨然应允。我与孙先生因墨子研究结缘，至今已有 30 年。当代墨学兴盛之初，我慕名去中国人民大学拜访孙先生，邀请他参加首届墨学国际研讨会。他热情好客，同意赴滕州开会，拿出刚刚出版的大作《墨子及其后学》，亲笔题写“李广星先生指正。孙中原，1992 年 9 月 16 日”，并用印盖章，郑重其事。我十分惊喜，如获至宝，经常拜读，至今珍藏。这是我们的初交，也是难忘的纪念。从此之后，孙先生每出新书，都签名赠我，如《墨学通论》《墨者的智慧：墨子说粹》《墨学与现代文化》《诸子百家的逻辑智慧》《墨子解读》《墨学七讲》《墨子大辞典》《墨学大辞典》等，我单设书橱收藏他的大作；我主办的墨学会议，孙先生都参加，并且推荐国内外墨学专家参会。我有疑难问题，他都帮我解决。我与任继愈先生主编《墨子大全》，请他当编委会委员，他竭尽全力，尽职尽责，帮助找书，撰写评论：《墨子大全》是近现代墨学兴盛的里程碑，有重大学术价值。诗以咏之：墨家学术无价宝，子书林立数佼佼。大家荟萃竞放彩，全书飞架古今桥！墨学繁兴里程碑，学术价值比山高。前贤铺就康庄路，进步后贤创新高！我协助王玉玺先生编写《王玉玺书墨经》，请他注释、翻译《墨经》，他很快完成。我有求，他必应。他长我15岁，可谓忘年之交，也是君子之交，亦师亦友，无话不说。他传道解惑，提携后生，经常赞扬我，令我十分感动。他是国内外著名的墨学大师，出版墨学专著80余种，海峡两岸讲学数百场，发表论文400余篇；虽然八十有四，但仍笔耕不辍，老骥伏枥，志在千里，令我十分敬佩。他在百忙之中挤时间为拙著作序，序为点睛之笔，褒奖肯定有余，批评指正不足，我表示衷心感谢！

《墨子论》的出版，得到了山东省委副书记杨东奇先生，山东省原副省长王玉玺先生，枣庄和滕州市委、市政府领导，滕州市墨子研究中心同志们的大力支持，得到了齐鲁书社领导和责任编辑的大力支持，得到了有关专家学者、亲朋好友的热情帮助，在此表示真诚的谢意！

李广星　写于济南市章丘区丰汇佳园寓所

2022年5月28日第16稿